PraxisEuroparecht

Prof. Dr. Peter Jung
Universität Basel
Elias Bischof, lic. iur., LL.M.
Rechtsanwalt, Mediator SAV, Universität Basel

Europäisches Finanzmarktrecht

Die Regulierung von Märkten, Unternehmen und Dienstleistungen durch die Europäische Union

Nomos
DIKE

Die Deutsche Nationalbibliothek verzeichnet diese Publikation in der Deutschen Nationalbibliografie; detaillierte bibliografische Daten sind im Internet über http://dnb.d-nb.de abrufbar.

ISBN 978-3-8487-2006-4 (Nomos Verlagsgesellschaft, Baden-Baden)

ISBN 978-3-03751-678-2 (Dike Verlag, Zürich/St. Gallen)

1. Auflage 2015

Vorwort

Das Finanzmarktrecht der Europäischen Union hat insbesondere im Zuge der jüngsten Finanz- und Eurokrise fundamentale und weitreichende Änderungen erfahren und sich zu einer immer schwieriger zu überschauenden und zu durchdringenden Rechtsmaterie entwickelt. In rascher Folge erließ und erlässt der Europäische Gesetzgeber sachlich und räumlich immer stärker ausdifferenzierte Rechtsakte, deren Inhalt und Zusammenspiel sich nicht selten erst nach eingehendem Studium erschließt. Ein Ende dieses Aktivismus ist nicht absehbar. Es geht nicht mehr nur um eine Beseitigung der Hemmnisse im Finanzbinnenmarkt, sondern zunehmend um die eingehende einheitliche Regulierung der Finanzmärkte, ihrer Akteure und der auf ihnen angebotenen Produkte und Dienstleistungen sowie die Einrichtung einer EU-Finanzmarktaufsicht. Die aufsichtsrechtlichen Vorgaben werden durch privatrechtliche und strafrechtliche Regelungen ergänzt. Das Ausmaß, die Struktur und die Kurzlebigkeit der Regulierung stellen neben den betroffenen Unternehmen mit ihren wachsenden Compliance-Abteilungen auch die nationalen Umsetzungsgesetzgeber, die Justiz und die Wissenschaft vor immer größere Herausforderungen. Das gilt nicht allein für die Mitgliedstaaten der Europäischen Union und des Europäischen Wirtschaftsraums, sondern auch für wirtschaftlich und rechtlich mit der Union verbundene Drittstaaten wie die Schweiz.

Der Text des vorliegenden Bandes, der weitestgehend dem Beitrag der Autoren für die Ende 2014 erschienene 3. Auflage des von Reiner Schulze, Manfred Zuleeg und Stefan Kadelbach herausgegebenen Handbuchs zum Europarecht entspricht, möchte in dem Geflecht von Gesetzgebungsakten und Delegierten Rechtsakten, deutschen Umsetzungsakten, Gerichtsentscheidungen und internationalen Standards eine erste Orientierung bieten. Hierzu finden sich neben einer systematischen und branchenübergreifenden Gesamtdarstellung der wichtigsten Regelungsinhalte zahlreiche Verweise auf die einschlägigen Vorschriften, auf benachbarte Regelungen und auf vertiefende Literatur. Behandelt werden nach den institutionellen Grundlagen zunächst die finanzmarktrechtlichen Aspekte der Politiken der Europäischen Union wie insbesondere der Grundfreiheiten. Im Hauptteil geht es um den Anwendungsbereich, die Schutzzwecke, die Grundprinzipien, die Gegenstände und die Durchführung der Aufsicht insbesondere über Kreditinstitute, Wertpapierfirmen, Marktbetreiber und Versicherungsunternehmen. Der Band schließt mit Ausführungen zum Unternehmensrecht der Finanzmarktakteure, zur Regulierung der Finanzmarktgeschäfte und zu den strafrechtlichen Massnahmen. Der Anhang enthält sodann eine detaillierte Auflistung der Rechtsakte und Rechtsprechung zum Finanzmarktrecht der Europäischen Union. Soweit es um die Umsetzung der Unionsvorgaben geht, wird exemplarisch auf die Rechtslage in Deutschland eingegangen.

Der Text befindet sich auf dem Stand vom 31.7.2014. Berücksichtigt wurden damit auch die im Frühjahr 2014 verabschiedeten Rechtsakte wie namentlich die Revision der Einlagensicherungs-RL, die Omnibus II-RL, die CRIM-MAD, die BRRD und die MiFID II sowie die Verordnungen MAR, MiFIR und SRM-VO. Im Buch finden sich zudem Ausblicke auf die Inhalte der am 31.7.2014 noch im Entwurfsstadium befindlichen Rechtsakte.

Die Autoren danken Frau Olga Simonius und Herrn Simon Bangert für die hilfreichen Recherchen zu den Rechtsquellen und zur Literatur sowie Frau Esther Reymann für die Unterstützung bei der Aufbereitung des Manuskripts für die Drucklegung.

Basel, im Januar 2015

Elias Bischof *Peter Jung*

Inhaltsverzeichnis

§ 3
Finanzdienstleistungsaufsicht im Binnenmarkt

§ 4
Unternehmensrecht der Finanzdienstleister

§ 5
Regulierung der Finanzdienstleistungsgeschäfte

§ 6
Maßnahmen mit strafrechtlichem Bezug

Abkürzungsverzeichnis

aA	anderer Ansicht
ABl.	Amtsblatt der Europäischen Gemeinschaften/Union
Abs.	Absatz
Abschn.	Abschnitt
ADR	Alternative Dispute Resolution
AEUV	Vertrag über die Arbeitsweise der EU
aF	alte Fassung
AG	Die Aktiengesellschaft, Zeitschrift für das gesamte Aktienwesen
AGB	Allgemeine Geschäftsbedingungen
AIF	Alternativer Investmentfornds/Alternative Investment Fund
AIFK	Betreiber eines alternativen Investmentfonds
AIFM	Alternative Investment Fund Manager
AIM	Alternative Investment Market
Anh.	Anhang
Anm.	Anmerkung
AöR	Archiv des öffentlichen Rechts
APA	Approved Publication Arrangement
Art.	Artikel
ARM	Approved Publication Mechanism
A-SRI	andere systemrelevante Institute (dh nicht G-SRI)
AS-Stelle	Stelle für die außergerichtliche Beilegung von Streitigkeiten
ATS	Alternative Trading Systems
Aufl.	Auflage
AVB	Allgemeine Versicherungsbedingungen
AZ	Aktenzeichen
BaFin	Bundesanstalt für Finanzdienstleistungsaufsicht
BAG	Bundesarbeitsgericht
BankA	Bankarchiv
BayObLG	Bayerisches Oberstes Landesgericht
BB	Der Betriebs-Berater
BCBS	Basel Committee on Banking Supervision/Basler Ausschuss für Bankenaufsicht (BIZ)
BCCI-Richtlinie	Richtlinie 95/26/EG betreffend die verstärkte Beaufsichtigung von Finanzunternehmen
Bd.	Band
Bek.	Bekanntmachung
ber.	berichtigt
BGB	Bürgerliches Gesetzbuch
BGBl.	Bundesgesetzblatt
BGH	Bundesgerichtshof
BGHZ	Entscheidungen des Bundesgerichtshofes in Zivilsachen
BIC	Bank Identifier Code
BKartA	Bundeskartellamt
BKR	Zeitschrift für Bank- und Kapitalmarktrecht
BMF	Bundesministerium für Finanzen
BörsG	Börsengesetz

BR-Drucks.	Drucksache des Deutschen Bundesrates
BReg.	Bundesregierung
BRRD	Bank Recovery and Resolution Directive 2014/59/EU
BSC	Ausschuss für Bankenaufsicht
BT-Drucks.	Drucksache des Deutschen Bundestages
BVerfG	Bundesverfassungsgericht
BVerfGE	Entscheidungen des Bundesverfassungsgerichts
BVerwG	Bundesverwaltungsgericht
bzgl	bezüglich
bzw	beziehungsweise
CCP	Central Counterparty
CDO	Collateralized Debt Obligation
CDS	Credit Default Swap
CEBS	Committee of European Banking Supervisors (abgelöst durch die European Banking Authority, EBA)
CEIOPS	Committee of European Insurance and Occupational Pensions Supervisors (abgelöst durch die European Insurance and Occupational Pensions Authority, EIOPA)
CESAME	Sachverständigengruppe für Clearing und Abrechnung/Clearing and Settlement Advisory and Monitoring Experts' Group
CESR	Committee of European Securities Regulators (abgelöst durch die European Securities and Markets Authority, ESMA)
CET	Common Equity Tier
CMLRev	Common Market Law Review
CRA	Credit Rating Agency
CRD	Capital Requirements Directive
CRIM-MAD	Directive 2014/57/EU on criminal sanctions for market abuse
CRR	Capital Requirements Regulation(EU) Nr. 575/2013
CTP	Consolidated Tape Providers
CVA	Credit Valuation Adjustment
DB	Der Betrieb
DelVO	Delegierte Verordnung
ders.	derselbe
DGS	Deposit Guarantee Schemes
dh	das heißt
dies.	dieselbe(n)
DÖV	Die Öffentliche Verwaltung
Dok.	Dokument
Drucks.	Drucksache
DStR	Deutsches Steuerrecht
DVBl.	Deutsches Verwaltungsblatt
DVO	Durchführungsverordnung
DZWir	Deutsche Zeitschrift für Wirtschaftsrecht
EAEG	Einlagensicherungs- und Anlegerentschädigungsgesetz
EASD	European Association of Securities Dealers
EBA	European Banking Authority
EbAV	Einrichtung der betrieblichen Altersversorgung
ECAI	External Credit Assessment Institutions

ECB	European Central Bank / Europäische Zentralbank (EZB)
ECLR	European Competition Law Review
ECRC	European Coalition for Responsible Credit
EFSF	European Financial Stability Facility
EFSIR	European Financial Stability and Integration Report
EFTA	Europäische Freihandelszone
EG	Europäische Gemeinschaften
EGBGB	Einführungsgesetz zum Bürgerlichen Gesetzbuche
EGInsO	Einführungsgesetz zur Insolvenzordnung
EGMR	Europäischer Gerichtshof für Menschenrechte
EGV	Vertrag über die Europäische Gemeinschaft
EHUG	Gesetz über elektronische Handelsregister und Genossenschaftsregister sowie das Unternehmensregister
EIB	Europäische Investitionsbank
EIOPA	European Insurance and Occupational Pensions Authority (EU)
ELR	European Law Review
ELTIF	European Long-Term Investment Fund
EMIR	European Market Infrastructure Regulation (EU) Nr. 648/2012
EMRK	Europäische Menschenrechts-Konvention
endg.	endgültig
EnzEur	Enzyklopädie Europarecht
EP	Europäisches Parlament
EPC	European Payments Council (EU)
Erl.	Erläuterungen
ESA	European Supervision Authorities
ESF	Exogenous Shocks Facility (IWF)
ESFS	European System of Financial Supervisors / Europäisches System der Finanzaufsicht (EU)
ESM	European Stability Mechanism
ESMA	European Securities and Markets Authority (EU)
ESME	Expertengruppe Europäische Wertpapiermärkte
ESRB	European Systemic Risk Board (EU)
ESZB	Europäisches System der Zentralbanken
etc.	et cetera
EU	Europäische Union
EuG	Europäisches Gericht 1. Instanz
EuGH	Gerichtshof der Europäischen Gemeinschaften
EUInsVO	Verordnung (EG) Nr. 1346/2000 des Rates vom 29. Mai 2000 über Insolvenzverfahren
EuR	Europarecht (Zeitschrift)
EUR	EURO
EURIBOR	Euro Interbank Offered Rate
EuSEF	European Social Entrepreneurship Fund
EUV	Vertrag über die Europäische Union
EuVECA	European Venture Capital Fund
EuZW	Europäische Zeitschrift für Wirtschaftsrecht
evtl	eventuell
EWG	Europäische Wirtschaftsgemeinschaft
EWiR	Entscheidungen zum Wirtschaftsrecht

EWR	Europäischer Wirtschaftsraum
EWS	Europäisches Währungssystem; Europäisches Wirtschafts- und Steuerrecht (Zeitschrift)
EWSA	Europäischer Wirtschafts- und Sozialausschuss
EZB	Europäische Zentralbank
f	folgende Seite/Randnummer
FATF	Financial Action Task Force on Money Laundering / Groupe d'Action financière
FESCO	Forum of European Securities Commission / Forum Europäischer Wertpapierbehörden
ff	folgende Seiten/Randnummern
FinDAG	Gesetz über die Bundesanstalt für Finanzdienstleistungsaufsicht
FiCoD	Financial Conglomerates Directive 2011/89/EU
FIN-NET	Cross- border Out-of-Court Complaints Network for Financial Services
FIN-USE	Forum of User Experts in the area of Financial Services (jetzt FSUG)
FKAG	Finanzkonglomerate-Aufsichtsgesetz
FKVO	Fusionskontrollverordnung
FMFG	Finanzmarktförderungsgesetz
FMSBeschlG	Gesetz zur Beschleunigung und Vereinfachung des Erwerbs von Anteilen an sowie Risikooptionen von Unternehmen des Finanzsektors durch den Fonds „Finanzmarktstabilisierungsfonds – FMS“ (Finanzmarktstabilisierungsbeschleunigungsgesetz)
FMStErgG	Gesetz zur weiteren Stabilisierung des Finanzmarktes (Finanzmarktstabilisierungsergänzungsgesetz)
FMStFG	Gesetz zur Errichtung eines Finanzmarktstabilisierungsfonds
FMStG	Gesetz zur Umsetzung eines Maßnahmenpakets zur Stabilisierung des Finanzmarktes (Finanzmarktstabilisierungsgesetz)
Fn	Fußnote
FRUG	Finanzmarkt-Richtlinie-Umsetzungsgesetz
FS	Festschrift
FSAP	Financial Services Action Plan
FSB	Financial Stability Board (BIZ)
FSC	Financial Services Committee
FSCG	Financial Services Consumer Group (jetzt FSUG)
FSF	Financial Stability Forum (jetzt FSB)
FSI	Financial Stability Institute / Institut für Finanzstabilität (BIZ)
FSUG	Financial Services User Group
GA	Generalanwalt
GAFI	Groupe d’Action financière / Financial Action Task Force on Money Laundering
GATS	General Agreement on Trade in Services (WTO) / Allgemeines Übereinkommen über den Handel mit Dienstleistungen
GATT	General Agreement on Tariffs and Trade (WTO) / Allgemeines Zoll- und Handelsabkommen
GD	Generaldirektion
gem.	gemäß

ggf	Gegebenenfalls
GmbHR	GmbH-Rundschau
GPR	Zeitschrift für das Privatrecht der Europ. Union
GRC	Grundrechtecharta
grds.	grundsätzlich
GS	Gedächtnisschrift
G-SRI	Global systemrelevante Institute
GWB	Gesetz gegen Wettbewerbsbeschränkungen
hA	herrschende Auffassung
Hdb	Handbuch
HFT	High-Frequency Trading
HGB	Handelsgesetzbuch
hL	herrschende Lehre
hM	herrschende Meinung
Hrsg., hrsg.	Herausgeber, herausgegeben
Hs	Halbsatz
HwpÜ	Haager Wertpapierübereinkommen v. 5.7.2006 (SR 0.957.1)
IBAN	International Bank Account Number
IBRD	International Bank for Reconstruction and Development / Internationale Bank für Wiederaufbau und Entwicklung
ICP	Insurance Core Principles
idF	in der Fassung
idR	in der Regel
ieS	im engeren/eigentlichen Sinn
IFRS	International Financial Reporting Standards
IMD	Insurance Mediation Directive
IMF	International Monetary Fund
insb.	insbesondere
InsO	Insolvenzordnung
InvG	Investmentgesetz
IOSCO	International Organization of Securities Commissions
IPRax	Praxis des Internationalen Privat- und Verfahrensrechts
IRB	Internal Ratings Based Approach
iSd	im Sinne des/r
iSv	im Sinne von
ITS	Implementing Technical Standards (technische Durchführungsstandards)
iVm	in Verbindung mit
IWB	Internationale Wirtschaftsbriefe
iwS	im weiteren Sinn
JR	Juristische Rundschau
JZ	Juristenzeitung
KAGB	Kapitalanlagegesetzbuch
KfW	Kreditanstalt für Wiederaufbau
Kfz.	Kraftfahrzeug
KID	Key Information Document
KOM	Kommissionsdokument(e)

krit.	Kritisch
KSA	Kreditrisiko-Standardansatz
KWG	Kreditwesengesetz
LCR	Liquidity Coverage Ratio
Lfg.	Lieferung
LG	Landgericht
LIBOR	London Interbank Offered Rate
lit.	Litera
LMK	Beck-Fachnachrichtendienst „Zivilrecht - LMK“ (in Fortführung der „Kommentierten BGH-Rechtsprechung Lindenmaier-Möhring“)
MaKonV	Verordnung zur Konkretisierung des Verbotes der Marktmanipulation
MAR	Market Abuse Regulation (EU) Nr. 596/2014
MDR	Monatsschrift für Deutsches Recht
MIF	Multilateral interchange fees
MiFID	Markets in Financial Instruments Directive
MiFIR	Markets in Financial Instruments Regulation (EU) Nr. 600/2014
Mio.	Million(en)
MMR	MultiMedia und Recht
MoU	Memorandum of Understanding
Mrd.	Milliarde(n)
MTF	Multilateral Trading Facility
MüKo	Münchener Kommentar
mwN	mit weiteren Nachweisen
NCA	National competent authority
nF	neue Folge; neue Fassung
NJW	Neue Juristische Wochenschrift
NJW-RR	NJW-Rechtsprechungs-Report Zivilrecht
NSFR	Net Stable Funding Ratio
NVersZ	Neue Zeitschrift für Versicherung und Recht
NVwZ	Neue Zeitschrift für Verwaltungsrecht
NZG	Neue Zeitschrift für Gesellschaftsrecht
NZV	Neue Zeitschrift für Verkehrsrecht
ODR	Online Dispute Resolution
OECD	Organisation für wirtschaftliche Zusammenarbeit und Entwicklung
OGAW	Organismen für gemeinsame Anlagen in Wertpapieren / Undertakings for Collective Investment in Transferable Securities (UCITS)
OLG	Oberlandesgericht
OMT	Outright Money Transactions
Ordo	Jahrbuch für die Ordnung von Wirtschaft und Gesellschaft
OS-Stelle	Online-Streitbeilegungsstelle
OTC	Over the counter (außerbörslich)
OTF	Organised Trading Facility
OVG	Oberverwaltungsgericht

PEICL	Principles of European Insurance Contract Law
PRIIPs	Packaged retail and insurance based investment products
PSD	Payment Services Directive
RabelsZ	Rabels Zeitschrift für ausländisches und internationales Privatrecht
Ratsbeschl.	Ratsbeschluss
Ratsdok.	Ratsdokument
RefE	Referentenentwurf
RegE	Regierungsentwurf
RIW [/AWD]	Recht der Internationalen Wirtschaft (-Außenwirtschaftsdienst)
RL	Richtlinie
RM	Regulated Market
Rn	Randnummer
Rs.	Rechtssache
Rspr	Rechtsprechung
RTS	Regulatory Technical Standards (technische Regulierungsstandards)
R&U Leitlinien	Leitlinien der Gemeinschaft für staatliche Beihilfen zur Rettung und Umstrukturierung von Unternehmen in Schwierigkeiten
s.	siehe
S.	Seite
SEPA	Single Euro Payments Area
SJZ	Schweizerische Juristen-Zeitung
Slg	Sammlung
s.o.	siehe oben
SoFFin	Sonderfonds Finanzmarktstabilisierung
SRF	Single Resolution Fund
SRM	Single Resolution Mechanism
SSM	Single Supervisory Mechanism
StGB	Strafgesetzbuch
str.	streitig
s.u.	siehe unten
TUG	Transparenzrichtlinie-Umsetzungsgesetz
u.a.	unter andere(m)(n); und andere
UCITS	Undertakings for Collective Investment in Transferable Securities / Organismen für gemeinsame Anlagen in Wertpapieren (OGAW)
umstr.	umstritten
UNCITRAL	Kommission der Vereinten Nationen für Internationales Handelsrecht
Unterabs.	Unterabsatz
US-GAAP	United States Generally Accepted Accounting Principles
usw	und so weiter
UWG	Gesetz gegen den unlauteren Wettbewerb
v.	vom, von
VAG	Gesetz über die Beaufsichtigung der Versicherungsunternehmen
Var.	Variante

verb.	verbunden
VersR	Zeitschrift für Versicherungsrecht
VG	Verwaltungsgericht
vgl	vergleiche
VO	Verordnung
VuR	Verbraucher und Recht
VV	Verwaltungsvorschrift
VVG	Gesetz über den Versicherungsvertrag
WBl	Wirtschaftsrechtliche Blätter, Beilage zu "Juristische Blätter"
wistra	Zeitschrift für Wirtschafts- und Steuerstrafrecht
WiR	Wirtschaftsrecht
WiVerw	Wirtschaft und Verwaltung (Zeitschrift)
WM	Wertpapiermitteilungen
WpDVerOV	Verordnung zur Konkretisierung der Verhaltensregeln und Organisationsanforderungen für Wertpapierdienstleistungsunternehmen
WpHG	Wertpapierhandelsgesetz
WpPG	Wertpapierprospektgesetz
WRP	Wettbewerb in Recht und Praxis
WTO	Welthandelsorganisation
WuB	Entscheidungssammlung zum Wirtschafts- und Bankrecht
WuW	Wirtschaft und Wettbewerb
WWU	Wirtschafts- und Währungsunion
ZAG	Zahlungsdiensteaufsichtsgesetz
zB	zum Beispiel
ZBB	Zeitschrift für Bank- und Börsenrecht
ZEuP	Zeitschrift für Europäisches Privatrecht
ZEuS	Zeitschrift für europarechtliche Studien
ZfB	Zeitschrift für Betriebswirtschaft
ZfgK	Zeitschrift für das gesamte Kreditwesen
ZfIR	Zeitschrift für Immobilienrecht
ZfV	Zeitschrift für Versicherungswesen
ZGP	Zentrale Gegenpartei
ZGR	Zeitschrift für Unternehmens- und Gesellschaftsrecht
ZHR	Zeitschrift für das gesamte Handelsrecht und Wirtschaftsrecht
ZIEV	Verordnung über die angemessene Eigenkapitalausstattung von Zahlungsinstituten
ZIP	Zeitschrift für Wirtschaftsrecht und Insolvenzpraxis
zit.	Zitiert
ZKW	Zeitschrift für das gesamte Kreditwesen
ZRP	Zeitschrift für Rechtspolitik
zT	zum Teil
ZVersWiss	Zeitschrift für die gesamte Versicherungswissenschaft
z.Zt.	zur Zeit

Allgemeines Literaturverzeichnis

Acharya/Richardson (eds.): Restoring Financial Stability: How to Repair a Failed System, Hoboken, 2009

Assies/Beule/Heise/Strube (Hrsg.): Handbuch des Fachanwalts Bank- und Kapitalmarktrecht, 3. Aufl., Köln, 2012

Assmann/Schneider (Hrsg.): Wertpapierhandelsgesetz (WpHG) – Kommentar, 6. Aufl., Köln, 2012

Bartels et al (Hrsg.): Kreditwirtschaftlich wichtige Vorhaben der EU, 21. Aufl., Berlin, 2013

Bartels: European Banking and Financial Services Law, 5th ed., Brussels, 2012

Bartsch: Finanzmarktkrise – Die Stunde der Rechtssetzer?, ZRP 2009, 97 ff

Baur/Boegl: Die neue europäische Finanzmarktaufsicht – Der Grundstein ist gelegt, BKR 2011, 177 ff

Binder: Auf dem Weg zu einer europäischen Bankenunion? Erreichtes, Unerreichtes, offene Fragen, ZBB 2013, 297 ff

Binder: Krisenbewältigung im Spannungsfeld zwischen Aufsichts-, Kapitalmarkt- und Gesellschaftsrecht – Anwendungsprobleme des Finanzmarktstabilisierungsgesetzes, WM 2008, 2340 ff

Binder/Broichhausen: Entwicklungslinien und Perspektiven des Europäischen Kapitalmarktrechts – Eine Bestandsaufnahme aus Anlass des „Weißbuchs zur Finanzdienstleistungspolitik für die Jahre 2005-2010", ZBB 2006, 85 ff

Birkmose/Neville/Sørensen (eds.): The European Financial Market in Transition, Alphen aan den Rijn, 2012

Blaurock et al (Hrsg.): Das Bankwesen im Gemeinsamen Markt, Baden-Baden, 1981

Bonin/Glos: Die neuere Rechtsprechung der europäischen Gerichte im Bereich des Bank- und Kapitalmarktrechts, WM 2012, 917 ff und WM 2013, 1201 ff

Braumüller/Ennöckl/Gruber/Raschauer (Hrsg.): Die neue europäische Finanzmarktaufsicht, ZFR Spezial 2012

Bredt: Das Börsenrecht als Ausgleichsinstrument zwischen öffentlichem Auftrag, Trägerinteresse und Anforderungen der internationalen Finanzmärkte, WM 2013, 1839 ff

Breidenbach: Basel III und das Risikomanagement der Banken: Maßnahmen zur Stabilisierung des Bankensektors in Europa, Hamburg, 2011

Buck-Heeb: Kapitalmarktrecht, 6. Aufl., Heidelberg, 2013

Calliess/Ruffert (Hrsg.): Kommentar zu EU-Vertrag und EG-Vertrag, 4. Auflage, München, 2011

Ceyssens: Teufelskreis zwischen Banken und Staatsfinanzen – Der neue Europäische Bankaufsichtsmechanismus, NJW 2013, 3704 ff

Cherednychenko/Jansen: Principles of European Law on Financial Service Contracts?, ERPL 2008, 443 ff

Chiu: Regulatory Convergence in EU-Securities Regulation, London, 2008

Claussen (Hrsg.): Bank- und Börsenrecht, 4. Aufl., München, 2008

Cranston (ed.): European Banking Law: The Banker-Customer Relationship, 2nd ed., London, 1999

Dauses (Hrsg.): Handbuch des EU-Wirtschaftsrechts, München, Loseblattsammlung

Derleder/Knops/Bamberger (Hrsg.): Handbuch zum deutschen und europäischen Bankrecht, 2. Aufl., Berlin, 2009

Digel: Die primärrechtlichen Grundlagen des Europäischen Finanzmarktes, Tübingen, 2006

Dombret/Kenadjan (eds.): The Bank Recovery and Resolution Directive. Europe's Solution for „Too Big To Fail"?, Berlin, 2013

Einsele: Bank- und Kapitalmarktrecht. Nationale und internationale Bankgeschäfte, 2. Aufl., Tübingen, 2010

Enoch/Everaert/Tressel/Zhou (eds.): From Fragmentation to Financial Integration in Europe, Washington, 2013

van Empel (ed.): Financial Services in Europe – An Introductory Overview, Alphen aan den Rijn, 2008

Ferran: Building an EU Securities Market, Cambridge, 2004

Florstedt: Finanzkrise als Krise der Normbehauptung, ZBB 2013, 81 ff

Freixas/Hartmann/Mayer (eds.): Handbook of European Financial Markets and Institutions, Oxford, 2012

Fuchs (Hrsg.): Wertpapierhandelsgesetz (WpHG) – Kommentar, München, 2009

Gebauer/Wiedmann (Hrsg.): Zivilrecht unter europäischem Einfluss, 2. Aufl., Stuttgart, 2010

Giovanoli et al (eds.): International Monetary and Financial Law: the Global Crisis, Oxford, 2010

Grabitz/Hilf (Hrsg.): Kommentar zur Europäischen Union. Das Recht der EU, 5 Bände, München, Loseblattsammlung

Von der Groeben/Schwarze: Kommentar zum EUV/EGV, 6. Auflage, Baden-Baden, 2004/2005

Groß: Kapitalmarktrecht: Kommentar zum Börsengesetz, zur Börsenzulassungs-Verordnung und zum Wertpapierprospektgesetz, 5. Aufl., München, 2012

Handoll: Capital, payments and money laundering in the EU, Oxford, 2007

Heimann: Zwingender Verbraucherschutz und Grundfreiheiten im Bereich der Finanzdienstleistungen, Karlsruhe, 2005

Heinze: Europäisches Kapitalmarktrecht – Recht des Primärmarktes, München, 1999

Herdegen: Bankenaufsicht im europäischen Verbund, Berlin, 2010

Herdegen: Europäische Bankenunion: Wege zu einer einheitlichen Bankenaufsicht, WM 2012, 1889 ff

Hofmann (Hrsg.): Basel III und MaRisk – Regulatorische Vorgaben, bankinterne Verfahren, Risikomanagement, Frankfurt aM, 2011

Hopt: Auf dem Weg zu einer neuen europäischen und internationalen Finanzmarktarchitektur, NZG 2009, 1401 ff

Hopt/Veil/Kämmerer (Hrsg.): Kapitalmarktgesetzgebung im europäischen Binnenmarkt, Tübingen, 2008

Hopt/Wymeersch (eds.): European Company and Financial Law – Texts and Leading Cases, 4th ed., Oxford, 2007

Jung/Schwarze (Hrsg.): Finanzmarktregulierung in der Krise, Tübingen 2014

Kern: Reforming European Financial Supervision: Some of the Legal and Institutional Challenges, EuZ 2011, 50 ff

Kaulbach (Hrsg.): Versicherungsaufsichtsgesetz: VAG; mit Solvabilität II, Anlageverordnung und Kapitalausstattungsverordnung, Kommentar, 5. Aufl., München 2012

Klöhn: Kapitalmarktrecht, § 6, in: Langenbucher (Hrsg.), Europäisches Privat- und Wirtschaftsrecht, 3. Aufl., Baden-Baden, 2013

Kohtamäki: Die Reform der Bankenaufsicht in der Europäischen Union, Tübingen, 2012

Kotz: Nach der Krise: Neue Herausforderungen für die Bankenregulierung, ZBB 2012, 322 ff

Krimphove: Gesetzgebung im europäischen Bank- und Kapitalmarktrecht – eine ökonomisch-historische Betrachtung, EuR 2007, 597 ff

Kümpel/Wittig (Hrsg.): Bank- und Kapitalmarktrecht, 4. Aufl., Köln, 2011

Lehmann/Manger-Nestler: Einheitlicher Europäischer Aufsichtsmechanismus: Bankenaufsicht durch die EZB, ZBB 2014, 2 ff

Lembke: Eine Aufsichtsbehörde für den europäischen Kapitalmarkt, Frankfurt aM, 2010

Lenenbach: Kapitalmarktrecht und kapitalmarktrelevantes Gesellschaftsrecht, 3. Aufl., Köln, 2015 (im Erscheinen)

Lutter/Bayer/Schmidt: Europäisches Unternehmens- und Kapitalmarktrecht, 5. Aufl., Berlin, 2012

Macht: Der Baseler Ausschuss für Bankenaufsicht und Basel II: Bankenregulierung auf einem internationalen level playing field, Baden-Baden, 2007

Möllers: Europäische Methoden- und Gesetzgebungslehre im Kapitalmarktrecht – Vollharmonisierung, Generalklauseln und soft law im Rahmen des Lamfalussy-Verfahrens als Mittel zur Etablierung von Standards, ZEuP 2008, 480 ff

Moloney: EC Securities Regulation, 2nd ed., Oxford, 2008

Moloney: Financial Market Regulation after the Crisis, CMLRev. 2010, 1317 ff

Müller: Versicherungsbinnenmarkt – Die europäische Integration im Versicherungswesen, München, 1995

Oechsler: Bankenaufsicht nach der Finanzmarktkrise, NZG 2012, 538 ff

Ohler: Der Status von Finanzdienstleistungen in EGV und GATS, ZEuS 2002, 321 ff

Ohler: Europäische Kapital- und Zahlungsverkehrsfreiheit: Kommentar zu den Artikeln 56 bis 60 EGV, der Geldwäscherichtlinie und Überweisungsrichtlinie, Berlin, 2002

Ohler: in: Ruffert (Hrsg.), Europäisches Sektorales Wirtschaftsrecht (EnzEuR Bd. 5), § 10 (Finanzmarktregulierung und -aufsicht), Baden-Baden, 2013

Oppermann/Classen/Nettesheim: Europarecht, 6. Auflage, München, 2014

Panasar/Boeckman (Hrsg.): European Securities Law, Oxford, 2010

Parmentier: Die Entwicklung des europäischen Kapitalmarktrechts 2012–2013, EuZW 2014, 50 ff

Proctor: The Law and Practice of International Banking, Oxford, 2010

Roth: Die Vollendung des Europäischen Binnenmarktes für Versicherungen, NJW 1993, 3028 ff

Rötting/Lang: Das Lamfalussy-Verfahren im Umfeld der Neuordnung der europäischen Finanzaufsichtsstrukturen, EuZW 2012, 8 ff

Rühl: Common Law, Civil Law, and the Single European Market for Insurances, ICLQ, 2006, 879 ff

Schimansky/Bunte/Lwowski (Hrsg.): Bankrechts-Handbuch, Bd. II, 4. Aufl., München, 2011

Schmies: Codes of Conduct in der Bankwirtschaft, ZBB 2003, 277 ff

Schmolke: Der Lamfalussy-Prozess im Europäischen Kapitalmarktrecht – eine Zwischenbilanz, NZG 2005, 912 ff

Schneider: Europäische und internationale Harmonisierung des Bankvertragsrechts, NJW 1991, 1985 ff

Schneider: Inconsistencies and unsolved Problems in the European Banking Union, EuZW 2013, 452 ff

Schnyder: Europäisches Banken- und Versicherungsrecht, Heidelberg, 2005

Schorkopf: Finanzkrisen als Herausforderung der internationalen, europäischen und nationalen Rechtsetzung, VVDStRL 2012, 183 ff

Schulze/Zuleeg/Kadelbach (Hrsg.): Europarecht – Handbuch für die deutsche Rechtspraxis, 3. Aufl., Baden-Baden, 2015

Schwark (Hrsg.): Kapitalmarktrechts-Kommentar, 4. Aufl., München, 2008

Schwarze/Becker/Hatje/Schoo (Hrsg.): EU-Kommentar, 3. Auflage, Baden-Baden, 2012

Schwintowski: MiFID, VVR – Zeit für die Neuorientierung bei den deutschen Finanzdienstleistern, Baden-Baden, 2007

Schwintowski/Schäfer: Bankrecht: Commercial banking – Investment banking, 2. Aufl., Köln, 2004

Sielecki: Creating and Governing an Integrated Market for Retail Banking Services in Europe, Frankfurt aM, 2011

Streinz (Hrsg.): EUV/AEUV: Vertrag über die Europäische Union und Vertrag über die Arbeitsweise der Europäischen Union, München, 2. Auflage, 2012

Strub: Bankdienstleistungen im Binnenmarkt, München, 1994

Stünkel: EG-Grundfreiheiten und Kapitalmärkte: die Auswirkungen der Grundfreiheiten auf die Integration der Sekundärmärkte, Baden-Baden, 2005

Usher: The law of money and financial sevices in the EU, 3rd ed., Oxford, 2008

Valdez/Molyneux: An introduction to global financial markets, 7th ed., Basingstoke, 2013

Veil (Hrsg.): Europäisches Kapitalmarktrecht, Tübingen, 2011

Walker: European Banking Law – Policy and Programme Construction, London, 2007

Weber-Rey/Horak: Europäischer Finanzsektor und Gesetzgebungsverfahren – Ein Zwischenbericht am Beispiel des Versicherungssektors, WM 2013, 721 ff

Weber/Sethe: Äquivalenz als Regelungskriterium im Finanzmarktrecht, SJZ 110 (2014), 569 ff

Wernicke: Privates Bankvertragsrecht im EG-Binnenmarkt, Baden-Baden, 1996

v. Wilmowsky: Europäisches Kreditsicherungsrecht, Tübingen, 1996

Woopen: Banken und Versicherungen im Binnenmarkt – will die EU ihren Bürgern die Märkte wirklich öffnen?, EuZW 2007, 495 ff

Wymeersch: Das neue europäische Finanzmarktregulierungs- und Aufsichtssystem, ZGR 2011, 443 ff

Wymeersch/Hopt/Ferrarini (eds.): Financial Regulation and Supervision, Oxford, 2012

Zäch: Grundzüge des Europäischen Wirtschaftsrechts, 2. Aufl., Zürich, 2005

Zeitler: Vergessene Ursachen der Banken- und Finanzkrise, WM 2012, 673 ff

Zimmermann: Privatrecht im Kapitalmarktrecht der Gemeinschaft, GPR 2008, 38 ff

§ 1
Einführung

A. Branchenübergreifende Darstellung des Finanzdienstleistungsrechts

Das Finanzdienstleistungsrecht der EU (insb. **Bank-, Kapitalmarkt- und Versicherungsrecht**) wird im Folgenden zusammen dargestellt. Dies geschieht nicht nur aus Platzgründen, sondern auch im Interesse der Offenlegung gemeinsamer Grundstrukturen. Außerdem kann damit der wachsenden wirtschaftlichen und aufsichtsrechtlichen **Verflechtung** der verschiedenen Bereiche des Finanzdienstleistungsrechts, die ihren Ausdruck zunehmend auch in branchenübergreifenden Rechtsakten und einer zunehmend koordinierten Finanzaufsicht findet, besser Rechnung getragen werden. Auch die Kommission hat bereits erwogen, eine Durchführbarkeitsstudie betreffend die langfristige Zusammenfassung aller einschlägigen Vorschriften in einem einzigen „Finanzdienstleistungsregelwerk“ in Auftrag zu geben.[1] Zu den Finanzdienstleistungen zählen Bankdienstleistungen (vgl Anh. I RL 2013/36 EU), Zahlungsdienste (vgl Anh. RL 2007/64/EG), Wertpapierdienstleistungen (vgl Anh. I Abschn. A und B RL 2014/65/EU), die betriebliche Altersversorgung (vgl RL 2003/41/EG), Direkt- und Rückversicherungstätigkeiten (vgl die in den ab 1.1.2016 geltenden Anhängen I und II der RL 2009/138/EG aufgeführten Tätigkeiten), die Organisation und der Vertrieb gemeinsamer Kapitalanlagen (Rn 74 ff, 172), die Dienstleistungen von Ratingagenturen (Rn 73, 125), Zentralen Gegenparteien (Rn 84) undTransaktionsregistern (Rn 84), von Datenbereitstellungsdiensten (Rn 72) und von Verwahrstellen (Rn 74 ff).[2] Alle diese Dienstleistungen sind vom Anwendungsbereich der allg. Dienstleistungs-RL 2006/123/EG ausgenommen und unterliegen einer intensiven Sonderregulierung.[3] **Behandelt werden** die aufsichts-, privat- und strafrechtliche Regulierung des Finanzdienstleistungssektors durch die EU unter Hinweis auf die deutschen Umsetzungs- und Ausführungsbestimmungen. Nahezu außer Betracht bleiben die Fragen des Grundrechtsschutzes durch die über Art. 6 EUV nF als gleichrangig mit den Verträgen anerkannte Grundrechtecharta, des Verbraucherschutzes (Rn 61 ff), des Gesellschaftsrechts (Rn 160, 192), des Steuerrechts (Rn 180)[4] und der Währungspolitik (Rn 59).[5] Hinsichtlich der Grundfreiheiten, des Kartell-, Beihilfen- und Vergaberechts wird lediglich auf besondere Aspekte des Finanzdienstleistungssektors eingegangen. 1

1 Grünbuch zur Finanzdienstleistungspolitik (2005–2010), S. 10, Fn 17.

2 Vgl dazu auch Art. 2 lit. b RL 2002/65/EG und Art. 2 II lit. b RL 2006/123/EG sowie die noch weitere Begriffsbestimmung in Abs. 5 lit. a des 5. Protokolls zum GATS v. 27.2.1998 über Finanzdienstleistungen, die etwa auch die Bereitstellung und Übermittlung von Finanzinformationen, die Verarbeitung von Finanzdaten, Kreditauskünfte und Bonitätsprüfungen erfasst.

3 Art. 2 Abs. 2 lit. b und Erwägungsgrund 18 Dienstleistungs-RL 2006/123/EG.

4 So wäre etwa die in Deutschland immer wieder geforderte Wiedereinführung der Börsenumsatzsteuer kaum mit Art. 5 Abs. 2 lit. a RL 2008/7/EG und mit Art. 11 RL 69/335/EWG vereinbar; zu Art. 11 EuGH, Rs. C-569/07 (HSBC Holdings plc), ABl. C-282 v. 21.11.2009, S. 2 und EuGH, Rs. C-415/02 (Kommission/Belgien), Slg 2004 I-7215; zur geplanten Finanztransaktionssteuer (KOM(2013) 71 endg.) *Liepe/Pielka/Malaviya*, WM 2013, 1344 ff, *Sester*, WM 2012, 529 ff und *Wernsmann/Zirkl*, EuZW 167 ff.

5 Siehe dazu die Beiträge von *Schulte-Nölke* (Verbraucherrecht, § 23), *Möllers* (Gesellschaftsrecht, § 18), *Wernsmann* (Steuerrecht, § 30) und *Gaitanides/Hettinger* (Geld- und Währungsrecht, § 31), in: Schulze/Zuleeg/Kadelbach (Hrsg.), Europarecht – Handbuch für die deutsche Rechtspraxis, 3. Aufl., Baden-Baden, 2015.

B. Entwicklungslinien im EU-Finanzdienstleistungsrecht

2 Der Finanzdienstleistungssektor hat seit dem 2. Weltkrieg ökonomisch eine Multinationalisierung, Verbreiterung und Revolutionierung des Geschäfts sowie eine Globalisierung der Märkte erlebt.[6] Für die damalige EWG hat bereits der sog. **Segré-Bericht**[7] aus dem Jahre 1966 die herausragende Bedeutung des Kapitalmarkts für die Unternehmensfinanzierung betont sowie zur Schaffung einer größeren Marktliquidität die Öffnung und Integration der engen nationalen Kapitalmärkte gefordert. Die zunächst anvisierte **Totalharmonisierung**[8] des Aufsichtsrechts über Kreditinstitute mit einer europaweit agierenden Aufsichtsbehörde scheiterte insb. am Widerstand Großbritanniens.[9] Mit dem Weißbuch der Europäischen Kommission zur Vollendung des Binnenmarkts (Art. 26 AEUV) und der Einheitlichen Europäischen Akte vom 28.2.1986 erfolgte dann der Übergang zum Konzept eines die Grundfreiheiten verwirklichenden **Finanzbinnenmarkts.**[10] Seither ist das EU-Finanzdienstleistungsrecht durch das Sitzlandprinzip (Rn 96 ff) und eine weite Bereiche erfassende **Mindestharmonisierung** der nationalen Aufsichtsrechte (Rn 91 f) gekennzeichnet. Das Aufsichtsrecht der EWG bzw später der EG beschäftigte sich seit Mitte der 1960er Jahre zunächst mit den Versicherungen und Einlagenkreditinstituten und erst seit 1993 zur Vermeidung von Wettbewerbsverzerrungen auch mit den Wertpapierdienstleistungsunternehmen. Die Rechtsetzung erfasste mit der Verbraucherkredit-RL 87/102/EWG (jetzt RL 2008/48/EG), der Überweisungs-RL 97/5/EG (jetzt RL 2007/64/EG), der Finalitäts-RL 98/26/EG, den Insolvenz-RL 2001/17/EG bzw 2001/24/EG, der Finanzsicherheiten-RL 2002/47/EG und der Fernabsatz-Finanzdienstleistungs-RL 2002/65/EG auch das Privatrecht.

3 Mit dem Aktionsplan für den Finanzbinnenmarkt vom 11.5.1999 (**FSAP**)[11] wurde die Regulierung im Rahmen des seit 1986 verfolgten Binnenmarktansatzes noch erheblich verstärkt und beschleunigt. Es kam zur Kodifikation von Teilbereichen[12] und wenig später wieder zu einer teilweisen Dekodifikation.[13] Zwischen 2002 und 2010 (Wertpapierdienstleistungen) bzw zwischen 2005 und 2010 (andere Finanzdienstleis-

6 Dazu *Möschel*, in: Fehl (Hrsg.), Probleme, 1990, S. 151 ff.

7 Kommission der Europäischen Gemeinschaften, Der Aufbau eines europäischen Kapitalmarkts: Bericht einer von der EWG-Kommission eingesetzten Sachverständigengruppe, 1966.

8 S. dazu etwa den Kommissionse. einer RL zur Koordinierung der Rechts- und Verwaltungsvorschriften für die Aufnahme und Ausübung der selbständigen Tätigkeit der Kreditinstitute vom Juli 1972, Dok. XIV/508/72-D.

9 Dazu nur *Horn*, ZBB 1989, 107, 111.

10 S. dazu die Mitteilung der Kommission zur Schaffung eines europäischen Finanzraums KOM(87) 550 endg., Ratsdokument 9510/87, BR-Drucks. 509/87 v. 16.11.1987; *Servais*, Ein Europäischer Finanzraum, 3. Aufl. 1995.

11 KOM(1999) 232 endg.; s. zur Planverwirklichung auf EU-Ebene und den Umsetzungsmaßnahmen in Deutschland die Datenbankangaben unter http://ec.europa.eu/internal_market/finances/actionplan/transposition/database/germany_en.htm; zu den Wirkungen des Aktionsplans s. den Bericht von *Malcolm/Tilden/Wilsdon*, Evaluation of the economic impacts of the Financial Services Action Plan, London 2009.

12 S. dazu die kodifizierenden RL 2000/12/EG – jetzt 2013/36/EU (Kreditinstitute), 2002/83/EG (Lebensversicherung), 2001/34/EG (Kapitalmarktpublizität), 2004/39/EG – ab 3.1.2017 RL 2014/65/EU (Wertpapierhandel) und 2009/138/EG (Versicherungsunternehmen).

13 Dies gilt insb. für die Kapitalmarktpublizitäts-RL 2001/34/EG, die nur kurze Zeit nach ihrem Erlass bereits wieder weitgehend aufgehoben wurde, da die meisten Regelungsmaterien in andere RL (Prospekt-RL 2003/71/EG und Transparenz-RL II 2004/109/EG) überführt wurden; mit Recht krit. *Sousi*, Recueil Dalloz 2003, S. 2219.

tungen)[14] vollzog sich die Rechtsetzung und Durchführung im vierstufigen sog. **Lamfalussy-Prozess.**[15]

Seit geraumer Zeit ist die rechtsangleichende und -vereinheitlichende Finanzmarktregulierung der EU durch eine **formelle Überregulierung** von ausgesprochen technischer Natur[16] mit einem selbst für den überzeugten Europäer fragwürdigen Verhältnis von Nutzen und Aufwand in Rechtsetzung, Umsetzung und Durchsetzung gekennzeichnet. Die unablässige und rasche Folge kleiner, zunehmend differenzierter,[17] nicht hinreichend aufeinander abgestimmter, sich überlagernder sowie der politischen Konjunktur und intensiven Lobbyarbeit[18] unterliegender Integrationsschritte im Geflecht von politischen Grundsatzbeschlüssen, Ankündigungen, Anhörungen, Expertenberichten, Grün- und Weißbüchern, Aktionsplänen, Mitteilungen, Bekanntmachungen, Leitlinien, Empfehlungen, Erwägungsgründen, Rahmen- und Durchführungsregelungen, Gesetzgebungsakten und Delegierten Rechtsakten, Änderungen, Konsolidierungen, Aufhebungen, kleinen und großen Ausnahmeregelungen, Optionsregelungen für Mitgliedstaaten und Unternehmen, uneinheitlichen Begriffskatalogen, Kodifikationen, Dekodifikationen, Übergangsregelungen, ausdifferenzierten Inkraftsetzungen, Umsetzungen, ständigen Evaluationen, Peer-Reviews, Berichten etc. erschwert nicht allein die sorgfältige wissenschaftliche Aufbereitung und Strukturierung der Materie. Sie führt auch zu Ungleichbehandlungen[19] und bereitet gerade auch den betroffenen Unternehmen und ihren immer größer werdenden Compliance-Abteilungen **erhebliche Kosten und Probleme.**[20] Die vor diesem Hintergrund sehr löbliche Absicht der EU-Kommission, sich auf Anraten von vier Sachverständigenkommissionen bis 2010 vor allem auf die Konsolidierung, Verbesserung und Umsetzung des Erreichten beschränken zu wollen,[21] hat immerhin zu einer Zusammenführung der versicherungsrechtlichen Richtlinien in der RL 2009/138/EG geführt. 4

Durch die **Finanzkrise** seit 2008 sowie die darauf folgende Eurokrise wurden die Konsolidierungspläne durchkreuzt. Im Oktober 2008 wurde als beratendes ad hoc-Gremium zu Fragen der Regulierung des Finanzsektors die High-Level Group on Fi- 5

14 Erstreckung durch entsprechende Beschlüsse der Kommission und die RL 2005/1/EG.

15 S. dazu *Jung*, in: Schulze/Zuleeg/Kadelbach (Hrsg.), Europarecht – Handbuch für die deutsche Rechtspraxis, 2. Aufl., Baden-Baden, 2010, § 20, Rn 3 und den Schlussbericht des Ausschusses der Weisen über die Regulierung der europäischen Wertpapiermärkte v. 15.2.2001, Text abrufbar unter: http://ec.europa.eu/internal_market/securities/docs/lamfalussy/wisemen/final-report-wise-men_de.pdf.

16 Krit. auch *Reifner*, in: Derleder/Knops/Bamberger (Hrsg.), Hdb zum dt. und europ. BankR, 2. Aufl. 2009, § 72, Rn 19 f („die Bezugnahme auf die Anglizismen betriebswirtschaftlicher Produktkategorien ... erzeugt einen unangebrachten Experteneffekt").

17 So gelten etwa der ESM-Vertrag (Rn 14), der SKS-Vertrag (Rn 14) und die Rechtsakte der sog. Bankenunion (Rn 7) nicht für alle EU-Mitgliedstaaten.

18 Dazu *Hertig*, ZBB 2011, 329 ff und *Ullner*, EuR 2014, 346 ff.

19 Zur Zulässigkeit solcher unvermeidbaren und im Rahmen des Ermessensspielraums der Unionsorgane liegenden Ungleichbehandlungen EuGH, Rs. C-63/89 (Assurances du Credit SA), Slg 1991, I-1799, Rn 10 ff.

20 Im Grünbuch zur Finanzdienstleistungspolitik (2005–2010), S. 6 räumt auch die Kommission „beträchtliche ex-ante-Anpassungskosten" ein; s. dazu auch den Bericht "Study on the Cost of Compliance with Selected FSAP Measures – Final Report by Europe Economics" v. 5.1.2009; zur Perspektive eines Versicherungsunternehmens *Glaesner*, in: Jung/Schwarze (Hrsg.), Finanzmarktregulierung in der Krise, S. 113 ff.

21 S. zu dieser als „dynamische Konsolidierung" bezeichneten Strategie das Grünbuch zur Finanzdienstleistungspolitik (2005–2010), KOM(2005) 177 und das Weißbuch zur Finanzdienstleistungspolitik für die Jahre 2005–2010; auch das Grünbuch zum Ausbau des europäischen Rahmens für Investmentfonds (Mitteilung KOM(2005) 314) legte das Schwergewicht auf die Analyse und enthielt insb. keine Pläne zur Ausarbeitung weiterer Richtlinien.

nancial Supervision in the EU (sog. de Larosière-Gruppe) eingesetzt, die im Februar 2009 ihren Abschlussbericht mit umfangreichen Reformvorschlägen vorlegte.[22] Auf dieser Grundlage und im Lichte der Beschlüsse des G20-Gipfels von Pittsburgh vom 24./25.9.2009 kündigte die Kommission am 2.6.2010 ein ehrgeiziges und umfassendes Paket legislativer Maßnahmen an, das ursprünglich bereits bis Ende 2011 verabschiedet und bis Ende 2012 in nationales Recht umgesetzt werden sollte.[23] Dieser Ankündigung folgte ein bislang beispielloser Regulierungsaktivismus,[24] der sowohl zu einer Reform des institutionellen und verfahrensmäßigen Rahmens (Rn 7, 10 ff) als auch zur Änderung zahlreicher materieller Regelungen geführt hat und führen wird (s. v.a. Rn 6 ff, 65, 70 ff, 76, 84, 112, 122, 124 ff, 127 ff, 143, 146, 149, 162 ff, 169 ff, 197, 199 ff, 202, 203 und 221).

6 Im materiellen Aufsichtsrecht strebt die EU neuerdings wieder nach einer **Vollharmonisierung** („Single Rule Book"), die ihren Ausdruck auch in einer vermehrten Regulierung mittels direkt anwendbarer Verordnungen[25] findet, die den Mitgliedstaaten allerdings bisweilen in eng umschriebenen Bereichen noch Raum zum Erlass strengerer Vorschriften lassen (s. zB Erwägungsgrund 12, 16 sowie Art. 124 Abs. 2 und 3 VO (EU) Nr. 575/2013). Darüber hinaus sollen verbindliche technische Regulierungs- und Durchführungsstandards zu einem einheitlichen europäischen Regelwerk der Rechtsvorschriften über Finanzdienstleistungen beitragen (s. Erwägungsgründe 9 ff RL 2010/78/EU sowie Art. 8 Abs. 1 lit. a, b und Art. 10 ff bzw 15 ESA-VO (EU) Nr. 1093-1095/2010). Hierzu ermächtigt die sog. Omnibus I-RL 2010/78/EU durch eine Änderung diverser aufsichtsrechtlicher Richtlinien die jeweils zuständige europäische Aufsichtsbehörde zur Ausarbeitung und die EU-Kommission zum Erlass dieser Standards für bestimmte Bereiche in Form von Delegierten Verordnungen und Durchführungsverordnungen (Art. 290 f AEUV), sog. technische Regulierungsstandards (RTS) und technische Durchführungsstandards (ITS). Inzwischen sind zahlreiche derartige Verordnungen ohne Gesetzescharakter ergangen, die in der Übersicht des Sekundärrechts zwar weitgehend aufgeführt sind, in der folgenden Darstellung aus Platzgründen und aufgrund ihrer Wandelbarkeit aber nur zu einem kleineren Teil berücksichtigt werden konnten.[26] Mit der sog. Omnibus II-RL 2014/51/EU wurden durch die Änderung der Prospekt- und der Solvabilität II-RL die Befugnisse der ESMA und EIOPA zur Entwicklung von technischen Standards ausgedehnt und die Schlichtungskompetenz für die EIOPA im Bereich der Solvabilität II-RL konkretisiert. Die einheitliche Anwendung des EU-Rechts soll schließlich noch durch den Erlass von nicht bindenden Leitlinien und Empfehlungen erreicht werden, welche sich nach dem „Comply or explain"-Prinzip an die zuständigen nationalen Behörden und auch an die Finanzinstitute richten (Art. 16 Abs. 3 Unterabs. 2 und 3 ESA-VO). Im

22 The High-Level Group on Financial Supervision in the EU, Report, 25.2.2009, abrufbar unter http://ec.europa.eu/internal_market/finances/docs/de_larosiere_report_de.pdf.

23 Kom(2010) 301 endg.

24 Eine chronologische Übersicht findet sich unter http://ec.europa.eu/internal_market/publications/docs/financial-reform-for-growth_de.pdf.

25 S. zB VO (EU) Nr. 575/2013 (CRR), VO (EU) Nr. 648/2012 (EMIR), VO (EU) Nr. 1060/2009 (CRA I), VO (EU) Nr. 600/2014 (MiFIR), VO (EU) Nr. 596/2014 (MAR).

26 S. zB die Liste der RTS und ITS zu CRD IV und CRR (abrufbar unter http://ec.europa.eu/internal_market/bank/regcapital/acts_en.htm#rts).

Bereich der Aufsicht über Ratingagenturen (Rn 73) und Transaktionsregister (Rn 84) wurde inzwischen sogar eine **Totalharmonisierung** (Rn 2) verwirklicht (Rn 101).

Bis zu den Neuwahlen zum Europaparlament im Mai 2014 arbeitete der Europäische Gesetzgeber zudem mit Hochdruck an der sog. **Bankenunion**[27], welche die Banken im EWR und speziell in den sog. SSM-Staaten, dh im Euroraum und fakultativ in weiteren Mitgliedstaaten, widerstandsfähiger machen soll, damit sie künftig in einer Krise nicht mehr mit Steuergeldern aufgefangen werden müssen. Hierzu wird in einem ersten Schritt (sog. 1. Säule) ein einheitlicher Aufsichtsmechanismus eingerichtet (**Single Supervisory Mechanism, SSM**),[28] um in allen Mitgliedstaaten eine kohärente, gleichmäßige und von aufsichtsfremden Überlegungen freie Bankenaufsicht sicherzustellen (Erwägungsgrund 9 RL 2013/36/EU). In Ergänzung der hierzu bereits seit 2010 im Europäischen Finanzaufsichtssystem eingeleiteten Maßnahmen (Rn 11 f) wurde der EZB mit der VO (EU) Nr. 1024/2013 insb. die letztinstanzliche Zuständigkeit für die Zulassung, den Entzug der Zulassung und die laufende Beaufsichtigung aller Kreditinstitute (Rn 65) aus Mitgliedstaaten der Bankenunion (derzeit ca. 6000) übertragen (Art. 4 Abs. 1, Art. 14). Bei der Wahrnehmung ihrer Aufgaben ab November 2014 arbeitet die EZB eng mit den zuständigen nationalen Aufsichtsbehörden (National Competent Authorities, NCAs) zusammen, wobei sie zugleich für das wirksame und einheitliche Funktionieren des SSM verantwortlich ist (Art. 6). Dabei wird sich die EZB insb. um die Aufsicht über die bedeutendsten Kreditinstitute im SSM-Raum (derzeit 128) kümmern,[29] kann jederzeit aber auch die Aufsicht über einzelne Kreditinstitute von untergeordneter Bedeutung selbst übernehmen. Detaillierte Ausführungsbestimmungen enthält die SSM-Rahmenverordnung (EU) Nr. 468/2014. Die 2. Säule der Bankenunion soll der einheitliche Abwicklungsmechanismus für Banken (**Single Resolution Mechanism, SRM**) bilden. Ihr zentraler Bestandteil ist die heftig diskutierte und für alle Mitgliedstaaten geltende RL 2014/59/EU betreffend die Sanierung und Abwicklung von Kreditinstituten und Wertpapierfirmen (**BRRD**). Diese wird in den Euro-Ländern und den sich freiwillig der EZB-Kontrolle unterstellenden Mitgliedstaaten (sog. teilnehmenden Mitgliedstaaten)[30] ergänzt durch die VO (EU) Nr. 806/2014 zur Festlegung einheitlicher Vorschriften und eines einheitlichen Verfahrens für die Abwicklung von Kreditinstituten und bestimmten Wertpapierfirmen (**SRM-VO**). Während die BRRD mit der Einrichtung nationaler Abwicklungsbehörden sowie nationaler Abwicklungsfonds (sog. Abwicklungsfinanzierungsmechanismen; näher Rn 164) einen dezentralen Ansatz verfolgt, sieht die SRM-VO eine zentralisierte institutionelle Abwicklung mit einem europäischen Abwicklungsfonds vor (sog. Single Resolution Fund, SRF), der vorbehaltlich eines hierzu noch zu schlie- 7

27 S. dazu auch die Vorschläge für eine europäische Bankenunion (EBU) in der Entschließung des Europäischen Parlaments v. 13.9.2012 zu dem Thema „Auf dem Weg zu einer Bankenunion", ABl. C 353E v. 3.12.2013, S. 138; dazu etwa *Binder*, ZBB 2013, 297 ff; *Peters*, WM 2014, 396 ff und *Ruthig*, ZHR 2014, 443 ff; zum die Bankenunion betreffenden Maßnahmenpaket der Bundesregierung s. die Pressemitteilung des BMF v. 9.7.2014.

28 *Tröger*, ZBB 2013, 373 ff; *Wolfers/Voland*, BKR 2014, 177 ff.

29 Die EZB hat im Herbst 2014 hinsichtlich der bedeutenden Banken insb. zusammen mit der EBA einen sog. Stresstest und zusammen mit den nationalen Aufsichtsbehörden eine Prüfung der Aktiva-Qualität (AQR) durchgeführt.

30 Teilnehmende Mitgliedstaaten sind nach Art. 2 Nr. 1 VO (EU) Nr. 1024/2013 zum einen Euro-Staaten und zum anderen Nicht-Euro-Staaten, die nach Art. 7 mit der EZB eng zusammenarbeiten.

ßenden Übereinkommens zwischen den teilnehmenden Mitgliedstaaten (Art. 1 Abs. 3 SRM-VO) innerhalb von acht Jahren mit 1 % aller gedeckten Vermögen, d.h. mit rund 55 Mrd. EUR, ausgestattet und schrittweise vergemeinschaftet werden soll (näher Rn 165). Die BRRD verlangt von den Banken die Erstellung von Sanierungs- und Abwicklungsplänen (Rn 124 ff) und stellt sicher, dass die Behörden über die nötigen Instrumente verfügen, um bei sich abzeichnenden Problemen bereits in einem frühen Stadium effektiv eingreifen zu können. Einer in Schieflage geratenen Bank sollen die für die Fortführung der Geschäftstätigkeit benötigten Mittel in der Regel von vorfinanzierten nationalen Abwicklungsfonds sowie durch Beiträge der Anteilseigner und Gläubiger (sog. „Bail-in"-Mechanismus) zumindest solange zugeführt werden, bis sie geordnet abgewickelt werden können. Die Entscheidung über die Anwendung des SRM auf ein Kreditinstitut oder eine Wertpapierfirma soll der EZB zustehen. Die 3. Säule der Bankenunion bildet die harmonisierte dezentrale Einlagensicherung über einen oder mehrere vorfinanzierte nationale Sicherungsfonds (**Deposit Guarantee Schemes, DGS**). Hierzu wurde eine neue Einlagensicherungs-RL 2014/49/EU erlassen, welche die Vorgänger-RL 94/19/EG mit Wirkung vom 4.7.2019 aufhebt (Rn 169 ff). Schließlich soll mit einer 4. Säule in Zukunft die Möglichkeit bestehen, Banken, welche unmittelbar durch die EZB beaufsichtigt werden (Rn 7), durch den ESM direkt zu rekapitalisieren. Die sog. Bankenunion wirft schwierige primärrechtliche Fragen rund um die sog. differenzierte Integration[31] auf und zwingt im Sekundärrecht zu weiteren Unterscheidungen (Rn 101).

8 Der europäische Gesetzgeber dürfte seine hohe Schlagzahl beim Erlass neuer Regelungen im Finanzdienstleistungsrecht auch in den kommenden Monaten und Jahren beibehalten. So stehen Vorschläge für eine VO über Basisinformationsblätter für Anlageprodukte (PRIIPs; s. Rn 146),[32] für eine RL über Zahlungskonten (s. Rn 191),[33] für eine VO zur Verbesserung der Wertpapierabrechnungen in der EU[34] und für eine Reform (Organisation, Aufgaben und Haftung von Verwahrstellen, Vergütungspolitik, Sanktionen) der OGAW-RL (OGAW V)[35] kurz vor der Verabschiedung. Ferner liegen insbesondere[36] Vorschläge für eine Revision der Zahlungsdienste-RL (PSD II),[37] für eine VO über langfristige Investmentfonds (ELTIF),[38] für eine Neufassung

31 Zur Bankenunion als verdeckter Umwandlung der EU in einen Bundesstaat Seidel, EuZW 2013, 841 f; vgl zum ESM EuGH, Rs. C-370/12 (Pringle), NJW 2013, 29; zur differenzierten Integration *Jung*, in Jung/Baldus (Hrsg.), Differenzierte Integration im Gemeinschaftsprivatrecht, 2007, S. 1 ff.

32 Vorschlag KOM(2012) 352 endg. v. 3.7.2012; Annahme aller Änderungen des Europäischen Parlaments vom 15.4.2014 durch die Kommission am 9.7.2014; dazu *Seitz/Juhnke/Seibold*, BKR 2013, 1 ff; *Müchler*, WM 2012, 974 ff; *Schäfer/Schäfer*, ZBB 2013, 23 ff; *Podewils*, ZBB 2011, 169 ff.

33 KOM(2013) 266 endg. v. 8.5.2013; Annahme aller Änderungen des Europäischen Parlaments vom 15.4.2014 durch die Kommission am 9.7.2014 und Zustimmung des Rates am 23.7.2014; dazu *Günther*, WM 2014, 1369 ff.

34 KOM(2012) 73 endg. v. 7.3.2012; Annahme aller Änderungen des Europäischen Parlaments vom 15.4.2014 durch die Kommission am 9.7.2014 und Zustimmung des Rates am 23.7.2014.

35 KOM(2012) 350 endg. v. 3.7.2012; Annahme aller Änderungen des Europäischen Parlaments vom 15.4.2014 durch die Kommission am 9.7.2014 und Zustimmung des Rates am 23.7.2014; dazu *Jesch*, BB 2012, 2895, 2896 f.

36 Zu weiteren Vorschlägen s. die eingangs dieses Beitrags abgedruckte Liste.

37 KOM(2013) 547 endg. v. 24.7.2013; dazu *Linardatos*, WM 2014, 300 ff und *Spindler/Zahrte*, BKR 2014, 265 ff.

38 KOM(2013) 462 endg. v. 26.6.2013.

der Versicherungsvermittlungs-RL (IMD II)[39] und der Pensionsfonds-RL (EbAV II),[40] für eine VO über Geldmarktfonds,[41] für eine VO über Interbankenentgelte für kartengebundene Zahlungsvorägnge (MIF),[42] eine VO zur Übermittlung von Angaben bei Geldtransfers[43] und für eine sog. Trennbanken-VO[44] auf dem Tisch. Schließlich sind noch Regulierungen in den Bereichen Crowdfunding[45] und Schattenbanking[46] sowie zur Systemrelevanz von OGAW und ihren Anlagetechniken (OGAW VI)[47] angedacht.

Trotz einiger Erfolge bei der Rechtsangleichung, der wechselseitigen Anerkennung der Aufsichtsmaßnahmen und der behördlichen Zusammenarbeit konnte die vollständige Integration der Finanzdienstleistungsmärkte und die damit einhergehende Verhinderung der Aufsichtsarbitrage[48] bis heute nicht verwirklicht werden.[49] Das **Sitzlandprinzip** unterliegt zahlreichen Einschränkungen und Ausnahmen (Rn 96 ff). Da die Finanzprodukte als Rechtsprodukte[50] vollständig in die nationalen Rechtsordnungen eingebunden sind, bekommen ihre Anbieter die **Rechtsunterschiede**, die primärrechtlich wegen der berührten Allgemeininteressen und sekundärrechtlich wegen der grds. lediglich punktuellen Mindestharmonisierung (Rn 91 f) fortbestehen, in besonderer Weise als Beschränkungen ihrer Dienstleistungsfreiheit zu spüren. Abhilfe könnte hier nur die schrittweise angestrebte vollständige Vereinheitlichung der Rechtsregeln und ihrer Anwendung schaffen (s. Rn 6 f). Über die aktuellen Entwicklungen informiert die EU-Kommission in einem jährlichen European Financial Stability and Integration Report (**EFSIR**).[51] 9

C. Europäische Einrichtungen im Finanzdienstleistungsbereich

I. Europäische Zentralbank[52]

Das Europäische System der Zentralbanken (ESZB), bestehend aus der Europäischen Zentralbank (EZB) und den nationalen Zentralbanken (Art. 282 Abs. 1 AEUV), hat nach Art. 127 Abs. 5 AEUV u.a. die Aufgabe, zur reibungslosen Durchführung der 10

39 KOM(2012) 360 endg. v. 3.6.2012; dazu *Werber*, VersR 2012, 1467 ff.
40 KOM(2014) 167 endg. v. 27.3.2014.
41 KOM(2013) 615 endg. v. 4.9.2013.
42 KOM(2013) 550 endg.v. 24.7.2013.
43 KOM(2013) 44 endg. v. 5.2.2013.
44 KOM(2014) 43 endg. v. 29.1.2014; dazu und zum sog. Liikanen-Report v. 2.10.2012 *Schelo/Steck*, ZBB 2013, 227 ff.
45 S. dazu die Mitteilung der Kommission KOM(2014) 172 endg. v. 27.3.2014.
46 S. dazu die Mitteilung der Kommission KOM(2013) 614 endg. v. 4.9.2013.
47 S. dazu das Konsultationspapier v. 26.7.2012 „Organismen für gemeinsame Anlagen in Wertpapieren (OGAW) – Produktvorschriften, Liquiditätsmanagement, Verwahrstelle, Geldmarktfonds, langfristige Anlagen (OGAW VI)".
48 S. dazu etwa Erwägungsgrund 14 VO (EU) Nr. 575/2013.
49 Im Grünbuch zur Finanzdienstleistungspolitik (2005–2010), S. 6 spricht auch die Kommission von teilweise fragmentierten und undurchdringbaren Märkten, so dass im Finanzdienstleistungsbereich noch „viel zu tun" bleibe.
50 S. dazu für Versicherungen *Dreher*, Die Versicherung als Rechtsprodukt, S. 145 ff und passim.
51 Bis 2007 Financial Integration Monitor und Single Market in Financial Services Progress Report; bis 2009 European Financial Integration Report.
52 *Athanassiou*, in: Jung/Schwarze (Hrsg.), Finanzmarktregulierung in der Krise, S. 71 ff; *Gaitanides/Hettinger*, in: Schulze/Zuleeg/Kadelbach (Hrsg.), Europarecht – Handbuch für die deutsche Rechtspraxis, 3. Aufl., Baden-Baden, 2015, § 31; *Ladler*, GPR 2013, 328 ff; *Peters*, WM 2014, 396 ff und *U. H. Schneider*, EuZW 2013, 452 ff.

von den zuständigen Behörden auf dem Gebiet der Aufsicht über die Kreditinstitute und der Stabilität des Finanzsystems ergriffenen Maßnahmen beizutragen. Hierzu können der EZB vom Rat der EU nach Anhörung des Europäischen Parlaments und der EZB gemäß Art. 127 Abs. 6 AEUV besondere Aufgaben im Zusammenhang mit der Aufsicht über Kreditinstitute und sonstige Finanzinstitute mit Ausnahme von Versicherungsunternehmen übertragen werden. Von dieser Kompetenz hat der Rat im Nachgang zur jüngsten Finanzkrise Gebrauch gemacht und der EZB zunächst eine Schlüsselrolle in der makroprudentiellen Aufsicht des europäischen Finanzsystems eingeräumt (VO (EU) Nr. 1096/2010).[53] So ist die EZB auch personell auf verschiedenen Stufen mit dem **Europäischen Ausschuss für Systemrisiken** (European Systemic Risk Board, ESRB, Rn 11) verbunden (VO (EU) Nr. 1096/2010). Zur Stabilisierung des Finanzsystems kann das ESZB nach Maßgabe des sog. OMT-Beschl.[54] zudem Staatsanleihen ankaufen.[55] Gemeinsam mit der EU-Kommission erstattet die EZB den jährlichen Bericht zur Europäischen Finanzmarktstabilität und -integration (EFSIR). Schließlich hat der Rat der EZB gemäß Art. 127 Abs. 6 AEUV mit der VO (EU) Nr. 1024/2013 die zentrale Rolle im einheitlichen Aufsichtsmechanismus (**SSM**) zugewiesen (Rn 7). Die Wahrnehmung der neuen Aufsichtsfunktionen ab November 2014 ist dabei von den traditionellen geldpolitischen Aufgaben durch die Schaffung eines insb. auch personell eigenständigen Aufsichtsgremiums zu trennen (Art. 25 f VO (EU) Nr. 1024/2013). Zur Sicherstellung dieser namentlich in Krisenzeiten nicht einfach durchzuhaltenden wichtigen Trennung hat die EZB eine Schlichtungsstelle einzurichten.

II. Europäisches Finanzaufsichtssystem (ESFS)[56]

11 Zum 1.1.2011 wurde das European System of Financial Supervision (ESFS) eingerichtet. Es soll als Antwort auf die im Zuge der vorangegangenen Finanzkrise festgestellten Schwachstellen der europäischen Finanzdienstleistungsaufsicht die angemessene Anwendung der für den Finanzsektor geltenden Vorschriften gewährleisten (s. jeweils Art. 2 Abs. 2 VO (EU) Nr. 1093, 1094 und 1095/2010). Das ESFS besteht zunächst auf Ebene der **Makroaufsicht** (dazu VO (EU) Nr. 1092/2010 und VO (EU) Nr. 1096/2010) aus dem bei der EZB (Rn 10) angesiedelten unabhängigen Europäischen Ausschuss für Systemrisiken (European Systemic Risk Board, **ESRB**, Frankfurt/M).[57] Aufgabe des nicht mit einer eigenen Rechtspersönlichkeit ausgestatteten ESRB ist es, die Risiken aller Institute, Märkte, Marktinfrastrukturen und Produkte im Finanzbereich für die Stabilität des gesamten Finanzsystems zu überwachen, zu bewerten und vor ihnen zu warnen (Art. 3 iVm Art. 2 lit. b VO (EU) Nr. 1092/2010 und VO (EU) Nr. 1096/2010). Der ESRB hat eine primär beratende Funktion, wobei

53 *Mayer*, ZBB 2011, 25 ff.

54 Beschluss des EZB-Rates v. 6.9.2012 über Technical features of Outright Monetary Transactions.

55 Zur fehlenden unmittelbaren Betroffenheit der gegen den Ankauf klagenden EU-Bürger EuG T-492/12 EuZW 2014, 156; s. auch noch den Vorlagebeschl. des BVerfG zum OMT-Beschl. (BVerfG 2 BvR 2728/13 v. 14.1.2014 EuZW 2014, 192; dazu *Herrmann*, EuZW 2014, 161 f).

56 *Naumann*, IRZ 2014, 45 ff; *Walla*, BKR 2012, 265 ff; *Fischer-Appelt*, Law and Financial Markets Review 2011, 21 ff; *Lehmann/Manger-Nestler*, EuZW 2010, 87 ff; *dies.*, ZBB 2014, 2 ff; *Lembke*, Eine Aufsichtsbehörde für den europäischen Kapitalmarkt, Frankfurt/M, 2010; *Sonder*, BKR 2012, 8 ff.

57 Näher *Kaufhold*, WM 2013, 1877 ff.

er auch an die Adresse der Mitgliedstaaten, der ESA (Rn 12) oder der nationalen Aufsichtsbehörden vertrauliche allg. oder spezifische Warnungen bzw konkrete Empfehlungen mit einem zeitlichen Rahmen für die zu treffenden politischen Maßnahmen abgeben kann (Art. 16 VO (EU) Nr. 1092/2010). Die konkrete Umsetzung bzw die Nichtumsetzung von Empfehlungen haben die Adressaten gegenüber dem ESRB und dem Rates zu begründen („comply or explain"). Nach vorgängiger Anhörung des Rates kann der Verwaltungsrat des ESRB mit einer Zweidrittelmehrheit Warnungen und Empfehlungen auch veröffentlichen (Art. 18 VO (EU) Nr. 1092/2010).

Auf Ebene der **Mikroaufsicht** über einzelne Finanzdienstleistungsunternehmen besteht der ESFS nach Art. 1 Abs. 3 VO (EU) Nr. 1092/2010 nebst den **Aufsichtsbehörden der Mitgliedstaaten** (Art. 1 Abs. 3 lit. f VO (EU) Nr. 1092/2010) aus drei selbständigen europäischen Finanzaufsichtsbehörden (European Supervisory Authorities, **ESA**), dh der Europäischen Bankaufsichtsbehörde (**EBA**, London; VO (EU) Nr. 1093/2010), der Europäischen Wertpapier- und Marktaufsichtsbehörde (**ESMA**, Paris; VO (EU) Nr. 1095/2010) und der Europäischen Aufsichtsbehörde für das Versicherungswesen und die betriebliche Altersversorgung (**EIOPA**, Frankfurt/M.; VO (EU) Nr. 1094/2010). Die ESA ersetzen das Committee of European Banking Supervisors (CEBS; vormals European Banking Committee – EBC), das Committee of European Securities Regulators (CESR; vormals European Securities Committee – ESC) und das Committee of European Insurance and Occupational Pensions Supervisors (CEIOPS; vormals European Insurance and Occupational Pensions Committee – EIOPC). Die **Aufgaben der drei ESA** (Übersicht in Art. 8 ESA-VO (EU) Nr. 1093-1095/2010) bestehen insb. darin, der Kommission Vorschläge für technische Regulierungs- und Durchführungsstandards zu unterbreiten (Art. 10 ff), die kohärente, effiziente und wirksame Anwendung des EU-Aufsichtsrechts zu gewährleisten (Art. 8 Abs. 1 lit. b, Art. 21; s. auch Rn 6), an Behörden und Institute gerichtete Leitlinien und Empfehlungen („comply or explain") auszuarbeiten (Art. 16; s. auch Rn 6), vergleichende Analysen (sog. Peer-Reviews) zu erstellen (Art. 8 Abs. 1 lit. e), den Verbraucherschutz zu fördern (Art. 9), zum effizienten, wirksamen und kohärenten Funktionieren der Aufsichtskollegien (zu diesen s. Art. 116 RL 2013/36/EU) beizutragen (Art. 21) sowie auch Meinungsstreitigkeiten zwischen den nationalen Aufsichtsbehörden verbindlich zu entscheiden (s. Art. 8 Abs. 1 lit. b, Art. 19). Die gegenseitige Information der drei ESA, die sektorübergreifende Abstimmung insb. in Bezug auf Finanzkonglomerate, Rechnungslegung, Rechnungsprüfung, Geldwäsche und Anlageprodukte für Kleinanleger sowie die Beilegung von sektorübergreifenden Meinungsverschiedenheiten zwischen den zuständigen Behörden erfolgt über den **Gemeinsamen Ausschuss der Europäischen Aufsichtsbehörden** (Joint Committee of the European Supervisory Authorities, Art. 1 Abs. 3 lit. e VO (EU) Nr. 1092/2010 sowie Art. 20, 22 Abs. 5, 32 Abs. 4, 54 ff VO (EU) Nr. 1093-1095/2010). Als weitere gemeinsame Einrichtung der drei ESA besteht zudem ein **Beschwerdeausschuss** (Board of Appeal of the European Supervisory Authorities). 12

III. Europäischer Stabilitätsmechanismus (ESM)[58]

13 Der Europäische Stabilitätsmechanismus (European Stability Mechanism, ESM) ist eine von der Steuer und der Finanzaufsicht befreite und mit voller Rechtspersönlichkeit ausgestattete internationale **Finanzinstitution** mit Sitz in Luxemburg (Art. 1 Abs. 1, 31 Abs. 1, 32 Abs. 1, 36 ESM-Vertrag).[59] Nach Art. 3 Abs. 1 ESM-Vertrag soll der ESM Finanzmittel mobilisieren, um ESM-Mitgliedstaaten,[60] die schwerwiegende Finanzierungsprobleme haben oder denen solche drohen, unter strikten, dem gewählten Finanzhilfeinstrument angemessenen Auflagen (Art. 12 f ESM-Vertrag) eine **Stabilitätshilfe** (notfalls auch eine vorsorgliche Finanzhilfe nach Art. 14 ESM-Vertrag) in Form von günstigen Krediten oder Bürgschaften (auch sog. Haftungsgarantien) bereitzustellen, wenn dies zur Wahrung der Finanzstabilität des Euro-Währungsgebiets insgesamt und seiner Mitgliedstaaten unabdingbar ist. Der ESM hat seine Arbeit am 8.10.2012 aufgenommen und mit Wirkung vom 1.7.2013 den in der Eurokrise 2010 zunächst provisorisch errichteten Europäischen Finanzstabilisierungsmechanismus (EFSM) und die zu diesem gehörende Europäische Finanzstabilisierungsfazilität (EFSF) abgelöst, die seither nur noch Altfälle abwickeln.

14 Grundlage des ESM ist der am 23.1.2012 von den Finanzministern der Euro-Mitgliedstaaten beschlossene und am 2.2.2012 von deren EU-Botschaftern unterzeichnete **ESM-Vertrag**, der nach Erfüllung von Auflagen des BVerfG[61] am 27.9.2012 von Deutschland ratifiziert wurde und in Kraft trat.[62] Die hierzu ebenfalls erforderliche und vom EuGH[63] gutgeheißene Erweiterung von Art. 136 AEUV erfolgte durch Beschl. des Europäischen Rates vom 25.3.2011.[64] Flankiert wird der ESM-Vertrag zudem durch den Vertrag über die Stabilität, Koordinierung und Steuerung in der Wirtschafts- und Währungsunion (**SKS-Vertrag**), durch den nach Art. 1 die wirtschaftliche Säule der Wirtschafts- und Währungsunion mit Hilfe von Vorschriften zur Haushaltsdisziplin (sog. Fiskalpakt) und zur Koordinierung der Wirtschaftspolitiken (sog. Pakt für nachhaltiges Wachstum, Beschäftigung, Wettbewerbsfähigkeit und sozialen Zusammenhalt) gestärkt werden soll. In Teilen (Art. 12 f) gilt der am 2.3.2012 von den damaligen EU-Mitgliedstaaten mit Ausnahme Großbritanniens und Tschechiens unterzeichnete und zum 1.1.2013 in Kraft getretene SKS-Vertrag auch für Mitgliedstaaten, die nicht der Eurozone angehören bzw für die eine Ausnahmeregelung iSv Art. 139 Abs. 1 AEUV oder eine Freistellung gemäß dem den Verträgen zur Europäischen Union beigefügten Protokoll (Nr. 16) zur Anwendung kommt (Art. 14 Abs. 4 SKS-Vertrag). Die Zustimmung des betroffenen Staats zum SKS-Vertrag ist Bedingung für eine Hilfeleistung durch den ESM.

---

58 *Bark/Gilles*, EuZW 2013, 367 ff; *Calliess*, NVwZ 2013, 97 ff; *Kube*, WM 2013, 57 ff; *Kube/Reimer*, NJW 2010, 1911 ff.

59 Die gesetzlichen Grundlagen und Guidelines sind auf der Webseite des ESM abrufbar (http://www.esm.europa.eu/about/legal-documents/index.htm).

60 Nach Art. 15 ESM-Vertrag kann dem Mitgliedstaat die Hilfe auch zum Zwecke der Rekapitalisierung von Finanzinstituten gewährt werden.

61 BVerfG v. 7.9.2011 BVerfGE 129, 124 ff.

62 Anträge auf Erlass einer einstweiligen Anordnung zur Verhinderung der Ratifikation hatte das BVerfG zuvor abgelehnt (BVerfG, v. 12.9.2012, WM 2012, 1812 ff.); zur endg. Abweisung der gegen den ESM und den Fiskalpakt geltend gemachten Bedenken s. BVerfG, 2 BVR 1390/12, v. 18.3.2014 NJW 2014, 1505.

63 EuGH, Rs. C-370/12 (Pringle), NJW 2013, 29.

64 Beschluss des Europäischen Rates 2011/199/EU, ABl. L 91 v. 6.4.2011, S. 1 f.

Finanziell basiert der ESM im Gegensatz zur EFSF nicht mehr nur auf Garantien, sondern verfügt über ein genehmigtes Stammkapital von 700 Mrd. Euro, von denen bei einem deutschen Anteil von gut 27 % 80 Mrd. Euro eingezahlt und 620 Mrd. Euro als Garantien geleistet wurden (Art. 8 ESM-Vertrag mit Anh. I). Zur Erfüllung seiner Aufgaben kann der ESM auch Kapital aufnehmen (Art. 21 ESM-Vertrag). Das anfängliche maximale Darlehensvolumen des ESM beträgt 500 Mrd. EUR einschließlich der ausstehenden EFSF-Stabilitätshilfe (Art. 39 ESM-Vertrag). Es wird eine enge fachliche und finanzielle Zusammenarbeit mit dem IWF angestrebt (Erwägungsgrund 8 ESM-Vertrag). Billigt der Gouverneursrat des ESM (Art. 5 ESM-Vertrag) das **Stabilitätshilfeersuchen** eines ESM-Mitgliedstaats im Grundsatz, beauftragt dieser die EU-Kommission damit, im Benehmen mit der EZB und nach Möglichkeit unter Mitwirkung des IWF mit dem betroffenen ESM-Mitgliedstaat ein Memorandum of Understanding (**MoU**) über die mit der Hilfe verbundenen Auflagen auszuhandeln und zusammen mit einer Vereinbarung über Art, Umfang und Konditionen der gewährten Finanzhilfefazilität nach Zustimmung durch den Gouverneursrat im Namen des ESM zu unterzeichnen (Art. 13 ESM-Vertrag). 15

IV. Beratende Gremien und Ausschüsse im Gesetzgebungsverfahren

In den letzten Jahren wurden immer wieder Gremien zur fachlichen **Beratung** der EU-Kommission in rechtlichen und wirtschaftlichen Fragen sowie zur **Einbindung von Interessengruppen** dauerhaft oder ad hoc eingerichtet. So lässt sich die EU-Kommission zB in Fragen von Clearing und Abrechnung (v. a. Beseitigung der sog. Giovannini-Barrieren, Rn 71 mit Fn 298) von der Sachverständigengruppe für Clearing und Abrechnung (Giovannini-Gruppe, CESAME 2004-2008; **CESAME II** seit 2008) beraten.[65] Im Bereich des Zahlungsverkehrs übernimmt diese Aufgabe der Europäische Zahlungsverkehrsausschuss (European Payments Council, **EPC**) nach Art. 85 I RL 2007/64/EG. Zur Einbindung der Dienstleistungsnehmer und Verbraucher in das Rechtssetzungsverfahren hat die EU-Kommission zudem die Financial Services User Group (**FSUG**) eingerichtet (vormals FIN-USE-Forum und FSCG). Ferner besteht beim Rat ein gesonderter Ausschuss für Finanzdienstleistungen (**FSC**), während im Europäischen Parlament allg. der Wirtschafts- und Sozialausschuss (**EWSA**) zuständig ist. Schließlich werden je nach Bedarf weitere **Ad-hoc-Gremien** wie etwa im Oktober 2008 die sog. de Larosière-Gruppe (Rn 5) eingerichtet. 16

V. Institutionen der außergerichtlichen Streitschlichtung

Als Maßnahme insb. des Verbraucherschutzes fördert die EU seit längerem die Einrichtung von Institutionen der außergerichtlichen Streitbeilegung.[66] Dies gilt auch für 17

---

65 KOM(2004) 312 endg.

66 S. dazu nur das 1. Verbraucherschutzprogramm v. 14.4.1975, ABl. C 92 v. 25.4.1975, S. 2, Tz. 33; die aktuelle Verbraucherpolitische Strategie der EU (2007–2013) v. 30.3.2007, KOM(2007) 99 endg./2, ABl. C 166 v. 20.7.2007, S. 1, Ziff. 5.3. sowie die Empfehlung der Kommission 98/257 v. 30.3.1998 betreffend die Grundsätze für Einrichtungen, die für die außergerichtliche Streitbeilegung von Verbraucherrechtsstreitigkeiten zuständig sind, ABl. L 115 v. 17.4.1998, S. 31 ff, und die Empfehlung über die Grundsätze für an der einvernehmlichen Beilegung von Verbraucherstreitigkeiten beteiligte außergerichtliche Einrichtungen, ABl. L 109 v. 19.4.2001, S. 56 ff.

neuere EU-Richtlinien im Finanzdienstleistungsbereich.[67] So bestehen inzwischen in allen EWR-Staaten Einrichtungen zur außergerichtlichen Streitschlichtung im Finanzdienstleistungssektor.[68] Am 1.2.2001 hat die EU-Kommission zudem das Cross-border Out-of-Court Complaints Network for Financial Services (**FIN-NET**)[69] gegründet. Es handelt sich um einen Zusammenschluss von derzeit 56 Einrichtungen der außergerichtlichen Streitbeilegung im Finanzsektor bzw Verbraucherschutzbereich aus 24 verschiedenen EWR-Mitgliedstaaten. Zur Unterstützung von Verbrauchern bei grenzüberschreitenden Streitigkeiten sollen über das Netzwerk Informationen bereitgestellt und Mindeststandards[70] in der außergerichtlichen Streitbeilegung gesichert werden. Von besonderem Interesse für Verbraucher ist die Möglichkeit, in jedem Fall eine Beschwerde in der eigenen Sprache bei der im eigenen Land zuständigen Streitbeilegungseinrichtung einzureichen, die sich dann um die weitere Bearbeitung der Beschwerde durch die zuständige Stelle kümmert.[71]

18 Mit der **ADR-RL 2013/11/EU** soll die alternative Streitbeilegung,[72] wie sie etwa im Rahmen des FIN-NET erfolgt, durch eine Mindestharmonisierung der bis Juli 2015 umzusetzenden Anforderungen an die Zulassung von Streitschlichtern bzw Streitbeilegungsstellen (Kompetenzen, Unabhängigkeit, Transparenz), die Ernennung von Streitschlichtern (Ernennung durch einen paritätisch aus Vertretern von Verbraucherverbänden und des Unternehmers zusammengesetztes Gremium) und Regelungen zum Verfahren (Einfachheit, Abschluss möglichst innerhalb von 90 Tagen, möglichst Kostenfreiheit) weiter gestärkt werden (Erwägungsgründe 4, 7 und 53).[73] Die **ODR-VO (EU) Nr. 524/2013** ergänzt die ADR-RL, indem die EU-Kommission ermächtigt wird, bis Januar 2016 eine Online-Anlaufstelle für Streitigkeiten einzurichten (sog. Online-Streitbeilegungsplattform, OS-Plattform; Art. 5), über welche Streitfälle an die für die außergerichtliche Streitbeilegung zuständige Stelle (AS-Stelle) weiterleitet werden (Art. 10). Auch jeder Mitgliedstaat hat eine OS-Kontaktstelle zu benennen (Art. 7).

---

67 S. etwa Art. 14 RL 2002/65/EG und (bis 2.1.2017) Art. 53 RL 2004/39/EG (Pflicht der Mitgliedstaaten zur Förderung) und Art. 83 RL 2007/64/EG sowie (ab 3.1.2017) Art. 75 RL 2014/65/EU (Pflicht der Mitgliedstaaten zur Sicherstellung der Einrichtung).

68 S. zum durch AGB-Vereinbarung vorgeschalteten kostenfreien Ombudsmann-Verfahren zur internen Konfliktbereinigung nach der Verfahrensordnung für die Schlichtung von Kundenbeschwerden im deutschen Bankgewerbe (abgedruckt in *Derleder/Knops/Bamberger* (Hrsg.), Hdb zum dt. und europ. BankR, 2. Aufl. 2009, § 66, Rn 73) etwa *Brömmelmeyer*, WM 2012, 337 ff; *Scherpe*, Außergerichtliche Streitbeilegung in Verbrauchersachen, 2002; *ders.*, WM 2001, 2321 ff; *Steuer*, Die Bank 2002, 460 ff und *v. Hippel*, Der Ombudsmann im Banken- und Versicherungswesen, 2000.

69 Nähere Informationen unter http://ec.europa.eu/internal_market/fin-net/index_en.htm.

70 S. dazu auch Rn 18.

71 S. dazu auch Art. 14 Abs. 2 und den Erwägungsgrund 28 RL 2002/65/EG.

72 Zu ADR und ODR *Meller-Hannich/Höland/Krausbeck*, ZEuP 2014, 8 ff.

73 S. dazu auch bereits die Kommissionsempfehlung 98/257/EG v. 30.3.1998, ABl. L 115 v. 17.4.1998, S. 31.

D. Das europäische Recht der Finanzdienstleistungen im internationalen Kontext[74]

Auf die internationalen Bezüge des europäischen Finanzdienstleistungsrechts kann aus Platzgründen nur kurz hingewiesen werden. Bedeutung für die EU-Rechtsetzung haben zunächst das General Agreement on Trade in Services (**GATS**)[75] mit den integral dazugehörigen (Art. XXIX GATS) Anhängen über Finanzdienstleistungen, dem 5. Protokoll v. 27.2.1998 über Finanzdienstleistungen[76] sowie den sektorspezifischen Listen der einzelnen Mitgliedstaaten zum Marktzugang und zur Inländerbehandlung (Art. XVI Abs. 1 iVm XX GATS)[77] bzw zu Ausnahmen von der Meistbegünstigungsverpflichtung (Art. II Abs. 2 GATS) und Ministererklärungen über weitere Arbeitsprogramme. Auch die EU ist neben ihren Mitgliedstaaten[78] Mitglied dieses multilateralen Abkommens des GATT/WTO-Vertragssystems.[79] Sachlich betrifft das GATS nicht nur grenzüberschreitende Dienstleistungen, sondern auch die Geschäftstätigkeit von Tochtergesellschaften, Auslandsniederlassungen und Repräsentanzen eines Dienstleistungsunternehmens. Private Rechtssubjekte können sich nicht unmittelbar auf das Abkommen berufen, da es noch der Umsetzung durch nationale bzw sekundärrechtliche Regelungen bedarf.[80] 19

Aufgrund ihres begrenzten Anwendungsbereichs und bestehender Vorbehalte und Ausnahmerechte haben die **OECD-Kodizes**[81] nur eine geringe praktische Bedeutung.[82] Einen starken Einfluss auf die Rechtsetzung der EU im Finanzdienstleistungsbereich üben hingegen die Empfehlungen des Versicherungsausschusses der OECD und der von der OECD eingerichteten Financial Action Task Force on Money Laundering (**FATF**; Rn 217, 219) aus. Gleiches gilt für die formal nicht bindenden Konkordate und Beschlüsse des bei der Bank für Internationlen Zahlungsausgleich (BIZ) in Basel angesiedelten **Basler Ausschusses für Bankenaufsicht** (Committee on Ban- 20

74 *Barth/Putscher*, Die Bank 1994, 132 ff; *Barth*, Die Bank 1995, 632 ff; *ders.*, Die Bank 1998, 101 ff; *ders.*, ZEuS 2000, 273 ff; *Eckert*, Die Liberalisierung internationaler Finanzdienstleistungen durch das General Agreement on Trade in Services (GATS), 1997; *Hopt*, NZG 2009, 1401 ff; *Leroux*, JWT 2002, 413 ff; *Möschel*, in: Fehl u.a. (Hrsg.), Probleme der internationalen Koordination der Wirtschaftspolitik, 1990, S. 151 ff; *Ohler*, ZEuS 2002, 321 ff; *Panourgias*, Banking Regulation and World Trade Law: GATS, EU and „Prudential" Instititution Building, 2006; *Vahldiek*, BKR 2003, 971 ff; *Werner*, Das WTO-Finanzdienstleistungsabkommen, 1999.

75 BGBl. 1994 II, 1643; generell zum GATS *Weiss*, CMLRev 32 (1995), 1177 ff.

76 Fünftes Protokoll zum Allgemeinen Übereinkommen über den Handel mit Dienstleistungen, BGBl. 1999 II, 312 ff (engl.) bzw 328 ff (dt.); näher zu den Regelungen für den Finanzsektor *Ohler*, ZEuS 2002, 321, 346 ff; *Kokott*, RIW 2000, 401 ff; *Barth/Putscher*, Die Bank 1994, 132, 133 ff; *Barth*, Die Bank 1998, 101 ff.

77 Für den Bereich der Finanzdienstleistungen besteht insoweit mit dem „Understanding on Commitments in Financial Services" (BGBl. 1994 II, 1675) eine multilateral vereinbarte Ministererklärung, deren Inhalt insgesamt als Mindeststandard in die einzelnen Zugeständnislisten übernommen werden kann und von der EU sowie ihren Mitgliedstaaten auch übernommen wurde; dazu näher *Ohler*, ZEuS 2002, 321, 356 ff.

78 In Deutschland gilt das GATS aufgrund des Gesetzes zu dem Übereinkommen vom 15.4.1994 zur Errichtung der Welthandelsorganisation und zur Änderung anderer Gesetze v. 30.8.1994, BGBl. 1994 II, 1438 ff.

79 S. zu den Grenzen der Abschlusskompetenz der EU (früher EG) EuGH, Gutachten 1/94, Slg 1994, I-5267, Rn 41 ff.

80 *Ohler*, ZEuS 2002, 321, 347; *Vahldiek*, BKR 2003, 971 mit Fn 9.

81 S. dazu die erstmals 1961 veröffentlichten sowie zuletzt 2009 neu herausgebrachten bindenden Liberalisierungskodizes Code of Liberalisation of Capital Movements und Code of Liberalisation of Current Invisible Operations.

82 *Möschel*, in: Fehl (Hrsg.), Probleme, S. 151, 160.

king Supervision, BCBS) zu den Aufsichtsstandards[83] sowie zur Eigenmittelausstattung und Liquidität (Basel I-III).[84] Das BCBS besteht aus Vertretern der Bankaufsichtsbehörden der weltweit wichtigsten Industrieländer und Bankenmärkte (darunter die neun EU-Mitgliedstaaten B, D, E, F, I, L, NL, S und UK), wobei auch die Kommission als Beobachterin an dessen Arbeiten beteiligt ist. Die EU ist zudem Mitglied in dem aus Anlass der jüngsten Finanzkrise bei der BIZ in Basel neu eingerichteten Financial Stability Board (**FSB**; bis 2009 Financial Stability Forum). Im Versicherungsbereich setzt die **IAIS** mit den Insurance Core Principles wichtige Standards.[85] Schließlich wurden von der Internationalen Handelskammer (**ICC**) Einheitliche Richtlinien und Gebräuche für Dokumenten-Akkreditive (ERA/UCP 600, letzte Revision 2007), Einheitliche Richtlinien für Inkassi (ERI/URC 522, letzte Revision 1995), Einheitliche Richtlinien für Rembourse zwischen Banken unter Dokumenten-Akkreditiven (ERR/URR 525, letzte Revision 1996) und Einheitliche Richtlinien für auf Anfordern zahlbare Garantien (URDG 758, letzte Revision 2010), bei denen es sich um international vorformulierte Allgemeine Geschäftsbedingungen handelt.[86]

83 Basel Core Principles for Effective Banking Supervision (September 1997); Principles for the Supervision of Banks Foreign Establishments (Mai 1983); Customer due diligence for banks (Oktober 2001) mit Ergänzung „Consolidated KYC Risk Management" (Oktober 2004); Compliance and the compliance function in banks (April 2005); The internal audit function in banks (Juni 2012).

84 *Basel I (1988)*: International Convergence of Capital Measurement and Capital Standards; *Basel II (2004-2009)*: International Convergence of Capital Measurement and Capital Standards – A Revised Framework mit Revisionen und Ergänzungen vom 1.7.2005, 1.10.2007, 1.7.2008, 1.7.2009 und 1.12.2009; *Basel II plus (2009-2011)*: Weiterentwicklung des Basler Eigenkapitalakkords vom 1.6.2004 durch Beschlüsse vom 1.7.2009, 31.12.2010, 20.5.2011 und 1.11.2011; *Basel III (ab 2010)*: A global regulatory framework for more resilient banks and banking systems vom Dezember 2010 in revidierter Fassung vom Juni 2011 (dt. Fassung unter http://www.bis.org/publ/bcbs189_de.pdf) sowie mit ändernden und ergänzenden Beschlüssen vom 25.7.2012 (Capital requirements for bank exposures to central counterparties; dt. Fassung unter http://www.bis.org/publ/bcbs227_de.pdf]), 7.1.2013 (The Liquidity Coverage Ratio and liquidity risk monitoring tools; dt. Fassung unter http://www.bis.org/publ/bcbs238_de.pdf), 17.12.2013 und 12.1.2014 (Liquidity coverage ratio and restricted-use committed liquidity facilities; dt. Fassung unter http://www.bis.org/press/p140112d_de.pdf).

85 Letzte Version der ICP vom 1.10.2011 abrufbar unter http://www.iaisweb.org/ICP-on-line-tool-689.

86 ERA und ERI abgedruckt bei *Baumbach/Hopt* (Hrsg.), Handelsgesetzbuch, 36. Aufl., 2014, Anh. 11 und 12.

§ 2
Die Politiken der Europäischen Union mit besonderem Bezug zum Finanzdienstleistungsrecht

A. Grundfreiheiten[87]

Ziel der Freizügigkeitsregelungen im Finanzdienstleistungsbereich ist die Schaffung eines **europäischen Finanzraums,**[88] der aus einem integrierten Wertpapier-, Banken- und Versicherungsmarkt ohne Beschränkungen des Dienstleistungs-, Kapital- und Zahlungsverkehrs besteht (Art. 26 Abs. 2 AEUV). Ein Emittent bzw ein Investor soll an allen europäischen Börsen Wertpapiere platzieren bzw erwerben können. Banken, Wertpapierhäuser und Versicherungen sollen ihre Finanzprodukte grds. überall im Binnenmarkt anbieten können. Die Grundfreiheiten bilden über Art. 50 AEUV, Art. 53 Abs. 1 und Art. 62 AEUV eine wichtige Kompetenzgrundlage für Rechtsangleichungsmaßnahmen.[89] Sie sind zudem unmittelbar anwendbar und sorgen damit auch dort für die **Verwirklichung des Binnenmarkts,** wo es an sekundärrechtlichen Regelungen fehlt. Inwieweit dies allerdings auch eine unmittelbare Einwirkung auf zwingende und dispositive Privatrechtsnormen sowie die Vertragsfreiheit von Privaten (sog. unmittelbare Drittwirkung) bedingt, ist umstritten.[90] An dieser Stelle kann nur auf die spezifische Bedeutung der Grundfreiheiten für den Finanzdienstleistungssektor hingewiesen werden. 21

87 *Biagosch*, Europäische Dienstleistungsfreiheit und deutsches Versicherungsvertragsrecht, 1991; *Büttiker-Biel*, Die Entwicklung der Kapitalverkehrsfreiheit im Recht der Europäischen Union, Bern, 2012; *Digel*, Die primärrechtlichen Grundlagen des Europäischen Finanzmarktes, 2006; *Dopsch/Wutscher*, EuZW 2014, 729 ff; *Haferkamp*, Die Kapitalverkehrsfreiheit im System der Grundfreiheiten des EG-Vertrags, 2003; *Heimann*, Zwingender Verbraucherschutz und Grundfreiheiten im Bereich der Finanzdienstleistungen, 2005; *v. Hippel*, EuZW 2005, 7 ff; *Kemmerer*, Kapitalverkehrsfreiheit und Drittstaaten, Baden-Baden, 2010; *Körber*, Grundfreiheiten und Privatrecht, 2004; *Kort*, JZ 1996, 132 ff; *Müller*, Kapitalverkehrsfreiheit in der Europäischen Union, 2000; *Ohler*, Europäische Kapital- und Zahlungsverkehrsfreiheit, 2002; *ders.*, ZEuS 2002, 321 ff; *Riesenhuber*, in: Hopt/Veil/Kämmerer (Hrsg.), Kapitalmarktgesetzgebung im Europäischen Binnenmarkt, 2008, 23 ff; *Roth*, VersR 1993, 129; *ders.*, ZEuP 1994, 5 ff; *Schöne*, WM 1989, 873 ff; *Schreiner*, Die Zahlungsverkehrsfreiheit des EG-Vertrages: Rechtsdogmatische Überlegungen anhand der Rechtsprechung des Gerichtshofes der Europäischen Gemeinschaften, Baden-Baden, 2010; *Stünkel*, EG-Grundfreiheiten und Kapitalmärkte, 2005.

88 S. dazu die Mitteilung der Kommission zur Schaffung eines europäischen Finanzraums KOM(87) 550 endg. v. 4.11.1987, Ratsdokument 9510/87, ABl. C 26 v. 1.2.1988, S. 1 BR-Drucks. 509/87 v. 16.11.1987; *Servais*, Ein Europäischer Finanzraum,1995.

89 S. etwa RL 2009/138/EG (Art. 47 Abs. 2, 55 EGV, jetzt Art. 53 Abs. 1, 62 AEUV); RL 2013/36/EU (Art. 53 Abs. 1 AEUV), RL 2004/39/EG bzw ab 3.1.2017 RL 2014/65/EU (Art. 47 Abs. 2 EGV, jetzt Art. 53 Abs. 1 AEUV), RL 2003/41/EG (Art. 47 Abs. 2, 55, 95 Abs. 1 EGV, jetzt Art. 53 Abs. 1, 62, 114 Abs. 1 AEUV), RL 2001/17/EG (Art. 47 Abs. 2, 55 EGV, jetzt Art. 53 Abs. 1, 62 AEUV), RL 89/117/EWG (Art. 54 EGV, jetzt Art. 50 AEUV) und RL 86/635/EWG (Art. 54 Abs. 3 lit. g EGV, jetzt Art. 50 Abs. 2 lit. g AEUV); vgl auch EuGH, Rs. C-233/94 (Deutschland/Parlament und Rat), Slg 1997, I-2405, Rn 10 ff: Bestätigung des Art. 47 Abs. 2 EGV (jetzt Art. 53 Abs. 1 AEUV) als Kompetenzgrundlage für den Erlass der Einlagensicherungs-RL 94/19/EG).

90 S. dazu allg. *Streinz/Leible*, EuZW 2000, 459 und *Körber*, EuR 2000, 932; s. ferner EuGH, Rs. 36/74 (Walrave), Slg 1974, 1405, Rn 16, 19 und EuGH, Rs. 13/76 (Donà), Slg 1976, 1333, Rn 17 f (Bindung von autonomen und kollektiv handelnden Verbänden an die Dienstleistungsfreiheit) sowie *Glaesner*, in: Schwarze (Hrsg.), EU-Kommentar, 3. Aufl., 2012, Art. 63 AEUV, Rn 17 (keine Drittwirkung der Kapitalverkehrsfreiheit zwischen Privaten); für das Versicherungsrecht näher *Roth*, in: Honsell (Hrsg.), VVG Europ. VersR Rn 31 ff.

I. Niederlassungsfreiheit

22 Die Träger von Finanzdienstleistungsunternehmen können ihren Sitz unionsweit grds. frei wählen und verlegen (primäre Niederlassungsfreiheit).[91] Sie können zudem grds. ohne Beschränkungen Agenturen, Zweigniederlassungen oder Tochtergesellschaften gründen und über diese umfassende Dienstleistungen anbieten (sekundäre Niederlassungsfreiheit).[92] Grundsätzlich verboten sind offene und versteckte bzw indirekte Diskriminierungen sowie sonstige Beschränkungen, insb. durch Zulassungsprüfungen, Genehmigungs- und Registrierungserfordernisse, Bedürfnisprüfungen, Quotierungen, staatliche Monopole oder Investitionsgrenzen. Im Sekundärrecht der Finanzdienstleistungen wird die Niederlassungsfreiheit für unselbständige Zweigniederlassungen durch das **Sitzlandprinzip** (Rn 96 ff) verwirklicht und näher ausgestaltet. Auch die Aufhebung der staatlichen Versicherungsmonopole durch Art. 3 RL 92/49/EWG diente der Verwirklichung der Niederlassungsfreiheit. Die verbliebenen **Spartentrennungsgebote** (Rn 111) stellen zwar eine Beschränkung der sekundären Niederlassungsfreiheit dar, sind jedoch aus Gründen des Versichertenschutzes als einem anerkannten Allgemeininteresse gerechtfertigt. Noch ungeklärt ist die Vereinbarkeit des Namensschutzes für Sparkassen nach § 40 KWG mit der Niederlassungs- und Kapitalfreiheit.[93]

II. Dienstleistungsfreiheit

1. Anwendungsbereich

23 Im EWR ansässige[94] Banken, Wertpapierdienstleister und Versicherungen gehören zu den wirtschaftlich bedeutsamsten Erbringern von Dienstleistungen iSv Art. 57 AEUV. Ihre Dienstleistungen werden zwar nicht von der allgemeinen Dienstleistungs-RL 2006/123/EG erfasst,[95] bei **zwischenstaatlichen Dienstleistungen**, die nicht mit der Ausübung öffentlicher Gewalt verbunden sind,[96] kommt ihnen jedoch die primärrechtliche Dienstleistungsfreiheit zugute. Das Kriterium der Zwischenstaatlichkeit ist erfüllt, wenn der Dienstleister, der Leistungsempfänger oder die Dienstleistung eine mitgliedstaatliche Grenze überschreiten.[97] Zu der zuletzt genannten Konstellation kommt es insb. bei sog. Korrespondenzdienstleistungen, aber auch dann, wenn der Leistungserbringer und der Leistungsempfänger zwar im selben Mitgliedstaat ansässig sind, die Dienstleistung jedoch in einem anderen Mitgliedstaat erbracht wird.[98] Bei der Erbringung von Finanzdienstleistungen kann es auch zu **Überschnei-**

---

91 Art. 49 Abs. 1 S. 1 AEUV und Art. 54 AEUV; näher dazu *Schuster/Binder*, WM 2004, 1665 ff und generell zur Freiheit der Sitzverlegung *Jung*, in: Schwarze (Hrsg.), EU-Kommentar, 3. Aufl., 2012, Art. 54 AEUV Rn 27 ff.

92 Art. 49 Abs. 1 S. 2 AEUV und Art. 54 AEUV; s. dazu etwa EuGH, Rs. C-442/02 (CaixaBank France), EuZW 2004, 701, Rn 12 ff (Verbot der Verzinsung von Sichteinlagen durch die Tochtergesellschaft eines in einem anderen Mitgliedstaat niedergelassenen Kreditinstituts als unzulässige Beschränkung der Niederlassungsfreiheit).

93 Dazu näher *Geschwandtner/Bach*, NJW 2007, 129 ff; *Witte/Gregoritza*, WM 2007, 151 ff; vgl auch Art. 19 RL 2013/36/EU.

94 Zum Ansässigkeitserfordernis etwa EuGH, Rs. C-290/04 (Scorpio), Slg 2006, I-9461, Rn 67.

95 Art. 2 II lit. b und Erwägungsgrund 18 Dienstleistungs-RL 2006/123/EG.

96 Auf sie findet die Dienstleistungsfreiheit nach Art. 62 AEUV iVm Art. 51 AEUV (ex-Art. 45 EGV) grds. keine Anwendung.

97 EuGH, Rs. C-384/93 (Alpine Investments), Slg 1995, I-1141, Rn 22, 30; *Kort*, JZ 1996, 132, 133 f.

98 *Ohler*, ZEuS 2002, 321, 326 f nennt als Bsp. eine Überweisung auf ein ausländisches Konto.

dungen mit anderen Grundfreiheiten kommen. Während der eigentliche Geschäftsabschluss und der Werteübertrag der Kapitalverkehrsfreiheit (zB Kreditvalutierung,[99] Abschluss einer Lebensversicherung) bzw der Zahlungsverkehrsfreiheit (zB Zinszahlungen) zuzurechnen sind (Rn 29 ff), unterfallen die in diesem Zusammenhang erbrachten Beratungs-, Betreuungs-, Verwahrungs- und Verwaltungsleistungen der Dienstleistungsfreiheit nach Art. 56 ff AEUV.[100] So kommt es zur alleinigen Anwendbarkeit der Art. 56 ff AEUV, wenn die Leistungen gerade auch von Nichtfinanzdienstleistern (zB Rechtsanwälten) getrennt von einem Kapitalverkehrsgeschäft erbracht werden können (zB selbständige Analyse und Beratung, reine Schadenversicherungen).[101] Häufig sind die Bestimmungen über den freien Dienstleistungs- sowie den freien Kapital- und Zahlungsverkehr im Finanzsektor jedoch nebeneinander und dann auch gleichrangig anwendbar.[102] Art. 57 Abs. 1 AEUV ist insoweit lediglich als Legaldefinition und nicht als eine die bloß subsidiäre Geltung der Art. 56 ff AEUV anordnende Vorschrift zu verstehen.[103] Zur Anwendung beider Grundfreiheiten kommt es insb. dann, wenn die Dienstleistungs- und Kapitalverkehrselemente eigenständige Bestandteile eines einheitlichen Geschäfts sind[104] und sich die Beschränkung der Kapitalverkehrsfreiheit nicht als eine notwendige Folge aus der vorgängigen Beschränkung der Dienstleistungsfreiheit ergibt.[105] Es setzt sich dann die jeweils restriktivere Regelung zum Schutz der Freizügigkeit durch (**Zwei-Schranken-Theorie**, hierzu auch Rn 39).[106] Dieses Nebeneinander ergibt sich auch aus Art. 58 Abs. 2 AEUV, wonach die Liberalisierung der mit dem Kapitalverkehr verbundenen Dienstleistungen der Banken und Versicherungen im Einklang mit der Liberalisierung des Kapitalverkehrs durchzuführen ist. Mit dieser Kopplung der mit dem Kapitalverkehr verbundenen Finanzdienstleistungen an den jeweils aktuellen Liberalisierungsstand der Kapitalverkehrsfreiheit, der immer noch durch eine abweichende Schrankenregelung gekennzeichnet ist, behält Art. 58 Abs. 2 AEUV auch eine gewisse praktische Bedeutung.[107] Nach der Rechtsprechung des EuGH soll Art. 58 Abs. 2 AEUV umgekehrt auch für die Dienstleistungsfreiheit gelten.[108]

2. Inhalt

Die Dienstleistungsfreiheit garantiert den Selbständigen (Staatsangehörige aus Mit- 24
gliedstaaten, Gesellschaften iSv Art. 54 AEUV) die möglichst weitgehende Freiheit,

---

99 EuGH, Rs. C-484/93 (Svensson), Slg 1995, I-3955, Rn 10; EuGH, Rs. C-222/95 (Parodi), Slg 1997, I-3899, Rn 17.

100 *Kluth*, in: Calliess/Ruffert (Hrsg.), EUV/AEUV, 4. Aufl., 2011, Art. 56/57 AEUV, Rn 19; *Glaesner*, in: Schwarze (Hrsg.), EU-Kommentar, 3. Aufl., 2012, Art. 63 AEUV, Rn 13 f; zu Beispielen aus der Rspr EuGH, Rs. 15/78 (Société générale de banque alsacienne/Koestler), Slg 1978, 1971, Rn 3; EuGH, Rs. 205/84 (Kommission/Deutschland), Slg 1986, 3755; EuGH, Rs. C-484/93 (Svensson), Slg 1995, I-3955, Rn 11; EuGH, Rs. C-452/04(Fidium Finanz AG), Slg 2006, I-9521, Rn 37 ff.

101 *Ohler*, ZEuS 2002, 321, 333.

102 Eingehend dazu *Ohler*, ZEuS 2002, 321, 330 ff und 336 ff; *Schön*, in: GS Knobbe-Keuk 1997, S. 743, 753; aA *Schöne*, WM 1989, 873 (Subsidiarität der Dienstleistungsfreiheit).

103 *Holoubek*, in: Schwarze (Hrsg.), EU-Kommentar, 3. Aufl., 2012, Art. 56/57 AEUV, Rn 4 ff und 9.

104 *Schön*, in: GS Knobbe-Keuk 1997, S. 743, 754.

105 EuGH, Rs. C-452/04 (Fidium Finanz AG), Slg 2006, I-9521, Rn 49 f.

106 *Ohler*, ZEuS 2002, 321, 332.

107 *Ohler*, ZEuS 2002, 321, 331; krit. hingegen *Schöne*, WM 1989, 873, 874 f und *Bröhmer*, in: Calliess/Ruffert (Hrsg.), EUV/AEUV, 4. Aufl., 2011, Art. 63 AEUV, Rn 32 ff.

108 EuGH, Rs. C-267/86 (Van Eycke), Slg 1988, 4769, Rn 22.

grenzüberschreitend Dienstleistungen in einem anderen Mitgliedstaat anzubahnen[109] und zu erbringen, ohne dort eine ständige Niederlassung errichten zu müssen (**positive bzw aktive Dienstleistungsfreiheit**). Damit wird zugleich die Freiheit der Nachfrager geschützt, Dienstleistungen in oder aus einem anderen Mitgliedstaat zu erhalten (**negative bzw passive Dienstleistungsfreiheit**).[110] Das Recht auf Dienstleistungsfreiheit richtet sich damit gegen diskriminierende und alle anderen beschränkenden Maßnahmen, die eine Transaktion unterbinden, behindern oder weniger attraktiv machen und mithin abschreckende Wirkung entfalten.[111] Hierzu gehören insb. Regelungen über die Organisation, Befähigung, Berufspflichten, Kontrolle, Verantwortlichkeit und Haftung. Die Dienstleistungsfreiheit verbietet nicht nur Diskriminierungen und Beschränkungen des Aufnahmestaats, sondern auch solche des Herkunftsstaats.[112]

25 Es ist fraglich und umstritten, ob und wie der **Gedanke der Keck-Rechtsprechung** zur Warenverkehrsfreiheit auch auf die Dienstleistungsfreiheit übertragen werden kann.[113] Der EuGH hat sich hierzu bislang nicht ausdrücklich geäußert und in problematischen Fällen jedenfalls eine Beschränkung der Dienstleistungsfreiheit angenommen.[114] Im Falle einer Übertragung, für die die Konvergenz der Grundfreiheitendogmatik spräche, wären alle Regelungen von **Dienstleistungsmodalitäten**, die die Erbringung von Dienstleistungen durch Inländer und Ausländer im Inland rechtlich wie tatsächlich in der gleichen Weise berühren und daher den Marktzugang nicht beeinträchtigen, nicht als Beschränkungen der Dienstleistungsfreiheit anzusehen.[115] Mit dieser Differenzierung wäre die bei Dienstleistungen noch schwieriger zu beantwortende Frage aufgeworfen, was im Einzelfall unter beschränkenden Regelungen des Dienstleistungsprodukts und was unter nicht beschränkenden Regelungen des Dienstleistungsvertriebs verstanden werden müsste. Zu den produktbezogenen Vorschriften wären hier nicht nur die auf den Vertragsinhalt bezogenen Vorschriften, sondern auch die bestimmte Verhaltensweisen vorschreibenden Regelungen (zB Aufklärungspflichten, Wohlverhaltensregeln) zu zählen. Zu den vertriebsbezogenen Regelungen dürften etwa die Regelungen zum Fernabsatz oder zum Haustürvertrieb von Finanzdienstleistungsprodukten sowie die allg. Rahmenbedingungen der Tätigkeit (zB Arbeits- und Sozialrecht) gehören.

---

109 Nach EuGH, Rs. C-384/93 (Alpine Investments), Slg 1995, I-1141, Rn 19 wird bereits die Anbahnung einer Dienstleistung, insb. das Angebot auf Abschluss eines Vertrags über die Erbringung einer Dienstleistung (in casu: Warentermingeschäfte), von der Dienstleistungsfreiheit erfasst.

110 EuGH, Rs. C-451/99 (Cura Anlagenbau GmbH), Slg 2002, I-3193, Rn 37 (Erfordernis einer inländischen Zulassung beim Leasing eines in einem anderen Mitgliedstaat zugelassenen Kraftfahrzeugs); *Zäch*, Grundzüge des Europ. Wirtschaftsrechts, 2. Aufl. 2005, Rn 451.

111 EuGH, Rs. C-222/95 (Parodi), Slg 1997, I-3899, Rn 18; EuGH, Rs. 205/84 (Kommission/Deutschland), Slg 1986, 3755, Rn 25; EuGH, Rs C-355/00 (Dimosio), Slg 2003, I-5263, Rn 63.

112 EuGH, Rs. C-384/93 (Alpine Investments), Slg 1995, I-1141, Rn 30.

113 Befürwortend *Roth*, in: Honsell (Hrsg.), VVG Europ. VersR, Rn 22 ff; *Feiden*, Die Bedeutung der „Keck"-Rechtsprechung im System der Grundfreiheiten, 2003, S. 146 ff; ablehnend unter Hinweis auf entsprechende Tendenzen in der Rechtsprechung *Holoubek*, in: Schwarze (Hrsg.), EU-Kommentar, 3. Aufl., 2012, Art. 56/57 AEUV, Rn 73 und *Tiedje/Troberg*, in: v. d. Groeben/Schwarze (Hrsg.), Art. 49 EGV, Rn 102 (anders noch die Voraufl.).

114 EuGH, Rs. C-384/93 (Alpine Investments), Slg 1995, I-1141, Rn 39.

115 Vgl dazu EuGH, Rs. C-384/93 (Alpine Investments), Slg 1995, I-1141, Rn 33 ff; *Kort*, JZ 1996, 132, 136 f.

26 Nicht diskriminierende Beschränkungen der Dienstleistungsfreiheit sind zudem dann zulässig, wenn sie aus zwingenden Gründen des **Allgemeinwohls erforderlich** sind.[116] Gründe des Allgemeinwohls sind insb. der Verbraucher- und Anlegerschutz sowie soziale und steuerliche Belange, denen nicht bereits hinreichend durch entspr. Regelungen im Herkunftsmitgliedstaat Rechnung getragen wird.[117] Auch die Bekämpfung der Geldwäsche und der Terrorismusfinanzierung ist ein tauglicher Grund des Allgemeinwohls.[118] Fraglich ist, ob der Herkunftsstaat mit seinen Regelungen dabei auch Belange des Tätigkeitsstaats wie namentlich ausländische Verbraucherinteressen schützen kann oder nicht.[119] Möglich ist ihm dies jedenfalls dann, wenn die Regelung dabei zugleich auch innerstaatliche Belange wie den guten Ruf des eigenen Finanzdienstleistungssektors schützt.[120] Rein wirtschaftliche Überlegungen wie namentlich der Schutz inländischer Unternehmen sind hingegen keine hinreichenden Allgemeininteressen.[121] Die Maßnahme muss außerdem geeignet sein, die Verwirklichung des mit ihr verfolgten Ziels zu gewährleisten und darf nicht über das hinausgehen, was zur Erreichung dieses Ziels erforderlich ist.[122] In der Praxis werden insb. doppelte Zulassungen und Kontrollen vor dem Hintergrund des Sitzlandprinzips grds. als unverhältnismäßig angesehen.[123] Auch ein Niederlassungserfordernis als Zulässigkeitsvoraussetzung ist als Negation der Dienstleistungsfreiheit überhaupt unzulässig.[124]

3. Rechtfertigung von Eingriffen

27 Offene und versteckte bzw indirekte Diskriminierungen können nach Art. 62 iVm Art. 52 AEUV nur aus Gründen der öffentlichen Ordnung, Sicherheit oder Gesundheit unter Beachtung des Verhältnismäßigkeitsgrundsatzes gerechtfertigt werden.[125]

III. Freiheit des Kapital- und Zahlungsverkehrs

28 Der Freiheit des Kapital- und Zahlungsverkehrs gem. Art. 63 AEUV kommt im Binnenmarkt eine wichtige Funktion zu. Zum einen geht es darum, den Marktakteuren,

---

116 Für den Bereich der Finanzdienstleistungen EuGH, Rs. C-384/93 (Alpine Investments), Slg 1995, I-1141, Rn 40 ff und EuGH, Rs. 205/84 (Kommission gegen Deutschland), Slg 1986, 3755, Rn 27 sowie EuGH, Rs. C-265/12 (Citroën Belux NV), WM 2013, 2145 ff; s. dazu auch die Mitteilung der Kommission v. 20.6.1997 zu Auslegungsfragen über den freien Dienstleistungsverkehr und das Allgemeininteresse in der Zweiten Bankenrichtlinie (ABl. C 209 v. 10.7.1997, S. 6) und die Mitteilung der Kommission v. 2.2.2000 zu Auslegungsfragen – Freier Dienstleistungsverkehr und Allgemeininteresse im Versicherungswesen (ABl. C 43 v. 16.2.2000, S. 5); zur Unvereinbarkeit des die Schiedsfähigkeit im Bereich der Wertpapiergeschäfte stark einschränkenden § 37 h WpHG mit der Dienstleistungsfreiheit *Jordans*, EuZW 2007, 655 ff.

117 Für den Bereich der Finanzdienstleistungen etwa EuGH, Rs. 205/84 (Kommission gegen Deutschland), Slg 1986, 3755, Rn 40 f (mit Einschränkungen für den damaligen Stand des Gemeinschaftsrechts).

118 EuGH, Rs. C-212/11 (Jyske-Bank Gibraltar Ltd), EuZW 2013, 635 ff.

119 Für eine europaweite Bestimmung des Gemeinwohls *Kort*, JZ 1996, 132, 138 f; aA die hM (dazu nur *Hailbronner/Nachbaur*, EuZW 1992, 105, 110).

120 So EuGH, Rs. C-384/93 (Alpine Investments), Slg 1995, I-1141, Rn 43.

121 Vgl dazu auch Art. 11 RL 2013/36/EU (Kreditinstitute) und Art. 6 VI RL 2002/83/EG (Lebensversicherung) bzw ab 1.1.2016 Art. 22 RL 2009/138/EG.

122 EuGH, Rs. C-452/01 (Ospelt und Schlössle Weissenberg), Slg 2003, I-9743, Rn 34; EuGH, Rs. C-302/97 (Konle) Slg 1999, I-3099, Rn 40.

123 EuGH, verb. Rs. 110 u. 111/78, (van Wesemael) Slg 1979, 35, Tz. 28; EuGH, Rs 279/80 (Webb) Slg 1981, 3305, Rn 17.

124 Für den Bereich der Finanzdienstleistungen etwa EuGH, Rs. 205/84 (Kommission gegen Deutschland), Slg 1986, 3755, Rn 63.

125 Näher dazu *Pache*, Grundfreiheiten (§ 10), in: Schulze/Zuleeg/Kadelbach (Hrsg.), Europarecht – Handbuch für die deutsche Rechtspraxis, 3. Aufl., Baden-Baden, 2015, Rn 147.

die überwiegend mit Fremdkapital arbeiten, den unionsweit freien Kapitalzugang zu eröffnen und zum anderen die Grundlagen für die effektive Ausübung der anderen Grundfreiheiten auf der Entgeltseite zu schaffen.

1. Anwendungsbereich

a) Sachlicher Anwendungsbereich

29 Die **Begriffe** des Kapital- und des Zahlungsverkehrs werden vom AEUV nicht definiert, sondern vorausgesetzt. Nach Ansicht des EuGH[126] werden zum Kapital- und Zahlungsverkehr zumindest die im nicht abschließenden Anh. der RL 88/361/EWG genannten Transaktionen gerechnet.[127] Abstrakt gesehen, ist Kapitalverkehr nach hL jede Werteübertragung in Form von Sach- oder Geldkapital, die nicht Gegenleistung eines Austauschverhältnisses ist und in der Regel zu Investitions- und Anlagezwecken erfolgt.[128] Eine andere Auffassung sieht das Wesen des Kapitalverkehrs in der Begründung und Übertragung von geldwerten Rechten.[129] Der Begriff des Zahlungsverkehrs umfasst alle Zahlungen, die als Entgelt für gelieferte Waren, geleistete Dienste, von veräußerten oder gemieteten Immobilien oder von bereitgestelltem Kapital erfolgen sowie andere physische Transfers von Geld, Schecks, Wechseln oder Wertpapieren.[130] Die Abgrenzung zwischen Kapital- und Zahlungsverkehr ist insofern noch von Bedeutung, als Art. 64 AEUV und Art. 66 AEUV nur den Kapital- und Art. 143 f AEUV nur den Zahlungsverkehr betreffen. Angesichts der schwierigen und umstrittenen Begriffsbestimmungen bereitet auch die **Abgrenzung zu anderen Grundfreiheiten** erhebliche Schwierigkeiten:[131]

30 Die Übertragung von Geldmünzen, Geldscheinen und Wertpapieren in körperlicher Form unterliegt den Bestimmungen über die **Warenverkehrsfreiheit**, wenn sie ihre Eigenschaft als gesetzliche Zahlungsmittel verloren haben[132] bzw kein Mitgliedschaftsrecht mehr verbriefen.[133] Auch der Handel mit Edelmetallen und Edelsteinen unterfällt auch dann der Warenverkehrsfreiheit, wenn er zu Anlagezwecken erfolgt.[134]

31 Überschneidungen mit der **Arbeitnehmerfreizügigkeit** können sich beim Erwerb von Immobilien ergeben. In Konkretisierung von Art. 45 Abs. 2 AEUV gewährt nämlich Art. 9 der VO (EWG) Nr. 1612/68 dem Wanderarbeitnehmer das Recht auf Gleichbehandlung bei der Wohnraumbeschaffung. Im Übrigen ist ausschließlich die Kapi-

---

126 Dazu nur EuGH, verb. Rs. C-515/99, C-519/99 bis C-524/99 und C-526/99 bis 540/99 (Reisch u.a.), Slg 2002, I-2157, Rn 30.

127 Genannt werden dort Direktinvestitionen, Grundstücksverkehrsgeschäfte, Wertpapiergeschäfte, Anleihen, Bankgeschäfte, Kreditgeschäfte, Sicherheiten und Garantien, Finanztransaktionen im Zusammenhang mit Versicherungsverträgen, individuellen Zahlungsverkehr, physische Geldtransporte und andere Kapitalbewegungen.

128 Dazu nur EuGH, verb. Rs. 286/82 und 26/83 (Luisi und Carbone), Slg 1984, 377, Rn 21; *Schöne*, WM 1989, 873, 874 und *Bröhmer*, in: Calliess/Ruffert (Hrsg.), EUV/AEUV, 4. Aufl., 2011, Art. 63 AEUV Rn 8; krit. *Ohler*, ZEuS 2002, 321, 325 f und (unter Hinweis auf EuGH, Rs. C-364/01 – Erben von H. Barbier, EuZW 2004, 123) *v. Hippel*, EuZW 2005, 7 ff.

129 *Ohler*, ZEuS 2002, 321, 328.

130 Vgl dazu nur EuGH, verb. Rs. 286/82 und 26/83 (Luisi und Carbone), Slg 1984, 377, Rn 21 und *Bröhmer*, in: Calliess/Ruffert (Hrsg.), EUV/AEUV, 4. Aufl., 2011, Art. 63 AEUV, Rn 66.

131 Dazu auch bereits o. Rn 23; ferner etwa *Ohler*, ZEuS 2002, 321, 324 ff; *Schöne*, WM 1989, 873 ff.

132 EuGH, Rs. 7/78 (Thompson), Slg 1978, 2247, Rn 26.

133 *Glaesner*, in: Schwarze (Hrsg.), EU-Kommentar, 3. Aufl., 2012, Art. 63 AEUV, Rn 10.

134 *Glaesner*, in: Schwarze (Hrsg.), EU-Kommentar, 3. Aufl., 2012, Art. 63 AEUV, Rn 10.

talverkehrsfreiheit einschlägig. Die Lohn- und Gehaltszahlungen fallen unter die Zahlungsverkehrsfreiheit.[135]

Die Regelungen zur **Niederlassungsfreiheit** bzw zur Kapital- und Zahlungsverkehrsfreiheit stehen unter einem wechselseitigen Vorbehalt nach Art. 49 Abs. 2 AEUV bzw Art. 65 Abs. 2 AEUV, so dass es zu einem unbeeinträchtigten Nebeneinander beider Freiheitsgewährleistungen kommen kann.[136] Eine beide Grundfreiheiten betreffende Maßnahme (zB Direktinvestitionen, Erwerb von Wertpapieren) muss daher grds. die Anforderungen beider Grundfreiheiten erfüllen (sog. Zwei-Schranken-Theorie; hierzu auch Rn 23),[137] wobei im Falle des Verstoßes gegen eine der beiden Grundfreiheiten sich die Prüfung am Maßstab der anderen erübrigt.[138] Nur in Fällen, in denen eine Direktinvestition ausschließlich zu Niederlassungszwecken getätigt wird und der Kapitalverkehr eine bloße notwendige Begleiterscheinung der Niederlassung ist, kommt nur das Niederlassungsrecht zur Anwendung (sog. Schwerpunkttheorie).[139] 32

Auch mit der **Dienstleistungsfreiheit** kommt es zu Überschneidungen.[140] Dabei unterfällt nur der eigentliche Geschäftsabschluss und Wertetransfer der Kapitalverkehrsfreiheit (zB Kreditvalutierung, Abschluss einer Lebensversicherung) bzw der Zahlungsverkehrsfreiheit (zB Zinszahlungen).[141] Ergeben sich Beschränkungen der Kapitalverkehrsfreiheit allein als notwendige Folge einer vorgängigen Beschränkung der Dienstleistungsfreiheit, tritt die Kapitalverkehrsfreiheit hinter dieser zurück.[142] 33

b) Räumlicher Anwendungsbereich

Die Kapital- und Zahlungsverkehrsfreiheit setzt wie die anderen Grundfreiheiten einen grenzüberschreitenden Sachverhalt voraus. Es muss daher zumindest ein Element über die Grenzen eines Mitgliedstaats hinausweisen.[143] Das Verbot von Beschränkungen des Kapital- und Zahlungsverkehrs gilt aber auch für die rechtlichen Regelungen der Mitgliedstaaten gegenüber Drittstaaten. Dieses sog. **„erga omnes"-Prinzip** stellt eine Besonderheit im Recht der Grundfreiheiten dar. Allerdings handelt es sich nur um ein einseitiges und nicht auch um ein gegenseitiges Verbot. Außerdem finden sich in den Art. 64-66 und 75 AEUV zusätzliche Möglichkeiten einer Beschränkung des Zahlungs- und Kapitalverkehrs gegenüber Drittstaaten (Rn 40). 34

2. Inhalt der Kapital- und Zahlungsverkehrsfreiheit

Obwohl dies nicht ausdrücklich in Art. 63 AEUV Erwähnung gefunden hat, verbietet die Vorschrift zunächst alle offenen und indirekten bzw versteckten **Diskriminierun-** 35

135 *Bröhmer*, in: Calliess/Ruffert (Hrsg.), EUV/AEUV, 4. Aufl., 2011, Art. 63 AEUV, Rn 30 f, 66, 69.
136 EuGH, Rs. C-302/97 (Konle), Slg 1999, I-3099, Rn 22; EuGH, Rs. C-452/01 (Ospelt und Schlössle Weissenberg), Slg 2003, I-9743, Rn 24; *Bröhmer*, in: Calliess/Ruffert (Hrsg.), EUV/AEUV, 4. Aufl., 2011, Art. 63 AEUV, Rn 27.
137 Nach Ansicht von *Sedlaczek/Züger*, in: Streinz (Hrsg.), Art. 63 AEUV, Rn 33 mwN setzt sich hingegen mehr und mehr die sog. Ausschließlichkeitstheorie durch.
138 EuGH, Rs. C-367/98 (Kommission/Portugal), Slg 2002, I-4731, Rn 56; EuGH Rs. C-98/01 (Kommission/Vereinigtes Königreich), Slg 2003, I-4641, Rn 52.
139 *Bröhmer*, in: Calliess/Ruffert (Hrsg.), EUV/AEUV, 4. Aufl., 2011, Art. 63 AEUV, Rn 29.
140 Dazu bereits o. Rn 23.
141 *Glaesner*, in: Schwarze (Hrsg.), EU-Kommentar, 3. Aufl., 2012, Art. 63 AEUV, Rn 13.
142 EuGH, Rs. C-452/04(Fidium Finanz AG), Slg 2006, I-9521, Rn 49 f.
143 EuGH, Rs. C-478/98 (Kommission/Belgien), Slg 2000, I-7587, Rn 16.

gen. Diskriminierende Regelungen können grds. nur aus vom AEUV anerkannten Gründen gerechtfertigt werden.[144]

36 Auch die Kapital- und Zahlungsverkehrsfreiheit bedingt ein **Beschränkungsverbot.**[145] Damit sind grds. auch alle unterschiedslos für Gebietsansässige wie Gebietsfremde geltenden innerstaatlichen Maßnahmen verboten, die den Zufluss, Abfluss oder Durchfluss von Kapital oder Zahlungsmitteln der Form, dem Wert oder der Menge nach dauerhaft oder zeitweise untersagen, beschränken, behindern oder weniger attraktiv machen.[146] Sofern man auch im Rahmen von Art. 63 AEUV für eine Übernahme der **Grundsätze der Keck-Rechtsprechung** (Rn 25) eintritt, sind alle Regelungen, die Inländer und Ausländer im Inland rechtlich wie tatsächlich in der gleichen Weise berühren und folglich den Marktzugang nicht beeinträchtigen („Modalitäten"), nicht als Beschränkungen der Kapital- und Zahlungsverkehrsfreiheit anzusehen.[147] Hierzu könnte man etwa allgemeine Regelungen des Anlegerschutzes und des Steuerwesens zählen.[148] Gegen das Beschränkungsverbot verstoßen aber etwa Regelungen, die für den Erwerb einer über eine bestimmte Höhe hinausgehenden Beteiligung an bestimmten inländischen Unternehmen das Erfordernis einer behördlichen Genehmigung vorsehen, da sie trotz ihrer unterschiedslosen Geltung auch für Inländer Anleger aus anderen Mitgliedstaaten davon abhalten könnten, in das Kapital dieser Unternehmen zu investieren.[149] Unter das Beschränkungsverbot fallen auch nicht diskriminierende Regelungen, die den Erwerb eines Baugrundstücks von einer vorherigen grundverkehrsrechtlichen Genehmigung abhängig machen,[150] den Erwerb von Gesellschaftsanteilen in der Höhe beschränken[151] oder Inländern den Erwerb von Papieren einer Auslandsanleihe untersagen.[152]

37 Wie bei den anderen Grundfreiheiten sind auch im Anwendungsbereich der Kapital- und Zahlungsverkehrsfreiheit **ungeschriebene Einschränkungen des Tatbestands** von Art. 63 AEUV anerkannt. Beschränkungen sind danach dann ausnahmsweise zulässig, wenn sie einem im Allgemeininteresse liegenden Ziel dienen, in nicht diskriminierender Weise angewandt werden, und den Grundsatz der Verhältnismäßigkeit (Geeignetheit und Erforderlichkeit) beachten.[153] Als anerkennenswerte Allgemeininteressen wurden etwa der Schutz des Vertrauens der Kapitalanleger in die nationalen Ka-

144 EuGH, Rs. C-302/97 (Konle), Slg 1999, I-3099, Rn 24; fraglich ist, ob darüber hinaus auch (zumindest verdeckte) Diskriminierungen durch ungeregelte zwingende Erfordernisse des Allgemeininteresses gerechtfertigt werden können (vgl dazu im Anwendungsbereich anderer Grundfreiheiten etwa EuGH, Rs. C-379/98 (Preussen Elektra) Slg 2001, I-2099, Rn 72 ff und *Weiß*, EuZW 1999, 493, 497).

145 EuGH, Rs. C-367/98 (Kommission/Portugal), Slg 2002, I-4731, Rn 43 ff; EuGH Rs. C-98/01 (Kommission/Vereinigtes Königreich), Slg 2003, I-4641, Rn 43.

146 EuGH, Rs. C-222/95 (Parodi), Slg 1997, I-3899, Rn 18; *Zäch*, Grundzüge des Europ. Wirtschaftsrechts, 2005, Rn 545.

147 EuGH Rs. C-98/01 (Kommission/Vereinigtes Königreich), Slg 2003, I-4641, Rn 52; vgl auch zur Dienstleistungsfreiheit EuGH, Rs. C-384/93 (Alpine Investments), Slg 1995, I-1141, Rn 33 ff.

148 *Bröhmer*, in: Calliess/Ruffert (Hrsg.), EUV/AEUV, 4. Aufl., 2011, Art. 63 AEUV, Rn 58, 62.

149 EuGH, Rs C-367/98 (Kommission/Portugal), Slg 2002, I-4731, Tz. 45.

150 EuGH, Rs. C-300/01 (Salzmann), Slg 2003, I-4899, Rn 41.

151 EuGH, Rs. C-483/99 (Elf Aquitaine), Slg 2002, I-4781, Rn 50 f; EuGH, Rs. C-174/04 (Kommission/Italien), Slg 2005, I-4933.

152 EuGH, Rs. C-478/98 (Kommission/Belgien), Slg 2000, I-7587, Rn 17 f.

153 Gegeben im Fall EuGH, Rs. C-300/01 (Salzmann), Slg 2003, I-4899, Rn 42; nicht gegeben im Fall EuGH, verb. Rs. C-515/99, C-519/99 bis C-524/99 und C-526/99 bis 540/99 (Reisch u.a.), Slg 2002, I-2157, Rn 37 ff.

pitalmärkte,[154] Aspekte der Raumplanung,[155] die Verhinderung des Austauschs strategischer Informationen und von Wettbewerbsverzerrungen im Energiesektor[156] oder die Erhaltung der landwirtschaftlichen Bevölkerung[157] betrachtet. Rein finanzielle Interessen sind hingegen kein Rechtfertigungsgrund.[158]

3. Rechtfertigung von Eingriffen

a) Rechtfertigung nach Art. 65 AEUV

Art. 65 Abs. 1 AEUV sieht verschiedene Möglichkeiten zur Beschränkung des Zahlungs- und Kapitalverkehrs zwischen den Mitgliedstaaten und gegenüber Drittstaaten vor. Dies gilt für steuerrechtliche Differenzierungen (lit. a) sowie für die Verhinderung von Zuwiderhandlungen gegen innerstaatliche Rechts- und Verwaltungsvorschriften, für Meldeverfahren und Maßnahmen aus Gründen der öffentlichen Ordnung oder Sicherheit (lit. b).[159] **Gründe der öffentlichen Ordnung oder Sicherheit** können allerdings nur unter fünf Voraussetzungen geltend gemacht werden:[160] Zunächst muss eine tatsächliche und hinreichend schwere Gefährdung vorliegen, die ein Grundinteresse der Gesellschaft berührt, wobei diese Gründe nicht von ihrer eigentlichen Funktion losgelöst und in Wirklichkeit für wirtschaftliche Zwecke geltend gemacht werden dürfen. Die einschlägigen Normen sind bestimmt genug zu formulieren und es muss jedem Betroffenen ein Rechtsbehelf zur Verfügung stehen. Der Einsatz des konkreten Mittels muss schließlich zum Schutz der ins Auge gefassten Belange geeignet und erforderlich sein. 38

Gerechtfertigt sind nach Art. 65 Abs. 2 AEUV auch Beschränkungen der Kapitalverkehrsfreiheit, die mit zulässigen Beschränkungen des Niederlassungsrechts verbunden sind. Unzulässig sind nach Art. 65 Abs. 3 AEUV in jedem Fall aber Maßnahmen und Verfahren, die zu einer willkürlichen Diskriminierung oder verschleierten Beschränkung des freien Kapital- und Zahlungsverkehrs führen. Daher ist bspw eine Regelung unzulässig, die lediglich ausländische Direktinvestitionen einer Pflicht zur vorherigen Genehmigung unterwirft.[161] 39

---

154 EuGH, Rs. C-384/93 (Alpine Investments), Slg 1995, I-1141, Rn 40 ff (das Gericht prüfte den Fall allerdings nur iRd Dienstleistungsfreiheit).
155 EuGH, verb. Rs. C-515/99, C-519/99 bis C-524/99 und C-526/99 bis 540/99 (Reisch u.a.), Slg 2002, I-2157, Rn 34.
156 EuGH, verb. Rs. C-105-107/12 (Niederlande/Essent NV u.a.), EuZW 2014, 61.
157 EuGH, Rs. C-452/01 (Ospelt und Schlössle Weissenberg), Slg 2003, I-9743, Rn 39.
158 EuGH, Rs. C-367/98 (Kommission/Portugal), Slg 2002, I-4731, Rn 52.
159 Erfasst werden etwa Maßnahmen zur Sicherstellung der Wirksamkeit der Steueraufsicht und zur Bekämpfung rechtswidriger Handlungen (zB Steuerhinterziehung, Geldwäsche, Drogenhandel, Terrorismus); s. dazu auch EuGH, verb. Rs. C-163/94, 165/94 und 250/94 (Sanz de Lera u.a.), Slg 1995, I-4821, Rn 22 (Zulässigkeit einer Meldepflicht bei der Ausfuhr von Hartgeld, Banknoten oder Inhaberschecks) und EuGH, Rs. C-439/97 (Sandoz), Slg 1999, I-7041, Rn 24 (Zulässigkeit einer nicht diskriminierend von der Steuerverwaltung erhobenen und der gleichmäßigen Steuerbelastung dienenden Gebühr in Höhe von 0,8 % des Werts von Darlehen, die ein gebietsansässiger Darlehensnehmer bei einem gebietsfremden Darlehensgeber aufnahm).
160 Zum Folgenden EuGH, Rs. C-54/99 (Eglise de scientologie), Slg 2000, I-1335, Rn 17 f und 22.
161 EuGH, Rs. C-54/99 (Eglise de scientologie), Slg 2000, I-1335, Rn 21 f; vgl auch generell EuGH, Rs. C-439/97 (Sandoz), Slg 1999, I-7041, Rn 25 f.

b) Beschränkungen gegenüber Drittstaaten

40 Der freie Kapital- und teilweise auch der Zahlungsverkehr mit Drittländern kann in einem größeren Maße beschränkt werden. Nach Art. 64 Abs. 1 AEUV bleiben die am 31.12.1993 gegenüber Drittstaaten geltenden mitgliedstaatlichen oder gemeinschaftlichen Regelungen im Zusammenhang mit Direktinvestitionen einschließlich Anlagen in Immobilien, mit der Niederlassung, der Erbringung von Finanzdienstleistungen oder der Zulassung von Wertpapieren zu den Kapitalmärkten von Art. 63 AEUV unberührt. Das Europäische Parlament und der Rat können zudem nach Art. 64 Abs. 2 AEUV weitere beschränkende Maßnahmen in den genannten Bereichen ergreifen. Nach Art. 66 AEUV sind gegenüber Drittstaaten zudem auf max. sechs Monate beschränkte Maßnahmen des Rates (nicht auch der Mitgliedstaaten) zum Schutz des Funktionierens der **Wirtschafts- und Währungsunion** denkbar. Diese Maßnahmen dürfen jedoch nur aus wirtschaftlichen und nicht auch aus politischen Gründen ergriffen werden. Dies ist anders bei Art. 75 AEUV, der zur Verhütung und Bekämpfung des Terrorismus und damit verbundener Aktivitäten Verwaltungsmaßnahmen in Bezug auf Kapitalbewegungen und Zahlungen (zB Einfrieren von Geldern, finanziellen Vermögenswerten oder wirtschaftlichen Erträgen) zulässt.

c) Schutzmaßnahmen bei Zahlungsbilanzkrisen

41 Soweit sich ein nicht an der Währungsunion beteiligter Mitgliedstaat in **Zahlungsbilanzschwierigkeiten** befindet oder solche ernstlich drohen, kann er nach Art. 143 f AEUV ggf unter Mitwirkung der Kommission bzw anderer Mitgliedstaaten entspr. Schutzmaßnahmen ergreifen und hierzu die Zahlungsverkehrsfreiheit einschränken.

B. Wettbewerbspolitik[162]

42 Die kartellrechtlichen Regelungen der Art. 101 ff AEUV und des Sekundärrechts (zB die Verordnungen (EG) Nr. 1/2003, (EWG) Nr. 1534/91, (EG) Nr. 358/2003, (EG) Nr. 139/2004) gelten unmittelbar auch für die im Gemeinsamen Markt tätigen Finanzdienstleistungsunternehmen.[163] Es gibt **keine Bereichsausnahme für die Kredit-**

---

162 *Brinker/Schädle*, VersR 2004, 673 ff; *Brühmann*, Grenzüberschreitende Kooperation und Konzentration deutscher Kreditinstitute im Gemeinsamen Markt, 1980; *Bunte*, in: Schimansky/Bunte/Lwowski (Hrsg.), Bankrechts-Hdb, Bd. II 4. Aufl. 2011, § 141; *Chiriţă*, European Competition Journal 2012, 403 ff; *Dreher*, VersR 2004, 1 ff; *ders.*, in: FS 100 Jahre DVS 2001, S. 83 ff; *ders.*, in: FS Immenga, 2004; *Dreher/Kling*, Kartell- und Wettbewerbsrecht der Versicherungsunternehmen, 2007; *Esser-Wellié/Hohmann*, VersR 2004, 1211 ff; *Eufinger*, WM 2014, 1113 ff; *Freigang/Grün*, WM 2005, 681 ff; *Frisinger/Behr*, RIW 1995, 708 ff; *Frömke*, Die Stellung der Kreditinstitute im Wettbewerbsrecht der Europäischen Wirtschaftsgemeinschaft nach Art. 90 II EWG-Vertrag, 1987; *von Fürstenwerth*, WM 1994, 365; *Greaves*, Competition Law, 2003, *dies.*, EC Competition Law: Banking and Insurance Services, 1992; *Gleske*, Wettbewerb öffentlicher und privater Kreditinstitute in Deutschland, 1996; *Gyselen*, in: Fordham Corporate Law Institute, International Antitrust Law & Policy, 1997; *Habersack*, ZHR 159 (1995), 663 ff; *Immenga/Rudo*, Gewährträgerhaftung und Anstaltslast der Sparkassen und Landesbanken als Beihilfen nach europäischem Beihilfenrecht, 1997; *Koenig*, EuZW 1995, 595 ff; *Kuhlmann*, Versicherungsrecht und Europäisches Kartellrecht, 1987; *Leiner*, Staatsbürgschaften und EG-vertragliches Beihilfeverbot, 2002; *Massari*, Das Wettbewerbsrecht der Banken – Regulierung des Wettbewerbs der Banken durch Kartellrecht, Bankaufsichtsrecht und Lauterkeitsrecht, 2006; *Möschel*, in: FS für Raisch, S. 469 ff; *H. A. Schmidt*, Die Europäisierung des Kartellrechts im Bereich der Kredit- und Versicherungswirtschaft, 1995; *Schneider/Busch*, EuZW 1995, 602 ff; *Schütte/Kirchhoff*, EWS 1996, 189 ff; *Thode/Peres*, VerwArch 1998, 439 ff; *Van Gerven*, in: Fordham Corporate Law Institute, International Antitrust Law & Policy, 2003.

163 S. dazu nur die Leitentscheidung EuGH, Rs. 172/80 (Züchner/Bayerische Vereinsbank), Slg 1981, 2021 (abgestimmte Erhebung einer Überweisungsgebühr); EuGH, Rs. 45/85 (Verband der Sachversicherer),

oder Versicherungswirtschaft. Auch die Sonderregelung des Art. 106 Abs. 2 AEUV für Unternehmen, die mit Dienstleistungen von allg. Interesse betraut sind, gilt für Finanzdienstleister nur dann, wenn sie ausnahmsweise mit der betreffenden Dienstleistung durch Hoheitsakt betraut wurden, wobei die hoheitliche Finanzdienstleistungsaufsicht keine derartige Betrauung darstellt.[164] Mit Hilfe des Kartellrechts soll insb. verhindert werden, dass die aufsichtsrechtliche Liberalisierung durch private Kartellabsprachen eingeschränkt wird. Im Folgenden soll lediglich auf die für Finanzdienstleistungsunternehmen bestehenden kartellrechtlichen Besonderheiten eingegangen werden.

I. Kartellverbot

1. Wettbewerbsbeschränkung

Nach Art. 101 AEUV sind horizontale und vertikale Vereinbarungen zwischen Unternehmen, Beschlüsse von Unternehmensvereinigungen und aufeinander abgestimmte Verhaltensweisen, welche den Handel zwischen Mitgliedstaaten zu beeinträchtigen geeignet sind und eine Verhinderung, Einschränkung oder Verfälschung des Wettbewerbs innerhalb des Gemeinsamen Marktes bezwecken oder bewirken, grds. verboten. Beispiele für Vereinbarungen iSv Art. 101 AEUV aus dem Finanzdienstleistungssektor bilden Vereinbarungen über Entgelte (zB Kunden- und Schnittstellengebühren,[165] Verrechnungsgebühren bei Kreditkartenzahlungen[166]), Verrechnungs- und Abrechnungssysteme,[167] Referenzzinssätze (LIBOR/EURIBOR-Skandal),[168] Banköffnungszeiten[169] und Allgemeine Geschäftsbedingungen[170] sowie Absprachen über ein dauerhaftes und planmäßiges gemeinsames Angebot.[171] Beschlüsse von Unternehmensvereinigungen wie Banken- und Versicherungsverbänden über Wettbewerbsbedingungen sind auch dann kartellrechtlich relevant, wenn sie zwar als unverbindlich bezeichnet werden, jedoch eine faktische Bindungswirkung erzeugen.[172] Das Verbot aufeinander abgestimmter Verhaltensweisen hat insb. im Bereich der Vereinheitlichung von Zinssätzen, Prämien und Gebührenregelungen eine Bedeutung.[173] Es besteht zwar **kein allg. Empfehlungsverbot**, doch können Empfehlungen Ausdruck bzw 43

Slg 1987, 405 (Empfehlung eines Verbandes zur pauschalen und kollektiven Anhebung von Versicherungsprämien).

164 EuGH, Rs. 172/80 (Züchner/Bayerische Vereinsbank), Slg 1981, 2021, 2030.

165 Ziff. 40 ff der Bekanntmachung der Kommission v. 27.9.1995 über die Anwendung der EG-Wettbewerbsregeln auf grenzüberschreitende Überweisungssysteme, ABl. C 251 v. 27.9.1995, S. 3; Entsche. der Kommission v. 24.7.2002, KOM(2002) 2698, ABl. L 318 v. 22.11.2002, S. 17.

166 Zu den sog. multilateral interchange fees (MIFs) im Kreditkartenzahlungsverkehr COMP/39.398 – VISA MIF; COMP/34.579 – MasterCard; COMP/36.518 – EuroCommerce; COMP/38.580 – Commercial Card; s. dazu jetzt auch den Verordnungsvorschlag KOM(2013) 550 endg.

167 Kommission v. 10.12.1984 (Einheitliche eurocheques I), ABl. L 35 v. 7.2.1985, S. 43.

168 Kommission v. 4.12.2013 (Euro Interest Rate Derivatives), Fall AT.39914 (noch nicht veröffentlicht; Pressemitteilung der EU-Kommission IP/13/1208); zu Schadensersatzklagen vor deutschen Gerichten im Zusammenhang mit der Manipulation von Referenzzinssätzen *Bausch/Wittmann*, WM 2014, 494 ff.

169 Kommission v. 30.9.1986 (Irish Banks), ABl. L 295 v. 18.10.1986, S. 28.

170 Kommission v. 19.7.1989 (Niederländische Banken), ABl. L 253 v. 30.8.1989, S. 1.

171 Sog. Ad-hoc-Konsortien sind kartellrechtlich unbedenklich (dazu bereits Kommission, 2. Bericht über die Wettbewerbspolitik 1973, S. 69 Fn 3).

172 EuGH, Rs. 45/85 (Verband der Sachversicherer), Slg 1987, 405.

173 EuGH, Rs. 172/80 (Züchner/Bayerische Vereinsbank), Slg 1981, 2021 und zur Einleitung des entsprechenden Vorabentscheidungsverfahrens AG Rosenheim, WM 1982, 82, 84.

Grundlage von abgestimmten Verhaltensweisen sein.[174] Staatliche Regelungen wie etwa die deutschen Provisionsabgabeverbote auf der Grundlage von § 81 Abs. 2 S. 4 VAG sind dann mit Art. 101 AEUV vereinbar, wenn diese Regelungen in keinem Zusammenhang mit abgestimmten Verhaltensweisen der betroffenen Unternehmen stehen.[175]

44 Keine Wettbewerbsbeschränkung liegt jedoch regelmäßig vor, wenn sich die Kooperationen in notwendigen Regelungen zur Standardisierung, Vereinfachung und Zentralisierung der Verfahren erschöpfen und die Freiheit der beteiligten Unternehmen, die Leistungen, Preise und Bedingungen eigenständig festzulegen, nicht beeinträchtigt wird. Von Bedeutung ist in diesem Zusammenhang insb. der sog. **Arbeitsgemeinschaftsgedanke**, wonach eine Kooperation, die die für ein bestimmtes Angebot erforderliche Kapazität überhaupt erst herstellt, keine Wettbewerbsbeschränkung iSv Art. 101 Abs. 1 AEUV darstellt.[176] Dies gilt auch für den Fall, dass die Marktgegenseite die Kooperation bestimmter Unternehmen ausdrücklich wünscht, wie dies etwa bei einem Emissions-, Kredit- oder Mitversicherungskonsortium häufig der Fall ist.[177]

2. Spürbarkeit

45 Wegen ihrer geringen Bedeutung fallen alle Maßnahmen von Unternehmen, deren Marktanteil in einem wesentlichen Teil des gemeinsamen Marktes zusammen 10 % (horizontale Wettbewerbsbeschränkung) bzw 15 % (vertikale Wettbewerbsbeschränkung) nicht überschreitet, nicht unter das Verbot.[178] Sachlich insoweit voneinander zu unterscheidende Märkte sind nach dem **Bedarfsmarktkonzept** im Banksektor das Einlagen-, Giro-, Kredit-, Emissions-, Effekten-, Depot- und Fondsgeschäft, wobei teilweise noch zwischen dem Privat- und Großkundengeschäft zu trennen ist. Im Versicherungssektor hat man zunächst zwischen den Bereichen Leben, Nichtleben und Rückversicherung und sodann nach den einzelnen Versicherungsprodukten für die unterschiedlichen Risiken zu unterscheiden.[179] Ein wesentlicher Teilmarkt kann gerade im noch stark fragmentierten Versicherungsbereich[180] auch der Markt in einem einzelnen Mitgliedstaat sein, wobei dann aber dem Zwischenstaatlichkeitserfordernis besondere Aufmerksamkeit zu schenken ist.[181]

---

174 EuGH, Rs. 45/85 (Verband der Sachversicherer), Slg 1987, 405, 455; EuGH, Rs. 172/80 (Züchner/Bayerische Vereinsbank), Slg 1981, 2021, 2030.

175 EuGH, Rs. C 2/91, Slg 1993, I-5751 (Meng), VersR 1994, 161; vor diesem Hintergrund krit. zum Provisionsabgabeverbot in der Lebensversicherung *Winter*, VersR 2002, 1055 ff und *Dreher*, VersR 2001, 1 ff.

176 S. dazu die Leitlinien der Kommission zur Anwendbarkeit des Art. 81 auf Vereinbarungen über horizontale Zusammenarbeit v. 6.1.2001, ABl. C 3 v. 6.1.2001, S. 2.

177 Zu Versicherungsgemeinschaften s. Art. 7 und 8 GVO (EG) Nr. 358/2003 und die Mitteilung KOM(2007) 556 endg. v. 25.9.2007, Ziff. 2.2; sowie näher *Esser-Wellié/Hohmann*, VersR 2004, 1211 ff und *Brinker/Schädle*, VersR 2003, 1475 ff.

178 Vgl Tz. 7 der sog. „de minimis-Bekanntmachung" der Kommission vom 22.12.2001, ABl. C 368 v. 22.12.2001, S. 13.

179 In der Entsch. Winterthur/Schweizer Rück v. 14.3.1995 (IV/M 518, ABl. C 73 v. 25.3.1995, S. 18) unterschied die Kommission zB zwischen Assistance-, Feuer-, Haftpflicht-, Kfz-, Kredit-/Kautions-, Lebens-, Rechtsschutz-, Sach- und Vermögens-, Transport-, Unfall- und Rückversicherungsmärkten; näher *Brinker/Schädle*, VersR 2004, 673 ff mwN.

180 S. dazu etwa die Entsch. der Kommission v. 3.4.1995 IV/M 539 (Allianz/Elvia/Adriatico), ABl. C 180 v. 14.7.1995, S. 4 und die Mitteilung KOM(2007) 556 endg. v. 25.9.2007, Ziff.1.5.

181 S. dazu etwa den Fall Kommission v. 19.7.1989 (Niederländische Banken), ABl. L 253 v. 30.8.1989, S. 1, Tz. 58.

3. Beeinträchtigung des zwischenstaatlichen Handels

46 Die sog. **Zwischenstaatlichkeitsklausel** wird grds. weit verstanden, so dass auch mittelbare oder potentielle Gefährdungen des zwischenstaatlichen Wirtschaftsverkehrs ausreichen und insb. die Beeinträchtigung des zwischenstaatlichen Handels dann vermutet wird, wenn das Spürbarkeitskriterium erfüllt ist.[182] Da bei der entspr. Beurteilung auch künftige Entwicklungen zu berücksichtigen sind, können selbst aktuell noch rein national wirkende Wettbewerbsbeschränkungen wegen ihrer künftig wahrscheinlich grenzüberschreitenden Wirkung das Zwischenstaatlichkeitskriterium erfüllen.[183] Die Beteiligung ausländischer (Tochter-)Gesellschaften an wettbewerbsbeschränkenden Maßnahmen bildet zwar ein wichtiges Kriterium für die Annahme zwischenstaatlicher Auswirkungen, begründet diese für sich genommen jedoch noch nicht.[184] Andererseits genügt der Umstand, dass ein Kartell nur die Vermarktung von Produkten in einem einzigen Mitgliedstaat bezweckt, nicht, um die Möglichkeit einer Beeinträchtigung des Handels zwischen Mitgliedstaaten auszuschließen.[185]

4. Legalausnahme

47 Außerdem sind Wettbewerbsbeschränkungen unter den vier Voraussetzungen des Art. 101 Abs. 3 AEUV von Rechts wegen freigestellt. Für die Konkretisierung dieser unbestimmten Ausnahmeregelung kommt im Versicherungssektor der seit 1.4.2010 geltenden und auch für das deutsche Recht maßgeblichen (vgl § 2 Abs. 2 GWB) Gruppenfreistellungsverordnung (GVO) (EU) Nr. 267/2010 eine besondere Bedeutung zu.[186] Die von der EU-Kommission aufgrund einer Ermächtigung des Rats vom 31.5.1991[187] erlassene GVO stellt kartellrechtlich relevante Verhaltensweisen nur noch dann generell frei, wenn sie sich auf die gemeinsame Erhebung und Verbreitung von Daten (Erhebungen, Tabellen und Studien) zur Risiko- und Folgenabschätzung (Art. 2) oder auf die gemeinsame Deckung bestimmter Arten von Risiken in der Form der Mitversicherung bzw der Mit-Rückversicherung (Art. 5) beziehen und die weiteren Freistellungsvoraussetzungen erfüllen (Art. 3 f bzw 6 f). Danach müssen sie insb. für die beteiligten Unternehmen ausdrücklich als unverbindlich erklärt worden bzw kündbar sein.[188] Die erhobenen Daten müssen zudem auch anderen Versicherungsunternehmen sowie Verbraucher- und Kundenorganisationen zu angemessenen Konditionen und diskriminierungsfrei zugänglich gemacht werden.[189] Außerdem kann die Kommission den Vorteil der Gruppenfreistellung im Einzelfall auch wieder ent-

182 St. Praxis seit EuGH, Rs. 56/64 (Grundig/Consten), Slg 1966, 389; zur zwischenstaatlichen Bedeutung nationaler Bankenentgelte *Freigang/Grün*, WM 2005, 683, 684 f.
183 *Bunte*, in: Schimansky/Bunte/Lwowski (Hrsg.), Bankrechts-Hdb, Bd. II 4. Aufl. 2011, § 141, Rn 22.
184 EuGH, Rs. C-295/04 (Manfredi), Slg 2006, I-6619, Rn 44; Kommission v. 19.7.1989 (Niederländische Banken), ABl. L 253 v. 30.8.1989, S. 1, Rn 58.
185 EuGH, Rs. C-295/04 (Manfredi), Slg 2006, I-6619, Rn 45 ff.
186 Näher dazu *Ellger*, in: Immenga/Mestmäcker (Hrsg.), Wettbewerbsrecht, Bd. 1 EU/Teil 1, Kommentar zum europäischen Kartellrecht, 5. Aufl. 2012, S. 1223 ff sowie zur Vorgängerverordnung (EG) Nr. 358/2003 *Brinker/Schädle*, VersR 2003, 1475 ff und *Esser-Wellié/Hohmann*, VersR 2004, 1211 ff.
187 VO (EWG) Nr. 1534/91 des Rats v. 31.5.1991 über die Anwendung von Art. 85 III des EG-Vertrages auf Gruppen von Vereinbarungen, Beschlüssen und aufeinander abgestimmten Verhaltensweisen im Bereich der Versicherungswirtschaft, ABl. L 143 v. 7.6.1991, S. 1 (näher dazu *H. Müller*, Versicherungsbinnenmarkt, 1995, Rn 127 ff).
188 Art. 3 Abs. 2 lit. b, Art. 7 lit. a.
189 Art. 3 Abs. 2 lit. d, e.

ziehen, wenn sie feststellt, dass die freigestellte Maßnahme mit den in Art. 101 Abs. 3 AEUV genannten Voraussetzungen unvereinbare Wirkungen zeigt (Art. 29 Abs. 2 VO (EG) Nr. 1/2003). Für die vor Erlass und neben der GVO erfolgten Einzelfreistellungen im Versicherungssektor sei auf das Spezialschrifttum verwiesen.[190]

48 Im Bereich der Zahlungsdienste kann zur Konkretisierung von Art. 101 Abs. 3 AEUV zunächst auf die Bekanntmachung der Kommission vom 27.9.1995 über die Anwendung der EG-Wettbewerbsregeln auf grenzüberschreitende Überweisungssysteme[191] sowie auf Art. 28 RL 2007/64/EG zurückgegriffen werden.[192] Außerhalb des Anwendungsbereichs der genannten Bekanntmachung und der Zahlungsdienste-RL lassen sich vornehmlich aus der früheren Einzelfreistellungspraxis der Kommission wichtige Hinweise für die nunmehr erforderliche Selbstveranlagung gewinnen.[193] Danach wurden entgeltbezogene Vereinbarungen mit einer den Wettbewerb gegenüber Kunden beeinträchtigenden Wirkung grds. nicht freigestellt, während entspr. Kooperationen im Interbankenverkehr eher als gerechtfertigt betrachtet wurden.[194] Sofern die Kooperationen Standardisierungen und Rationalisierungen betrafen, die eine Qualitätssteigerung und Kostensenkung bei ausreichendem Restwettbewerb um Kunden ermöglichen, sind diese regelmäßig vom Verbot freigestellt worden.[195]

II. Verbot des Missbrauchs einer marktbeherrschenden Stellung

49 Nach Art. 102 AEUV ist Finanzdienstleistungsunternehmen, die einzeln oder aufgrund einer Koordination gemeinsam marktbeherrschend sind, der Missbrauch dieser Stellung auf dem Gemeinsamen Markt oder einem wesentlichen Teil desselben verboten. So müssen insb. wesentliche Einrichtungen wie etwa ein kollektives Überweisungssystem[196] oder geregelte Märkte[197] weiteren Wettbewerbern unter objektiv ausgestalteten, gerechtfertigten und nicht diskriminierend angewendeten Voraussetzungen zugänglich sein.

III. Fusionskontrolle

50 Seit 1990 unterliegen Unternehmenszusammenschlüsse sowie bestimmte Gemeinschaftsunternehmen einer **präventiven Fusionskontrolle** durch die EU-Kommission, sofern der Jahresumsatz bestimmte Schwellenwerte übersteigt, die von Art. 1 Abs. 2,

190 *H. Müller*, Versicherungsbinnenmarkt, 1995, Rn 126 mit Fn 121.
191 ABl. C 251 v. 27.9.1995 S. 3.
192 Leitlinien für das Eingehen von Kooperationen zur Durchführung von grenzüberschreitenden Überweisungen, Gewährung eines diskriminierungsfreien Zugangs, Möglichkeiten zur Beschränkung des Wettbewerbs im Interbankenverkehr etc.; vgl zur Umsetzung in Deutschland § 7 ZAG.
193 Näher dazu *Bunte*, in: Schimansky/Bunte/Lwowski (Hrsg.), Bankrechts-Hdb, Bd. II 4. Aufl. 2011, § 141, Rn 28 ff.
194 Kommission v. 11.12.1986 (Belgische Bankenvereinigung), ABl. L 7 v. 9.1.1987, S. 27, Tz. 46 ff; Kommission v. 12.12.1986 (ABI), ABl. L 43 v. 13.2.1987, S. 51, Tz. 53 ff; vgl dazu auch betreffend Austauschgebühren im grenzüberschreitenden Überweisungsverkehr Ziff. 35 sowie 40 ff der Bekanntmachung der Kommission v. 27.9.1995 über die Anwendung der EG-Wettbewerbsregeln auf grenzüberschreitende Überweisungssysteme, ABl. C 251 v. 27.9.1995, S. 3.
195 Kommission v. 24.6.1996 (BNP/Dresdner Bank), ABl. L 188 v. 27.7.1996, S. 37, Tz. 18 ff.
196 S. dazu Art. 28 Zahlungsdienste-RL 2007/64/EG und Ziff. 23 ff der Bekanntmachung der Kommission v. 27.9.1995 über die Anwendung der EG-Wettbewerbsregeln auf grenzüberschreitende Überweisungssysteme?, ABl. C 251 v. 27.9.1995, S. 3.
197 S. dazu Art. 42 Abs. 1 RL 2004/39/EG bzw ab 3.1.2017 Art. 53 RL 2014/65/EU.

Abs. 3 VO (EG) Nr. 139/2004 (FKVO)[198] festgelegt werden (Aufgreifkriterien). An die Stelle der Umsatzschwellen treten nach Art. 5 Abs. 3 lit. a und b bei Finanzdienstleistungsunternehmen allerdings ein Bruchteil (1/10) der gesamten bzw auf die Gemeinschaftstätigkeit bezogenen Bilanzsumme (Finanzinstitute) bzw die Summe der insgesamt bzw unionsweit erzielten Bruttoprämien (Versicherungsunternehmen). Um das Emissions- und Wertpapiergeschäft von Banken, sonstigen Finanzinstituten und Versicherungsunternehmen nicht zu beeinträchtigen, sind Finanzdienstleistungsunternehmen nach Art. 3 Abs. 5 lit. a FKVO (EG) Nr. 139/2004 (sog. Bankenklausel) zudem insoweit von der Fusionskontrolle befreit, als sie mit dem lediglich vorübergehenden Erwerb von Gesellschaftsanteilen keinen unternehmerischen Einfluss nehmen. Im Übrigen gelten für die Finanzdienstleistungsunternehmen die allg. Regelungen. Die Kommission hatte seit 1990 über einige angemeldete Fusionen von Finanzdienstleistungsunternehmen zu entscheiden.[199] Neben der wettbewerbsrechtlichen kommt es noch zu einer finanzaufsichtsrechtlichen Fusionskontrolle.[200]

IV. Verbot staatlicher Beihilfen[201]

Das in den Art. 107 ff AEUV geregelte Verbot wettbewerbsverfälschender Beihilfen 51
(präventives Verbot mit Erlaubnisvorbehalt) richtet sich an die Mitgliedstaaten. Kreditinstitute sind nicht nur als mögliche Empfänger von Beihilfen,[202] sondern gerade auch deshalb von diesen Regelungen betroffen, weil sie vielfach an der Vergabe von Beihilfen mitwirken oder als Vertragspartner (zB als Kreditgeber) von der geleisteten Beihilfe (zB Zinszuschuss, Staatsbürgschaft) profitieren. Hinsichtlich der Anwendung der Art. 107 ff AEUV[203] ist auf das Spezialschrifttum[204] zu verweisen. Hier sollen lediglich drei praktisch besonders relevante und heftig diskutierte Fragen herausgegriffen werden.

1. Beihilferechtliche Zulässigkeit von staatlichen Rettungsmaßnahmen in der jüngsten Finanzkrise

Bei den staatlichen Maßnahmen zur Stabilisierung des Finanzsektors in der jüngsten 52
Finanzkrise handelte es sich ganz überwiegend um anmeldepflichtige Beihilfen. Die

198 VO (EG) Nr. 139/2004 des Rates v. 20.1.2004 über die Kontrolle von Unternehmenszusammenschlüssen (FKVO), ABl. v. 29.1.2004, L 24, S. 1.

199 S. dazu die Übersichten bei *H. Müller*, Versicherungsbinnenmarkt, 1995, Rn 162 mit Fn 164.

200 Dazu *Hoger*, WM 2007, 1053 ff; s. etwa zur Verschmelzung von OGAW Art. 37 ff RL 2009/65/EG mit Detailregelungen in RL 2010/44/EU.

201 *Arhold*, EuZW 2008, 713 ff; *Deselaers/Küpper*, EWS 2009, 212 ff; *Hadding*, WM 2005, 485 ff; *Jestaedt/Wiemann*, WuW 2009, 606 ff; *Koenig/Haratsch*, WM 2005, 1005 ff; *Schütterle*, EuZW 1995, 392 ff; speziell zur jüngsten Finanzkrise *Herrmann*, WiVerw 2010, 36 ff; *Ohler*, WiVerw 2010, 47 ff; *Soltész/Köckritz*, WM 2010, 241 ff; *Soltész*, WM 2012, 923 ff; *Zimmer/Blaschczok*, WuW 2010, 142 ff; speziell zur Unterstützung staatlicher Banken *Behnsen*, BB 2008, 2582 ff; *Fehling*, EuR 2010, 598 ff; *Hennecke*, DVBl. 2010, 472 ff.

202 S. dazu etwa EuGH, Rs. C-224/12 P (Kommission/Niederlande), EuZW 2014, 473.

203 S. dazu auch die VO (EU) Nr. 651/2014 der Kommission v. 17.6.2014 zur Feststellung der Vereinbarkeit bestimmter Gruppen von Beihilfen mit dem Binnenmarkt in Anwendung der Art. 107 und 108 des Vertrags über die Arbeitsweise der Europäischen Union, ABl. L 187 v. 26.6.2014, S. 1.

204 S. etwa *Beljin*, Beihilfenrecht (§ 28), in: Schulze/Zuleeg/Kadelbach (Hrsg.), Europarecht – Handbuch für die deutsche Rechtspraxis, 3. Aufl., Baden-Baden, 2015; *Bartosch*, EU-Beihilfenrecht – Kommentar, 2009; *Heidenhain*, Hdb des Europäischen Beihilferechts, 2003; *Lübbig/Martín-Ehlers*, Beihilfenrecht der EU – Das Recht der Wettbewerbsaufsicht über staatliche Beihilfen in der Europäischen Union, 2. Aufl., 2009.

Rettungsmaßnahmen zugunsten einzelner Institute[205] und die namentlich ab Herbst 2008 gewährten Systemhilfen (sog. Rettungspakete)[206] wurden von der Kommission nach den relativ strengen sog. **R&U-Leitlinien**[207] bzw ab Herbst 2008 zusätzlich nach den großzügigeren und auf Art. 88 Abs. 3 lit. b EGV (jetzt Art. 108 AEUV) gestützten sog. **Finanzmarkt-Leitlinien**[208] auf ihre Genehmigungsfähigkeit hin überprüft.[209] Der Rat hat trotz des erheblichen Ausmaßes der Krise und der staatlichen Beihilfen nicht von seiner Genehmigungskompetenz nach Art. 88 Abs. 2 Unterabs. 3 EGV (jetzt Art. 108 Abs. 2 Unterabs. 3 AEUV) Gebrauch gemacht, sondern die entspr. Entscheidungen der Kommission überlassen. Nach den R&U-Leitlinien, auf denen die Finanzmarkt-Leitlinien aufbauen, müssen alle Unternehmen, die sich in Schwierigkeiten befinden, entweder die Rettungsbeihilfe nach sechs Monaten zurückzahlen oder einen Umstrukturierungs- bzw Liquidationsplan bei der EU-Kommission einreichen (Ziff. 25 c), wobei sie sich an den Umstrukturierungskosten mit einem Eigenbetrag von 25 %, 40 % bzw 50 % zu beteiligen haben (Ziff. 44). Nach der Mitteilung der Kommission zur Rekapitalisierung von Finanzinstituten v. 5.12.2008 trifft diese Pflicht jedoch nur die grds. nicht gesunden Banken. Die grds. gesunden Banken, die lediglich aufgrund der allg. Finanzmarktkrise in Not geraten sind, werden hingegen bevorzugt behandelt.[210] Mit der Siebten Bankenmitteilung vom Juli 2013[211] hat die EU-Kommission das Sonderregime der Beihilfekontrolle teilweise wieder normalisiert, das Verfahren gestrafft, die Lastenverteilung neu geregelt und die Vergütungspolitik beihilfebedürftiger Banken einer strengen Kontrolle unterworfen.

2. Beihilferechtliche Stellung der Banken bei staatlichen Garantien für Kredite an geförderte Unternehmen

53 Hat eine Bank einen durch eine staatliche Garantie (v.a. Bürgschaft) gesicherten Kredit gewährt, fragt es sich, ob die Bank den Staat auch dann aus der Garantie in An-

---

205 S. etwa zu den der deutschen IKB-Bank gewährten diversen Beihilfen die Pressemitteilung der EU-Kommission v. 17.8.2009.

206 S. dazu für Deutschland insb. das FMStG (BGBl. 2008 I, 1982) v. 17.10.2008 (mit FMStFG und FMSBeschlG) und das FMStErgG v. 7.4.2009 (BGBl. 2009 I, 725) sowie die mit ihnen verbundenen Ausführungs-VO; dazu näher *Jaletzke/Veranneman* (Hrsg.) Finanzmarktstabilisierungsgesetz einschließlich Finanzmarktstabilisierungsfonds-Verordnung und Kurzdarstellungen der Finanzmarktstabilisierungsgesetze in den U.S.A., England und Frankreich, 2009; *Ewer/Behnsen*, NJW 2008, 3457 ff; *Wolfers/Rau*, NJW 2009, 1297 ff; speziell zu verfassungsrechtlichen Aspekten *Ruffert*, NJW 2009, 2093 ff.

207 Aktuelle Version gemäß Mitteilung der Kommission – Leitlinien der Gemeinschaft für staatliche Beihilfen zur Rettung und Umstrukturierung von Unternehmen in Schwierigkeiten, ABl. C 244 v. 1.10.2004, S. 2.

208 Mitteilung der Kommission – Die Anwendung der Vorschriften für staatliche Beihilfen auf Maßnahmen zur Stützung von Finanzinstituten im Kontext der derzeitigen globalen Finanzkrise, ABl. C 270 v. 25.10.2008, S. 8; Mitteilung der Kommission – Vorübergehender Gemeinschaftsrahmen für staatliche Beihilfen zur Erleichterung des Zugangs zu Finanzierungsmitteln in der gegenwärtigen Finanz- und Wirtschaftskrise, C 83 v. 7.4.2009, S. 1 (mehrfach geändert; s. zuletzt ABl. C 303 v. 15.12.2009, S. 6); Mitteilung der Kommission – Die Rekapitalisierung von Finanzinstituten in der derzeitigen Finanzkrise: Beschränkung der Hilfen auf das erforderliche Minimum und Vorkehrungen gegen unverhältnismäßige Wettbewerbsverzerrungen, ABl. C 10 v. 15.1.2009, S. 2; Mitteilung der Kommission über die Wiederherstellung der Rentabilität und die Bewertung von Umstrukturierungsmaßnahmen im Finanzsektor im Rahmen der derzeitigen Krise gemäß den Beihilfevorschriften, ABl. C 195 v. 19.8.2009, 9; näher dazu *Deselaers/Küpper*, EWS 2009, 212 ff.

209 S. dazu etwa die Entsch. zur Genehmigung des deutschen FMStG K(2008) 8629 v. 12.12.2008 – Staatliche Beihilferegelung Nr. N 625/2008.

210 S. dazu näher etwa die sog. Rekapitalisierungsmitteilung der Kommission v. 5.12.2008, ABl. C 10 v. 15.1.2009, S. 2.

211 ABl. C 216 v. 30.7.2013, S. 1 ff.

spruch nehmen kann bzw ob eine bereits erbrachte Garantieleistung als rechtswidrige Beihilfe vom Staat zurückgefordert werden kann bzw muss, wenn die Garantie aufgrund eines Verstoßes gegen die Notifizierungspflicht nach Art. 108 Abs. 3 AEUV oder aufgrund ihrer materiellen Unvereinbarkeit mit Art. 107 AEUV rechtswidrig ist.[212] Diese Fragen sind noch weitgehend ungeklärt. Nach Ansicht des EuGH kann die Bürgschaft auch ohne Zustimmung der Gläubigerbank aufgehoben werden,[213] weshalb einer Gläubigerbank zu raten ist, sich vor der Valutierung eines Darlehens über die beihilferechtliche Zulässigkeit der Garantie zu vergewissern[214] bzw vertraglich die Valutierungspflicht von einer Genehmigung der Beihilfe durch die EU-Kommission abhängig zu machen.[215]

Zivilrechtliche Ansprüche der Bank gegen den Staat aus dem Garantievertrag sind je- 54
denfalls dann ausgeschlossen, wenn man nicht nur den Kreditnehmer, sondern auch den Kreditgeber als Beihilfeempfänger ansehen kann. Die schlichte Erhöhung des Kreditvolumens stellt dabei für die Bank aber noch keinen beihilferechtlich relevanten Vorteil dar. Beihilfewirkungen können beim Kreditgeber nur dann entstehen, wenn die staatliche Bürgschaft für eine bereits bestehende vertragliche Verpflichtung oder eine diese ersetzende Verpflichtung übernommen wird (Nachbesicherung), ohne dass die entspr. Kreditkonditionen an diese neue Situation angepasst werden.[216] Dies gilt insb. dann, wenn hierdurch der Bank ein erhöhtes Eigenrisiko abgenommen wird.[217] Aber auch in denjenigen Fällen, in denen nur der Kreditnehmer als Beihilfeempfänger anzusehen ist, führt der Vorrang der unionsrechtlichen Beihilferegelungen und ihre effektive Durchsetzung im nationalen Recht nach Art. 134 BGB zur Unwirksamkeit des Garantievertrags und des Kreditvertrags als privatrechtlichen Ausführungsverträgen.[218] Auf einen **Vertrauensschutz** kann sich der Kreditgeber nur in Ausnahmefällen berufen.[219] Ihm verbleibt allenfalls ein **Amtshaftungsanspruch** nach § 839 BGB iVm Art. 34 GG. In der Praxis ist den Kreditinstituten daher zu raten, die Konformität der Beihilfe mit dem Unionsrecht nicht nur selbst zu prüfen, sondern sich diese auch zur möglichen Begründung von Amtshaftungsansprüchen von der staatlichen Stelle unmissverständlich bestätigen zu lassen.[220]

Sofern der Staat bereits Garantieleistungen an den Kreditgeber erbracht hat, können 55
diese nur dann nach Art. 14 VO (EG) Nr. 659/1999 zurückgefordert werden, wenn auch der Kreditgeber selbst als Empfänger einer unionsrechtswidrigen Beihilfe gelten kann (Rn 54). Ist dies nicht der Fall, scheidet die Rückforderung aus, da insoweit der

212 *Schütterle*, EuZW 1995, 392.
213 EuGH, Rs. C-404/97 (Kommission/Portugal), Slg 2000, I-4897; EuGH, Rs. C-275/10 (Residex), WM 2012, 926 mit Anm. *Soltész*, WM 2012, 923 ff.
214 Wird der Verstoß gegen das Beihilferecht vor der Valutierung offenbar, kann der Kreditgeber schlicht die Valutierung des Kredits unter Berufung auf die Unwirksamkeit des Kreditvertrags nach § 134 BGB verweigern; auf die Ausübung eines Kündigungsrechts nach § 490 Abs. 1 BGB kommt es nicht an.
215 *Bunte*, in: Schimansky/Bunte/Lwowski (Hrsg.), Bankrechts-Hdb, Bd. II 4. Aufl. 2011, § 142, Rn 20.
216 S. dazu Ziff. 2.2.2. der Mitteilung der Kommission v. 24.11.1999 über die Anwendung der Art. 87 und 88 EGV auf staatliche Beihilfen in Form von Haftungsverpflichtungen und Bürgschaften, ABl. C 71 v. 11.3.2000, S. 14.
217 Dazu etwa *Schütte/Kirchhoff*, EWS 1996, 189, 190.
218 *Bunte*, in: Schimansky/Bunte/Lwowski (Hrsg.), Bankrechts-Hdb, Bd. II 3. Aufl. 2007, § 142, Rn 42 ff (in der 4. Aufl. herausgekürzt); aA *Klanten*, ZBB 1999, 398.
219 EuGH, Rs. 24/95 (Alcan), Slg 1997, I-1607, Rn 24.
220 *Hopt/Mestmäcker*, WM 1996, 753, 810.

Rückzahlungsanspruch des Kreditinstituts gegen den Kreditnehmer auf den Staat übergeht (§ 774 Abs. 1 BGB) und die Rückforderung der Kreditzahlungen vom Kreditnehmer zu einer effektiven Beseitigung der Beihilfewirkungen führt.[221]

3. Anstaltslast und Gewährträgerhaftung als Beihilfe

56 2001 wurde in Übereinstimmung mit beihilferechtlichen Grundsätzen zwischen der EU-Kommission und der Bundesrepublik Deutschland eine Verständigung in dem die Anstaltslast und Gewährträgerhaftung betreffenden Streit erzielt.[222] Danach wurde die in den Landes-Sparkassengesetzen vorgesehene unmittelbare und unbeschränkte Ausfallhaftung des Gewährträgers eines öffentlich-rechtlichen Kreditinstituts gegenüber dessen Gläubigern (**Gewährträgerhaftung**) bis Juli 2005 schrittweise abgeschafft. Die Pflicht der Errichtungskörperschaft zur Sicherung der wirtschaftlichen Basis und Funktionsfähigkeit eines öffentlich-rechtlichen Kreditinstituts während der gesamten Dauer seines Bestehens (Anstaltslast) wurde durch eine normale Anteilseignerbeziehung ohne wirtschaftliche Unterstützungsverpflichtungen des Trägers ersetzt. Danach darf der Staat die Sparkasseninstitute nur noch in demselben Maße unterstützen wie ein privater Anteilseigner, so daß alle Maßnahmen zulässig sind, die auch ein privater Investor in einer vergleichbaren Situation getroffen hätte (sog. private investor test[223] als Sonderfall des sog. market economy test). Außerdem kann der Staat finanzielle Beiträge leisten, damit die öffentlich-rechtlichen Kreditinstitute die ihnen übertragenen Sonderaufgaben wahrnehmen können, sofern hierdurch nicht die Entwicklung des Handelsverkehrs in einer dem Interesse der Union zuwiderlaufenden Maße beeinträchtigt wird (vgl Art. 106 Abs. 2 AEUV).[224] Die Instituts- und damit auch die vollständige Einlagensicherung obliegen damit künftig im Krisenfall allein den bestehenden Sicherungssystemen des Sparkassensektors (Rn 168).

V. Ausfuhrbeihilfen[225]

57 Eine finanzielle Ausfuhrförderungspolitik der Mitgliedstaaten ist grds. zulässig. Da auch die staatlich betriebene oder unterstützte **Exportkreditversicherung** eine derartige Exportbeihilfe darstellt, wurden die mitgliedstaatlichen Systeme dieser Versicherung auf der Grundlage von ex Art. 132 bzw 112 EGV durch die RL 98/29/EG angeglichen, um Wettbewerbsverzerrungen aufgrund unterschiedlicher Praktiken der öffentlichen mittel- und langfristigen Exportkreditversicherungssysteme zu vermeiden und die Vereinbarkeit mit den GATT-Verpflichtungen sicherzustellen. Die aus wirtschaftspolitischen Gründen stark umkämpfte Richtlinie findet Anwendung auf die Deckung von Geschäften im Zusammenhang mit dem Export von Waren und/oder Dienstleistungen mit Ursprung in einem Mitgliedstaat, sofern diese Unterstützung mittelbar oder unmittelbar auf Rechnung oder mit Unterstützung eines oder mehre-

221 *Schütte/Kirchhoff*, EWS 1996, 189, 190.
222 *Bunte*, in: Schimansky/Bunte/Lwowski (Hrsg.), Bankrechts-Hdb, Bd. II 4. Aufl. 2011, § 142, Rn 24.
223 Zur Anwendbarkeit des Tests auf staatliche Interventionen auch mit rein hoheitlichem Charakter EuGH, Rs. C-124/10 (Kommission/EDF), EuZW 2012, 581 ff; dazu *Melcher*, EuZW 2012, 576 ff.
224 Vgl dazu *Gärtner*, ZBB 1998, 6, 7.
225 *Backhaus*, ZfB 2000, 827 ff; *Bödeker*, Staatliches Exportkreditversicherungssystem, 1992; *Klanten*, ZIP 1995, 535 ff; *Koch*, ZBB 1998, 393 ff; *Martinius*, Staatliche Exportkreditversicherungen und Gemeinschaftsrecht, 1996.

rer Mitgliedstaaten gewährt wird und die Risikolaufzeit, dh die Rückzahlungszeit einschließlich der Herstellungszeit insgesamt mindestens zwei Jahre beträgt (Art. 1).[226] Die Deckung hat nach den im Anh. der Richtlinie im Einzelnen formulierten Bedingungen zu erfolgen. Sie betreffen die Art und den Umfang der Deckung, die Schadensursache, den Haftungsausschluss, die Entschädigungsleistung, das Entgelt, die länderbezogene Deckungspolitik und die Notifikationsverfahren.

VI. Vergabe von Finanzdienstleistungen

Öffentliche Aufträge für Finanzdienstleistungen unterliegen im Binnenmarkt ab be- 58
stimmten Schwellenwerten dem unionsrechtlich beeinflussten[227] Vergaberecht. Insoweit stellen sich insb. Fragen der Teilbarkeit bzw notwendigen Gesamtbetrachtung des Auftrags bei der Berechnung des Auftragswerts, der Wahl des Vergabeverfahrens und der Einbeziehung von Dritten bei der Auftragsvergabe[228] sowie der Reichweite der Befreiung von Inhouse-Geschäften.[229]

C. Wirtschafts- und Währungspolitik

Mit dem Vertrag von Maastricht wurde das Europäische System der Zentralbanken 59
(ESZB; Rn 10) eingerichtet. Seit Schaffung der Währungsunion zum 1.1.1999 bestimmt die EZB als unabhängige Zentralbank mit eigenen Rechtsetzungsbefugnissen (Art. 138 AEUV) die einheitliche Geld- und Wechselkurspolitik im Euro-Raum mit dem für das ESZB primärrechtlich vorgegebenen Ziel der Preisstabilität (Art. 127 Abs. 1 S. 1 AEUV). Soweit dies ohne Beeinträchtigung der Preisstabilität möglich ist, soll das ESZB auch die allgemeine Wirtschaftspolitik in der Union unterstützen (Art. 127 Abs. 1 S. 2 AEUV). Die nationalen Zentralbanken können auf die Geldpolitik der EZB nur noch über ihren Vertreter in dem grundsätzlich mit einfacher Mehrheit der Kopfstimmen über Grundfragen entscheidenden EZB-Rat einen in der Praxis geringen Einfluss ausüben. Instrumente der Geldpolitik sind auch auf supranationaler Ebene das Monopol der Emission von Banknoten (Art. 128 AEUV), der Abschluss von Offenmarkt- und Kreditgeschäften (Art. 18 ESZB-Satzung) sowie die Mindestreservepflicht (Art. 19 ESZB-Satzung). Die auswärtige Währungspolitik für den Bereich der Währungsunion fällt in die Kompetenz des Rates der Europäischen Union und damit weder in diejenige der nationalen Zentralbanken noch der EZB (Art. 138, 219 AEUV). Da die Wirtschafts- und Fiskalpolitik bislang noch weitgehend zu den Kompetenzen der Mitgliedstaaten gehört, schränken diverse Verbote, wie insbesondere das politisch immer wieder umkämpfte Verbot übermäßiger öffentlicher Defizite (Art. 126 AEUV), den Handlungsspielraum für die nationale Wirtschaftspolitik im Interesse der Währungsstabilität ein (Art. 123 ff AEUV). Im Zuge der Finanz- und Eurokrise wurden diverse Massnahmen zur Stabilisierung des Systems ergriffen (dazu

226 Ausgenommen sind die Deckung von Bietungs-, Vorauszahlungs-, Ausführungs- und Einbehaltsrückzahlungsgarantien sowie von Risiken im Zusammenhang mit Baugerät und -material, wenn dieses der Erfüllung des Handelsvertrags vor Ort dient.

227 S. dazu insb. die mehrfach geänderte RL 2004/18/EG des Europäischen Parlaments und des Rates v. 31.3.2004 über die Koordinierung der Verfahren zur Vergabe öffentlicher Bauaufträge, Lieferaufträge und Dienstleistungsaufträge, ABl. L 134 v. 30.4.2004, S. 114.

228 Näher *Dreher*, VersR 2000, 666 ff; *Werber*, VersR 2001, 1313 ff.

229 S. dazu OLG Koblenz v. 15.7.2005 (6 U 17/05) EuZW 2005, 637.

Rn 13 ff). Politisch und rechtlich umstritten ist der Aufkauf von Staatsanleihen, deren Handel aufgrund von Zweifeln an der Bonität der Schuldner gestört ist, durch die EZB im Rahmen des Securities Markets Programme (SMP, bis 2012) und der Outright Monetary Transactions (OMT; dazu auch Rn 10).

D. Sozialpolitik[230]

60 Aus dem Bereich der Sozialpolitik hat insb. das primärrechtlich in Art. 157 AEUV für Arbeitsentgelte sowie in Art. 21, 23 GRC und in verschiedenen Sekundärrechtsakten[231] genereller normierte Gebot der **Gleichstellung** von Männern und Frauen eine besondere Bedeutung für den Finanzdienstleistungssektor erlangt. Zu den Arbeitsentgelten gehören auch Leistungen im Rahmen eines Betriebsrentensystems, die ihren Ursprung in einer Vereinbarung zwischen Arbeitgeber und Arbeitnehmer haben, und Bestandteil des Arbeitsvertrages sind. Die auf Art. 13 EGV (jetzt Art. 19 AEUV) gestützte **RL 2004/113/EG**[232] untersagt nicht nur allen Personen, die Güter und Dienstleistungen bereitstellen, die der Öffentlichkeit ohne Ansehen der Person zur Verfügung stehen und außerhalb des Privatbereichs angeboten werden (Art. 3 Abs. 1), jede unmittelbare oder mittelbare Diskriminierung von Männern und Frauen (Art. 4 Abs. 1), sondern für die nach dem 21.12.2007 neu abgeschlossenen Verträge auch ausdrücklich die bis dahin weit verbreitete (vgl Erwägungsgrund 18) Berücksichtigung des Faktors Geschlecht bei der Berechnung von Prämien und Leistungen im Bereich des Versicherungswesens und verwandter Finanzdienstleistungen (Art. 5 Abs. 1). Insb. Kosten im Zusammenhang mit Schwangerschaft und Mutterschaft dürfen auf keinen Fall zu unterschiedlichen Prämien und Leistungen führen (Art. 4 Abs. 3). Vor diesem Hintergrund hat der EuGH in der **Rs. C-236/09 (Test-Achats)**[233] Frauen und Männer als versicherungsrechtlich wesentlich gleich iSd Art. 21 und 23 GRC eingestuft, weil nach Art. 5 Abs. 1 der RL 2004/113/EG (vgl dazu auch Erwägungsgrund 18) die Berücksichtigung geschlechtsspezifischer versicherungsmathematischer Faktoren nicht zu Unterschieden bei den Prämien und Leistungen führen sollte, und die Gewährung von Ausnahmen nach Art. 5 Abs. 2 RL 2004/113/EG (Berücksichtigung des Geschlechts, wenn dieses bei einer auf relevanten und genauen versicherungsmathematischen und statistischen Daten beruhenden Risikobewertung ein bestimmender Faktor ist)[234] als folglich unvereinbar mit den Art. 21, 23 der GRC angesehen. Obwohl die Argumentation des EuGH rechtlich

---

230 *Riesenhuber/Franck*, EWS 2005, 245 ff; *Wandt*, VersR 2004, 1341 ff.

231 S. insb. RL 2004/113/EG sowie u.a. die RL 2006/54/EG zur Verwirklichung des Grundsatzes der Chancengleichheit und Gleichbehandlung von Männern und Frauen in Arbeits- und Beschäftigungsfragen (Neufassung), ABl. L 204 v. 26.7.2006, S. 23; RL 79/7/EWG des Rates v. 19.12.1978 zur schrittweisen Verwirklichung des Grundsatzes der Gleichbehandlung von Männern und Frauen im Bereich der sozialen Sicherheit, ABl. L 6 v. 10.1.1979, S. 24; RL 86/378/EWG des Rates v. 24.7.1986 zur Verwirklichung des Grundsatzes der Gleichbehandlung von Männern und Frauen bei den betrieblichen Systemen der sozialen Sicherheit, ABl. L 225 v. 12.8.1986, S. 40, neu gefasst durch RL 96/97/EG v. 20.12.1996.

232 Zur Umsetzung in Deutschland und den insoweit einschlägigen Gesetzen s. insb. BT-Drucks. 16/1780.

233 EuGH, Rs. C-236/09 (Test-Achats), Slg 2011, I-773; hierzu: *Höfer*, DB 2011, 1334 ff sowie *Lüttringhaus*, EuZW 2011, 296 ff und *Kahler*, NJW 2011, 894 ff; zu den Rechtsfolgen für das deutsche Versicherungsvertragsrechts *Purnhagen*, NJW 2013, 113 ff.

234 Zu möglichen Ausnahmen s. noch *Jung*, in: Schulze/Zuleeg/Kadelbach (Hrsg.), Europarecht – Handbuch für die deutsche Rechtspraxis, 2. Aufl., Baden-Baden, 2010, § 20, Rn 53.

fragwürdig ist,[235] weil sie mit Hilfe eines sekundärrechtlichen Grundsatzes (Art. 5 Abs. 1 RL 2004/113/EG) eine primärrechtliche Auslegungsfrage beantwortet (Missachtung der Normenhierarchie) und gestützt auf diese Auslegung die in Art. 5 Abs. 2 RL 2004/113/EG ausdrücklich vorgesehene Ausnahme durch die Mitgliedstaaten für unbeachtlich erklärt (widersprüchlicher Zirkelschluss, Anwendung des unionsrechtlichen Gleichbehandlungsgrundsatzes auf eine Öffnungsklausel zugunsten des nationalen Rechts), und obwohl die absolute versicherungsrechtliche Gleichbehandlung von Männern und Frauen versicherungsmathematisch eine auch ökonomisch angreifbare Quersubventionierung durch das jeweils risikoärmere Geschlecht und einen erheblichen Eingriff in die wettbewerbsrechtlich relevante Tarifgestaltungsfreiheit darstellt, wurde das Verbot geschlechtsbezogener Differenzierungen mit Wirkung für Neuverträge ab dem 21.12.2012 auch in Deutschland Gesetz (Streichung von § 20 Abs. 2 S. 2 AGG aF). Für Neuverträge gelten damit sog. **Unisex-Tarife.** Nach dem Kommissionse. für eine Fünfte Antidiskriminierungs-RL[236] sollen im Interesse einer risikoadäquaten Tarifgestaltung hinsichtlich anderer Kriterien (insb. Behinderung) unter bestimmten Voraussetzungen allerdings durchaus noch Differenzierungen möglich sein.

E. Verbraucherschutz[237]

Der Verbraucherschutz hat sich in den letzten Jahren zu einer bedeutenden Politik der Europäischen Union entwickelt. An dieser Stelle soll nur auf einige spezifisch finanzdienstleistungsrechtliche Punkte hingewiesen werden: Die **horizontale Verbraucherschutz-RL** 2011/83/EU gilt nicht für Verträge über Finanzdienstleistungen (Art. 3 Abs. 3 lit. d iVm Art. 2 Nr. 12 und Erwägungsgrund 32).[238] Klassische verbraucherschutzrechtliche Regelungen finden sich jedoch in der RL 2008/48/EG über den **Verbraucherkredit**[239] (Rn 188) und der RL 2002/65/EG über den **Fernabsatz** von Finanzdienstleistungen.[240] Das Verhältnis dieser beiden sektorspezifischen Regelun- 61

235 Krit. auch etwa *Lüttringhaus*, EuZW 2011, 296 ff; *Armbrüster*, VersR 2010, 1571, 1579.

236 KOM(2008) 426 endg.

237 *Buck-Heeb*, ZHR 177 (2013), 310 ff; *Cartwright*, Banks, Consumers and Regulation, Oxford 2004; *Clouth*, ZHR 177 (2013), 212 ff; *Danco*, WM 2003, 853 ff; *Devenney/Kenny* (Hrsg.), Consumer Credit, Debt and Investment in Europe, Cambridge 2012; *Dörrie*, ZBB 2005, 121 ff; *Dreher*, VersR 2013, 401 ff; *Ferrarini/Wymeersch*, (Hrsg.), Investor Protection in Europe: Corporate Law Making, the MiFID and Beyond, Oxford 2006; *Felke/Jordans*, NJW 2005, 710 ff; *Fleischer*, in: Schulte-Nölke/Schulze (Hrsg.), Europäisches Vertragsrecht im Gemeinschaftsrecht, 2002, S. 171 ff; *Grigoleit*, ZHR 177 (2013), 264 ff; *Härting/Schirmbacher*, CR 2002, 809 ff; *Heidrich*, Verbraucherschutz in der Kreditwirtschaft, 2000; *Heiss*, IPRax 2003, 100 ff; *Hoppmann/Moos*, NVersZ 1999, 197 ff; *Kessler/Micklitz*, Anlegerschutz in Deutschland, Schweiz, Großbritannien, USA und der Europäischen Gemeinschaft, Baden-Baden, 2004; *Klöhn*, ZHR 177 (2013), 349 ff; *Koch/Maurer*, WM 2002, 2443 ff; *König*, WM 2013, 1688 ff; *Matusche*, EU-Verbraucherschutz und deutsches Bankvertragsrecht, 1998; *Moloney*, How to Protect Investors – Lessons from the EC and the UK, Cambridge 2010; *ders.*, EBOR 2012, 169 ff; *Möllers*, N.C.J.Int'l. L. & Com. Reg., 38 (2010/11), 57 ff; *Mülbert*, ZHR 177 (2013), 160 ff; *Reich*, VuR 1993, 10 ff; *Riesenhuber*, WM 1999, 1441 ff; *ders.*, ZBB 2003, 325 ff; *ders.*, ZBB 2014, 134 ff; *Schneider*, VersR 2004, 696 ff; *Schwintowski*, FS für Kümpel, S. 501 ff; *Veil*, ZBB 2006, 162 ff; *Williams*, Law & Policy 2007, 226 ff.

238 Das Gesetz zur Umsetzung der Verbraucherrechterichtlinie wird zum 13.6.2014 in Kraft treten (BGBl. 2013 I, 3642); zur Einbeziehung von Finanzdienstleistungen *Loewenich*, NJW 2014, 1409 ff.

239 Vorgängerin war die RL 87/102/EWG, geändert durch RL 90/88/EWG und RL 98/7/EG und umgesetzt im VerbrKrG (bis 31.12.2001) bzw in §§ 491-507 BGB (ab 1.1.2002); näher zur neuen Verbraucherkredit-RL *Paetz*, WM 2009, 1061 ff; *Piekenbrock/Ludwig*, WM 2012, 2349 ff; *Rott*, WM 2008, 1104 ff; *Siems*, EuZW 2008, 454 ff; zur historischen Entwicklung *Schnauder*, WM 2014, 783 ff.

240 Die RL soll einen der allg. Fernabsatz-RL 97/7/EG, die Finanzdienstleistungen ausnimmt (vgl auch § 312 b Abs. 3 Nr. 3 BGB aF), vergleichbaren Verbraucherschutz sicherstellen und zugleich den besonderen Verhältnissen des Finanzdienstleistungssektors gerecht werden; Umsetzung in Deutschland durch das ÄndG

gen zur horizontalen, auch auf Online-Finanzdienstleistungen anwendbaren[241] RL 2000/31/EG über den elektronischen Geschäftsverkehr hat die Kommission in einer Mitteilung präzisiert.[242] Neu hinzugekommen ist die RL 2014/17/EU über **Wohnimmobilienkreditverträge** für Verbraucher (Rn 188).[243] Mit der MiFIR wird den Aufsichtsbehörden (auch der ESMA) im Interesse des Anlegerschutzes zudem die Kompetenz gegeben, die Vermarktung, den Vertrieb oder den Verkauf von bestimmten Finanzinstrumenten oder von Finanzinstrumenten mit bestimmten Merkmalen oder eine Form der Finanztätigkeit oder -praxis vorübergehend oder dauerhaft bzw vorsorglich oder endg. zu verbieten (sog. **Produktintervention**).[244] Die Richtlinie betreffend **Haustürgeschäfte** (RL 85/577/EWG) gilt zwar für Bank- und Wertpapierdienstleistungen unter Einschluss verbundener Geschäfte (zB Kreditgewährung zum Erwerb sog. Schrottimmobilien),[245] nicht jedoch für Versicherungsverträge, da der Abschluss von Versicherungsverträgen an der Haustür einer bis heute nicht verabschiedeten Sonderrichtlinie unterworfen werden sollte.[246] Die RL 93/13/EWG über **AGB**[247] erfasst zwar grds. auch alle Verträge über Finanzdienstleistungen, doch dürfen nach Art. 4 Abs. 2 diejenigen Klauseln, die den Hauptgegenstand eines Vertrages oder das Preis-/Leistungsverhältnis der Dienstleistung beschreiben, nicht als missbräuchlich beurteilt werden.[248] Daher können auch Versicherungsvertragsklauseln, in denen das versicherte Risiko und die Verpflichtung des Versicherers genau festgelegt oder abgegrenzt werden (v. a. Risikoausschlüsse), nicht als missbräuchlich beurteilt werden, sofern diese Einschränkungen bei der Berechnung der vom Verbraucher gezahlten Prämie Berücksichtigung finden.[249] Sie können dann allenfalls in die Beurteilung der Missbräuchlichkeit anderer Klauseln einfließen. Die Klauselkontrolle aufgrund der Richtlinie darf zudem nur nachträglich erfolgen und insb. nicht als Ersatz

---

der Vorschriften über Fernabsatzverträge bei Finanzdienstleistungen v. 2.12.2004, BGBl. 2004 I, 3102 in §§ 312b-312 d, 355, 357 BGB, § 1 BGB-InfoV, §§ 5 a, 8, 48a-48 e VVG aF (jetzt §§ 8 f., 152 VVG) und § 14 UklaG; dazu näher *Imschweiler*, Der Fernabsatz von Finanzdienstleistungen, 2008, *Schneider*, VersR 2004, 696 ff; *Riesenhuber*, WM 1999, 1441 ff, *Hoppmann/Moos*, NVersZ 1999, 197 ff; *Heiss*, IPRax 2003, 100 ff; speziell zur Umsetzung *Felke/Jordans*, NJW 2005, 710 ff; *Riehm*, ZBB 2013, 93 ff und *Schultze*, Europarechtliche Grenzen für die nationale Gesetzgebung im Bereich des Electronic Commerce, eine Untersuchung anhand der deutschen Umsetzung der Fernabsatz-Richtlinien sowie der E-Commerce-Richtlinie, Baden-Baden, 2010.

241 S. dazu auch die Mitteilung KOM(2003) 259 der Kommission v. 14.5.2003 an den Rat, das Europäische Parlament und die Europäische Zentralbank „Anwendung von Art. 3 IV bis VI der RL über den elektronischen Geschäftsverkehr auf Finanzdienstleistungen".

242 Mitteilung KOM(2001) 66 der Kommission v. 7.2.2001 an den Rat und das Europäische Parlament über den elektronischen Geschäftsverkehr und die Finanzdienstleistungen.

243 Dazu *König*, WM 2013, 1688 ff; *ders.*, VersR 2013, 1238 ff; *Schürnbrand*, ZBB 2014, 168 ff.

244 Art. 39 ff VO (EU) 600/2014 (MiFIR); vgl auch Erwägungsgrund 159 und Art. 90 Abs. 1 lit. d RL 2014/65/EU (MiFID II); näher (noch zu den Entwürfen) *Cahn/Müchler*, BKR 2013, 45 ff; *Möllers/Poppele*, ZGR 2013, 437, 463 f.

245 S. dazu nur EuGH, Rs. 229/04 (Crailsheimer Volksbank eG), Slg 2005, I-9215 sowie *Häublein*, NJW 2006, 1553 ff, *Tonner/Tonner*, WM 2006, 505 ff und *Jungmann*, NJW 2007, 1562 ff.

246 Art. 3 Abs. 2 lit. d RL 85/577/EWG, umgesetzt in § 312 Abs. 3 BGB; vgl dazu aber auch noch die Regelung zum Rücktrittsrecht des Lebensversicherungsnehmers in Art. 35 RL 2002/83/EG bzw ab 1.1.2016 in Art. 186 RL 2009/138/EG; s. zudem die für alle Versicherungsnehmer geltende Widerrufsregelung in §§ 8 f VVG und speziell für Lebensversicherungen in § 152 VVG.

247 RL 93/13/EWG des Rates v. 5.4.1993 über missbräuchliche Klauseln in Verbraucherverträgen, ABl. L 95 v. 21.4.1993, S. 29; s. speziell zur Auslagenersatzklausel in den AGB der Banken und Sparkassen *Bork*, WM 2013, 1101 ff.

248 S. hierzu auch *Henkel*, Inhaltskontrolle von Finanzprodukten nach der Richtlinie 93/13/EWG über mißbräuchliche Klauseln in Verbraucherverträgen, Berlin 2004.

249 S. dazu Erwägungsgrund 19 RL 93/13/EWG.

für die 1994 abgeschaffte präventive Kontrolle von Allgemeinen Versicherungsbedingungen fungieren.[250] Schließlich sieht die am 15.4.2014 verabschiedete RL über die Vergleichbarkeit von Zahlungskontogebühren, den Wechsel von Zahlungskonten und den Zugang zu Zahlungskonten mit grundlegenden Funktionen auf Unionsebene verbraucherfreundliche Transparenzanforderungen im Zusammenhang mit Bankkonten vor (s. Rn 185).

Neben den genannten klassischen Verbraucherschutzrichtlinien dienen auch alle 62
aufsichtsrechtlichen Regelungen einschließlich der Richtlinien 94/19/EG (jetzt 2014/49/EU) und 97/9/EG über Einlagensicherungs- bzw Anlegerentschädigungssysteme[251] mittelbar (wenn auch nicht nur) dem Verbraucherschutz (Rn 88). Insoweit wird der Verbraucher im Finanzdienstleistungsbereich auch als Anleger, Einleger, Versicherungsnehmer, Begünstigter oder Zahlungsdienstenutzer geschützt. Daher gehört der Verbraucherschutz inzwischen auch ausdrücklich zu den Aufgaben von EBA, ESMA und EIOPA.[252] Im Finanzdienstleistungsbereich können die allg. verbraucherschutzrechtlichen Grundsätze und Rechtsinstitute (zB Widerrufsrecht)[253] jedoch nicht ohne weiteres zur Anwendung gelangen, da der subjektive Anwendungsbereich der Regelungen nicht an den Status als Verbraucher anknüpft und auch die Verbraucher bei der Inanspruchnahme von Finanzdienstleistungen andere Schutzinteressen (zB langfristiger Schutz während der Dauer der Anlage) als etwa bei dem Kauf eines Verbrauchsguts oder der Inanspruchnahme einer anderen Dienstleistung haben.[254]

Instrumente des klassischen Verbraucherschutzes im Finanzdienstleistungsbereich 63
sind wie sonst auch Informationspflichten,[255] Formvorschriften,[256] Widerrufs- und Rücktrittsrechte,[257] der Schutz vor aufgedrängten Leistungen[258] und unerwünschten Mitteilungen,[259] die Klauselkontrolle,[260] Anforderungen zur Sicherstellung der Serio-

250 S. dazu Erwägungsgrund 23 RL 93/13/EWG.

251 Richtlinien in Deutschland umgesetzt durch das Gesetz zur Umsetzung der EG-Einlagensicherungsrichtlinie und der EG-Anlegerentschädigungsrichtlinie v. 16.7.1998, BGBl. I 1998, 1842; s. auch §§ 1 ff EAEG.

252 S. jeweils Art. 1 Abs. 5 lit. f und Art. 9 ESA-VO (EU) Nr. 1093-1095/2010; zur EIOPA *Dreher*, VersR 2013, 401 ff.

253 *Braunschmidt*, NJW 2014, 1558 ff.

254 Näher dazu *Kingsford Smith,* in: Howells et al. (Hrsg.), Handbook of Research on International Consumer Law, Cheltenham 2010, S. 431 ff.

255 S. etwa Art. 3 f RL 2002/65/EG, Art. 4 ff RL 2008/48/EG, Art. 18 Abs. 2, 19 Abs. 3 und Abs. 8 RL 2004/39/EG (ab 3.1.2017 Art. 24 RL 2014/65/EU und Art. 46 VO (EU) Nr. 600/2014) sowie Art. 36 RL 2002/83/EG (ab 31.3.2015 Art. 185 RL 2009/138/EG), Art. 12 f RL 2002/92/EG und Art. 3 ff RL 2010/44/EU.

256 S. etwa Art. 5 RL 2002/65/EG.

257 S. Art. 6 f RL 2002/65/EG, Art. 35 RL 2002/83/EG (ab 1.1.2016 Art. 186 RL 2009/138/EG) und Art. 12 RL 2008/48/EG.

258 S. Art. 9 RL 2002/65/EG.

259 S. Art. 10 RL 2002/65/EG.

260 Nach der grds. Abschaffung der präventiven AVB-Kontrolle im Versicherungsbereich (s. dazu auch die Nachweise in Fn 421) findet sich eine Präventivkontrolle (systematische Vorabmitteilung, aber keine Genehmigungspflicht) nur noch im Bereich der Pflichtversicherungen und der substitutiven Krankenversicherung (s. dazu Art. 6 Abs. 5 und 34 RL 2002/83/EG sowie Art. 8 Abs. 3 RL 73/239/EWG idF der RL 92/49/EWG und Art. 29, 30 Abs. 2, 39, 54 Abs. 1 RL 92/49/EWG; vgl ab 1.1.2016 auch Art. 21, 154, 181, 206 Abs. 1 lit. b RL 2009/138/EG; iÜ kommt es nur zu einer allg. Legalitätskontrolle (Art. 11, 40 Abs. 3 RL 92/49/EWG bzw Art. 13, 45 RL 2002/83/EG bzw ab 31.3.2015 Art. 34 Abs. 1 und ab 1.1.2016 154 Abs. 2, 155 Abs. 1 RL 2009/138/EG) und zur Missbrauchskontrolle nach der Klausel-RL 93/13/EWG (dazu Rn 61).

sität der Anbieter,[261] Beweiserleichterungen[262] sowie wirksame Beschwerde- und Abhilfeverfahren zur Streitbeilegung.[263] Aktuell arbeitet die EU-Kommission vornehmlich in den Bereichen Produktaufklärung (s. hierzu Rn 146) und Vertrieb an diversen Maßnahmen zum Schutz sog. Kleinanleger.[264]

261 S. etwa Art. 20 RL 2008/48/EG und Art. 4 RL 2002/92/EG.

262 S. etwa Art. 15 RL 2002/65/EG.

263 S. etwa Art. 14 RL 2002/65/EG und Art. 53 RL 2004/39/EG (ab 3.1.2017 Art. 75 RL 2014/65/EU) sowie allg. zur alternativen Streitbeilegung die ADR-RL 2013/11/EU (zur Bedeutung der RL für den Finanzsektor s. Erwägungsgrund 53) und die ODR-VO (EU) Nr. 524/2013; näher zur Förderung der außergerichtlichen Streitbeilegung Rn 17 f.

264 Mitteilung KOM(2009) 204 v. 30.4.2009 Anlageprodukte für Kleinanleger; s. auch schon KOM(2007) 226 endg. Grünbuch über Finanzdienstleistungen für Privatkunden im Binnenmarkt; Vorschlag KOM(2012) 352 endg. v. 3.7.2012 für eine Verordnung des Europäischen Parlaments und des Rates über Basisinformationsblätter für Anlageprodukte.

§ 3
Finanzdienstleistungsaufsicht im Binnenmarkt[265]

A. Anwendungsbereich der Finanzdienstleistungsaufsicht

I. Subjektiver Anwendungsbereich

Mit der Umschreibung des subjektiven Anwendungsbereichs des EU-Rechts der Finanzdienstleistungsaufsicht sollen zugleich wichtige Grundbegriffe des EU-Finanzdienstleistungsrechts überhaupt vorgestellt werden. Die Begrifflichkeit des EU-Sekundärrechts ist jedoch bereits in sich nicht einheitlich und stimmt insb. auch nicht mit der durch die Definitionen von § 1 KWG vorgegebenen und ihrerseits systematisch unbefriedigenden deutschen Begrifflichkeit überein. Die Begriffsdefinitionen unterliegen zudem stetem Wandel, was sogar für den Begriff des Kreditinstituts gilt.[266] Zu Recht wird daher von einer nicht nur das KWG betreffenden **babylonischen Begriffsverwirrung** gesprochen.[267] Sie ist zugleich Ausdruck des stets harten Ringens um den subjektiven Anwendungsbereich einer Regulierungsmaßnahme im Gesetzgebungsverfahren und der ausdifferenzierten Regelungsziele. 64

1. Kreditinstitute[268]

Kreditinstitut ist nach Art. 3 Abs. 1 Nr. 1 RL 2013/36/EU (CRD IV) iVm Art. 4 Abs. 1 Nr. 1 VO (EU) Nr. 575/2013 (CRR)[269] ein Unternehmen, dessen Tätigkeit darin besteht, Einlagen oder andere rückzahlbare Gelder des Publikums entgegenzunehmen und Kredite für eigene Rechnung zu gewähren. Das europäische Bankenaufsichtsrecht ist damit durch einen engen Bankbegriff gekennzeichnet. Denn als Kredit- 65

---

265 *Bader*, EuZW 1990, 117; *Balzer*, ZBB 2003, 177 ff; *Baumann*, VersR 1996, 1; *Binder*, ZBB 2009, 187 ff; *Boos*, EuZW 1992, 574 ff; *ders.*, EuZW 1992, 406 ff; *Calliess*, EWS 2000, 432 ff; *Fahr*, VW 1990, 152 ff; *Gratias*, Staatshaftung für fehlerhafte Banken- und Versicherungsaufsicht im Europäischen Binnenmarkt, 1999; Grundmann, Das Europäische Bankaufsichtsrecht wächst zum System, 1990; *Gruner-Schenk*, Harmonisierung des Bankaufsichtsrechts, 1995; *Hahn/Wild*, Grenzüberschreitende Bankdienstleistungen in der EU, EuZW 2006, 107 ff; *Hammen*, WM 1998, 741 ff; *Hanten*, ZBB 2002, 245 ff; *Heinrich*, ZBB 2003, 230 ff; *Hellenthal*, Das Bankenaufsichtsrecht der Europäischen Gemeinschaft, 1992; *Höhns*, Die Aufsicht über Finanzdienstleister, 2002; *Jörgens*, Die koordinierte Aufsicht über europaweit tätige Bankengruppen, 2002; Lehmann, Ordo 2013, 327 ff; *Lehmann/Manger-Nestler*, EuZW 2010, 87 ff; *dies.*, ZBB 2014, 2 ff; *Lembke*, Eine Aufsichtsbehörde für den europäischen Kapitalmarkt, Frankfurt/M, 2010; *Mönnig*, VW 1999, 636 ff; *Mülbert*, BKR 2006, 349; *H. Müller*, Versicherungsbinnenmarkt, 1995; *Präve*, ZfV 1996, 58 ff; *Norton/Cheng/Fletcher* (Hrsg.), International Banking Regulation and Supervision, 1994; *Ohler*, Europäische Kapital- und Zahlungsverkehrsfreiheit, 2002; *ders.*, DVBl. 2002, 880 ff; *ders.*, WM 2002, 162 ff; *Pitschas* (Hrsg.), Integrierte Finanzdienstleistungsaufsicht, 2002; *Pitschas/Gille*, Verwaltungs-Archiv 2003, 68 ff; *Royla*, Grenzüberschreitende Finanzmarktaufsicht in der EG, 2000; *Schlag*, Grenzüberschreitende Verwaltungsbefugnisse im EG-Binnenmarkt, 1998; *U. H. Schneider/Troberg*, WM 1990, 165 ff; *Schnyder*, Internationale Versicherungsaufsicht zwischen Kollisionsrecht und Wirtschaftsrecht, 1989; *Strub*, Bankdienstleistungen im Binnenmarkt, 1994; *Usher*, The Law of Money and Financial Services in the European Community, 2. Aufl. 2000; *Voge*, WM 2007, 381; *Winkelmüller*, Verwaltungskooperation bei der Wirtschaftsaufsicht im EG-Binnenmarkt, 2002; *Wymeersch*, CMLRev. 2005, 987.

266 S. zu vier unterschiedlichen Definitionen in zehn Jahren Art. 1 Nr. 1 RL 2000/12/EG, Art. 1 Nr. 1 RL 2000/28/EG, Art. 20 Nr. 1 lit. a RL 2009/110/EG und Art. 4 Abs. 1 Nr. 1 VO (EU) Nr. 575/2013; s. zum Begriff des Kreditinstituts noch näher Rn 65.

267 *Weber/Nägele*, ZKW 1998, 753.

268 *Kusserow*, WM 2013, 1581 ff; *Tröger*, ZBB 2013, 373 ff; *Tusch*, WM 2013, 632 ff; *van Kann/Rosak*, NZG 2013, 572 ff; *Velte/Buchholz*, ZBB 2013, 400 ff.

269 Umgesetzt in Deutschland durch das Gesetz zur Umsetzung der Richtlinie 2013/36/EU über den Zugang zur Tätigkeit von Kreditinstituten und die Beaufsichtigung von Kreditinstituten und Wertpapierfirmen und zur Anpassung des Aufsichtsrechts an die Verordnung (EU) Nr. 575/2013 über Aufsichtsanforderungen an Kreditinstitute und Wertpapierfirmen (CRD-IV-Umsetzungsgesetz) v. 28.8.2013, BGBl. I 2013, 3395.

institute wurden seit der 1. Bankrechtskoordinierungs-RL 77/780/EWG zunächst nur solche privaten oder öffentlich-rechtlichen Unternehmen angesehen, die das klassische Bankgeschäft betreiben, dh als **Einlagenkreditinstitute** gewerbsmäßig Einlagen[270] und andere rückzahlbare Gelder[271] des Publikums entgegennehmen, um damit Kredite[272] für eigene Rechnung zu gewähren. Die damit verbundene Verzerrung des Wettbewerbs zwischen Banken und reinen Wertpapierdienstleistungsunternehmen wurde erst durch die Wertpapierdienstleistungs-RL 93/22/EWG weitgehend beseitigt. Soweit Kreditinstitute auch Wertpapierdienstleistungen erbringen, gilt ergänzend die RL 2004/39/EG (ab 3.1.2017 RL 2014/65/EU).[273] Betreibt ein Unternehmen gewerbsmäßig nur das Einlagengeschäft, ist dieses kein Kreditinstitut und kann für diese grds. von den Mitgliedstaaten zu verbietende Tätigkeit grds. auch keine Zulassung erhalten (Art. 9 RL 2013/36/EU).

2. E-Geld-Institute[274]

66 Art. 2 Nr. 1 **RL 2009/110/EG**[275] definiert das E-Geld-Institut als eine juristische Person, die nach Titel II der RL eine Zulassung für die Ausgabe von E-Geld erhalten hat. E-Geld (zB Geldkarte, PayPal) ist dabei jeder elektronisch (auch magnetisch) gespeicherte Wert in Form einer Forderung gegenüber dem Emittenten, der gegen Zahlung eines Geldbetrags ausgestellt wird, um damit Zahlungsvorgänge iSv Art. 4 Nr. 5 RL 2007/64/EG durchzuführen, und der auch von anderen natürlichen oder juristischen Personen als dem E-Geld-Emittenten angenommen wird (Art. 2 Nr. 2 RL 2009/110/EG). Da E-Geld für Zahlungen und nicht zu Sparzwecken verwendet wird, stellt die Ausgabe von E-Geld als solche keine Entgegennahme von Einlagen iSv Art. 4 Abs. 1 Nr. 1 VO (EU) Nr. 575/2013 dar. Die RL 2009/110/EG verweist an zahlreichen Stellen auf die Bestimmungen der RL 2006/48/EG (solche Verweise sind gemäß Erwägungsgrund 97 RL 2013/36/EU als Verweis auf diese RL zu lesen), um soweit wie möglich gleiche Wettbewerbsbedingungen zwischen E-Geld- und Kreditinstituten herzustellen. Sie enthält daneben aber auch einige teils strengere und teils weniger strenge Sonderregelungen (zB Erfordernis eines Anfangskapitals von 350.000 EUR, Eigenmittelanforderungen), um den spezifischen Risiken des E-Geld-Geschäfts angemessen Rechnung zu tragen. E-Geld-Instituten ist es insb. nicht gestattet, Kredite aus Geldern zu gewähren, die sie für die Durchführung von E-Geld-Transaktionen entgegennehmen oder halten, bzw für E-Geld-Guthaben Zinsen oder andere Vorteile zu gewähren.

---

270 Der Begriff wird in der RL 2013/36/EU bzw VO (EU) Nr. 575/2013 nicht näher definiert; Art. 4 Abs. 1 Nr. 1 VO (EU) Nr. 575/2013 lässt lediglich erkennen, dass es sich um rückzahlbare Gelder des Publikums handelt; nähere Anhaltspunkte vermag jedoch noch Art. 1 Nr. 1 RL 94/19/EG über Einlagensicherungssysteme zu geben.

271 Hierzu zählen Finanzierungsinstrumente (Schuldverschreibungen, andere Wertpapiere), bei denen die Rückzahlbarkeit zum Wesen gehört oder vereinbart wurde; dazu EuGH, Rs. C-366/97 (Romanelli), Slg 1999, I-855, Rn 15 ff; zur Regulierung *Kusserow*, WM 2013, 1581 ff.

272 Anhaltspunkte für den Begriff des Kredits lassen sich der für einen Teilbereich der RL aus der Definition des Begriffs der „Risikoposition" in Art. 389 VO (EU) Nr. 575/2013 entnehmen (vgl auch früher Art. 106 Abs. 1 Unterabs. 1 RL 2006/48/EG).

273 S. dazu die Verweisnorm Art. 1 Abs. 2 RL 2004/39/EG (ab 3.1.2017 Art. 1 Abs. 3 RL 2014/65/EU).

274 *Hladjk*, MMR 2001, 731 ff.

275 Umgesetzt in Deutschland durch das Gesetz zur Umsetzung der Zweiten E-Geld-Richtlinie v. 1.3.2011, BGBl. I 2011, 288.

3. Finanzinstitute

Der Begriff des Finanzinstituts wird im Unionsrecht **nicht einheitlich** verwendet. Im Bankenaufsichtsrecht bezeichnet er zunächst gem. Art. 4 Abs. 1 Nr. 26 VO (EU) Nr. 575/2013 in einem engen Sinne ein Unternehmen, das kein Kreditinstitut (Rn 65) und keine Wertpapierfirma (Rn 69) ist und dessen Haupttätigkeit darin besteht, Beteiligungen zu erwerben oder eines oder mehrere der Geschäfte zu betreiben, die in den Nr. 2 bis 12 und 15 von Anh. I der RL 2013/36/EU aufgeslistet sind (zB Finanzierungsleasing, Wertpapierhandel, Geldwechselgeschäfte). In anderen Bereichen werden hingegen unter dem Begriff des Finanzinstituts wie auch demjenigen des Finanzunternehmens[276] oder des Unternehmens der Finanzbranche[277] (fast) alle Finanzdienstleistungsunternehmen (Kreditinstitute, Versicherungsunternehmen, Wertpapierfirmen und OGAW) zusammengefasst,[278] wobei wiederum teilweise die Kreditinstitute[279] oder die Versicherungsunternehmen[280] ausgenommen werden. Finanzinstitute ieS genießen die sekundärrechtliche Freizügigkeit im Binnenmarkt nach Art. 35 RL 2013/36/EU nur als Tochtergesellschaft eines Kreditinstituts und unter den weiteren dort genannten Voraussetzungen. 67

4. Zahlungsinstitute[281]

Eine juristische Person, die kein Kreditinstitut (Rn 65), E-Geld-Institut (Rn 66), Postscheckamt, keine Zentralbank, kein Mitgliedstaat und keine Gebietskörperschaft ist, jedoch gewerblich Zahlungsdienste im EWR erbringen möchte (Zahlungsinstitut iSv Art. 4 Nr. 4 iVm Art. 10 RL 2007/64/EG), bedarf hierfür grds. (Art. 29; Ausnahmen nach Art. 26) einer Zulassung im Herkunftsmitgliedstaat nach Art. 10 iVm Art. 5 ff RL 2007/64/EG. Die Zulassung ist zu beantragen (Art. 5), ist insb. an bestimmte Eigenmittelanforderungen gebunden (Art. 6 ff), wird registriert (Art. 13), kann entzogen werden (Art. 12) und erstreckt sich ggf noch auf weitere als die im Anh. der Richtlinie aufgeführten Zahlungsdienste (Art. 16). Die Durchführung der Aufsicht richtet sich nach Art. 20 ff (zu den privatrechtlichen Regelungen der RL 2007/64/EG s. Rn 183 f). Die aufsichtsrechtlichen Teile der RL 2007/64/EG wurden mit dem Zahlungsdiensteaufsichtsgesetz (ZAG)[282] und der Zahlungsinstituts-Eigenkapitalverordnung (ZIEV)[283] umgesetzt. Aktuell steht der Vorschlag der EU-Kommission für eine neue Zahlungsdienste-RL (PSD II) im Raum.[284] 68

---

276 S. dazu etwa Art. 1 RL 95/26/EG.
277 S. dazu etwa Art. 4 Abs. 1 Nr. 27 VO (EU) Nr. 575/2013 (in der Definition bezeichnet der Begriff des Finanzinstituts dabei dann eine Untergruppe von Unternehmen der Finanzbranche).
278 Art. 127 Abs. 6 AEUV.
279 So in Art. 3 Nr. 2 RL 2005/60/EG.
280 So noch in Art. 1 Abs. 2 Jahresabschluss-RL 78/660/EWG (aufgehoben durch RL 2013/34/EU) und in dem auf ihn verweisenden Art. 2 Abs. 1 lit. b RL 86/635/EWG.
281 *Derleder*, NJW 2009, 3195 ff; *Lohmann/Koch*, WM 2008, 57 ff; *Manger-Nestler*, EuZW 2008, 332 ff; *Schäfer/Lang*, BKR 2009, 11 ff.
282 Gesetz über die Beaufsichtigung von Zahlungsdiensten (ZAG) v. 26.6.2009, BGBl. 2006 I, 1506.
283 Verordnung über die angemessene Eigenkapitalausstattung von Zahlungsinstituten (Zahlungsinstituts-Eigenkapitalverordnung – ZIEV), BGBl. 2009 I, 3643 ff.
284 KOM(2013) 547 endg.; dazu *Linardatos*, WM 2014, 300 ff und *Spindler/Zahrte*, BKR 2014, 265 ff.

5. Wertpapierfirmen[285]

69 Der wegen der gleichzeitigen Verwendung des Begriffs der Firma als bloßer Name (vgl zB Art. 19 RL 2013/36/EU und §§ 17 ff HGB) problematische Begriff der Wertpapierfirma wird im Unionsrecht **nicht einheitlich** definiert. Nach Art. 4 Abs. 1 Nr. 1 der **MiFID I-RL 2004/39/EG** (ab 3.1.2017 Art. 4 Abs. 1 Nr. 1 **MiFID II-RL 2014/65/EU**), die durch die RL 2006/73/EG konkretisiert und 2007 in Deutschland umgesetzt wurde,[286] handelt es sich grds. um eine juristische Person, die im Rahmen ihrer üblichen beruflichen oder gewerblichen Tätigkeit gewerbsmäßig eine oder mehrere Wertpapierdienstleistungen für Dritte erbringt und/oder eine oder mehrere Anlagetätigkeiten ausübt. Wertpapierdienstleistungen und Anlagetätigkeiten sind dabei nach Art. 4 Abs. 1 Nr. 2 RL 2004/39/EG (bzw RL 2014/65/EU) die in Anh. I Abschn. A genannten Tätigkeiten,[287] die sich auf eines der Finanzinstrumente in Anh. I Abschn. C[288] der RL 2004/39/EG (bzw RL 2014/65/EU) bezieht. Nur teilweise erfasst werden die in Anh. I Abschn. B aufgeführten Nebendienstleistungen.[289] Nicht erfasst sind nach wie vor Dienstleistungen auf dem sog. grauen Kapitalmarkt etwa im Zusammenhang mit Beteiligungen an geschlossenen Immobilienfonds oder Publikumspersonengesellschaften. Die Mitgliedstaaten können zudem Personengesellschaften und natürliche Personen als Wertpapierfirmen ansehen, wenn Dritte durch zusätzliche Voraussetzungen und Vorkehrungen in vergleichbarer Weise geschützt sind. Eine besondere Art von Wertpapierfirmen sind sog. **„systematische Internalisierer“**, die in organisierter und systematischer Weise häufig in erheblichem Umfang und außerhalb eines Handelsplatzes (geregelter Markt, MTF, OTF) Handel für eigene Rechnung treiben (vgl Art. 4 Abs. 1 Nr. 7 RL 2004/39/EG bzw Art. 4 Abs. 1 Nr. 20 RL 2014/65/EU). Die Wertpapierfirmen unterliegen den aufsichtsrechtlichen Regelungen der Art. 5 ff RL 2004/39/EG (ab 3.1.2017 Art. 5 ff RL 2014/65/EU). Enger wird der Begriff der Wertpapierfirma im Bankenaufsichtsrecht durch Art. 3 Abs. 1 Nr. 2 **RL 2013/36/EU** iVm Art. 4 Abs. 1 Nr. 2 VO (EU) Nr. 575/2013 definiert, da dort insb. Kreditinstitute und lokale Firmen explizit ausgeschlossen werden. Dafür enthält die RL 2013/36/EU zahlreiche Regelungen für die Aufsicht über „Insti-

---

285 *Balzer*, ZBB 2003, 177 ff; *Fuchs*, Wertpapierhandelsgesetz (WpHG) – Kommentar, 2009; *Gomber/Jäger*, ZBB 2014, 40 ff; *Hirschberg*, AG 2006, 398 ff; *Hirte/Möllers*, Kölner Kommentar zum Wertpapierhandelsgesetz (WpHG), Köln 2007; *Kühne*, BKR 2005, 275 ff; *Seyfried*, WM 2006, 1375 ff; *Spindler/Kasten*, AG 2006, 785 ff; *Weichert/Wenninger*, WM 2007, 627 ff.

286 Gesetz zur Umsetzung der Richtlinie über Märkte für Finanzinstrumente (RL 2004/39/EG, MiFID) und der Durchführungsrichtlinie (RL 2006/73/EG) der Kommission (Finanzmarkt-Richtlinie-Umsetzungsgesetz, FRUG) v. 16.7.2007, BGBl. I 2007, 1330; näher zur Umsetzung *Fleischer*, BKR 2006, 389 ff; *Kasten*, BKR 2007, 261 ff; *Mülbert*, WM 2007, 1149 ff; *Schlicht*, BKR 2006, 469 ff; *Spindler/Kasten*, WM 2007, 1245 ff; *Zingel*, BKR 2007, 173 ff.

287 Erfasst sind (bezogen auf Finanzinstrumente) die Annahme und Übermittlung von Aufträgen, die Ausführung von Aufträgen im Namen von Kunden, der Handel für eigene Rechnung, die Portfolio-Verwaltung (s. dazu auch EuGH, Rs. C-356/00 (Testa und Lazzeri), Slg 2002, I-10797), die Anlageberatung, die Emission, die Platzierung mit und ohne feste Übernahmeverpflichtung und der Betrieb eines MTF und nach MiFID II auch eines OTF.

288 Erfasst sind übertragbare Wertpapiere, Geldmarktinstrumente, OGAW-Anteile und verschiedene Derivatkontrakte sowie nach MiFID II auch Emissionszertifikate.

289 Zu diesen gehören (bezogen auf Finanzinstrumente) die Verwahrung und Verwaltung für Rechnung von Kunden, die Gewährung von Krediten oder Darlehen an Anleger für Geschäfte unter Beteiligung des Darlehensgebers, die finanzmarktorientierte Unternehmensberatung, Devisengeschäfte, die Wertpapier- und Finanzanalyse, emissionsbezogene Dienstleistungen und konnexe Dienstleistungen hinsichtlich der Basiswerte bestimmter nicht auf Finanzinstrumente bezogener Derivate.

tute", einem Begriff, unter dem nach Art. 3 Abs. 1 Nr. 3 RL 2013/36/EU iVm Art. 4 Abs. 1 Nr. 3 VO (EU) Nr. 575/2013 Kreditinstitute und Wertpapierfirmen zusammengefasst werden. Mit der **RL 2014/65/EU (MiFID II)**,[290] die bis 3.7.2016 umzusetzen und ab 3.1.2017 anzuwenden sein wird (Art. 93 MiFID II), werden die Wertpapierfirmen einer umfassenden Neuregelung unterworfen. Mit der neuen RL wird eine deutliche Ausweitung des Anwendungsbereichs (Einbeziehung u.a. von Warenderivaten, Energiekontrakten mit effektiver Lieferung, Emissionszertifikaten und strukturierten Finanzprodukten) verbunden sein (s. auch noch Rn 70). Die Regeln zu Vermögensverwaltung und Anlageberatung (zB Honoraranlageberatung)[291] sowie zur Sanktionierung wurden neu gefasst, um insb. den Anlegerschutz zu verstärken. Der Hochfrequenzhandel (HFT; High-Frequency Trading),[292] bei dem ein Handelssystem Daten oder Signale des Marktes in hoher Geschwindigkeit analysiert und anschließend innerhalb einer sehr kurzen Zeit der Analyse entsp. Aufträge in großer Anzahl sendet oder aktualisiert bzw storniert (s. Erwägungsgrund 61), wird nicht verboten, sondern verlangsamt. Er ist zudem mit Notfallsicherungen (circuit breakers) auszustatten, damit der Handel bei kurzfristig erheblichen Preisbewegungen vorübergehend eingeschränkt oder eingestellt werden kann (Art. 48). Sodann sollen Obergrenzen für Positionen im Handel mit Rohstoffen ohne zugrunde liegende reale Handelsgeschäfte helfen, starke Schwankungen bei Lebensmittel- und Energiepreisen zu verhindern. Weiter wird der Marktzugang für Wertpapierfirmen aus Drittstaaten (sog. Drittlandfirmen) einheitlich geregelt (Art. 39 ff).

6. Marktbetreiber und Handelsplätze (RM, MTF, OTF)[293]

Nach Art. 4 Abs. 1 Nr. 13 RL 2004/39/EG (bzw Art. 4 Abs. 1 Nr. 18 MiFID II- 70
RL 2014/65/EU) sind **Marktbetreiber** Personen (oder auch nur eine Person), die das Geschäft eines geregelten Marktes verwalten und/oder betreiben, wobei der geregelte Markt auch selbst Marktbetreiber sein kann. Als **geregelten Markt** (Regulated Market, RM) definiert Art. 4 Abs. 1 Nr. 14 RL 2004/39/EG (bzw Art. 4 Abs. 1 Nr. 21 MiFID II) ein von einem Marktbetreiber betriebenes und/oder verwaltetes multilaterales System (dazu jetzt Art. 4 Abs. 1 Nr. 19 MiFID II), das die Interessen einer Vielzahl Dritter am Kauf und Verkauf von Finanzinstrumenten innerhalb des Systems und nach seinen nichtdiskretionären Regeln in einer Weise zusammenführt oder das Zusammenführen fördert, die zu einem Vertrag in Bezug auf Finanzinstrumente führt, die gemäß den Regeln und/oder den Systemen des Marktes zum Handel zugelassen wurden, sowie eine Zulassung erhalten hat und ordnungsgemäß und gemäß den Bestimmungen der Art. 36 ff (bzw Art. 44 ff MiFID II) funktioniert.[294] Ein (börsenähnliches) **multilaterales Handelssystem** (Multilateral Trading Facility, MTF) ist

290 S. dazu auch das Konsultationspapier 2014/549 der ESMA vom 22.5.2014; noch zu den Entwürfen von MiFID II *Geier/Schmitt*, WM 2013, 915 ff und *Veil/Lerch*, WM 2012, 1557 ff, 1605 ff; zur Bedeutung von MiFID II für die Schweiz siehe *Sethe*, SJZ 110 (2014), 477 ff.

291 S. zu dieser in Deutschland das Honoraranlageberatungsgesetz BGBl. 2013 I, 2390 sowie (auch zum EU-Recht) *Herresthal*, WM 2014, 773 ff; *Müchler/Trafkowski*, ZBB 2013, 101 ff und *Reiter/Methner*, WM 2013, 2053 ff.

292 Dazu *Kindermann/Coridaß*, ZBB 2014, 178 ff.

293 *Gomber/Hirschberger*, AG 2006, 777 ff; *Gomber/Chlistalla/Groth*, ZBB 2008, 2 ff.

294 Dazu EuGH, Rs. C-248/11 (Rareş Doralin Nilaş u.a.), EuZW 2012, 350 (Eintragung in das Register nach Art. 47 MiFID nicht konstitutiv).

nach Art. 4 Abs. 1 Nr. 15 RL 2004/39/EG (bzw Art. 4 Abs. 1 Nr. 22 MiFID II) ein von einer Wertpapierfirma (Rn 69) oder einem Marktbetreiber betriebenes multilaterales System, das die Interessen einer Vielzahl Dritter am Kauf und Verkauf von Finanzinstrumenten innerhalb des Systems und nach nichtdiskretionären Regeln in einer Weise zusammenführt, die zu einem Vertrag gemäß den Bestimmungen der Art. 5 ff RL 2004/39/EG (bzw Art. 5 ff MiFID II) führt. MiFID II sieht für MTF, die auf die Bedürfnisse kleinerer und mittlerer Emittenten zugeschnitten sind, auch eine Möglichkeit zur Registrierung als sog. „KMU-Wachstumsmarkt" vor (Art. 33). Die Definition der MTF erfasst nur einen Teil der bestehenden börsenähnlichen Systeme.[295] Mit ihrer Zulassung und dem Wegfall des Börsenvorrangs[296] wollte die RL 2004/39/EG den Wettbewerb der Ausführungsplätze fördern.[297] Mit MiFID II und MiFIR werden nunmehr – wenn auch weniger streng – zusätzlich sog. **organisierte Handelssysteme** (Organised Trading Facilities, OTF) reguliert, dh andere, zumeist automatisierte Formen der organisierten Zusammenführung von Kauf- und Verkaufsinteressen, die zu einem Vertrag nach Art. 5 ff RL 2014/65/EU führen (Art. 4 Abs. 1 Nr. 22 MiFID II) und auf den Handel von Anleihen und Derivaten (nicht aber Aktien) beschränkt sind. Im Gegensatz zu geregelten Märkten und MTF besteht bei OTF ein Ermessensspielraum bei der Zusammenführung von Kundenaufträgen. Geregelte Märkte, MTF und OTF haben somit gemeinsam, dass dort Handel betrieben wird, weshalb MiFID II hierfür auch den Oberbegriff „Handelsplatz" verwendet (Art. 4 Abs. 1 Nr. 24). MiFID II strebt damit an, ab 3.1.2017 alle multilateralen Systeme für Finanzinstrumente zu erfassen und – wenn auch nicht einheitlich – zu regulieren (s. Art. 1 Abs. 7 RL 2014/65/EU).

71 Geregelte Märkte und ihre Betreiber unterliegen der Aufsicht nach Art. 36 ff RL 2004/39/EG (Art. 44 MiFID II). Für die Marktbetreiber von MTF (ab 3.1.2017 auch OTF) gelten unter MiFID II weiterhin die aufsichtsrechtlichen Zulassungsregelungen (Art. 5 ff MiFID II) für Wertpapierfirmen (Art. 5 Abs. 2) mit einigen besonderen Anforderungen (Art. 18 bis 20 MiFID II) und Zusatzbestimmungen (zB Art. 19 f, 31 f, 38 MiFID II), da der Betrieb von MTF und OTF als **Wertpapierdienstleistung** gilt (Art. 4 Abs. 1 Nr. 2 iVm Anh. I Abschn. A Nr. 8 und 9 MiFID I und II). Die damit ermöglichte größere Freizügigkeit bedeutet für alle drei Markttypen, dass sie auch in anderen Mitgliedstaaten grds. ohne weitere Anforderungen Handelssysteme zum Zwecke der Herstellung des Marktzugangs, der Orderausführung und der Abrechnung betreiben bzw nutzen können (Art. 33 ff MiFID I bzw Art. 36 ff MiFID II).[298] Der deutsche Gesetzgeber ist den sich aus den MTF-Regelungen ergeben-

295 *Balzer*, ZBB 2003, 177, 181 f.

296 Dazu eingehend *Bodura*, Die Frage des Börsenzwangs in der deutschen börsenrechtlichen Diskussion des 20. Jahrhunderts, 2010; mit MiFiD II sollen allerdings wieder Obergrenzen für den außerbörslichen Handel von Aktien eingeführt werden.

297 *Weber*, NJW 2007, 3688, 3689 f.

298 In diesem Bereich bemüht sich die von einer Sachverständigengruppe (CESAME; seit 2008 CESAME II) beratene EU-Kommission seit längerem (s. dazu insb. KOM(2004) 312 endg.) um eine Beseitigung der zahlreichen technischen und rechtlichen Abwicklungshemmnisse, die im Anschluss an zwei Berichte der sog. Giovannini-Gruppe von 2001 und 2003 als "Giovannini-Barrieren" (sechs Hindernisse im Bereich der Nachhandelstätigkeiten und neun dem öffentlichen Sektor zugeschriebene Hindernisse) bezeichnet werden.

den Vorgaben in Art. 31 f, 31 g und 36 a WpHG[299] nachgekommen, womit er entgegen der Forderung des Finanzausschusses und des Bundesrats, die MTF im BörsG zu regeln,[300] der unionsrechtlichen Regelungssystematik (Qualifikation des Betriebs eines MTF als Wertpapierdienstleistung) gefolgt ist und die MTF der Aufsicht durch die BaFin unterstellt hat. Die Umsetzung von MiFID II hat bis zum 3.7.2016 zu erfolgen.

7. Datenbereitstellungsdienste (APA, CTP, ARM)

Die **RL 2014/65/EU (MiFID II)** statuiert für die drei Datenbereitstellungstätigkeiten APA, CTP und ARM eine Zulassungspflicht durch die Herkunftsmitgliedstaaten, sofern die Datenbereitstellung als übliche berufliche oder gewerbliche Tätigkeit ausgeübt wird (Art. 59). Die Zulassung als Genehmigtes Veröffentlichungssystem (Approved Publication Arrangement, **APA**) gibt die Berechtigung, im Namen von Wertpapierfirmen die nach Art. 20 f MiFIR und Art. 64 Abs. 2 MiFID II vorgeschriebenen Handelsauskünfte zu veröffentlichen (Art. 4 Abs. 1 Nr. 52 MiFID II). Die zugelassenen Bereitsteller konsolidierter Datenticker (Consolidated Tape Providers, **CTP**) haben das Recht, verschiedene Informationen, die zu Finanzinstrumenten nach MiFIR zu veröffentlichen sind, auf RM, MTF, OTF (Rn 70) und APA zu erheben, um sie in einem kontinuierlichen elektronischen Live-Datenstrom zu konsolidieren, über den Preis- und Handelsvolumendaten pro Finanzinstrument abrufbar sind (Art. 4 Abs. 1 Nr. 53 MiFID II und Art. 65 Abs. 1 MiFID II). Genehmigte Meldemechanismen (Approved Reporting Mechanisms, **ARM**) können schließlich im Namen von Wertpapierfirmen Einzelheiten zu Geschäften an die zuständigen Behörden oder die ESMA melden (Art. 4 Abs. 1 Nr. 54 MiFID II). Die Zulassung für den Betrieb eines Handelsplatzes durch Wertpapierfirmen und Marktbetreiber schließt die Erbringung von Datenbereitstellungsdienstleistungen mit ein, sofern die diesbzgl Voraussetzungen erfüllt sind (Art. 59 Abs. 2 MiFID II). 72

8. Ratingagenturen[301]

Die Ratingagenturen wurden mit der **VO (EG) Nr. 1060/2009** (CRA I; grundlegend novelliert durch die CRA II-VO (EU) Nr. 513/2011 und die CRA III-VO (EU) Nr. 462/2013) einer Regulierung und Aufsicht unterworfen (s. auch noch Rn 149).[302] Nach Art. 1 soll die VO die Integrität, Transparenz, Verantwortung, gute Unternehmensführung und Verlässlichkeit von Ratingtätigkeiten fördern und zur Verbesserung der Qualität von in der EU abgegebenen Ratings beitragen und gleichzeitig ein hohes Maß an Verbraucher- und Anlegerschutz gewährleisten. Hierzu werden die Bedingungen für die Abgabe von Ratings sowie Organisations- und Verhaltensregeln 73

---

299 Näher *Fuchs*, in: Fuchs (Hrsg.), § 31 f und § 31 g WpHG und *Schlette/Bouchon*, in: Fuchs (Hrsg.), § 36 a WpHG.

300 BR-Drucks. 833/06, S. 11 und BT-Drucks. 16/4037, S. 4.

301 *Amort*, EuR 2013, 272 ff; *Arntz*, ZBB 2013, 318 ff; *Blaurock*, ZGR 2007, 603 ff; *ders.*, EuZW 2013, 608 ff; *Boxberger/Klebeck*, BKR 2013, 441 ff; *Däubler*, NJW 2003, 1096 f; *Deipenbrock*, WM 2009, 1165 ff; *Dutta*, WM 2013, 1729 ff; *Eisen*, Haftung und Regulierung internationaler Ratingagenturen, 2008; *Gietzelt/Ungerer*, GPR 2013, 333 ff; *Jobst/Kapoor*, WM 2013, 680 ff; *Meeh-Bunse/Hermeling/Schomaker*, WM 2014, 1464 ff; *Möllers*, JZ 2009, 861 ff; *Röh*, BKR 2008, 174 ff; *Wojcik*, NJW 2013, 2385 ff.

302 S. für Deutschland auch noch das Ausführungsgesetz zur EU-Ratingverordnung (EU-RatingVAG) vom 14.6.2010, BGBl. 2010 I, S. 786.

für Ratingagenturen festgelegt, die Interessenkonflikte vermeiden sowie deren Unabhängigkeit und den Verbraucher- bzw Anlegerschutz fördern sollen. Ratingagenturen sind nach Art. 3 Abs. 1 lit. b Rechtspersönlichkeiten, deren Tätigkeit die gewerbsmäßige Abgabe von Ratings umfasst. Dies sind Bonitätsurteile in Bezug auf ein Unternehmen oder ein Finanzinstrument bzw dessen Emittenten anhand eines festgelegten und definierten Einstufungsverfahrens für Ratingkategorien (Art. 3 Abs. 1 lit. a und h). Hat die Ratingagentur ihren Sitz in der EU, bedarf sie zur Ausübung ihrer Tätigkeit (Art. 2 Abs. 1) der Registrierung (Art. 14 ff idF der VO (EU) Nr. 513/2011; dazu Rn 101) und unterliegt der kontinuierlichen Aufsicht (Art. 21 ff idF der VO (EU) Nr. 513/2011) durch die ESMA. Die Aufsicht umfasst namentlich die Verfahren und Methoden zur Abgabe und Überprüfung von Ratings sowie die Handhabung von Interessenkonflikten. Hingegen dürfen die ESMA, die Kommission und die Behörden der Mitgliedstaaten keinen Einfluss auf den Inhalt der Ratings oder die Methoden nehmen (Art. 23 idF der VO (EU) Nr. 513/2011). Die registrierten Ratingagenturen sind auf der Webseite der ESMA publiziert.[303] Bei Nichtregistrierung hat die betroffene Agentur die Möglichkeit zur Beschwerde beim gemeinsamen Beschwerdeausschuss der drei ESA.[304] Mit der CRA III-Reform (Rn 149) sollte die Qualität des Ratingprozesses (insb. Verringerung von Interessenkonflikten) und der Länderratings erhöht, mehr Transparenz durch eine europäische Ratingplattform geschaffen sowie das Abstützen der Märkte auf Ratings reduziert werden. Außerdem sollten Ratingagenturen bei vorsätzlichen oder grob fahrlässigen Verstössen gegen die Ratingagenturen-VO für Schäden haftbar gemacht werden können. Am 5.5.2014 hat die EU-Kommission zudem mit dem Ziel der Wettbewerbsförderung einen Bericht über die mögliche Vernetzung von kleineren Ratingagenturen verabschiedet.

9. Organismen für gemeinsame Anlagen[305]

a) Organismen für gemeinsame Anlagen in Wertpapieren (OGAW)

74 Organismen für gemeinsame Anlagen in Wertpapieren (OGAW) sind nach Art. 1 Abs. 2 **RL 2009/65/EG**[306] (zuvor Art. 1 Abs. 2 RL 85/611/EWG) Unternehmen, deren ausschließlicher Zweck es ist, beim Publikum beschaffte Gelder für gemeinsame Rechnung nach dem Grundsatz der Risikostreuung in Wertpapieren und/oder anderen in Art. 50 Abs. 1 genannten liquiden Finanzanlagen, welche die Kommission durch delegierte Rechtsakte weiter präzisieren kann (Abs. 4), anzulegen, und deren Anteile auf Verlangen der Anteilsinhaber zu Lasten des Vermögens dieser Organismen zurückgenommen oder ausgezahlt werden. Wertpapiere sind nach Art. 2

303 http://www.esma.europa.eu/page/List-registered-and-certified-CRAs.

304 Zu einem Beispiel s. Board of Appeal of the European Supervisory Authorities v. 13.1.2014 (http://www.eba.europa.eu/-/board-of-appeal-of-the-european-supervisory-authorities-dismisses-appeal-made-by-a-refused-cra-applicant-against-esma).

305 *Blankenheim*, ZBB 2011, 344 ff; *Emde* (Hrsg.), Kommentar zum Investmentgesetz mit Bezügen zum Kapitalanlagegesetzbuch, München, 2013; *Ferrarini* (Hrsg.), The Investment Services Directive and Beyond, 1998; *Köndgen/Schmies*, WM Sonderbeilage 1/2004; *Pluskat*, WM 2005, 772 ff; *Steffen/Sachse*, ZBB 2011, 33 ff; *Szylar* (ed.), UCITS Handbook, London, 2012; s. auch die Literaturhinweise zu den AIF (Fn 315) und zum KAGB (Fn 313).

306 Umgesetzt in Deutschland durch das Gesetz zur Umsetzung der Richtlinie 2009/65/EG zur Koordinierung der Rechts- und Verwaltungsvorschriften betreffend bestimmte Organismen für gemeinsame Anlagen in Wertpapieren (OGAW-IV-Umsetzungsgesetz) v. 22.6.2011, BGBl. I 2011, 1126.

lit. n Aktien und andere, den Aktien gleichwertige Wertpapiere, Schuldverschreibungen und sonstige verbriefte Schuldtitel sowie alle anderen marktfähigen Wertpapiere, die zum Erwerb solcher Wertpapiere durch Zeichnung oder Austausch berechtigen. Andere Finanzanlagen als Wertpapiere sind nach Art. 50 Abs. 1 OGAW-Anteile, Derivate, kurzfristige Bankeinlagen und Geldmarktinstrumente iSv Art. 2 lit. o. Nicht zu den OGAW gehören nach Art. 3 geschlossene Fonds, nicht beim Publikum beworbene interne Sondervermögen und Drittlandfonds. Die OGAW können je nach einzelstaatlichem Recht die **Rechtsform** eines von einer Verwaltungsgesellschaft verwalteten Investmentfonds, eines Trusts oder einer Investmentgesellschaft haben (Art. 1 Abs. 3). Das deutsche KAGB sieht danach als Rechtsformen das Sondervermögen, die offene und geschlossene InvestAG[307] sowie die offene und geschlossene InvestKG[308] vor.

Ein OGAW unterliegt zunächst selbst als Investmentfonds (einschließlich Trusts) 75
oder Investmentgesellschaft (dann zusätzlich Anwendung der Art. 27 ff) dem Zulassungs- und Aufsichtserfordernis nach Art. 5 ff RL 2009/65/EG sowie der Durchführungs-RL 2010/43/EU.[309] Daneben gilt dies aber auch und vor allem für die Verwaltungsgesellschaft (Art. 6 ff) und die Verwahrstelle (Art. 22 ff und 32 ff), die getrennt voneinander von dem OGAW mit der Verwaltung bzw der Verwahrung des Sondervermögens betraut wurden. Für OGAW und die von ihnen eingeschalteten Institutionen gelten seit 2001 **dies. aufsichtsrechtlichen Prinzipien** wie für andere Finanzdienstleister. Die damit vergleichbare Grundstruktur der Aufsichtsregelungen wird lediglich aufgrund von Besonderheiten der kollektiven Anlage nach dem Grundsatz der Risikostreuung und durch das erforderliche Zusammenspiel der Aufsicht über mehrere Institutionen durch Spezialregelungen der RL 2009/65/EG variiert. Besondere Bedeutung haben die Anforderungen an die Anlagepolitik der OGAW (Art. 50 ff RL 2009/65/EG) sowie die Prospekt- und Berichtspflichten der Verwaltungsgesellschaft (Art. 68 ff RL 2009/65/EG). Die EU-Kommission legt im Fondsrecht zudem besonderen Wert auf den Schutz von Kleinanlegern.[310] Mit der Omnibus I-RL 2010/78/EU[311] wurde der Kommission verschiedentlich die Kompetenz eingeräumt, auf der Grundlage von Entwürfen der ESMA technische Regulierungsstandards zu erlassen. Das an die unionsrechtlichen Vorgaben angepasste deutsche Investmentrecht wurde Ende 2003 im Investmentgesetz (InvG)[312] zusammengeführt, welches 2013 mit Umsetzung der AIFM-RL 2011/61/EU (Rn 76) durch das **Kapitalanlagegesetzbuch** (KAGB)[313] abgelöst wurde. Die EU-Kommission plant nach der

307 Zu dieser näher *Fischer/Friedrich*, ZBB 2013, 153 ff; *Hermanns*, ZIP 2004, 1297 ff; *Pluskat*, WM 2005, 772 ff; *Steck/Schmitz*, AG 2004, 658 ff.

308 Zu dieser näher *Fischer/Friedrich*, ZBB 2013, 153 ff und *Wiedemann*, NZG 2013, 1041 ff.

309 In Deutschland umgesetzt durch OGAW-IV-Umsetzungsgesetz v. 22.6.2011, BGBl. I 2011, 1126.

310 Mitteilung KOM(2009) 204 endg. v. 30.4.2009 Anlageprodukte für Kleinanleger.

311 Umgesetzt in Deutschland durch das Gesetz zur Umsetzung der Richtlinie 2010/78/EG v. 24.11.2010 im Hinblick auf die Errichtung des Europäischen Finanzaufsichtssystems v. 4.12.2011, BGBl. I 2011, 2427.

312 Dazu nur *Köndgen/Schmies*, WM Sonderbeilage 1/2004; *Lang*, WM 2004, 53 ff; *Nickel*, ZBB 2004, 197 ff; *Kaune/Oulds*, ZBB 2004, 114 ff.

313 Dazu nur *Beck/Wollenhaupt*, DB 2013, 675 ff; *Burgard/Heimann*, WM 2014, 821 ff; *Fischer/Friedrich*, ZBB 2013, 153 ff; *Keiluweit/Kann/Redeker*, DStR 2013, 1483 ff; *Koch*, WM 2014, 433 ff; *Patz*, BKR 2014, 271 ff; *Seibt*, DB 2013, 2433 ff; *Servatius*, ZfIR 2013, 709 ff; *Sprengnether/Wächter*, WM 2014, 877 ff; *Weitnauer*, AG 2013, 672 ff.

kürzlich im Trilogverfahren erfolgten Annahme von OGAW V mit OGAW VI eine weitere Revision der RL 2009/65/EG.[314]

b) Alternative Investmentfonds (AIF)[315]

76 Nach Art. 4 Abs. 1 lit. a der AIFM-RL 2011/61/EU[316] ist ein AIF ein Organismus für gemeinsame Anlagen (einschließlich Teilfonds), der keine Genehmigung nach Art. 5 OGAW-RL 2009/65/EG benötigt, weil er das eingesammelte Kapital nach der festgelegten Anlagestrategie zum Nutzen der Anleger nicht vornehmlich in Wertpapiere (dazu Rn 74) investiert. Bei den AIF kann es sich um offene oder geschlossene Fonds in beliebiger Rechtsform handeln, wobei es keine Rolle spielt, ob sie börsennotiert sind oder nicht (Art. 2 Abs. 2 und Erwägungsgrund 6 RL 2011/61/EU). AIF sollen grds. nur an sog. professionelle Anleger iSv Art. 4 Abs. 1 lit. ag AIFM-RL iVm Anh. II RL 2004/39/EG bzw RL 2014/65/EU vertrieben werden.[317] Mit der **AIFM-RL 2011/61/EU** werden ergänzend zur OGAW-RL **allg. geltende Vorschriften** für die Zulassung, die laufende Tätigkeit und die Transparenz von im EWR tätigen Verwaltern bzw Vertreibern (Art. 4 Abs. 1 lit. w und lit. x) alternativer Investmentfonds (Alternative Investment Fund Managers, AIFM) festgelegt (Art. 1). Dabei geht es im Hinblick auf die von der AIFM-RL erfassten (Art. 2 Abs. 1) sog. EU-AIFM (AIFM mit Satzungssitz in der EU) und sog. Nicht-EU-AIFM (trotz Satzungssitzes in einem Drittstaat Verwaltung eines AIF mit Zulassung oder Registrierung in einem Mitgliedstaat der EU oder Vertrieb eines AIF in der EU) insb. um die Festlegung der zugelassenen Tätigkeiten (Art. 6),[318] organisatorische und finanzielle Anforderungen (Art. 8 f), die Vereinbarkeit der Vergütungspolitik mit einem soliden und wirksamen Risikomanagement (Art. 13 iVm Anh. II),[319] die Vermeidung, Steuerung und Offenlegung von Interessenkonflikten (Art. 14), die Gewährleistung eines angemessenen Risiko- und Liquiditätsmanagements (Art. 15 f), die Anforderungen an die von einem Verwalter eingeschaltete Verwahrstelle (Art. 21) und die Festschreibung bestimmter Aufklärungspflichten (Art. 23), wobei noch besondere Anforderungen an die Verwalter von hebelfinanzierten AIF und von den Kontrollerwerb über nicht börsennotierte Unternehmen und Emittenten anstrebenden Fonds gestellt werden (Art. 25 ff).[320] **Ver-**

314 S. dazu das Konsultationspapier v. 26.7.2012 „Organismen für gemeinsame Anlagen in Wertpapieren (OGAW) – Produktvorschriften, Liquiditätsmanagement, Verwahrstelle, Geldmarktfonds, langfristige Anlagen (OGAW VI)".

315 Zur AIFM-RL näher *Athanassiou*, Hedge Fund Regulation in the European Union, 2009; *Kramer/Recknagel*, DB 2011, 2077 ff; *Möllers/Hailer*, ZBB 2012, 178 ff; *Möllers/Harrer/Krüger*, WM 2011, 1537; *Niewerth/Rybarz*, WM 2013, 1154 ff; *Spindler/Tancredi*, WM 2011, 1393 ff und 1441 ff; *Zetzsche*, ZBB 2014, 22 ff; *Zetzsche/Preiner*, WM 2013, 2101 ff.

316 Umgesetzt in Deutschland durch das Gesetz zur Umsetzung der Richtlinie 2011/61/EG über die Verwalter alternativer Investmentfonds (AIFM-Umsetzungsgesetz) v. 4.7.2013, BGBl. I 2013, 1981.

317 Art. 31 Abs. 6, 32 Abs. 9, 35 Abs. 17, 39 Abs. 11 und 40 Abs. 17 RL 2011/61/EU mit einer generellen und an zusätzliche Voraussetzungen gebundenen Öffnungsklausel zugunsten der Mitgliedstaaten in Art. 43 Abs. 1 der RL.

318 Ein AIFM darf grds. keine anderen als die in Anh. I der RL genannten Tätigkeiten ausüben (Art. 6 Abs. 2), wobei die Mitgliedstaaten einem externen AIFM die Erbringung zusätzlicher in Art. 6 Abs. 4 genannter Nebendienstleistungen bewilligen können (individuelle Verwaltung einzelner Portfolios; Anlageberatung; Verwahrung und Verwaltung von OGAW-Anteilen; Annahme und Übermittlung von Aufträgen). Für die grenzüberschreitende Verwaltungs- und Vertriebstätigkeit enthalten die Art. 31 ff Sonderregelungen für EU-AIFM und Nicht-EU-AIFM.

319 *Möllers/Hailer*, ZBB 2012, 178 ff.

320 S. dazu auch für die Verwalter von EuVECA bzw EuSEF Art. 5 ff VO (EU) Nr. 345/2013 bzw 346/2013.

ordnungen enthalten darüber hinaus **Sonderregelungen** für die Verwalter von AIF mit einer besonders geschützten Bezeichnung. Bis 31.7.2014 waren dies die VO (EU) Nr. 345/2013 (s. auch § 337 KAGB) betreffend die Fonds für Risikokapital (European Venture Capital Funds, **EuVECA**)[321] und die VO (EU) Nr. 346/2013 (s. auch § 338 KAGB) betreffend die Fonds für soziales Unternehmertum (European Social Entrepreneurship Funds, **EuSEF**).[322] Die EU-Kommission hat zudem eine Verordnung für langfristig orientierte Investmentfonds (European Long-Term Investment Funds, **ELTIF**)[323] und (als Folge der Untersuchung zum Schattenbankwesen)[324] eine Verordnung zur Regelung von **Geldmarktfonds**[325] vorgeschlagen, wobei sich letztere an der Schnittstelle zur OGAW-Regulierung bewegen wird, weil zu den zulässigen Anlagen auch kurzfristige Schuldtitel gehören sollen.

10. Versicherungsunternehmen[326]

Der aufsichtsrechtliche Begriff der Versicherung wird im Unionsrecht wie auch in den Aufsichtsgesetzen der meisten Mitgliedstaaten **nicht definiert.**[327] Die Rechtsakte umschreiben auch den Begriff des Versicherungsunternehmens nur durch eine indirekte Bezugnahme auf ihren jeweiligen Anwendungsbereich, indem sie als Versicherungsunternehmen ein Unternehmen bezeichnen, das für im Rechtsakt selbst oder durch Verweis bestimmte (Versicherungs-)Tätigkeiten der Zulassung bedarf.[328] 1981 haben rechtsvergleichende Arbeiten der damals bestehenden Konferenz der Europäischen Versicherungsaufsichtsbehörden ergeben, dass das Versicherungsgeschäft in den EU-Mitgliedstaaten durchgehend lediglich durch drei kumulative Elemente gekennzeichnet ist (Ungewissheit über den Eintritt eines Ereignisses, Versprechen einer vermögenswerten Leistung für den Fall des Eintritts des Ereignisses, Selbständigkeit der Zusage), die meisten nationalen Aufsichtsbehörden bzw Gerichte darüber hinaus jedoch weitere Merkmale verlangen (v. a. Kalkulation nach dem Gesetz der großen Zahl, Schutzbedürfnis der Versicherungsnehmer). 77

Versicherungsunternehmen unterliegen als **Direktversicherer** in den Bereichen der Schaden- oder Lebensversicherung der Aufsicht im Binnenmarkt. Vom Anwendungsbereich der versicherungsaufsichtsrechtlichen Richtlinien sind dabei insb. die Sozialversicherer,[329] bestimmte Versicherungsvereine auf Gegenseitigkeit[330] und Einrichtungen der betrieblichen Altersversorgung (Rn 82)[331] ausgenommen. Die Aufsicht über Unternehmen, die ausschließlich Rückversicherungsgeschäfte betreiben (sog. **Be-** 78

321 *Jesch*, BB 2012, 2895, 2896; *Philipp*, EuZW 2013, 283; *Siering/Izzo-Wagner*, BKR 2014, 242 ff.
322 *Philipp*, EuZW 2013, 283.
323 KOM(2013) 462 endg. v. 26.6.2013.
324 KOM(2013) 614 endg. v. 4.9.2013.
325 KOM(2013) 615 endg. v. 4.9.2013.
326 *Baltzer/Weber-Rey*, WM 2007, 2184 ff; *Bürkle*, WM 2012, 878 ff; *Dreher*, VersR 2013, 929 ff; *ders.*, VersR 2013, 401 ff; *ders.*, VersR 2012, 1061 ff; *Fischer/Lepper*, BB 2009, 962 ff; *Gal/Sehrbrock*, Die Umsetzung der Solvency-II-Richtlinie durch die 10. VAG-Novelle, Karlsruhe, 2013; *Geier*, ZBB 2011, 45 ff; *Wandt/Dreher*, Solvency II in der Rechtsanwendung 2013, Frankfurt/M., 2014; *Wolf*, VersR 2013, 678 ff.
327 Näher und zu den damit verbundenen Problemen *Müller*, Versicherungsbinnenmarkt, Rn 36 und 370 ff.
328 S. zB Art. 13 Nr. 1 iVm Art. 14 RL 2009/138/EG und Art. 2 Nr. 1 RL 2002/92/EG.
329 S. Art. 3 Nr. 4 RL 2003/83/EG und Art. 2 Nr. 1 lit. d RL 73/239/EWG (ab 1.1.2016 Art. 3 RL 2009/138/EG); zu Art. 2 Abs. 2 RL 92/49/EWG auch EuGH, Rs. C-238/94 (Jose García u.a./Mutuelle de prévoyance sociale d'Aquitaine), EuZW 1996, 511.
330 S. Art. 3 Nr. 6 RL 2002/83/EG und Art. 3 RL 73/239/EWG (ab 1.1.2016 Art. 7 RL 2009/138/EG).
331 S. Art. 3 Nr. 3 RL 2002/83/EG (ab 1.1.2016 Art. 9 Abs. 2 RL 2009/138/EG).

rufsrückversicherer), wurde erst mit der RL 2005/68/EG koordiniert, die sich an den Regelungen zur Direktversicherung orientierte und damit das Zulassungserfordernis, das Sitzlandprinzip und den Grundsatz der Mindestharmonisierung mit insb. vergleichbaren Anforderungen an die Solvabilität übernahm. Die Richtlinienvorgaben wurden vom deutschen Gesetzgeber bereits vorauseilend in den §§ 119 ff VAG berücksichtigt.[332] Die Regelungen der RL 2005/68/EG gehen spätestens mit Wirkung vom 1.1.2016 in der RL 2009/138/EG auf. Aufgrund verschiedener Ergänzungen der RL 2009/138/EG durch die Omnibus II-RL 2014/511/EU wurden der EIOPA Kompetenzen für die Ausarbeitung technischer Durchführungsstandards (Art. 290 AEUV)[333] und der Kommission verschiedene Befugnisse zum Erlass delegierter Rechtsakte (Art. 291 AEUV) eingeräumt.

79 Bestimmte in Art. 213 Abs. 2 iVm 212 RL 2009/138/EG idF von Art. 4 RL 2011/89/EU genannte **gruppenzugehörige Versicherungsunternehmen** unterliegen einer zusätzlichen, zwischen den mitgliedstaatlichen Behörden koordinierten Gruppenaufsicht (sog. Solo-Plus-Aufsicht), um über die bestehende Einzelaufsicht hinaus der Gruppenzugehörigkeit bei der Finanzaufsicht Rechnung zu tragen (Art. 218 ff RL 2009/138/EG; bislang RL 98/78/EG). Daher werden zum einen wichtige gruppeninterne Geschäfte (zB Kredite, Garantien, Kapitalanlagen) einer jährlichen Meldepflicht und einer Kontrolle im Hinblick auf Gefährdungen der Eigenmittelausstattung unterstellt (Art. 245 RL 2009/138/EG). Durch eine bereinigte Solvabilitätsberechnung soll zudem die Doppelbelegung von Eigenmitteln (sog. double gearing) verhindert werden (Art. 218 f, 258 Abs. 1 RL 2009/138/EG).

11. Finanzdienstleistungsvermittler[334]

80 Mit der 2007 umgesetzten[335] und ggf demnächst neugefassten[336] RL 2002/92/EG wurden auch die Aufnahme und Ausübung der **(Rück-)Versicherungsvermittlung** durch natürliche oder juristische Personen, die in einem Mitgliedstaat niedergelassen sind oder sich dort niederlassen möchten, einer harmonisierten Regelung unterstellt. Ausgenommen sind unter bestimmten Voraussetzungen die nebenberufliche Vermittlung bestimmter Versicherungen wie etwa der Gepäck- und Reiseversicherung sowie Vermittlungstätigkeiten, die im Zusammenhang mit Risiken und Verpflichtungen stehen, die außerhalb der Union bestehen bzw eingegangen worden sind (Art. 1). (Rück-)Versicherungsmittler ist jede natürliche oder juristische Person, die die Tätig-

332 Näher dazu *Fricke*, VersR 2005, 161, 167 ff; *Baltzer/Weber-Rey*, WM 2007, 2184 ff; eine „Restumsetzung“ (vgl BT-Drucks. 16/1937, S. 1) der RL erfolgte durch das 8. VAGÄndG v. 28.5.2007, BGBl. I 2007, 923.

333 Zu den Auswirkungen der EIOPA-Leitlinien auf die Compliance in Versicherungsunternehmen *Bürkle*, VersR 2014, 529 ff.

334 *Abram*, VersR 2002, 1355 ff; *Hübner*, EuZW 2007, 353; *Koch*, VersR 2014, 916 ff; *Krauss*, in: Basedow/Meyer/Schwintoski (Hrsg.), Versicherungswissenschaftliche Studien 4, 1996, 127 ff; *Lehrl/Wolf*, BKR 2009, 497 ff; *Reiff*, VersR 2004, 142 ff; *Schwintowski*, MiFID, VVR – Zeit für die Neuorientierung bei den deutschen Finanzdienstleistern, 2007; *Taupitz*, in: Basedow/Meyer/Schwintowski (Hrsg.), Versicherungswissenschaftliche Studien 4, 1996, 105 ff; *Teichler*, VersR 2002, 385 ff; *Werber*, VersR 2012, 1467 ff.

335 Gesetz zur Neuregelung des Versicherungsvermittlerrechts v. 19.12.2006, BGBl. 2006 I, 3232 ff (in Kraft seit 22.5.2007); dazu *Hübner*, EuZW 2007, 353.

336 S. zum Vorschlag für eine Neufassung KOM(2012) 360 endg. v. 3.6.2012; dazu *Werber*, VersR 2012, 1467 ff.

keit der (Rück-)Versicherungsvermittlung gegen Entgelt aufnimmt oder ausübt (Art. 2 Nr. 5 und 6). Als (Rück-)Versicherungsvermittlung gilt nach Art. 2 Nr. 3 bzw 4 das Anbieten, Vorschlagen oder Durchführen anderer Vorbereitungsarbeiten zum Abschließen von Versicherungsverträgen, das Abschließen von Versicherungsverträgen oder das Mitwirken bei der Verwaltung und Erfüllung, insb. im Schadensfall, sofern dieses nicht durch das Versicherungsunternehmen selbst oder einen Angestellten geschieht oder es sich lediglich um eine beiläufige Aktivität im Zusammenhang mit anderen beruflichen Tätigkeiten handelt. Die erfassten (Rück-)Versicherungsvermittler müssen sich in ihrem Herkunftsmitgliedstaat in ein behördliches **Register** eintragen, wobei die Eintragung und ihr Fortbestand von bestimmten, vom Herkunftsmitgliedstaat festgelegten Kenntnissen und Fertigkeiten, dem Nachweis einer Berufshaftpflicht, einer ausreichenden Vermögenstrennung bzw finanziellen Leistungsfähigkeit sowie einem guten Leumund abhängig gemacht werden muss (Art. 3 Abs. 1, Abs. 3 iVm Art. 4; zur Sanktionierung Art. 8). Den Vermittler treffen zudem zahlreiche **Informationspflichten** gegenüber dem Kunden (Art. 12 f). Für den Vertrieb von **Versicherungsanlageprodukten** stellen die durch die RL 2014/65/EU (MiFID II) eingefügten Art. 13 a bis 13 e zusätzliche Anforderungen. Danach sind insb. Interessenkonflikte zu verhüten bzw im Falle ihrer Unvermeidbarkeit gegenüber den Kunden offenzulegen. Sodann verlangen die neuen Regeln eine ehrliche, redliche, eindeutige, nicht irreführende und professionelle Kundeninformation. Den Mitgliedstaaten verbleibt die Möglichkeit, die Ausrichtung von Gebühren, Provisionen oder anderen monetären Vorteilen beim Vertrieb von Versicherungsanlageprodukten zu untersagen (Art. 13 d Abs. 3).

Ein vergleichbares Registrierungssystem wird von Art. 23 Abs. 3-6 RL 2004/39/EG 81
(ab 3.1.2017 Art. 29 Abs. 3-6 RL 2014/65/EU) auch für die gebundenen **Vermittler einer Wertpapierfirma** vorgesehen. Dabei handelt es sich nach Art. 4 Nr. 25 RL 2004/39/EG (bzw Art. 4 Abs. 1 Nr. 29 RL 2014/65/EU) um natürliche oder juristische Personen, die unter unbeschränkter und vorbehaltloser Haftung einer einzigen Wertpapierfirma, für die sie tätig sind, Wertpapier- und/oder Nebendienstleistungen für Kunden oder potentielle Kunden erbringen, entspr. Weisungen oder Aufträge des Kunden annehmen und weiterleiten, Finanzinstrumente platzieren und/oder Kunden oder potentielle Kunden bzgl dieser Finanzinstrumente oder Dienstleistungen beraten. Die Kommission hat im Bereich der Finanzdienstleistungsvermittlung weitere Maßnahmen ins Auge gefasst.[337]

12. Einrichtungen der betrieblichen Altersversorgung (Pensionsfonds)

Eine Einrichtung der betrieblichen Altersversorgung (EbAV) ist nach Art. 6 lit. a 82
RL 2003/41/EG[338] ungeachtet der jeweiligen Rechtsform eine nach dem Kapitaldeckungsverfahren arbeitende Einrichtung, die **rechtlich unabhängig** von einem Trägerunternehmen oder einer Träger-Berufsvereinigung zu dem Zweck eingerichtet ist, auf der Grundlage einer individuell oder kollektiv zwischen Arbeitnehmer(n) und Arbeit-

337 Grünbuch zur Finanzdienstleistungspolitik (2005 – 2010), KOM(2005), 177, S. 15; Mitteilung KOM(2009) 204 der Kommission v. 30.4.2009 Anlageprodukte für Kleinanleger.

338 Umsetzung in Deutschland durch das Siebte ÄndG des Versicherungsaufsichtsgesetzes v. 29.8.2005, BGBl. I 2005, 2546.

geber(n) oder deren Vertretern oder einer mit Selbständigen in Einklang mit den Rechtsvorschriften des Herkunfts- und des Tätigkeitsmitgliedstaats getroffenen Vereinbarung bzw eines geschlossenen Vertrages an die Ausübung einer beruflichen Tätigkeit geknüpfte Altersversorgungsleistungen zu erbringen, und die damit unmittelbar im Zusammenhang stehende Tätigkeit ausübt. Nicht erfasst sind mithin die Betreiber von Systemen der sozialen Sicherheit,[339] nach dem Umlageverfahren arbeitende Einrichtungen, lediglich Pensionsrückstellungen bildende Unternehmen sowie Kreditinstitute (Rn 65), OGAW (Rn 74) und grds. auch Versicherungsunternehmen (Rn 77 ff).[340] Nach Art. 7 RL 2003/41/EG dürfen die Einrichtungen der betrieblichen Altersversorgung nur das Altersversorgungsgeschäft betreiben. Die Kommission präsentierte am 27.3.2014 einen Vorschlag zur Überarbeitung der EbAV I-RL.[341]

13. Finanzkonglomerate

83 Ein Finanzkonglomerat ist nach Art. 2 Nr. 14 RL 2002/87/EG[342] idF der RL 2011/89/EU eine schwerpunktmäßig in der Finanzbranche tätige Gruppe oder Untergruppe von zumindest zum Teil beaufsichtigten Unternehmen, die dadurch eine erhebliche branchenübergreifende Tätigkeit entfalten, dass mindestens eines ein Unternehmen der Versicherungsbranche und mindestens eines ein Unternehmen entweder der Banken- oder der Wertpapierdienstleistungsbranche ist und die Tätigkeit die Kriterien von Art. 3 idF der RL 2011/89/EU (v. a. relative bzw absolute Schwellenwerte) erfüllt. Eine vom Gemeinsamen Ausschuss der ESA (Rn 12) aktuell gehaltene Liste der Finanzkonglomerate ist über die Webseiten der ESA abrufbar.[343] Die RL 2002/87/EG enthält **aufsichtsrechtliche Sonderregelungen**, um trotz des grds. sektorspezifischen Regelungsansatzes des Unionsrechts (Rn 89 f) eine gruppenweite und den besonderen Bedingungen angepasste Aufsicht über branchenübergreifend tätige Unternehmen zu gewährleisten. Hierzu enthält die Richtlinie zunächst zahlreiche von der RL 2013/36/EU (CRD IV) und der RL 2009/138/EG (Solvency II) abweichende Anpassungsregelungen betreffend Solvabilität, Risikokonzentration und gruppeninterne Geschäfte, um insb. einerseits im Interesse der wettbewerblichen Chancengleichheit mit den sog. homogenen Finanzgruppen eine Doppelbelegung des Eigenkapitals (sog. double gearing) zu vermeiden und andererseits dem besonderen Risiko einer wechselseitigen Ansteckungsgefahr von Banken- und Versicherungssparte zu begegnen (Art. 6 ff und 22 ff). Zur Verbesserung der Aufsicht wird eine zusätzliche Aufsicht bestimmter Unternehmen der Gruppe (Art. 5) sowie eine Koordination der Zusammenarbeit durch eine der beteiligten Aufsichtsbehörden (Art. 10 ff) angeord-

339 Sie können lediglich nach Art. 3 RL 2003/41/EG insoweit der RL unterfallen, als sie fakultativ ein zusätzliches betriebliches Altersversorgungsgeschäft (Rn 82) betreiben.

340 Von den Mitgliedstaaten kann nach Art. 4 RL 2003/41/EG eine teilweise Anwendung der RL auf Lebensversicherungsunternehmen vorgesehen werden.

341 KOM(2014) 167 endg.

342 Umsetzung in Deutschland durch das Gesetz zur Umsetzung der Richtlinie 2002/87/EG des Europäischen Parlaments und des Rates v. 16.12.2002 (Finanzkonglomeraterichtlinie-Umsetzungsgesetz) v. 21.12.2004, BGBl. I 2004, 3610.

343 Art. 4 Abs. 3 RL 2002/87/EG idF der RL 2011/89/EU; zum Stand der Liste Ende 2012 s. unter https://eiopa.europa.eu/joint-committee/.

net. Mit der **Änderungs-RL 2011/89/EU** (auch sog. FiCoD-I)[344] wurde u.a. die Beaufsichtigung von Versicherungs- und Bankengruppen eingeführt, die Teil einer gemischten Finanzholdingsgesellschaft sind (Erwägungsgrund 2), der internationale Informationsaustausch unter Einbezug der ESA sowie des Gemeinsamen Ausschusses und die gegenseitige Abstimmung von Aufsichtsmaßnahmen verbessert (Erwägungsgrund 4 f). Aktuell arbeitet die Kommission an einer weiteren Reform-RL (sog. FiCoD II).[345] Die einheitliche Durchführung der RL 2002/87/EG soll zudem mit Leitlinien sichergestellt werden, welche die ESA im Rahmen des Gemeinsamen Ausschusses erarbeiten (Art. 21 b RL 2002/87/EG idF der RL 2011/89/EU). Der deutsche Gesetzgeber hat die Umsetzung der Reform-RL 2011/89/EU dazu genutzt, die ursprünglich[346] in die bestehenden Aufsichtsgesetze integrierten Regelungen der mehrfach geänderten RL 2002/87/EG mit Wirkung vom 4.7.2013 in einem eigenen Finanzkonglomerate-Aufsichtsgesetz (**FKAG**) zusammenzuführen.[347]

14. Zentrale Gegenparteien und Transaktionsregister[348]

Eine Zentrale Gegenpartei (ZGP) bzw Central Counterparty (**CCP**) ist nach Art. 2 84
Nr. 1 iVm Art. 1 VO (EU) Nr. 648/2012[349] (European Market Infrastructure Regulation, EMIR) eine juristische Person, die Clearingdienstleistungen erbringt, dh zwischen die Gegenparteien der auf einem oder mehreren Märkten außerbörslich gehandelten Derivatekontrakte (sog. OTC-Derivate iSv Art. 2 Nr. 7 EMIR) tritt und somit als Käufer für jeden Verkäufer und als Verkäufer für jeden Käufer fungiert. Die Zulassung von CCPs durch einen Mitgliedstaat erfolgt für bestimmte Derivate-Kategorien mit Wirkung in der ganzen EU (Art. 14 ff).[350] Ein **Transaktionsregister** ist eine in der EU niedergelassene juristische Person, welche die Aufzeichnungen zu Derivaten zentral sammelt und verwahrt (Art. 2 Nr. 2 EMIR). Die Registrierung erfolgt durch die ESMA (Art. 55 ff, 78 ff EMIR; dazu auch Rn 101), auf deren Webseite die betreffenden Institute veröffentlicht werden.[351] Mit der Erstreckung der Aufsicht auf CCPs und Transaktionsregister durch EMIR erfolgt nunmehr auch eine intensivere **Regulierung der OTC-Derivatemärkte**, nachdem Spekulationen und Missbräuche auf diesen Märkten als eine der Ursachen der Finanzkrise von 2007/2008 identifiziert wurden.[352] Nach EMIR, seinen bis 31.7.2014 veröffentlichten sieben Regulierungs- und

344 Umsetzung in Deutschland durch das Gesetz zur Umsetzung der Richtlinie 2011/89/EU des Europäischen Parlaments und des Rates v. 16.11.2011 zur Änderung der Richtlinien 98/78/EG, 2006/48/EG und 2009/138/EG hinsichtlich der zusätzlichen Beaufsichtigung der Finanzunternehmen eines Finanzkonglomerats v. 27.6.2013, BGBl. I 2013, 1862.

345 Bericht der Kommission v. 20.12.2012 über die Überprüfung der Richtlinie 2002/87/EG, KOM(2012) 785 endg.

346 S. dazu das Finanzkonglomeraterichtlinie-Umsetzungsgesetz (BGBl. 2004 I, 3610 ff) und insb. die §§ 13 d, 51 a ff KWG aF und 104 k ff VAG aF.

347 BGBl. I 2013, 1862 ff.

348 *Diekmann/Fleischmann*, WM 2011, 1105 ff; *Funke*, WM 2012, 202 ff; *von Hall*, WM 2013, 673 ff; *Jaskulla*, BKR 2012, 441 ff; *Jobst*, ZBB 2010, 384 ff; *Köhling/Adler*, WM 2012, 2125 ff und 2173 ff; *Nietsch/Graef*, BB 2010, 1361 ff; *Schuster/Ruschkowski*, ZBB 2014, 123 ff; *Singh*, IMF Working Paper WP/10/99, 2010.

349 Vgl hierzu auch das EMIR-Ausführungsgesetz v. 13.2.2013, BGBl. I 2013, 174.

350 Näher zur Zulassung und Aufsicht über CCPs *Jaskulla*, BKR 2012, 441 ff und *Funke*, WM 2012, 202, 206 ff.

351 S. unter http://www.esma.europa.eu/page/Registered-Trade-Repositories.

352 S. dazu etwa die Mitteilungen der EU-Kommission vom 3.7.2009 KOM(2009) 332 endg. und vom 20.10.2009 KOM(2009) 563 endg.

drei Durchführungsstandards sowie den nationalen Ausführungsbestimmungen[353] besteht für alle Derivatkontrakte eine Meldepflicht bei einem von der ESMA registrierten bzw anerkannten Transaktionsregister, für bestimmte OTC-Derivatekontrakte eine Clearingpflicht und für nicht geclearte OTC-Derivatekontrakte eine Pflicht zur Senkung des operationellen Risikos und des Gegenparteiausfallrisikos durch bestimmte Maßnahmen (näher Rn 203). Ab 3.1.2017 müssen finanzielle und bestimmte nichtfinanzielle Gegenparteien die der Handelspflicht nach Art. 32 MiFIR unterliegenden und bei der ESMA nach Art. 34 MiFIR verzeichneten Derivatkontrakte zudem grds. über einen regulierten Markt (RM, MTF, OTF, ggf Drittlandhandelsplatz) abschließen (sog. Plattformpflicht nach Art. 28 MiFIR).

II. Sachlicher Anwendungsbereich

85 Der sachliche Anwendungsbereich **korrespondiert mit dem subjektiven.** Von den aufsichtsrechtlichen Regelungen werden grds. alle Tätigkeiten der jeweils der Aufsicht unterliegenden Unternehmen erfasst. Es gibt jedoch in den Regelungen zum Anwendungsbereich der Richtlinien zahlreiche Ausnahmen, um politische Rücksichten zu nehmen,[354] Sonderbereiche ganz von der Harmonisierung auszuklammern[355] oder wegen Anwendbarkeit anderer Richtlinien eine Doppelaufsicht zu vermeiden.[356] Teilweise werden die erfassten Finanzdienstleistungen im Anh. der jeweiligen Richtlinie aufgeführt.[357] Bisweilen geschieht dies auch unter Einbeziehung von Nebentätigkeiten.[358] Versicherungsunternehmen dürfen nach den Richtlinien versicherungsfremde Geschäfte ohnehin nur dann betreiben, wenn sie in unmittelbarem Zusammenhang mit der Versicherungstätigkeit stehen.[359] Tätigkeiten ohne direkten Kundenbezug fallen nicht unter die Aufsicht und genießen damit auch nicht das mit dem Sitzlandprinzip (Rn 96 ff) der Richtlinien verbundene Privileg. So gelten etwa für die Marktbeobachtung, Risikoanalyse und Werbetätigkeit lediglich die Grundfreiheiten und ggf andere Sonderregelungen des Unionsrechts.

III. Territorialer Anwendungsbereich

86 Die Aufsicht erstreckt sich auf alle Finanzdienstleister mit **Sitz in einem EU-Mitgliedstaat.** Sie erfasst dabei nicht nur deren inländische, sondern auch deren ausländische Aktivitäten. Die Zulassung von in einem Mitgliedstaat tätigen Tochtergesellschaften von Muttergesellschaften mit Sitz in einem Drittstaat unterliegt im Finanzdienstleis-

353 EMIR-Ausführungsgesetz v. 13.2.2013, BGBl. I 2013, 174.

354 S. dazu etwa die Ausnahmeregelungen von Art. 3 Nr. 6 und 7 RL 2002/83/EG bzw Art. 7 und 10 Nr. 2 RL 2009/138/EG.

355 Dies gilt insb. für die Sozialversicherung (zB Art. 3 Nr. 4 RL 2002/83/EG, Art. 2 II lit. a RL 2003/41/EG und ab 1.1.2016 Art. 3 RL 2009/138/EG).

356 Ein Bsp. bildet Art. 3 Nr. 3 RL 2002/83/EG (ab 1.1.2016 Art. 9 Nr. 2 RL 2009/138/EG).

357 S. zB Anh. I RL 2013/36/EU und Anh. I Abschn. A und B RL 2004/39/EG bzw ab 3.1.2017 RL 2014/65/EU); Anh. I RL 2011/61/EU.

358 S. zB Anh. I Abschn. B RL 2004/39/EG bzw ab 3.1.2017 RL 2014/65/EU; weiter reicht insoweit der Finanzdienstleistungsbegriff von Abs. 5 lit. a des 5. Protokolls zum GATS v. 3.12.1997 über Finanzdienstleistungen.

359 Art. 8 I lit. b RL 73/239/EWG idF der RL 92/49/EWG (Schadenversicherung; dazu auch EuGH, Rs. C-109/99 – Association basco-béarnaise des opticiens indépendants, VersR 2001, 313 ff); Art. 6 Abs. 1 lit. b (Lebensversicherung) und Art. 18 Abs. 1 lit. a und lit. b RL 2009/138/EG; näher *H. Müller*, Versicherungsbinnenmarkt, 1995, Rn 388 ff.

tungsbereich ebenfalls dem durch Richtlinien angeglichenen mitgliedstaatlichen Recht. Die mit Sitz in einem Mitgliedstaat gegründete Tochtergesellschaft genießt zudem alle einschlägigen Grundfreiheiten im Binnenmarkt (Rn 21 ff). Die Aufnahme- und Ausübungskontrolle der **Zweigstellen von Drittlandunternehmen** wird vom Unionsrecht hingegen grds. (zu Ausnahmen Rn 87) nicht erfasst und richtet sich damit nach dem betreffenden nationalen Recht.[360] Aus dem EU-Recht ergibt sich insoweit lediglich die Vorgabe, dass für die Aufnahme von Finanzdienstleistungsaktivitäten durch diese Zweigstellen überhaupt eine Zulassung und eine laufende Aufsicht erforderlich sind.[361] Auch mit einer etwaigen Zulassung in einem Mitgliedstaat genießt die Zweigstelle mit Ausnahme der erga omnes wirkenden Kapitalverkehrsfreiheit nicht die Grundfreiheiten im Binnenmarkt. Zu beachten sind hier aber auch noch die Marktzugangsregelungen bilateraler Abkommen[362] und des GATS (dazu Rn 19).[363] Außerdem dürfen die Mitgliedstaaten Zweigstellen von Drittlandunternehmen nicht besser behandeln als solche von Mitgliedstaatsunternehmen (Meistbegünstigung). Besonderheiten gelten nach neueren Rechtsakten für die Verwalter alternativer Investmentfonds mit Satzungssitz in einem Drittland (sog. Nicht-EU-AIFM; Art. 37 ff RL 2011/61/EU) und die in Drittstaaten ansässigen Zentralen Gegenparteien (CCP; Art. 25 VO (EU) Nr. 648/2012).

Harmonisierende und ab 3.1.2017 anzuwendende Marktzutrittsregelungen bringen 87
die Art. 39 bis 43 der **RL 2014/65/EU (MiFID II)** für sog. **Drittlandfirmen**, dh für Wertpapierfirmen oder für Wertpapierdienstleistungen erbringende oder Anlagetätigkeiten ausführende Kreditinstitute iSd RL mit Sitz oder Hauptverwaltung außerhalb der Union (Art. 4 Abs. 1 Nr. 57). Ein Mitgliedstaat kann danach vorsehen, dass Drittlandfirmen eine **Zweigniederlassung zu errichten** (Art. 39 Abs. 1) und für diese vorab in dem Mitgliedstaat eine **Zulassung einzuholen** haben, welche nur unter den von den Mitgliedstaaten weder zu erweiternden noch einzuschränkenden (Art. 41 Abs. 2 Unterabs. 2) Voraussetzungen der Richtlinie gewährt wird (Art. 41 Abs. 1 iVm Art. 39 Abs. 2 und 41 Abs. 2 Unterabs. 1). Voraussetzungen einer Zulassung sind zunächst nach Art. 39 Abs. 2 lit. a bis lit. f MiFID II die Beaufsichtigung der betreffenden Dienstleistungen im Herkunftsstaat unter Berücksichtigung der internationalen Standards zur Bekämpfung von Geldwäsche und Terrorismusfinanzierung, die Kooperation zwischen den im Herkunfts- und Aufnahmestaat jeweils zuständigen Behörden auf der Basis einer den Informationsaustausch vorsehenden zwischenbehördlichen Vereinbarung und einer insb. den Standards von Art. 26 OECD-Muster-DBA gerecht werdenden zwischenstaatlichen Vereinbarung, die ausreichende Anfangskapitalisierung der Zweigniederlassung, die Bestellung und Eignung ihres Leitungspersonals (vgl Art. 9 Abs. 1 MiFID II iVm Art. 91 CRD IV; dazu Rn 115) sowie die Zugehörigkeit der Drittlandfirma zu einem im Einklang mit der Richtlinie 97/9/EG (Rn 169 ff) zugelassenen oder anerkannten Anlegerentschädigungssystem. Außerdem

360 S. zur Behandlung von Zweigniederlassungen von Drittstaatsunternehmen etwa *Schnyder*, Europ. Banken- und Versicherungsrecht, 2005, Rn 99 ff und 207 ff.

361 Vgl dazu zB für Kreditinstitute Art. 8, 9 und 16 Abs. 1 RL 2013/36/EU.

362 S. dazu etwa das Abkommen zwischen der EWG und der Schweizerischen Eidgenossenschaft betreffend die Direktversicherung mit Ausnahme der Lebensversicherung, ABl. L 205 v. 27.7.1991, S. 3.

363 Vgl dazu auch etwa den Hinweis in Art. 47 Abs. 3 RL 2013/36/EU.

wird die Zulassung nach Art. 41 Abs. 1 lit. b iVm Abs. 2 nur erteilt, wenn die Zweigniederlassung des Drittlandes in der Lage ist, die die Organisation und das Verhalten betreffenden Verpflichtungen der Art. 16 bis 20, 23, 24, 25, 27, 28 Abs. 1, 30, 31 und 32 MiFID II, der Art. 3 bis 26 MiFIR sowie der zu diesen Regelungen erlassenen Ausführungsbestimmungen einzuhalten. **Ohne eine zugelassene Zweigniederlassung** können lediglich die nach Art. 46 MiFIR bei der ESMA registrierten Drittlandfirmen aus einem von der Kommission anerkannten Drittland (sog. Gleichwertigkeitsbeschl. nach Art. 47 MiFIR) Wertpapierdienstleistungen erbringen und Anlagetätigkeiten durchführen und dies auch nur gegenüber geeigneten in der gesamten Union ansässigen Gegenparteien und professionellen Kunden (Anh. II Abschn. I MiFID II). Weder eine zugelassene Zweigniederlassung noch eine Registrierung benötigen Drittlandfirmen, wenn Kleinanleger oder „gekorene" professionelle Kunden (Anh. II Abschn. II MiFID II) die Erbringung einer Wertpapierdienstleistung oder die Ausübung einer Anlagetätigkeit durch die Drittlandfirma ausschließlich in Eigeninitiative veranlassen (Art. 42 MiFID II).

B. Schutzzwecke der Finanzdienstleistungsaufsicht

88 Die aufsichtsrechtlichen Regelungen des Unionsrechts im Finanzdienstleistungssektor dienen der Stabilität und dem guten Ruf des Finanzsystems (Funktionsschutz) sowie dem Schutz der Kunden und Anleger[364] bzw der Versicherungsnehmer[365] (Individualschutz). Besonders umstritten ist, ob auch die einzelnen Kunden aus dieser doppelten Schutzrichtung Ansprüche auf ein Tätigwerden der Aufsichtsbehörden und insb. auch Amtshaftungsansprüche bei schuldhaft fehlerhafter Durchführung der Aufsicht ableiten können. Damit zusammen hängt auch die Frage, ob ein Ausschluss von Staatshaftungsansprüchen durch einen Mitgliedstaat, wie dies etwa in Deutschland mit § 4 Abs. 4 FinDAG (vgl auch § 4 Abs. 2 WpHG aF und § 6 Abs. 4 KWG aF) geschehen ist,[366] als unionsrechtswidrig anzusehen ist.[367] Betrachtet man mit der sog. **Schutztheorie** den Kundenschutz als gleichberechtigtes Ziel der Aufsichtsregelungen und nicht nur mit der **sog. Strukturtheorie** als bloßen Reflex des Funktionsschutzes, so wird man einigen aufsichtsrechtlichen Regelungen durchaus drittschützenden Charakter beimessen können.[368] Nach Ansicht des EuGH[369] ist eine die Amtshaftung ausschließende Regelung allerdings zumindest insoweit mit den verschiedenen Uni-

364 S. dazu etwa die Erwägungsgründe 12, 26, 30, 40, 47, 51, 67, und 81, Art. 7 RL 2013/36/EU sowie EuGH, Rs. C-366/97 (Romanelli), Slg 1999, I-855, Rn 12.

365 S. dazu etwa die Erwägungsgründe 14, 16 f und 43 f RL 2009/138/EG.

366 Danach nimmt die BaFin die ihr zugewiesenen Aufgaben und Befugnisse nur im öffentlichen Interesse wahr; zum hierdurch vom Gesetzgeber bezweckten Amtshaftungsausschluss vgl bereits die Begr. RegE KWG-Novelle 1984, BT-Drucks. 10/1441, S. 20.

367 Dazu eingehend und für eine Gemeinschaftsrechtswidrigkeit des Haftungsausschlusses eintretend *Gratias*, Staatshaftung für fehlerhafte Banken- und Versicherungsaufsicht im Europäischen Binnenmarkt, 1999; *ders.*, NJW 2000, 786, 788; zur Gegenposition *Höhns*, Die Aufsicht über Finanzdienstleister, 2002, S. 88 f; vgl dazu auch LG Bonn v. 16.4.1999 (1 O 186/98) WM 1999, 1972, 1977 f.

368 So auch *Assmann*, in: Gebauer/Wiedmann (Hrsg.), Zivilrecht unter europ. Einfluss, 2. Aufl. 2010, Kap. 22, Rn 12; zur früheren deutschen Rechtslage in diesem Sinne namentlich auch BGH v. 15.2.1979, (III ZR 108/76), BGHZ 74, 144, 152 f.

369 EuGH, Rs. C-222/02 (Paul), NJW 2004, 3479; dazu auch *Binder*, GPR 2005, 28 ff und *Hafke*, ZKW 2005, 409 ff; s. zum Vorabentscheidungsersuchen BGH v. 16.5.2002, (C III ZR 48/01), WM 2002, 1266 und zum Urteil BGH v. 20.1.2005, (III ZR 48/01), WM 2005, 369 ff.

onsrechtsakten zur Harmonisierung des Bankenaufsichtsrechts vereinbar, als diese lediglich allg. präventive Regelungen enthalten und nicht wie etwa die Einlagensicherungsrichtlinie den Fall einer akuten Finanzkrise von Kreditinstituten betreffen. Die diese bankenaufsichtsrechtliche Entscheidung tragenden Grundsätze wird man auch auf das Versicherungsaufsichtsrecht übertragen können, obwohl dieses traditionell dem Kundenschutz stärker verhaftet ist.[370] Damit dürften gegen § 4 Abs. 4 FinDAG allenfalls noch verfassungsrechtliche Bedenken geäußert werden können.[371]

C. Grundprinzipien der Finanzdienstleistungsaufsicht

I. Prinzip der sektorspezifischen Regelung

Das EU-Aufsichtsrecht im Finanzdienstleistungsbereich ist zunächst durch eine grds. **regelungstechnische Trennung** zwischen dem Aufsichtsrecht über Banken, Kapitalmärkte und Versicherungen gekennzeichnet. Im Bankenaufsichtsrecht wird daneben noch zwischen Kreditinstituten (mit Sonderregelungen für E-Geld-Institute; Rn 65 f) und Finanzinstituten (Rn 67) unterschieden. Im Kapitalmarktrecht kennt das Unionsrecht Wertpapierfirmen (Rn 69), Marktbetreiber (Rn 70), Datenbereitstellungsdienste (Rn 72), OGAW/AIF (Rn 74 ff) sowie Zentrale Gegenparteien (Rn 84) und Transaktionsregister (Rn 84). Das Versicherungsaufsichtsrecht differenziert zwischen Direkt- und Rückversicherung sowie insb. zwischen Lebens- und Schadenversicherung mit ihren jeweiligen Versicherungssparten (Rn 77 ff) und unterscheidet hiervon die Pensionsfonds (Rn 82). Hinzu kommen Sonderregelungen zur Mitversicherung (Rn 97). Die sektorspezifische Kontrolle führt dabei insb. dazu, dass die für einen Tätigkeitsbereich erteilte Zulassung auch nur die Niederlassungs- und Dienstleistungsfreiheit für die entspr. Tätigkeiten gewährt.[372] Durch die sektorspezifischen Regelungen kann den besonderen Bedingungen und Risiken des jeweiligen Geschäfts sowie dem besonderen Bedürfnis nach Funktionsschutz im Bank- und Kapitalmarktrecht bzw dem Kundenschutz im Versicherungsrecht Rechnung getragen werden.[373] 89

Die formale Trennung und Berücksichtigung inhaltlicher Besonderheiten dürfen aber auch nicht über die strukturell parallele und inhaltlich zum Teil identische Regelung zahlreicher Bereiche hinwegtäuschen. Daneben gibt es zunehmend **branchenübergreifende Regelungen**, die wie die 3. Geldwäsche-RL 2005/60/EG, die BCCI-RL 95/26/EG, die Finanzdienstleistungs-Fernabsatz-RL 2002/65/EG, die Finanzkonglomerate-RL 2002/87/EG und die Ausschuss-RL 2005/1/EG jeweils weite Teile des Finanzdienstleistungssektors unter Einschluss von Kreditinstituten, Wertpapierfirmen und Versicherungen betreffen. 90

370 Dazu etwa *Höhns*, Die Aufsicht über Finanzdienstleister, Berlin 2002, S. 52 f.

371 Für eine Vereinbarkeit mit deutschem Verfassungsrecht aber BGH v. 20.1.2005, (III ZR 48/01), WM 2005, 369, 373 ff.

372 Vgl die Tätigkeitslisten im Anh. I zur RL 2013/36/EU und im Anh. I zur RL 2004/39/EG (bzw ab 3.1.2017 RL 2014/65/EU) sowie für den Versicherungsbereich Art. 5 Abs. 2 iVm Anh. I RL 2002/83/EG und Art. 7 Abs. 2 RL 73/239/EWG idF der RL 92/49/EWG iVm den Buchstaben A und B des Anh. (ab 1.1.2016 Art. 15 Abs. 2 iVm Anh. I und II RL 2009/138/EG).

373 Dazu auch *Höhns*, Die Aufsicht über Finanzdienstleister, 2002, S. 285 f.

II. Grundsatz der Mindestharmonisierung

91 Die **Richtlinien** zur Harmonisierung des Aufsichtsrechts schrieben bis zur Aufarbeitung der jüngsten Finanzkrise grds. nur einen Mindeststandard vor.[374] Im Anwendungsbereich der Mindestharmonisierung darf ein Mitgliedstaat für die seinem Recht unterworfenen Finanzdienstleistungsunternehmen strengere Regelungen aufstellen, was dann aber vielfach zu einer sog. Inländerdiskriminierung führt, da er nach dem Sitzlandprinzip allen ausländischen Unternehmen, die nach den zumeist nur dem Mindeststandard entspr. Regelungen ihres Herkunftsstaats beaufsichtigt werden, Marktzutritt zu gewähren hat. Teilweise verbieten die Richtlinien im Interesse einer Liberalisierung des Marktzugangs und der Aufsichtsregeln sowie der Wettbewerbsgleichheit aber auch bestimmte strengere nationale Aufsichtsregelungen.[375] Dem allg. Trend folgend, finden sich inzwischen auch im Finanzdienstleistungsrecht Richtlinien, die ausdrücklich eine grds. Vollharmonisierung anstreben und den Mitgliedstaaten nur noch einzelne Optionsrechte einräumen.[376] In den nicht ausdrücklich geregelten Fällen ist die Zulässigkeit strengerer nationaler Regelungen eine Frage der Auslegung. Seit der jüngsten **Finanzkrise** wird durch detaillierte Bestimmungen in RL und den Erlass von direkt anwendbaren einheitlichen Verordnungsbestimmungen (zB VO (EU) Nr. 575/2013, Nr. 596/2014, Nr. 600/2014) verstärkt auf eine Vollharmonisierung hingewirkt („**Single Rulebook**“). Von diesen Vorschriften können die Mitgliedstaaten nur unter den im Rechtsakt umschriebenen Bedingungen abweichen.[377] Die Koordinierung, Harmonisierung und Überwachung der einheitlichen Anwendung und Aufsichtspraxis sowie die Vermittlung erfolgt durch die ESA (s. zB Erwägungsgrund 11 f RL 2013/36/EU), welchen nebst aufsichtsrechtlichen Befugnissen auch regulatorische Kompetenzen (Erlass von Leitlinien und Empfehlungen, E. technischer Standards) zustehen (Erwägungsgrund 10 RL 2013/36/EU und Rn 12). Soweit bestimmte Vorschriften in den Gesetzgebungsakten der Union nicht vollständig harmonisiert sind und ein Ermessensspielraum besteht, sollten die verbindlichen technischen Standards die Mitgliedstaaten nicht davon abhalten, gemäß dem Vorsorgeprinzip im Zusammenhang mit der Aufsicht zusätzliche Angaben zu verlangen oder strengere Vorschriften vorzusehen (Erwägungsgrund 14 RL 2010/78/EU).

92 Die aufsichtsrechtlichen Regelungen sind von den Mitgliedstaaten – soweit es sich nicht um direkt und einheitlich anwendbare Bestimmungen handelt – zudem mittels **zwingenden Rechts** umzusetzen bzw auszuführen.[378] Dies gilt auch für diejenigen Re-

---

374 S. dazu zB Art. 17 Abs. 1 lit. e RL 2006/48/EG (Kreditinstitute; jetzt Art. 18 lit. e RL 2013/36/EU); Art. 5 a Abs. 1 RL 85/611/EWG (Verwaltungsgesellschaften von OGAW; jetzt Art. 7 Abs. 1 RL 2009/65/EG); Art. 9 Abs. 3 RL 2003/41/EG (Pensionsfonds); Erwägungsgrund 8 RL 92/49/EWG (Schadenversicherung); Art. 4 Abs. 6 RL 2002/92/EG (Versicherungsvermittlung).

375 Bsp. sind Art. 11 RL 2013/36/EU (Verbot der Prüfung eines wirtschaftlichen Erfordernisses bei der Zulassung), Art. 8 Abs. 3 RL 73/239/EWG idF der RL 92/49/EWG (grds. Verbot der präventiven Prämien- und AVB-Kontrolle; dazu auch bei Fn 421), Art. 36 Abs. 3 RL 2002/83/EG und Art. 185 Abs. 7 RL 2009/138/EG (grds. Verbot einer Erweiterung von Informationspflichten) sowie Art. 18 Abs. 5 Unterabs. 3, Abs. 6, 19 RL 2003/41/EG (Anlagepolitik von Pensionsfonds); vgl für Drittlandwertpapierfirmen auch Art. 41 Abs. 2 Unterabs. 2 RL 2014/65/EU.

376 Ein Beispiel im Aufsichtsrecht bildet Art. 86 RL 2007/64/EG.

377 S. zB Art. 458 VO (EU) Nr. 575/2013 (Feststellung eines Makroaufsichts- oder Systemriskos); Art. 14 Abs. 5 VO (EU) Nr. 648/2012 (Zulassungsbedingungen für CCPs); Art. 43 Abs. 1 RL 2011/61/EU (Vertrieb von AIF durch AIFM an Kleinanleger).

378 Dazu näher *Reich*, WM 1997, 1601, 1602 und 1604.

gelungen, denen wie etwa den Wohlverhaltensregeln für Wertpapierfirmen (Rn 142 ff) eine privatrechtliche, insb. auch schadensersatzbewehrte Reflexwirkung zukommt. Die insoweit praktisch besonders relevante Frage der Abdingbarkeit von Aufklärungs- und Warnpflichten in execution only-Vereinbarungen mit sog. Discount-Brokern[379] wurde durch die zwingenden Vorgaben in Art. 19 Abs. 6 RL 2004/39/EG gelöst.

III. Materielle Aufnahme- und Ausübungskontrolle

Im Anwendungsbereich der aufsichtsrechtlichen Rechtsakte bedürfen alle Unternehmen für die Aufnahme ihrer Tätigkeit im Binnenmarkt einer Zulassung[380] durch die zuständigen Behörden im Herkunftsmitgliedstaat[381] bzw durch die EZB[382] oder einer Registrierung durch die ESMA[383] oder einer Genehmigung durch den Referenzmitgliedstaat[384] (zum Verfahren Rn 152). Die **Zulassung** muss das mitgliedstaatliche Recht an Voraussetzungen knüpfen, die zumindest den Anforderungen des EU-Rechts gerecht werden.[385] Sie ist regelmäßig zu verweigern, wenn die wirksame Wahrnehmung der Aufsichtsfunktion durch den Herkunftsmitgliedstaat u.a. wegen Schwierigkeiten bei der Durchsetzung der Rechts- und Verwaltungsvorschriften verhindert wird.[386] Die Zulassung kann nur dann entzogen werden, wenn von der Zulassung binnen zwölf Monaten kein Gebrauch gemacht wird, ausdrücklich auf sie verzichtet wird oder die Tätigkeit seit mehr als sechs Monaten eingestellt wurde, die Zulassung aufgrund falscher Erklärungen oder sonst auf ordnungswidrige Weise erlangt wurde, die an die Zulassung geknüpften Voraussetzungen nicht mehr erfüllt sind, das Institut nicht mehr über ausreichende Eigenmittel verfügt oder nicht mehr 93

379 S. dazu die noch im Lichte der RL 93/22/EWG (aufgehoben durch RL 2004/39/EG) ergangene Entsch. BGH v. 11.11.2003 (XI ZR 21/03), WM 2004, 24 (keine Pflicht zur Aufklärung gegen den erklärten Willen eines ausreichend informierten Kunden) sowie *Rost*, Informationspflichten von Wertpapierdienstleistern ohne Beratungsangebot (Discount-Broker), 2001; *Schwintowsky*, ZBB 1999, 385 ff; *Siol*, in: FS Schimansky, S. 781 ff.

380 S. zum Zulassungserfordernis Art. 8 RL 2013/36/EU (Kreditinstitute), Art. 5 Abs. 1, 36 Abs. 1 RL 2004/39/EG bzw ab 3.1.2017 Art. 5 Abs. 1, 44 Abs. 1 RL 2014/65/EU (Wertpapierfirmen, geregelte Märkte), Art. 5 (OGAW), Art. 6 Abs. 1 (OGAW-Verwaltungsgesellschaft), Art. 23 und 33 (OGAW-Verwahrstelle), Art. 27 (OGAW-Investmentgesellschaft) RL 2009/65/EG, Art. 6 RL 2011/61/EU (AIFM) sowie Art. 4 RL 2002/83/EG, Art. 4 RL 92/49/EWG und Art. 14 RL 2009/138/EG (Versicherungsunternehmen).

381 Bei CCPs hat die zuständige Behörde des Sitzlandes noch vorgängig ein Kollegium mit Vertretern supranationaler und nationaler Herkunft (v.a. ESMA, ESZB, Aufsichtsbehörden und Zentralbanken aus betroffenen Mitgliedstaaten) einzurichten und zu konsultieren (Art. 18 f VO (EU) Nr. 648/2012), wobei dem Kollegium nach Art. 17 Abs. 4 Unterabs. 3 bei weitgehender Einigkeit über die Nichtzulassung sogar ein Veto-Recht zukommt.

382 Zur Übertragung der letztinstanzlichen Zulassungskompetenz auf die EZB in der sog. Bankenunion Rn 101.

383 Einer Registrierung durch die ESMA bedürfen Ratingagenturen (Art. 14 ff VO (EG) Nr. 1060/2009) und Transaktionsregister (Art. 55 ff VO (EU) Nr. 648/2012), wobei bei den zuletzt Genannten ggf noch eine Konsultation der nationalen Aufsichtsbehörde erfolgt (Art. 57).

384 Einer Genehmigung durch den Referenzmitgliedstaat bedürfen Nicht-EU-AIFM nach Art. 37 RL 2011/61/EU.

385 S. zu den jeweiligen Zulassungsvoraussetzungen Art. 12 ff RL 2013/36/EU (Kreditinstitute), Art. 5 Abs. 4, Art. 9 bis 15 und 36 ff RL 2004/39/EG bzw ab 3.1.2017 Art. 5 Abs. 4, Art. 9 bis 20 und 44 ff (Wertpapierfirmen, RM, MTF und ab 3.1.2017 auch OTF), Art. 5 Abs. 2 bis Art. 36 RL 2009/65/EG (OGAW, Verwaltungsgesellschaften, Verwahrstellen, Investmentgesellschaften), Art. 6 ff RL 2011/61/EU (AIFM), Art. 7 ff RL 2003/41/EG (Pensionsfonds) sowie Art. 6 ff RL 92/49/EWG, Art. 6 ff RL 2002/83/EG und (weitgehend erst ab 1.1.2016) Art. 17 ff RL 2009/138/EG (Versicherungsunternehmen).

386 S. etwa Art. 8 Abs. 3 RL 2011/61/EU.

die Gewähr für die Erfüllung seiner Verpflichtungen gegenüber den Gläubigern bietet oder ein sonstiger, in den einzelstaatlichen Rechtsvorschriften vorgesehener Entzugsfall vorliegt.[387]

94 Nach dem vor der jüngsten Finanzkrise durchgängig praktizierten Sitzlandprinzip gilt die Zulassung auch für die Zweigstellen und die Geschäftstätigkeit (nicht jedoch für Tochtergesellschaften) in anderen Mitgliedstaaten (Rn 96 ff; zu Besonderheiten bei der Zulassung bzw Registrierung durch EZB und ESA s. Rn 101). Die Aufnahme einer rechtlich unselbständigen Tätigkeit in anderen Mitgliedstaaten ist lediglich mit bestimmten Angaben anzuzeigen. Diese **Anzeige** ist bei den zuständigen Behörden im Herkunftsmitgliedstaat zu erstatten, die die Angaben dann regelmäßig an die Behörden des Aufnahmemitgliedstaats weiterleiten.[388] Bei der Errichtung von Zweigstellen erfolgt allerdings nicht nur eine aufsichtsrechtliche Überprüfung des Vorhabens durch die Behörden im Herkunftsmitgliedstaat, sondern es kann auch dazu kommen, dass die Behörden im Aufnahmestaat innerhalb von zwei Monaten Bedingungen festlegen, die für die Ausübung der Tätigkeit im Aufnahmemitgliedstaat aus Gründen des Allgemeininteresses gelten.[389] OGAW und AIF (Rn 74 ff), die ihre Anteile in einem anderen Mitgliedstaat vertreiben wollen, müssen dies den zuständigen Behörden ihres Herkunftsmitgliedstaats anzeigen und diesen bestimmte Unterlagen zur Prüfung vorlegen, die nach Vollständigkeitsprüfung an die Behörden im Aufnahmemitgliedstaat weitergeleitet werden.[390]

95 Die mitgliedstaatlichen Aufsichtsbehörden bzw die EZB (Rn 7) bzw die ESA (Rn 12, 84) haben zudem durch eine **laufende Aufsicht** sicherzustellen, dass die aufsichtspflichtigen Unternehmen auch weiterhin die Zulassungsvoraussetzungen erfüllen, ihren Publizitätspflichten nachkommen (Schutz durch Information), die übrigen gesetzlichen Vorschriften einhalten (System der Normativbestimmungen) und bestmöglich die Interessen der Kunden, Anleger und Versicherungsnehmer wahren (materielle Ausübungskontrolle).[391]

IV. Sitzlandprinzip

1. Grundsatz

96 Das Sitzlandprinzip (auch Heimat- oder Herkunftslandprinzip, home country control) ist Ausdruck des durch die Grundfreiheiten vorgegebenen Anerkennungsprin-

387 S. dazu Art. 18 RL 2013/36/EU (Kreditinstitute), Art. 8, 36 Abs. 5 RL 2004/39/EG bzw ab 3.1.2017 Art. 8, 44 Abs. 5 RL 2014/65/EU (Wertpapierfirmen, geregelte Märkte), Art. 7 Abs. 5 RL 2009/65/EG (OGAW-Verwaltungsgesellschaften), Art. 29 Abs. 4 RL 2009/65/EG (OGAW-Investmentgesellschaften), Art. 11 RL 2011/61/EU (AIFM), Art. 39 RL 2002/83/EG, Art. 22 RL 73/239/EWG idF der RL 92/49/EWG und Art. 144 RL 2009/138/EG (Versicherungsunternehmen).

388 So Art. 35 Abs. 1, 3 und Art. 39 Abs. 1, 2 RL 2013/36/EU (Kreditinstitute); Art. 31 Abs. 2-6 (Wertpapierfirmen); Art. 17 f RL 2009/65/EG (Verwaltungsgesellschaften von OGAW); Art. 40 Abs. 1, 3 RL 2002/83/EG, Art. 10 Abs. 1, 3 RL 73/239/EWG idF der RL 92/49/EWG und Art. 145 Abs. 1 Unterabs. 1, Art. 146 Abs. 1, 2 RL 2009/138/EG (Versicherungsunternehmen).

389 Art. 36 Abs. 1 RL 2013/36/EU (Kreditinstitute); Art. 32 Abs. 6, Abs. 7 RL 2004/39/EG bzw ab 3.1.2017 Art. 35 Abs. 6, Abs. 8 RL 2014/65/EU (Wertpapierfirmen); Art. 17 Abs. 6 RL 2009/65/EG (Verwaltungsgesellschaften von OGAW); Art. 40 Abs. 4 RL 2002/83/EG, Art. 10 Abs. 4 RL 73/239/EWG idF der RL 92/49/EWG und Art. 146 Abs. 3 RL 2009/138/EG (Versicherungsunternehmen).

390 Art. 93 RL 2009/65/EG; Art. 33 RL 2011/61/EU.

391 S. zB Art. 16 ff RL 2004/39/EG (ab 3.1.2017 Art. 21 ff RL 2014/65/EU), Art. 10 ff RL 2002/83/EG, Art. 4 Abs. 5 RL 2002/92/EG und Art. 27 ff RL 2009/138/EG.

zips und in zahlreichen Sekundärrechtsakten verankert. Es besagt, dass ein Finanzdienstleistungsunternehmen hinsichtlich aller Aktivitäten im Binnenmarkt grds. nur von der zuständigen Aufsichtsbehörde und nach dem Recht desjenigen EWR-Mitgliedstaats zugelassen (auch Prinzip der Einmalzulassung, Europäischer Pass, Single Licence-System)[392] und überwacht (Prinzip der Herkunftslandkontrolle)[393] wird, in dem es seinen **Hauptverwaltungs- und Satzungssitz**[394] hat. Von der Beaufsichtigung durch Behörden anderer Mitgliedstaaten und der Beachtung von deren Aufsichtsrecht (sog. Tätigkeits- oder Gastlandprinzip) ist es grds. befreit. Es besteht lediglich eine Pflicht, die Aufnahme der Tätigkeit in anderen Mitgliedstaaten den zuständigen Behörden im Herkunftsmitgliedstaat mit bestimmten Angaben (Geschäftsplan, Anschrift im Aufnahmemitgliedstaat, Namen der verantwortlichen Geschäftsführer der Zweigstelle) mitzuteilen, die diese Information dann nach (Errichtung von Zweigstellen) oder ohne Prüfung an die Behörden des Aufnahmemitgliedstaats weiterleiten.[395] Überwachungszuständigkeiten besitzen die Behörden im Aufnahmemitgliedstaat nur noch dort, wo ihnen diese ausdrücklich zugewiesen sind.[396]

Das Sitzlandprinzip dient der Gewährleistung der Niederlassungs- und insb. der **Dienstleistungsfreiheit** (Rn 22 ff). Mit ihm ist zugleich der (neuerdings nicht mehr durchgängige; dazu Rn 101) Verzicht auf eine zentrale Zulassung und Kontrolle aufgrund supranationalen Einheitsrechts (sog. Konzept der Totalharmonisierung) verbunden. Es setzt eine gewisse Mindestharmonisierung der Aufsichtsrechte der Mitgliedstaaten und deren jeweils effektive Anwendung sowie eine enge Zusammenarbeit der Aufsichtsbehörden des Herkunftslandes und des Gastlandes (Rn 91, 152 ff) voraus. Daher wird diese Zusammenarbeit nunmehr auch intensiv durch die ESA gefördert (Rn 12). Seit Verabschiedung der allerdings wenig erfolgreichen[397] und im 97

392 Art. 17 und 33 f RL 2013/36/EU (Kreditinstitute, Finanzinstitute); Art. 5, 25 RL 2007/64/EG (Zahlungsinstitute); Art. 5 Abs. 1, Art. 6 Abs. 3 RL 2004/39/EG bzw ab 3.1.2017 Art. 5 Abs. 1, Art. 6 Abs. 3 RL 2014/65/EU (Wertpapierfirmen); ab 3.1.2017 Art. 59 Abs. 1, 60 Abs. 2 RL 2014/65/EU (Datenbereitstellungsdienste); Art. 5 Abs. 1, 16 Abs. 2 RL 2009/65/EG (OGAW, Verwaltungsgesellschaften); Art. 31 f RL 2011/61/EU (AIFM); Art. 9 Abs. 5, 20 Abs. 2 RL 2003/41/EG (Pensionsfonds); Art. 4 f RL 92/49/EWG (Schadenversicherung); Art. 4 f RL 2002/83/EG (Lebensversicherung); Art. 3 Abs. 1 RL 2002/92/EG (Registereintrag von Versicherungsvermittlern) und Art. 14 f RL 2009/138/EG (Versicherungsunternehmen; Geltung von Art. 15 ab 1.1.2016).

393 Art. 49 RL 2013/36/EU (Kreditinstitute); Art. 31 Abs. 1, Art. 32 Abs. 1 RL 2004/39/EG bzw ab 3.1.2017 Art. 34 Abs. 1, Art. 35 Abs. 1 RL 2014/65/EU (Wertpapierfirmen); Art. 10 Abs. 2 (OGAW-Verwaltungsgesellschaften), Art. 31 RL 2009/65/EG (OGAW-Investmentgesellschaften), Art. 97 Abs. 3 RL 2009/65/EG (OGAW); Art. 13 Abs. 1 RL 73/239/EWG idF der RL 92/49/EWG, Art. 10 RL 2002/83/EG und Art. 30 Abs. 1 RL 2009/138/EG (Versicherungsunternehmen).

394 Zur Maßgeblichkeit und zum notwendigen Zusammenfallen von Hauptverwaltungs- und Satzungssitz für die Zulassung s. etwa Art. 13 Abs. 2 RL 2013/36/EU und ab 1.1.2016 Art. 20 RL 2009/138/EG; dazu auch *Jentsch*, WM 1983, 2189, 2192.

395 S. dazu etwa Art. 35 Abs. 1, 3 und Art. 39 Abs. 1, 2 RL 2013/36/EU (Kreditinstitute) sowie Art. 33 f RL 2011/61/EU (Verwaltung und Vertrieb von AIF in anderen Mitgliedstaaten).

396 Wichtige Bsp. bilden (bis 2.1.2017) die Liquiditätskontrolle nach Art. 156 RL 2013/36/EU und die Überwachung der Wohlverhaltensregeln nach Art. 32 Abs. 7 RL 2004/39/EG bzw (ab 3.1.2017) die Überwachung der Einhaltung der Anlegerschutzbestimmungen, der Transparenzanforderungen sowie der Meldepflichten (Art. 35 Abs. 8 RL 2014/65/EU).

397 Näher *Müller*, Versicherungsbinnenmarkt, Rn 33 ff.

Anwendungsbereich stark beschränkten[398] **Mitversicherungs-RL** 78/473/EWG[399] wurde das Sitzlandprinzip nicht zuletzt auch mit Hilfe des EuGH[400] schrittweise im Finanzdienstleistungssektor durchgesetzt.

2. Einschränkungen

a) Anwendungsbereich

98 Das Sitzlandprinzip gilt nur für die Tätigkeit eines beaufsichtigten Unternehmens über rechtlich unselbständige Betriebsteile (Zweigstellen)[401] und nicht über **Tochtergesellschaften.** Im Ausland domizilierteTochtergesellschaften unterliegen als rechtlich verselbständigte Einheiten vielmehr ihrerseits dem Sitzlandprinzip. Lediglich das Prinzip der konsolidierten Aufsicht führt dazu, dass die Aufsichtsbehörde, die die Muttergesellschaft eines Finanzdienstleistungskonzerns beaufsichtigt, auch die Eigenmittelausstattung der Tochtergesellschaften im Ausland zu überprüfen hat. Außerdem sieht Art. 16 Abs. 1 RL 2013/36/EU vor einer Zulassungsentsch. die Konsultation der zuständigen Behörden des anderen Mitgliedstaats vor.

99 Das Sitzlandprinzip des Finanzdienstleistungsaufsichtsrechts kommt zudem nur beim Betreiben genehmigungsbedürftiger Bank-, Kapitalmarkt- und Versicherungsgeschäfte zur Anwendung. Diese **Finanzdienstleistungen** sind in den Anhängen der jeweiligen Richtlinien aufgeführt.[402] Für andere Tätigkeiten von ausländischen Zweigstellen (zB Marktbeobachtung, Risikoanalysen, Werbetätigkeit) gelten lediglich die Grundfreiheiten und gegebenenfalls andere Sonderregelungen des Unionsrechts.

100 Die Tätigkeiten, die im Aufnahmemitgliedstaat ausgeübt werden sollen, müssen ferner von der Zulassung im Herkunftsmitgliedstaat abgedeckt sein und von dort aus auch laufend **beaufsichtigt** werden. Hier gilt es mithin insb. das Prinzip der sektorspezifischen Aufsicht (Rn 89 f) zu beachten. Das Sitzlandprinzip gilt schließlich nur für den eigentlichen Bereich des Banken- und Versicherungsaufsichtsrechts. Damit bleiben etwa währungspolitische und **steuerrechtliche Regelungen** des Gastlandes anwendbar, sofern sie mit den Grundfreiheiten in Einklang stehen.[403]

---

398 Die RL 78/473/EWG gilt nur für die Mitversicherung (zum Begriff Art. 2 Abs. 1) sowie nur für Risiken der See- und Transportversicherung, der Luftfahrtversicherung, der Versicherung von Feuer- und anderen Sachschäden sowie der Haftpflichtversicherung (ohne Kfz-, Atom- und Pharmarisiken), sofern diese nach Art und Umfang die Beteiligung mehrerer Versicherer erfordern (hierzu wurden von den meisten Aufsichtsbehörden Schwellenwerte festgelegt; s. zB VerBAV 1981, S. 158).

399 Entsprechend dem Sitzlandprinzip sieht die noch bis zum 31.12.2015 geltende RL 78/473/EWG vor, dass Versicherungsunternehmen, die in einem Mitgliedsland über die Zulassung für den entsprechenden Versicherungszweig verfügen, sich in allen anderen Mitgliedsländern auch ohne eine dortige Zulassung unter den abschließend von der RL genannten wenigen Voraussetzungen an einer Mitversicherung der in den Anwendungsbereich fallenden Schadensrisiken beteiligen dürfen (näher *Levie*, ZVersWiss 1978, 341 ff und *Lemor*, VW 1981, 1178 ff).

400 S. dazu insb. die Leitentscheidung für den Bereich der (Mit-)Versicherung EuGH, Rs. 205/84 (Kommission/Deutschland), Slg 1986, 3755.

401 Zu diesen kann auch ein selbständiger Vermittler gehören, wenn er Geschäfte mit bindender Wirkung für das Finanzdienstleistungsunternehmen abschließen kann, dessen Weisungen zu folgen hat und ausschließlich für dieses tätig ist; dazu EuGH, Rs. 205/84 (Kommission/Deutschland), VersR 1986, 1225.

402 S. zB Anh. I RL 2013/36/EU, Anh. I Abschn. A und B RL 2004/39/EG bzw ab 3.1.2017 RL 2014/65/EU, Anh. A RL 73/239/EWG und Anh. I RL 2002/83/EG (ab 1.1.2016 Anhänge I und II RL 2009/138/EG).

403 S. dazu etwa die steuerkollisionsrechtliche Regelung in Art. 50 RL 2002/83/EG (ab 1.1.2016 Art. 157 RL 2009/138/EG).

b) Modifikationen bei zentraler Zulassung bzw Registrierung

Die Zulassung und Beaufsichtigung von **Kreditinstituten** (Rn 65) mit Sitz in einem an der sog. **Bankenunion** (Rn 7) teilnehmenden Mitgliedstaat erfolgt nach der VO (EU) Nr. 1024/2013 letztlich zentral durch die EZB. Das Sitzlandprinzip wird hierdurch jedoch nicht aufgehoben, sondern entspr. der mit der Bankenunion verbundenen differenzierten Integration und dem eigenartigen Zusammenwirken von zentraler und dezentraler Aufsicht lediglich modifiziert. So ist die Zulassung als Kreditinstitut nicht bei der EZB, sondern der zuständigen nationalen Behörde des Sitzmitgliedstaats zu beantragen, die im Falle von aus ihrer Sicht gegebenen Zulassungsvoraussetzungen zu Händen der EZB einen Zulassungsbeschlusse erlässt.[404] Außerdem wenden die zuständige nationale Behörde und die EZB bei der Prüfung des Zulassungsantrags neben dem unmittelbar auch im Sitzmitgliedstaat geltenden EU-Recht das nationale Recht des Sitzstaats an.[405] Entsprechendes gilt für den Entzug der Zulassung. Das Herkunftslandprinzip behält schließlich noch insofern seine Bedeutung, als die Zulassung durch die EZB einem Kreditinstitut, das in einem an der Bankenunion teilnehmenden Mitgliedstaat ansässig ist, auch in den an der Bankenunion nicht teilnehmenden Mitgliedstaaten die Möglichkeit gibt, nach bloßer Anzeige (Rn 96) bei der EZB eine Zweigstelle zu errichten oder grenzüberschreitend Dienstleistungen zu erbringen.[406] Bei der **zentralen Registrierung** von Ratingagenturen (Rn 73) und Transaktionsregistern (Rn 84) durch die **ESMA** wird das Sitzlandprinzip hingegen zugunsten des Prinzips der Totalharmonisierung (Rn 2) praktisch **aufgegeben.** Die Registrierungsvoraussetzungen beurteilen sich allein nach dem EU-Verordnungsrecht.[407] Die zentral bei der ESMA zu beantragende Registrierung gilt unmittelbar im gesamten Gebiet der EU.[408] Die zuständige nationale Aufsichtsbehörde im Sitzstaat ist allenfalls noch zu unterrichten und zu konsultieren.[409] 101

c) Ausnahmen

Da das Sitzlandprinzip nicht im AEUV verankert ist und es der Unionsgesetzgeber auch nicht uneingeschränkt gewährleisten wollte, sind schließlich noch Ausnahmen möglich.[410] Einige finden sich bereits ausdrücklich im Sekundärrecht.[411] So können die Finanzdienstleister hinsichtlich der Gestaltung und des Vertriebs von Finanz- 102

404 Art. 14 Abs. 1, 2 VO (EU) Nr. 1024/2013.

405 Art. 4 Abs. 3 Unterabs. 1 und Art. 14 Abs. 1, 2 VO (EU) Nr. 1024/2013.

406 Art. 4 Abs. 1 lit. b VO (EU) Nr. 1024/2013.

407 Art. 16 Abs. 1 und 17 Abs. 1 VO (EG) Nr. 1060/2009 idF der VO (EU) Nr. 513/2011 (Ratingagenturen); Art. 55 Abs. 2 iVm Art. 78 ff VO (EU) Nr. 648/2012 (Transaktionsregister).

408 Art. 15 Abs. 1 und Art. 14 Abs. 2 VO (EG) Nr. 1060/2009 idF der VO (EU) Nr. 513/2011 (Ratingagenturen); Art. 56 Abs. 1 und Art. 55 Abs. 3 VO (EU) Nr. 648/2012 (Transaktionsregister).

409 Art. 57 VO (EU) Nr. 648/2012 (Transaktionsregister); für das Verfahren zur Registrierung von Ratingagenturen fehlt eine entsprechende Regelung (vgl dort allerdings noch die allg. Kooperationsregelungen in Art. 26 f VO (EG) Nr. 1060/2009 idF der VO (EU) Nr. 513/2011).

410 EuGH, Rs. C-233/94 (Deutschland/Parlament und Rat), Slg 1997, I-2405, Rn 61 ff (zum sog. *topping up* nach Art. 4 II der Einlagensicherungs-RL unten Rn 171).

411 Praktisch wichtige Ausnahmen sind: Art. 156 RL 2013/36/EU (Überwachung der Liquidität von Zweigstellen eines Kreditinstituts und Maßnahmen zur Durchführung der Geldpolitik durch den Aufnahmemitgliedstaat) und (bis 2.1.2017) Art. 32 Abs. 7 RL 2004/39/EG (Überwachung der Wohlverhaltensregeln von Zweigniederlassungen einer Wertpapierfirma durch die zuständigen Behörden im Aufnahmemitgliedstaat) bzw (ab 3.1.2017) Art. 35 Abs. 8 RL 2014/65/EU (Überwachung der Einhaltung der Anlegerschutzbestimmungen, der Transparenzanforderungen sowie der Meldepflichten).

dienstleistungsprodukten dann an zusätzliche bzw strengere Bestimmungen des Gastlandes gebunden sein, wenn diese Bestimmungen im **Allgemeininteresse**, dh vor allem des Kundenschutzes, zwingend erforderlich sind (näher Rn 26 f).[412] Für die Errichtung von Zweigstellen in anderen Mitgliedstaaten wird diese Möglichkeit des Aufnahmemitgliedstaats vom aufsichtsrechtlichen Sekundärrecht ausdrücklich durch entspr. Verfahrensregelungen bestätigt (Rn 157).[413] Im Übrigen ist allerdings zu berücksichtigen, dass insoweit das Sekundärrecht bereits zu einem umfangreichen Mindestschutz geführt hat, der regelmäßig das Bedürfnis nach weiteren nationalen Regelungen ausschließt.[414]

V. Diskriminierungsverbot

103 Soweit ein Finanzdienstleistungsunternehmen aus einem anderen Mitgliedstaat im Aufnahmemitgliedstaat hinsichtlich seiner Zweigstellen oder sonstigen Aktivitäten besonderen nationalen Vorschriften unterliegt, müssen diese unterschiedslos auch für inländische Unternehmen gelten und angewendet werden (Rn 21 ff).

VI. Prinzip der konsolidierten Aufsicht

104 Während für **Kreditinstitute** (Rn 65) und (gemischte) Finanzholdinggesellschaften[415] das Prinzip der konsolidierten Aufsicht seit Mitte der 80er Jahre **gilt,**[416] ist es im **Versicherungsbereich nur ansatzweise** insoweit verwirklicht, als dort im Rahmen der Einzelaufsicht von gruppenzugehörigen Versicherungsunternehmen (Art. 213 Abs. 1 Unterabs. 2 RL 2009/138/EG) auch gruppenspezifische Aspekte berücksichtigt werden (Art. 213 Abs. 1 Unterabs. 1 iVm 218 ff 2009/138/EG; sog. Solo-Plus-Aufsicht; dazu Rn 70, 118). Für die **bilanztechnische** Konsolidierung gelten dabei die beiden mehrfach geänderten Richtlinien 86/635/EWG (Banken und andere Finanzinstitute) und 91/674/EWG (Versicherungsunternehmen) sowie 2013/34/EU (Kapitalgesellschaften). Für die **aufsichtsrechtliche** Konsolidierung enthalten die Richtlinien zunächst materiell-rechtliche Sonderregelungen zur Berechnung der Eigenmittel und Risiken bei verbundenen Unternehmen, um eine doppelte Berücksichtigung zu vermeiden und die sog. Ansteckungsgefahren in Rechnung zu stellen (Rn 118 ff, 139). Außerdem finden sich Bestimmungen zur Konzentration der Aufsichtszuständigkeit und zur Koordinierung der Aufsichtsmaßnahmen.[417] Für die Aufsichtsbefugnisse gegen-

412 S. dazu insb. Art. 44, 46 RL 2013/36/EU und die Mitteilung der Kommission v. 20.6.1997 zu Auslegungsfragen über den freien Dienstleistungsverkehr und das Allgemeininteresse in der Zweiten Bankenrichtlinie (ABl. C 209 v. 10.7.1997, S. 6) sowie Art. 28 RL 92/49/EWG, Art. 33 RL 2002/83/EG und (ab 1.1.2016) Art. 180 RL 2009/138/EG; s. auch die Mitteilung der Kommission v. 2.2.2000 zu Auslegungsfragen – Freier Dienstleistungsverkehr und Allgemeininteresse im Versicherungswesen (ABl. C 43 v. 16.2.2000, S. 5).

413 S. etwa Art. 41Abs. 1, 44 und 46 RL 2013/36/EU (Kreditinstitute), Art. 20 Abs. 9, Abs. 10 RL 2003/41/EG (Pensionsfonds).

414 Vgl dazu aus dem Recht der Niederlassungsfreiheit von Gesellschaften EuGH, Rs. C-167/01 (Inspire Art), Slg 2003, I-10155 Rn 135.

415 S. zu einer aktuellen Definition der Begriffe Finanzholdinggesellschaft und gemischte Finanzholdinggesellschaft Art. 3 Abs. 1 Nr. 19, 20 iVm Art. 4 Abs. 1 Nr. 20, 21 VO (EU) Nr. 575/2013.

416 Art. 49 Abs. 2, 111 ff et passim RL 2013/36/EU (zuvor Art. 40 Abs. 2, 125 f et passim RL 2006/48/EG; zuvor Art. 26 Abs. 2, 52 ff et passim 2000/12/EG; zuvor Art. 13 Abs. 3 RL 89/646/EWG iVm RL 83/350/EWG bzw dann RL 92/30/EWG); bei gemischten Unternehmen wird aufsichtsrechtlich nur der Finanzbereich konsolidiert (Art. 119 Abs. 1 RL 2013/36/EU iVm Art. 18 VO (EU) Nr. 575/2013).

417 Art. 111 ff RL 2013/36/EU (Kreditinstitute und Wertpapierfirmen), Art. 10 ff RL 2002/87/EG (Finanzkonglomerate), Art. 247 ff RL 2009/138/EG (Versicherungsgruppen).

über dem konsolidierungspflichtigen Unternehmen gelten die allg. Regelungen (Rn 151 ff). Das Prinzip der konsolidierten Aufsicht steht dem Umstand nicht entgegen, dass **einzelne Pflichten** von den Unternehmen **auf Einzelbasis** zu erfüllen sind.[418]

VII. Liberalisierung und Reregulierung

Mit der Einführung des Prinzips der Totalharmonisierung (Rn 2) im Bereich der Registrierung von Ratingagenturen und Transaktionsregistern (Rn 101) sowie des Sitzlandprinzips (Rn 96 ff) im übrigen Finanzdienstleistungssektor ist nicht nur eine **Vereinfachung des grenzüberschreitenden Marktzugangs** für die Dienstleister („Pass"), sondern auch eine größere **Produktauswahlfreiheit** für die Kunden verbunden. Diese sog. passive Dienstleistungsfreiheit ist sowohl primärrechtlich (Art. 56 AEUV) wie bisweilen auch sekundärrechtlich[419] verankert. So darf etwa im Versicherungsbereich der Mitgliedstaat, in dem das Risiko belegen ist, den Versicherungsnehmer nicht daran hindern, einen Vertrag zu unterzeichnen, der mit einem nach Art. 14 RL 2009/138/EG zugelassenen Versicherungsunternehmen abgeschlossen wurde, solange der Vertrag nicht im Widerspruch zu den in dem Mitgliedstaat, in dem das Risiko belegen ist, geltenden Rechtsvorschriften des Allgemeininteresses steht.[420] Auch die grds. Abschaffung der präventiven Prämien- und AVB-Kontrolle (Grundsatz der Tariffreiheit)[421] im Versicherungsaufsichtsrecht bedeutete für einige Länder (darunter Deutschland) eine wichtige Liberalisierung.[422] Die Aufsicht über Wertpapierfirmen (Rn 69) und Zentrale Gegenparteien (Rn 84) wurde durch die unionsrechtlichen Regelungen allerdings erheblich ausgeweitet sowie für Ratingagenturen (Rn 73, 101), Transaktionsregister (Rn 84, 101) und Datenbereitstellungsdienste (Rn 72) überhaupt erst begründet. Mit der aktuell intensiven **Reregulierung** (Rn 5 f) folgt die EU allerdings dem internationalen Trend nach Ausbruch der Finanzkrise von 2007/2008.[423] 105

418 S. zB Art. 109 Abs. 1 RL 2013/36/EU iVm Art. 6 Abs. 1 VO (EU) Nr. 575/2013.

419 S. Art. 28 RL 92/49/EWG und Art. 33 RL 2002/83/EG (ab 1.1.2016 Art. 180 RL 2009/138/EG).

420 Näher zur umstrittenen Auslegung der (Vorgänger-)Regelungen *Roth*, VersR 1993, 129, 133 ff.

421 Art. 6 V und 34 RL 2002/83/EG (Lebensversicherung), Art. 8 Abs. 3 RL 73/239/EWG idF des Art. 6 RL 92/49/EWG, Art. 29, 39 RL 92/49/EWG (Schadenversicherung) bzw ab 1.1.2016 Art. 21 RL 2009/138/EG (Versicherungsunternehmen); dazu auch EuGH, Rs. C-59/01 (Kommission/Italien) zur Unzulässigkeit des unterschiedslosen Einfrierens von Versicherungstarifen und EuGH, Rs. C-296/98 (Kommission/Frankreich), Slg 2000, I 3025 zur Unzulässigkeit einer systematischen Vorlage von und Auskunft über AVB); Ausnahmen (dh eine systematische Vorabmitteilung, aber keine Genehmigungspflicht) bestehen bei der substitutiven Krankenversicherung und den Pflichtversicherungen (Art. 30 Abs. 2, 54 Abs. 1 RL 92/49/EWG); zur ausnahmsweisen Zulässigkeit der Mitteilungspflicht und des Genehmigungserfordernisses im Rahmen eines allg. Preiskontrollsystems (Art. 8 Abs. 3 Unterabs. 3 RL 73/239/EWG idF des Art. 6 RL 92/49/EWG) s. auch EuGH, Rs. C-347/02 (Kommission/Frankreich), EuZW 2004, 597 (Zulässigkeit der staatlichen Einführung eines Bonus-Malus-Systems in Kraftfahrzeug-Versicherungsverträgen mangels unmittelbarer Festlegung der Tarife).

422 Näher *Rabe*, Liberalisierung und Deregulierung im Europäischen Binnenmarkt für Versicherungen, 1997, S. 61 ff.

423 S. dazu etwa auch den US-amerikanischen Dodd-Frank Wall Street Reform and Consumer Protection Act 2010 Dodd-Frank Wall Street Reform and Consumer Protection Act 2010, Pub, L. No. 111/203 (July 21, 2010) Pub. L. No. 124 Stat. 1376 (dazu näher *Avgouleas*, in: Jung/Schwarze (Hrsg.), Finanzmarktregulierung in der Krise, S. 19 ff) und das deutsche Gesetz zur Stärkung der Finanzmarkt- und der Versicherungsaufsicht (FMVAStärkG) v. 29.7.2009, BGBl. 2009 I, 2305, das den laufenden Reformvorhaben auf europäischer und internationaler Ebene allerdings nicht vorgreifen wollte.

D. Gegenstände der Finanzdienstleistungsaufsicht[424]

I. Organisationsaufsicht

1. Rechtsform

106 Versicherungsunternehmen können in Deutschland nur von einer Aktiengesellschaft, einer SE, einem Versicherungsverein auf Gegenseitigkeit oder einem öffentlich-rechtlichen Wettbewerbsversicherungsunternehmen betrieben werden.[425] Da ein Kreditinstitut (Rn 65) nach Art. 12 Abs. 1 RL 2013/36/EU grds. über getrennte Eigenmittel verfügen muss, kann es praktisch nicht als einzelkaufmännisches Unternehmen geführt werden, da bei derartigen Unternehmen anders als bei einer Unternehmensträgerschaft durch juristische Personen oder Gesamthandsgesellschaften das Privat- und das Betriebsvermögen nicht klar voneinander geschieden werden können. Bei OGAW (Rn 74) in der Form von Investmentgesellschaften bestimmen die Mitgliedstaaten die Rechtsform (Art. 27 RL 2009/65/EG).[426]

2. Sitznahme

107 Die mitgliedstaatliche Zulassung juristischer Personen als Finanzdienstleitungsunternehmen ist davon abhängig zu machen, dass sich die Hauptverwaltung im selben Mitgliedstaat wie der satzungsmäßige Sitz der Gesellschaft befindet.[427] Bei Kreditinstituten (Rn 65) und Wertpapierfirmen (Rn 69), die nicht von juristischen Personen betrieben werden, soll sich die Hauptverwaltung in dem Mitgliedstaat befinden, der die Zulassung erteilt hat und in dem sie **effektiv tätig** sind. Durch diese Anforderungen soll nicht nur eine effektive Aufsicht sichergestellt, sondern auch verhindert werden, dass sich ein Unternehmen den strengeren Anforderungen des Mitgliedstaats seiner Haupttätigkeit entzieht.[428]

3. Verwaltungsstruktur

108 Alle Finanzdienstleistungsunternehmen müssen über eine ordnungsgemäße Verwaltung und Rechnungslegung sowie über interne Kontrollverfahren verfügen (Govern-

---

424 Neben der hier zugrunde gelegten Unterteilung in Organisations-, Finanz- und Verhaltensaufsicht finden sich auch die Unterscheidung zwischen Zulassungsaufsicht und laufender Aufsicht sowie zwischen Finanzaufsicht und sonstiger Aufsicht.

425 Art. 8 Abs. 1 lit. a RL 73/239/EWG idF der RL 92/49/EWG und Art. 6 Abs. 1 lit. a RL 2002/83/EG; ab 1.1.2016 Art. 17 iVm Anh. III A Nr. 5 und B Nr. 5 RL 2009/138/EG.

426 S. in Deutschland §§ 108 ff, 124 ff, 140 ff und 149 ff KAGB.

427 Art. 13 Abs. 2 RL 2013/36/EU (Kreditinstitute); Art. 5 Abs. 4 RL 2004/39/EG bzw ab 3.1.2017 Art. 5 Abs. 4 lit. a RL 2014/65/EU (Wertpapierfirmen); Art. 7 Abs. 1 lit. d RL 2009/65/EG (OGAW); Art. 8 Abs. 1 lit. e RL 2011/61/EU (AIFM); Art. 6 III RL 2002/83/EG (Lebensversicherungsunternehmen); Art. 8 Abs. 1 a RL 73/239/EWG idF der RL 95/26/EG (Schadenversicherung) und ab 1.1.2016 Art. 20 RL 2009/138/EG (Versicherungsunternehmen).

428 Dazu *Jörgens*, Die koordinierte Aufsicht, 2002, S. 80 und Erwägungsgrund 16 RL 2013/36/EU.

ance,[429] Qualitätssicherung, Compliance-System,[430] Innenrevision[431] etc.).[432] Verschiedentlich wird dabei für bedeutende Institute sogar unmittelbar die Einrichtung von bestimmten Ausschüssen (insb. Risikoausschuss,[433] Nominierungsausschuss,[434] Vergütungsausschuss[435]) oder die Bestellung einer bestimmten Person[436] vorgeschrieben bzw empfohlen. Große Bedeutung haben das Risikomanagement (Rn 109) und die Funktionstrennung zur Vermeidung von Interessenkonflikten (Rn 110). Die Überprüfung der entspr. Anforderungen hat bei der Zulassung insb. anhand des vorzulegenden Geschäfts- bzw Tätigkeitsplans und im Rahmen der laufenden Aufsicht insb. anhand der erstatteten Berichte (v.a. der sog. internen Rechnungslegung)[437] und Meldungen zu erfolgen.[438]

4. Risikomanagement

Die Anforderungen an das Risikomanagement[439] sind seit der Finanzkrise 2007/2008 109
deutlich verschärft worden.[440] Das Leitungsorgan von Kreditinstituten, Wertpapierfirmen und Versicherungen hat die Strategien und Grundsätze für die Übernahme, Steuerung, Überwachung und Minderung von Risiken zu genehmigen und regelmäßig zu überwachen sowie der Erörterung von Risiken hinreichend Zeit zu widmen.[441]

---

429 Zu aufsichtsrechtlichen Organisationsregelungen unter diesem Modebegriff s. etwa Art. 41 ff RL 2009/138/EG; dazu *Bürkle*, WM 2012, 878 ff und *Wolf*, VersR 2013, 678 ff.

430 S. dazu etwa Art. 46 RL 2009/138/EG, Art. 5 f DelVO (EU) Nr. 153/2013, Art. 26 Abs. 2 und Art. 78 Abs. 3 VO (EU) Nr. 648/2012; näher *Bauer/Brinkmann/Meierhöfer/Schäfer* (Hrsg.), Compliance in der Kreditwirtschaft, 2004; *Dreher*, VersR 2013, 929 ff; *Ehrler*, Compliance in Universalbanken, 1997; *Lösler*, Compliance im Wertpapierdienstleistungskonzern, 2003; *ders.*, NZG 2005, 104 ff; *Röh*, BB 2008, 398 ff; *Spindler*, WM 2008, 905 ff; *Veil*, WM 2008, 1093 ff.

431 S. dazu etwa Art. 11 DelVO (EU) Nr. 153/2013.

432 S. dazu neben den soeben aufgeführten Regelungen auch noch Art. 74 RL 2013/36/EU (Kreditinstitute), Art. 12 RL 2009/65/EG (OGAW-Verwaltungsgesellschaften), Art. 31 RL 2009/65/EG (OGAW-Investmentgesellschaften); Art. 18 Abs. 1 RL 2011/61/EU iVm Art. 57 ff DelVO (EU) Nr. 231/2013 (AIFM).

433 Einrichtung durch bedeutende Kreditinstitute und Wertpapierfirmen (Art. 76 Abs. 3-5 RL 2013/36/EU) sowie alle CCPs (Art. 28 VO (EU) Nr. 648/2012).

434 Einrichtung durch bedeutende Kreditinstitute und Wertpapierfirmen (Art. 88 Abs. 2 RL 2013/36/EU) sowie bedeutende Marktbetreiber (Art. 45 Abs. 4 RL 2014/65(EU).

435 Einrichtung durch bedeutende Kreditinstitute (Art. 95 RL/2013/36/EU) und bedeutende AIFM (Anh. II Ziff. 3 RL 2011/61/EU).

436 Im Protokoll zur Annahme der RL 92/96/EWG wurde den Mitgliedstaaten die Einführung des aus dem angelsächsischen Recht bekannten Verantwortlichen Aktuars zur Gewährleistung einer versicherungsmathematisch ordnungsgemäßen Prämienberechnung und Deckungsrückstellung im Bereich der Lebensversicherung empfohlen (vgl auch § 11 a VAG).

437 Die nur wenig harmonisierte sog. interne Rechnungslegung der Finanzdienstleistungsunternehmen gegenüber den Aufsichtsbehörden orientiert sich weitgehend an den sog. externen Rechnungslegungspflichten gegenüber der Öffentlichkeit (Rn 160 f), sie ist aber detaillierter (zB auch Möglichkeit der Pflicht zur Vorlage von Spartenerfolgsrechnungen).

438 S. insb. Art. 10, 74 RL 2013/36/EU, Art. 393 VO (EU) Nr. 575/2013 (Kreditinstitute); Art. 13, 17 f RL 2004/39/EG bzw ab 3.1.2017 Art. 16, 22 f RL 2014/65/EU (Wertpapierfirmen); Art. 9 Abs. 1 lit. c, 10 RL 2003/41/EG (Pensionsfonds); Art. 23, 35 RL 2009/138/EG (Versicherungsunternehmen) und Art. 9 RL 2002/87/EG (Finanzkonglomerate).

439 S. zur konkreten Anwendung in Deutschland die BaFin-Rundschreiben 3/2009 (VA) v. 22.1.2009 und 10/2012 (BA) v. 14.12.2012 mit Mindestanforderungen für das Risikomanagement (MaRisk) von Versicherungsunternehmen bzw von Kredit- und Finanzdienstleistungsinstituten; näher *Binder*, in: Romeike (Hrsg.), Rechtliche Grundlagen des Risikomanagements, 2007, 133 ff; speziell zum Verhältnis zur gesellschaftsrechtlichen Corporate Governance *ders.*, JbJZRWiss 2007, 2008, 145 ff; *Hofmann* (Hrsg.), Basel III und MaRisk, 2011.

440 S. KOM(2010) 284 endg. Grünbuch Corporate Governance in Finanzinstituten und Vergütungspolitik, S. 7 f; dazu *Hopt*, EuZW 2010, 561.

441 Art. 76 Abs. 1 und 2 RL 2013/36/EU; Art. 44 Abs. 1 RL 2009/138/EG; ähnlich für AIFM Art. 15 Abs. 2 RL 2011/61/EU.

AIFM und CCPs haben das Risikomanagement funktional und hierarchisch klar von den übrigen (insb. auch den operativen) Tätigkeiten zu trennen.[442] Detaillierte Vorschriften bestehen für die Berechnung von und den Umgang mit einzelnen Risiken.[443] Zum Management verschiedener Risiken gehören zudem periodisch durchzuführende interne Stresstest-Verfahren bzw -Programme, welche Anforderungen wie „geeignet", „solide", „fundiert", „rigoros", „umfassend" oder „streng" zu erfüllen haben.[444] Für diverse Finanzdienstleistungserbringer gilt ein Verbot der ausschließlichen und automatischen Verwendung von Ratings (Rn 149). Einzelne Risiken sind zudem mit Eigenkapital zu unterlegen (Rn 128 ff). Ein Teil der genannten Regelungen fand Eingang in das KAGB.[445]

5. Umgang mit Interessenkonflikten und Gebote organisatorischer Trennung

110 Finanzdienstleistungen sind durch Interessenkonflikte geprägt. Im **Bankbereich** haben daher Kreditinstitute (Rn 65),[446] CCPs (Rn 84)[447] und Transaktionsregister (Rn 84)[448] sowie insb. Wertpapierfirmen (Rn 69)[449] und die Verwalter von OGAW bzw AIF (Rn 74 ff)[450] wirksame organisatorische und verwaltungsmäßige Vorkehrungen für angemessene Maßnahmen zur Vermeidung und Steuerung von Interessenkonflikten bzw zumindest zu deren Offenlegung zu treffen (zB gesellschaftsrechtliche Ausgliederung von Funktionen, Einrichtung sog. Chinese Walls, Verbot der Entgegennahme oder mindestens Offenlegung und Abführung von monetären oder nichtmonetären Vorteilen; s. insb. auch Rn 144 und 146). Bei den OGAW und AIF bestehen noch besondere Vorschriften zur organisatorischen und aufgabenmäßigen Trennung von Verwaltungsgesellschaft bzw Investmentgesellschaft und Verwahrstelle sowie zur Unabhängigkeit der Bewertung der Fondsvermögenswerte.[451] Zur Entschärfung der Beeinflussung von **Ratings** (Rn 73, 149) durch Interessenkonflikte sowie durch wirtschaftliche und politische Beeinflussungen bestehen detaillierte Vorschriften zur Organisation und Operation, zur Beteiligungsverflechtung und zu persönli-

442 Art. 15 Abs. 1 RL 2011/61/EU iVm Art. 38 ff DelVO (EU) Nr. 231/2013; Art. 26 Abs. 4 VO (EU) Nr. 648/2012.

443 S. etwa Art. 79 ff RL 2013/36/EU (Umgang von Kreditinstituten und Wertpapierfirmen mit dem Kredit-, Gegenparteiausfall-, Rest-, Konzentrations-, Verbriefungs-, Markt-, Zinsänderungs-, operationellen und dem Liquiditätsrisiko sowie dem Risiko einer übermäßigen Verschuldung); Art. 79 Abs. 1 VO (EU) Nr. 648/2012 (Umgang von Transaktionsregistern mit operationellen Risiken); Art. 40 ff RL 2010/43/EU (Berechnung von und Umgang mit Anlagerisiken durch OGAW); Art. 132 RL 2009/138/EG (Umgang von Versicherungen mit Anlagerisiken); zur Eigenmittelunterlegung dieser Risiken näher Rn 128 ff.

444 S. insb. Art. 177, 186 lit. g, Art. 221 Abs. 4 lit. g, Art. 286 Abs. 8, Art. 290 f, 302, 368, 376 f, 401, 406, 409 VO (EU) Nr. 575/2013.

445 Dazu *Sprengnether/Wächter*, WM 2014, 877 ff.

446 Art. 88 Abs. 1 Unterabs. 1 RL 2013/36/EU.

447 Art. 33 VO (EU) Nr. 648/2012.

448 Art. 78 Abs. 2 VO (EU) Nr. 648/2012.

449 Art. 13 Abs. 3, Art. 18 RL 2004/39/EG (ab 3.1.2017 Art. 16 Abs. 13, Art. 23 RL 2014/65/EU); umgesetzt in § 33 WpHG und der WpDVerOV.

450 OGAW-Verwaltungsgesellschaften und AIFM haben alle angemessenen organisatorischen und administrativen Maßnahmen zu treffen, um Interessenkonflikte innerhalb des Organismus, zwischen Organismen, im Verhältnis zu ihren Kunden sowie den Kunden untereinander zu vermeiden, zu ermitteln, offenzulegen sowie nach Recht und Billigkeit zu behandeln (Art. 12 Abs. 1 Unterabs. 2 lit. b, Abs. 3 und Art. 14 Abs. 1 lit. d, Abs. 2 lit. c RL 2009/65/EG iVm Art. 17 ff RL 2010/43/EU; Art. 12 Abs. 1 Unterabs. 1 lit. d und Art. 14 RL 2011/61/EU iVm Art. 30 ff DelVO (EU) Nr. 231/2013).

451 Art. 25 und 35 RL 2009/65/EG (OGAW-Verwaltungs- und Investmentgesellschaften), Art. 19 Abs. 4, Art. 21 RL 2011/61/EU und Art. 83 ff DelVO (EU) Nr. 231/2013 (AIFM).

chen Anforderungen an die mit Ratingtätigkeiten befassten Personen.[452] Bietet ein Transaktionsregister Nebendienstleistungen an, muss es diese betrieblich von seiner Aufgabe der zentralen Registrierung von Derivatekontrakten getrennt halten.[453]

Im **Versicherungsbereich** bestehen bestimmte **Spartentrennungsgebote.**[454] Danach dürfen das Lebens- und Schadenversicherungsgeschäft grds. nicht zusammen betrieben werden,[455] damit der Vermögensschutz von Versicherungsnehmern einer Lebensversicherung nicht unter dem aleatorischen Risiko des Schadenversicherungsgeschäfts leidet.[456] Ausnahmen bestehen für die Kranken- und Unfallversicherung. Versicherungsunternehmen, die aufgrund von Ausnahmen oder eines Bestandsschutzes zugleich das Schaden- und Lebensversicherungsgeschäft betreiben dürfen, haben für eine getrennte Verwaltung der beiden Versicherungsbereiche zu sorgen.[457] Auch die Einrichtungen der **betrieblichen Altersversorgung** (Rn 82) dürfen nach Art. 7 RL 2003/41/EG nur das Altersversorgungsgeschäft betreiben. Die übrigen, allein in Deutschland praktizierten Spartentrennungsgebote wurden zumindest für ausländische[458] Versicherer durch verschiedene EWG-Richtlinien schrittweise abgeschafft.[459] Den Schutzzwecken der Spartentrennungsgebote (Vermeidung von Ansteckungsgefahren und Interessenkonflikten) wurde dabei auf andere Weise Rechnung getragen. So sieht die RL 87/343/EWG für die **Kredit- und Kautionsversicherung** zum Ausgleich für das Verbot einer Spartentrennungsverpflichtung eine Erhöhung des Mindestgarantiebetrags und eine verbindliche Schwankungsrückstellung vor, um der besonderen Gefährlichkeit dieses Versicherungszweigs Rechnung zu tragen.[460] Die RL 87/344/EWG stellt den Mitgliedstaaten drei verschiedene Lösungsmodelle zur Wahl, um in der **Rechtsschutzversicherung** allfällige Interessenkonflikte bei Kompositversicherern, die daneben etwa noch die Haftpflichtversicherung betreiben, zu vermeiden.[461] 111

6. Vergütungspolitik und -praxis[462]

Mit der Finanzkrise 2007/2008 ist die Vergütungspolitik von Finanzdienstleistern in das Blickfeld der Regulierung gerückt. Daher verlangen fast alle neueren Regelungen zu organisatorischen Anforderungen an Finanzdienstleister, dass diese hinsichtlich der Mitarbeiter mit wesentlichem Einfluss auf das Risikoprofil eine jährlich zu über- 112

452 Art. 6 und 6 a iVm Anh. I Abschn. A und B VO (EG) Nr. 1060/2009 idF der VO (EU) Nr. 462/2013 (zB Besetzung des Aufsichtsorgans mit nicht an der Ratingtätigkeit beteiligten Personen, erfolgsunabhängige Vergütung, Ratingverbote bei bestimmten Verflechtungen); Art. 7 iVm Anh. I Abschn. C VO (EG) Nr. 1060/2009 idF der VO (EU) Nr. 462/2013 (zB Tätigkeitsbeschränkungen, Geheimhaltungspflichten, Investitionsverbote, Meldepflichten).

453 Art. 78 Abs. 5 VO (EU) Nr. 648/2012; derartige Nebendienstleistungen sind zB Geschäftsbestätigung, Geschäftsabgleich, Dienstleistungen bei Kreditereignissen, Portfolioabgleich oder Portfoliokomprimierung.

454 Vgl § 8 Abs. 1 a VAG.

455 Art. 18 f RL 2002/83/EG.

456 *Meyer*, in: Frey (Hrsg.), Versicherungswirtschaft im Gemeinsamen Markt, 1967, S. 119, 120.

457 Art. 18 Abs. 3 iVm Art. 19 RL 2002/83/EG und Art. 73 f RL 2009/138/EG (Art. 74 ab 31.3.2015).

458 Die Spartentrennung darf weiterhin von Unternehmen mit Sitz in Deutschland verlangt werden (s. dazu auch die Antwort der EG-Kommission auf die schriftliche Anfrage Nr. 2640/91 des EP-Abgeordneten Merz, ABl. L 386 v. 30.12.1989, S. 1).

459 Zuletzt für die Krankenversicherung mit der Änderung von Art. 7 RL 73/239/EWG durch Art. 5 RL 92/49/EWG.

460 S. dazu etwa *Koch*, ZBB 1998, 393 ff.

461 Art. 3 Abs. 2 RL 87/344/EWG (ab 1.1.2016 Art. 200 RL 2009/138/EG); vgl auch Art. 126 Abs. 1 VVG.

462 *Becker*, BKR 2014, 151 ff; *Insam/Hinrichs/Hörtz*, WM 2014, 1415 ff.

prüfende Vergütungspolitik und -praxis verfolgen, die mit einem soliden und wirksamen Risikomanagement vereinbar und diesem förderlich ist.[463] Im Wertpapierhandel soll die Vergütungsstruktur nicht mit der Pflicht kollidieren, im bestmöglichen Interesse der Kunden zu handeln (Art. 24 Abs. 10 MiFID II). Für Banken und Wertpapierfirmen gelten aufgrund von Art. 92 ff RL 2013/36/EU (CRD IV) und Art. 450 VO (EU) Nr. 575/2013 (CRR) umfangreiche Anforderungen an Inhalt und Publizität von Vergütungssystemen. Hierzu gehört auch ein sog. Bonus-Deckel, wonach variable Vergütungsbestandteile den festen Bestanteil der Gesamtvergütung für jede einzelne Person nur auf der Grundlage eines von den Anteilseignern bzw Eigentümern bzw Gesellschaftern des Instituts mit qualifizierter Mehrheit[464] zu fassenden Beschlüs se und maximal um das Doppelte überschreiten dürfen (Art. 94 Abs. 1 lit. g RL 2013/36/EU; s. hierzu auch DelVO (EU) Nr. 527/2014).

7. Vermögenstrennung

113 Die Mitgliedstaaten müssen dafür sorgen, dass Finanzdienstleistungsunternehmen, die Vermögenswerte von Kunden halten oder deren Vermögen treuhänderisch verwalten, eine hinreichende rechtliche und verwaltungsmäßige Trennung der Vermögensmassen vornehmen, um insb. bei einer Insolvenz des Finanzdienstleisters einen Zugriff von dessen Gläubigern auf die Vermögenswerte der Kunden unmöglich zu machen.[465] Dem deutschen Gesetzgeber wurde auch das Recht belassen, den Lebens- und Krankenversicherern mit Sitz in Deutschland vorzuschreiben, das Deckungsstockvermögen als vom übrigen Vermögen des Versicherers getrenntes Sondervermögen durch einen vom Aufsichtsrat bestellten unabhängigen Treuhänder verwahren und mitverwalten zu lassen.[466]

8. Bezeichnungen

114 Kreditinstitute und OGAW können ungeachtet der nationalen Vorschriften über die Verwendung entspr. Worte wie zB „Bank“, „Sparkasse“ und „Investmentfonds“ im

463 Art. 74 Abs. 1, 75 und 92 ff RL 2013/36/EU und Art. 450 VO (EU) Nr. 575/2013 (Kreditinstitute und Wertpapierfirmen); Art. 13 iVm Anh. II RL 2011/61/EU (AIFM); Art. 26 Abs. 5 VO (EU) Nr. 648/2012 iVm Art. 8 DelVO (EU) Nr. 153/2013 (CCPs); s. zu den am 4.3.2014 verabschiedeten Durchführungsstandards http://europa.eu/rapid/press-release_IP-14-210_de.htm; s. dazu in Deutschland auch noch die Verordnung über die aufsichtsrechtlichen Anforderungen an Vergütungssysteme von Instituten (Institutsvergütungsverordnung – InstitutsVergV) v. 16.12.2013 (BGBl. I, 4270) und die Verordnung über die aufsichtsrechtlichen Anforderungen an Vergütungssysteme im Versicherungsbereich (Versicherungs-Vergütungsverordnung – VersVergV) v. 6.10.2010 (BGBl. I, 1379) idF durch Art. 7 der Verordnung vom 20.9.2013 (BGBl. I, 3672).

464 Die Anteilseigner bzw Eigentümer bzw Gesellschafter des Instituts haben den Beschl. mit einer Mehrheit von mindestens 66 % (sofern mindestens 50 % der Anteile oder der entsprechenden Eigentumsrechte vertreten sind) oder andernfalls mit einer Mehrheit von mindestens 75 % der vertretenen Eigentumsrechte zu fassen.

465 Art. 13 Abs. 7, Abs. 8 RL 2004/39/EG bzw ab 3.1.2017 Art. 16 Abs. 8 und 9 RL 2014/56/EU (Wertpapierfirmen; strenger umgesetzt in § 34 a WpHG; dazu auch BVerwG v. 24.4.2002 6 C 2.02, ZIP 2002, 1569 ff: Eine getrennte Verwahrung von Kundengeldern auf Unterkonten sei nicht ausreichend); Art. 8 RL 2003/41/EG (Pensionsfonds); Art. 39 VO (EU) Nr. 648/2012 (CCPs).

466 S. dazu die Erklärung des Rates und der Kommission in den Protokollen über die Annahme der Dritten Richtlinien, abgedruckt bei *Müller*, Versicherungsbinnenmarkt, Rn 508 mit Fn 269.

gesamten Binnenmarkt dies. Namen und Bezeichnungen verwenden.[467] Besonders geschützt sind die AIF-Bezeichnungen EuSEF und EuVECA (Rn 75).

9. Qualifikation des Leitungspersonals und Vieraugenprinzip

Eine Zulassung darf nicht erteilt bzw Aufsichtsmaßnahmen müssen ergriffen werden, 115 wenn die Personen, welche Mitglieder des Leitungsorgans sind[468] bzw die Geschäfte tatsächlich leiten[469] bzw Schlüsselaufgaben wahrnehmen[470] nicht gut beleumundet sind oder nicht die erforderliche Zuverlässigkeit und Erfahrung bzw Fachkompetenz aufweisen, um eine umsichtige und ordnungsgemäße Geschäftsführung zu gewährleisten.[471] Teilweise ist von den Mitgliedstaaten auch dem Vieraugenprinzip Geltung zu verschaffen[472] bzw auf eine Bandbreite an Eigenschaften und Fähigkeiten im Leitungsorgan (Förderung der Diversität)[473] zu dringen.

10. Zuverlässigkeit von Inhabern qualifizierter Beteiligungen

Eine **Zulassung** darf nur erteilt werden, wenn der zuständigen Behörde die Identität 116 und der Beteiligungsbetrag der Mitglieder, die als juristische oder natürliche Personen eine qualifizierte Beteiligung[474] an der Finanzdienstleistungsgesellschaft halten, mitgeteilt wurden und die benannten Personen den im Interesse der Gewährleistung

467 Art. 19 RL 2013/36/EU (ggf mit erläuterndem nationalem Zusatz), Art. 96 RL 2009/65/EG; zum problematischen Schutz der Bezeichnung „Sparkasse" durch § 40 KWG s. Rn 22.

468 Art. 13 Abs. 1 Unterabs. 2 iVm Art. 91 Abs. 1 RL 2013/36/EU (Kreditinstitute); jeweils ab 3.1.2017 Art. 9 Abs. 1 RL 2014/65/EU iVm Art. 91 RL 2013/36/EU (Wertpapierfirmen), Art. 45 Abs. 1 RL 2014/65/EU (Marktbetreiber) und Art. 63 Abs. 1 RL 2014/65/EU (Datenbereitstellungsdienste); ferner Art. 27 Abs. 2 Unterabs. 2, 78 Abs. 6 iVm Art. 2 Nr. 29 VO (EU) Nr. 648/2012 (CCP, Transaktionsregister), wobei die Definition des Leitungsorgans unterschiedlich vorgenommen wird (vgl einerseits Art. 3 Abs. 1 Nr. 7 RL 2013/36/EU sowie Art. 4 Abs. 1 Nr. 36 RL 2014/65/EU (ab 3.1.2017) und andererseits Art. 2 Nr. 27 VO (EU) Nr. 648/2012).

469 Art. 9 Abs. 1 und 37 RL 2004/39/EG (Wertpapierfirmen und geregelte Märkte bis 2.1.2017); Art. 18 Abs. 1 lit. g iVm Art. 42 RL 2009/138/EG (Versicherungsunternehmen); Art. 8 Abs. 1 lit. e RL 73/239/EWG idF der RL 92/49/EWG (Schadenversicherung; Aufhebung per 1.1.2016 durch Art. 310 RL 2009/138/EG); Art. 7 Abs. 1 lit. b RL 2009/65/EG (OGAW-Verwaltungsgesellschaft); Art. 8 Abs. 1 lit. c RL 2011/61/EU (AIFM); Art. 9 Abs. 1 lit. b RL 2003/41/EG (Pensionsfonds); Art. 27 Abs. 1 und 78 Abs. 6 iVm Art. 2 Nr. 29 VO (EU) Nr. 648/2012 (CCP, Transaktionsregister); ähnlich Art. 5 Abs. 4 RL 2009/65/EG (OGAW-Verwahrstellen) und Art. 29 Abs. 1 Unterabs. 2 lit. b RL 2009/65/EG (OGAW-Investmentgesellschaft).

470 Art. 18 Abs. 1 lit. g iVm Art. 42 RL 2009/138/EG (Versicherungsunternehmen); dazu *Dreher*, VersR 2012, 1061 ff; *Louven/Ernst*, VersR 2014, 151 ff.

471 So in der Sache mit unterschiedlichen Formulierungen die zuvor erwähnten Regelungen; besonders detaillierte und teilweise weitergehende Anforderungen stellen Art. 91 RL 2013/36/EU (Kreditinstitute), Art. 9 bzw 39 Abs. 2 lit. d RL 2014/65/EU iVm Art. 91 RL 2013/36/EU (Wertpapierfirmen bzw Zweigniederlassungen aus Drittländern) sowie Art. 45 RL 2014/65/EU (Marktbetreiber), namentlich guter Leumund, ausreichende Kenntnisse und Fähigkeiten individuell wie kollektiv, ausreichend Zeit, grds. nicht mehr als vier Aufsichtsmandate oder ein Leitungsmandat mit zwei Aufsichtsmandaten, Integrität, Aufrichtigkeit und Unvoreingenommenheit, Berücksichtigung einer großen Bandbreite von Eigenschaften und Fähigkeiten (Diversität); hierzu auch *Langenbucher*, ZHR 176 (2012), 652 ff; *Bischof*, GPR 2013/6, 321 ff.

472 Art. 13 Abs. 1 RL 2013/36/EU, Art. 9 Abs. 4 RL 2004/39/EG (ab 3.1.2017 Art. 9 Abs. 6 RL 2014/65/EU), Art. 7 Abs. 1 lit. b und 29 Abs. 1 lit. b RL 2009/65/EG.

473 S. zB Art. 91 Abs. 10 RL 2013/36/EU; s. dazu auch allg. die Vorschläge der EU-Kommission KOM(2012) 614 endg. (Gewährleistung einer ausgewogeneren Vertretung von Frauen und Männern unter den nicht geschäftsführenden Direktoren/Aufsichtsratsmitgliedern börsennotierter Gesellschaften) und KOM(2013) 207 endg. (Berichtspflichten mittlerer und großer Unternehmen zur Diversität).

474 Dies ist eine direkte oder indirekte Beteiligung von mindestens 10 % des Kapitals bzw der Stimmrechte oder die Möglichkeit der Wahrnehmung eines maßgeblichen Einflusses auf die Geschäftsführung eines Unternehmens, an dem eine Beteiligung gehalten wird (Art. Art. 4 Abs. 1 Nr. 36 VO (EU) Nr. 575/2013, Art. 2 Abs. 1 lit. j RL 2009/65/EG, Art. 4 Nr. 27 RL 2004/39/EG (ab 3.1.2017 Art. 4 Abs. 1 Nr. 31 RL 2014/65/EU), Art. 13 Nr. 21 RL 2009/138/EG).

einer soliden und umsichtigen Führung des Finanzdienstleistungsinstituts zu stellenden Anforderungen genügen.[475] Bei Beteiligungen an Kreditinstituten sind dabei insb. der Leumund und die finanzielle Solidität der Anteilseigner bzw Gesellschafter zu prüfen sowie die Frage, ob das Kreditinstitut aufgrund der Gruppenorganisation sämtlichen Aufsichtsanforderungen nachzukommen vermag und die Beaufsichtigung durch die Behörde durchgeführt werden kann.[476]

117 Zudem hat jede natürliche oder juristische Person, die beabsichtigt, **später** eine qualifizierte Beteiligung direkt oder indirekt zu halten, zuvor die zuständigen Behörden zu unterrichten und den Betrag dieser Beteiligung mitzuteilen.[477] Dies gilt auch für den Fall, dass sie beabsichtigt, den Betrag der qualifizierten Beteiligung derart zu erhöhen, dass die Schwellen von 20 %, 30 % (ggf 33 %) oder 50 % der Stimmrechte oder des Kapitals erreicht oder überschritten werden oder dass das Kreditinstitut ihr Tochterunternehmen wird.[478] Die zuständige Behörde beurteilt dann innerhalb von regelmäßig max. 60 Arbeitstagen die Eignung des interessierten Erwerbers und die finanzielle Solidität des beabsichtigten Erwerbs. Sie kann die erforderlichen Maßnahmen ergreifen (zB Anordnungen, Sanktionen gegen die Unternehmensleiter, Aussetzung des Stimmrechts), falls die Meldepflichtigen ihren Meldepflichten nicht nachkommen oder einen Einfluss ausüben, der sich zum Nachteil einer soliden und umsichtigen Geschäftsführung des Finanzdienstleistungsunternehmens auswirken könnte. Wird eine Beteiligung trotz Einspruchs der Aufsichtsbehörden erworben werden, ruhen zumindest die entspr. Stimmrechte. Eine dennoch erfolgende Stimmrechtsausübung ist ungültig oder kann zumindest für nichtig erklärt werden.[479] Entsprechende Mitteilungspflichten (nicht jedoch eine Einspruchsmöglichkeit) bestehen auch im Falle der Aufgabe bzw schwellenwertrelevanten Herabsetzung einer Beteiligung.[480] Der Transparenz der Beteiligungsverhältnisse dient auch die Pflicht einer Finanzdienstleistungsgesellschaft, den zuständigen Behörden einmal pro Jahr über die Inhaber und den jeweiligen Betrag qualifizierter Beteiligungen Auskunft zu erteilen.[481]

---

475 Art. 14 RL 2013/36/EU; Art. 10 Abs. 1, Abs. 2, 38 RL 2004/39/EG (ab 3.1.2017 Art. 10 Abs. 1 und 2, Art. 46 RL 2014/56/EU); Art. 8 Abs. 1 RL 2009/65/EG; Art. 8 Abs. 1 lit. d RL 2011/61/EU; Art. 8 RL 92/49/EWG; Art. 8 RL 2002/83/EG (ab 1.1.2016 Art. 24 RL 2009/138/EG); Art. 30 Abs. 2 VO (EU) Nr. 648/2012.

476 Art. 14 Abs. 2 iVm 23 Abs. 1 RL 2013/36/EU.

477 Art. 22 Abs. 1 RL 2013/36/EU, Art. 10 Abs. 3 Unterabs. 1 RL 2004/39/EG (ab 3.1.2017 Art. 11 Abs. 1 RL 2014/65/EU), Art. 11 RL 2009/65/EG, Art. 15 Abs. 1 RL 92/49/EWG, Art. 15 Abs. 1 RL 2002/83/EG und ab 1.1.2016 Art. 57 Abs. 1 RL 2009/138/EG, Art. 31 Abs. 2 VO (EU) Nr. 648/2012.

478 Art. 22 Abs. 1 RL 2013/36/EU, Art. 10 Abs. 3 Unterabs. 1 RL 2004/39/EG (ab 3.1.2017 Art. 11 Abs. 1 RL 2014/65/EU), Art. 11 RL 2009/65/EG, Art. 15 Abs. 1 RL 92/49/EWG, Art. 15 Abs. 1 RL 2002/83/EG und ab 1.1.2016 Art. 57 Abs. 1 RL 2009/138/EG, Art. 31 Abs. 2 VO (EU) Nr. 648/2012.

479 Art. 26 Abs. 2 RL 2013/36/EU, Art. 10 Abs. 4-6, 10 a, 10 b RL 2004/39/EG (ab 3.1.2017 Art. 11 Abs. 2 und 3, Art. 12 f RL 2014/65/EU), Art. 11 RL 2009/65/EG, Art. 15 a ff RL 2002/83/EG, Art. 15 a ff RL 92/49/EWG und ab 1.1.2016 Art. 58 ff RL 2009/138/EG.

480 Art. 25 RL 2013/36/EU, Art. 10 Abs. 3 Unterabs. 2 RL 2004/39/EG (ab 3.1.2017 Art. 11 Abs. 1 Unterabs. 2 und 3 RL 2014/65/EU), Art. 11 RL 2009/65/EG, Art. 15 Abs. 2 RL 92/49/EWG, Art. 15 Abs. 2 RL 2002/83/EG und ab 1.1.2016 Art. 57 Abs. 2 RL 2009/138/EG.

481 Art. 26 Abs. 1 Unterabs. 2 RL 2013/36/EU, Art. 10 Abs. 5 Unterabs. 2 RL 2004/39/EG (ab 3.1.2017 Art. 11 Abs. 3 Unterabs. 2 RL 2014/65/EU), Art. 11 RL 2009/65/EG, Art. 15 Abs. 3 Unterabs. 2 RL 92/49/EWG, Art. 15 Abs. 3 Unterabs. 2 RL 2002/83/EG und ab 1.1.2016 Art. 61 Unterabs. 2 RL 2009/138/EG.

11. Verbundene Unternehmen

Verbundene Unternehmen unterliegen zum Teil einer zusätzlichen, zwischen den mitgliedstaatlichen Behörden koordinierten Gruppenaufsicht (sog. Solo-Plus-Aufsicht), um über die bestehende Einzelaufsicht hinaus der Gruppenzugehörigkeit Rechnung zu tragen. 118

a) Gewährleistung einer effektiven Aufsicht bei Konzernbindung

Seit Verabschiedung der BCCI-RL 95/26/EG[482] darf die Zulassung einem Finanzunternehmen nur dann erteilt werden, wenn die Beaufsichtigung nicht durch natürliche oder juristische Personen, zu denen das Unternehmen enge Verbindungen hat, oder durch Rechts- und Verwaltungsvorschriften eines Drittlands, denen diese Personen unterstehen, bzw durch Schwierigkeiten bei deren Anwendung beeinträchtigt wird.[483] 119

b) Beteiligungsverhältnisse

Kreditinstitute und Versicherungsunternehmen müssen die zuständigen Behörden über den Erwerb oder die Abtretung von Kapitalbeteiligungen unterrichten, aufgrund deren ihre Beteiligung am Träger eines Finanzdienstleistungsunternehmens 20 %, 30 % (ggf 33 %) oder 50 % der Stimmrechte oder des Kapitals erreicht bzw über- oder unterschreitet, sobald sie von dem Erwerb oder der Abtretung Kenntnis erhalten.[484] 120

c) Gruppeninterne Geschäfte

Wichtige gruppeninterne Geschäfte unterliegen nach branchenspezifischen Vorschriften und den Regelungen der mehrfach geänderten Finanzkonglomerate-RL 2002/87/EG einer zusätzlichen Beaufsichtigung.[485] Hierzu statuieren die Richtlinien entspr. Meldepflichten,[486] die Einrichtung von unternehmensinternen Erfassungs- und Kontrollsystemen[487] sowie Pflichten zur Offenlegung der Rechtsstruktur und der Governance- bzw Organisationsstruktur der Gruppe einschließlich von Tochtergellschaften, bedeutenden Zweigniederlassungen und von Inhabern qualifizierter Beteiligungen am Mutterunternehmen.[488] Die Mitgliedstaaten können vorbehaltlich einer weiteren Koordinierung die gruppeninternen Geschäfte im Umfang begrenzen bzw Auflagen hinsichtlich ihrer Art vorsehen.[489] 121

---

482 Umgesetzt in Deutschland durch das Gesetz zur Umsetzung von EG-Richtlinien zur Harmonisierung bank- und wertpapieraufsichtsrechtlicher Vorschriften v. 22.10.1997, BGBl. I 1997, 2518.

483 Art. 2 Abs. 2 RL 95/26/EG; Art. 14 Abs. 3 RL 2013/36/EU; Art. 6 Abs. 2 RL 2002/83/EG (ab 1.1.2016 Art. 19 RL 2009/138/EG); Art. 30 Abs. 3 VO (EU) 648/2012; zum Begriff der engen Verbindung s. nur Art. 2 Abs. 1 RL 95/26/EG und Art. 4 Abs. 1 Nr. 35 RL 2014/65/EU).

484 S. dazu Rn 117.

485 Für Finanzkonglomerate Art. 8, 9 Abs. 3 lit. b RL 2002/87/EG idF der RL 2011/89/EU und Art. 123 RL 2013/36/EU (in Deutschland umgesetzt durch das Finanzkonglomerate-Aufsichtsgesetz – FKAG, BGBl. 2013 I, 1862 ff); für Versicherungsgruppen Art. 245 f, 258 Abs. 1 RL 2009/138/EG (umgesetzt in § 104 e VAG).

486 Für Finanzkonglomerate Art. 8 Abs. 2 RL 2002/87/EG und für Versicherungsgruppen Art. 246 RL 2009/138/EG (bislang Art. 8 Abs. 2 RL 98/78/EG).

487 Art. 9 Abs. 3 lit. b RL 2002/87/EG.

488 Art. 12 Abs. 1 lit. a RL 2002/87/EG idF der RL 2011/89/EU.

489 Art. 8 Abs. 3 RL 2002/87/EG.

12. Spezifische Organisationspflichten der Marktbetreiber, CCPs und Transaktionsregister

122 Neben der Einrichtung eines effektiven, fairen und sicheren Marktes haben die Betreiber geregelter Märkte Vorgaben für die Zulassung von Instrumenten zum Handel sowie den transparenten und nichtdiskriminierenden **Marktzugang** zu erfüllen.[490] Analoges gilt für CCPs[491] und Transaktionsregister.[492] Ab 3.1.2017 sind nach der neuen MiFIR-VO (EU) Nr. 600/2014 für alle Handelsplätze (RM, MTF und OTF; dazu Rn 70) detaillierte **Handelstransparenzvorschriften** anzuwenden. Diese gelten für Eigenkapitalinstrumente (Art. 3 bis 7 MiFIR) wie auch für Nichteigenkapitalinstrumente (Art. 8 bis 11 MiFIR). Die Vorhandelstransparenzdaten (insb. Kursdaten) und Nachhandelstransparenzdaten (Preis, Volumen, Zeitpunkt der Transaktionen) sind gesondert zu veröffentlichen und zu angemessenen kaufmännischen Bedingungen zugänglich zu machen (Art. 12 f MiFIR). Die über RM, MTF oder OTF getätigten Geschäfte mit Finanzinstrumenten sind von ihren Betreibern auf marktstörende oder marktmissbrauchende Verhaltensweisen hin zu **überwachen**. Schwerwiegende Verstöße sind der zuständigen Behörde, die in ihren Ermittlungen zu unterstützen ist, zu **melden**.[493] Der Abschluss von Vereinbarungen über die Zusammenarbeit von CCPs (sog. Interoperabilitätsvereinbarungen) bedarf einer vorgängigen Genehmigung durch die für die beteiligten CCPs zuständigen Behörden.[494]

13. Datenübermittlung, -speicherung und -schutz

123 Schließlich haben die beaufsichtigten Unternehmen neben den allg. datenschutzrechtlichen Bestimmungen[495] noch spezifische Vorschriften zur Geheimhaltung, zum Schutz vor Datenmissbrauch und zur Datenspeicherung einzuhalten.[496] Für die Übermittlung von personenbezogenen Daten zwischen den zuständigen Behörden (uU auch in Drittländern) wird regelmäßig auf die Datenschutz-RL 95/46/EG und in neueren Rechtsakten auch auf die VO (EU) Nr. 45/2001 verwiesen.[497]

14. Ausarbeitung von Sanierungs-, Abwicklungs- und Fortführungsplänen[498]

124 Nach Art. 5 RL 2014/59/EU (BRRD) stellen die zuständigen Bankenaufsichtsbehörden[499] sicher, dass ihnen alle nicht zu einer auf konsolidierter Basis beaufsichtigten

---

490 Art. 39 ff RL 2004/39/EG (ab 3.1.2017 Art. 47 ff, insb. Art. 53 RL 2014/65/EU sowie Art. 35 f VO (EU) Nr. 600/2014).

491 CCPs haben nach Art. 36 Abs. 1 und 37 Abs. 1 VO (EU) Nr. 648/2012 einen fairen, nichtdiskriminierenden, transparenten, objektiven und offenen Zugang zur CCP sicherzustellen. Ein solches Zugangsrecht besteht explizit auch für Wertpapierfirmen aus anderen Mitgliedstaaten (s. Art. 37 RL 2014/65/EU).

492 Nach Art. 78 Abs. 7 VO (EU) Nr. 648/2012 haben Transaktionsregister den Meldepflichtigen diskriminierungsfreien Zugang zur Registrierung und den externen Dienstleistungsanbietern (sofern die jeweiligen Gegenparteien dem zugestimmt haben) entsprechenden Zugang zu den Informationen im Transaktionsregister zu gewähren.

493 Art. 43, 26 RL 2004/39/EG (ab 3.1.2017 Art. 54, 31 RL 2014/65/EU).

494 Zum Verfahren und den Genehmigungsvoraussetzungen Art. 51 ff VO (EU) Nr. 648/2012.

495 S. dazu va die RL 95/46/EG.

496 S. dazu etwa Art. 80 VO (EU) Nr. 648/2012.

497 S. dazu etwa Art. 39 f VO (EU) Nr. 236/2012; Art. 51 Abs. 1 und Art. 52 RL 2011/61/EU; Art. 28 f VO (EU) Nr. 596/2014 (MAR).

498 *Chattopadhyay*, WM 2013, 405 ff; *Cichy/Behrens*, WM 2014, 438 ff; *Schelo/Steck*, ZBB 2013, 227, 236 ff.

499 Die BRRD spricht verschiedentlich von der „zuständigen Behörde", wobei es sich nicht um die als solche bezeichnete Abwicklungsbehörde (Art. 3 BRRD), sondern um die nationale Aufsichtsbehörde für Kreditin-

Gruppe gehörenden **Kreditinstitute, Wertpapierfirmen** und anderen **Finanzinstitute** im Anwendungsbereich der BRRD einen laufend, mindestens jährlich zu aktualisierenden **Sanierungsplan** zur Prüfung und Genehmigung vorlegen. In diesem Sanierungsplan ist unter Beachtung der Mindestvorgaben des Abschn. A des Anh. zur BRRD und der noch zu erlassenden technischen Regulierungsstandards (Rn 6) darzulegen, mit welchen vom Institut zu treffenden Maßnahmen bei einer erheblichen Verschlechterung der Finanzlage eines Instituts dessen finanzielle Stabilität wiederhergestellt werden soll (Art. 5). Bestandteil des Planes ist auch ein Rahmenwerk von qualitativen und quantitativen **Indikatoren** (v.a. Schwellenwerte), anhand welcher der Eintritt einer Krise des Instituts zuverlässig und einfach beurteilt werden kann (Art. 9 BRRD). Die Aufsichtsbehörde legt den Sanierungsplan der Abwicklungsbehörde vor, damit diese den Sanierungsplan prüfen kann, um Maßnahmen in dem Sanierungsplan zu ermitteln, die sich nachteilig auf die Abwicklungsfähigkeit des Instituts auswirken können, und um der zuständigen Behörde diesbzgl Empfehlungen zu geben (Art. 6 Abs. 4 BRRD). Bei einem auch nach Überarbeitung weiterhin ungenügenden Sanierungsplan kann die Aufsichtsbehörde unbeschadet der in Art. 104 RL 2013/36/EU (CRD IV) vorgesehenen Maßnahmen dem Institut Anweisungen erteilen (zB Erhöhung des Eigenkapitals, Reduktion des Risikoprofils, Änderung der Unternehmensstrategie, organisatorische Anpassungen), um die Unzulänglichkeiten oder Hindernisse bei der Durchführung des Sanierungsplans zu beheben (Art. 6 Abs. 6 BRRD). Analoges gilt für Unionsmuttergesellschaften, die sich von den konsolidierenden Aufsichtsbehörden und zuständigen Behörden der Tochterunternehmen (Art. 8) einen **Gruppensanierungsplan** genehmigen zu lassen haben, der u.a. für eine Koordination und Kohärenz der Maßnahmen auf verschiedenen Gruppenebenen sorgt und nebst den Inhaltsanforderungen für Sanierungspläne nach Art. 5 auch Regelungen für eine gruppeninterne finanzielle Unterstützung (hierzu Art. 19) vorsehen kann (Art. 7). Die Entsch., ob in einer konkreten Situation eine im Sanierungsplan genannte Maßnahme getroffen wird, verbleibt im Ermessen des Leitungsorgans (Art. 9), wobei die Aufsichtsbehörde vom Leitungsorgan des Instituts die Durchführung verlangen kann (Art. 27 Abs. 1 lit. a; dazu Rn 135).

Im Gegensatz zu den Sanierungsplänen werden die **Abwicklungspläne** durch die nationalen Abwicklungsbehörden und **Gruppenabwicklungspläne** durch die für die Gruppenabwicklung zuständigen Behörden gemeinsam mit den Abwicklungsbehörden der Tochterunternehmen und nach Anhörung der Abwicklungsbehörden der bedeutenden Zweigstellen erstellt, wobei die Behörden die Unterstützung[500] der Institute verlangen können (Art. 10 ff BRRD). Diese Pläne sind ebenfalls ständig und mindestens jährlich zu aktualisieren (Art. 10 Abs. 6 und Art. 13 Abs. 3 BRRD). Planinhalt und zu berücksichtigende Aspekte ergeben sich insb. aus Art. 10 Abs. 7, Art. 12, Abschn. C des Anh. und aus noch zu erlassenden technischen Regulierungsstandards (Rn 7), wobei die Pläne nicht von der Gewährung einer außerordentlichen finanziel- 125

stitute und Wertpapierfirmen iSv Art. 4 Abs. 1 Nr. 40 der VO (EU) Nr. 575/2013 bzw (im Rahmen ihrer spezifischen Aufsichtskompetenzen nach der VO VO (EU) Nr. 1024/2013 v.a. über systemrelevante Banken) die EZB handelt (Art. 2 Abs. 1 Nr. 21 BRRD).

500 S. zu den Informationen, die bei den Instituten angefordert werden können, Art. 11 und Anh. Abschn. B BRRD.

len Unterstützung aus öffentlichen Mitteln oder einer (Notfall-)Liquiditätshilfe der Zentralbanken ausgehen dürfen (Art. 10 Abs. 3; Art. 12 Abs. 3 lit. f BRRD). Ein Institut bzw eine Gruppe ist abwicklungsfähig, wenn aus Sicht der Abwicklungsbehörde entweder die Liquidation des Instituts bzw eines Unternehmens der Gruppe im Rahmen eines regulären Insolvenzverfahrens oder die Abwicklung durch Anwendung verschiedener Abwicklungsinstrumente und -befugnisse durchführbar und glaubwürdig ist (Art. 15 Abs. 1; Art. 16 Abs. 1). Die VO (EU) Nr. 806/2014 (**SRM-VO**) sieht für die in einem SSM-Staat ansässigen Institute noch weitere Regelungen zur Abwicklungsplanung vor (Art. 8 ff; dazu Rn 165).

126 **Zentrale Gegenparteien** haben ebenfalls eine angemessene Strategie zur Fortführung des Geschäftsbetriebs sowie einen Notfallwiederherstellungsplan festzulegen, umzusetzen und zu befolgen, um eine Aufrechterhaltung der Funktionen, eine rechtzeitige Wiederherstellung des Geschäftsbetriebs sowie die Erfüllung der Pflichten der CCP zu gewährleisten.[501] Eine ähnliche, wenn auch knapper formulierte Pflicht obliegt den **Transaktionsregistern** nach Art. 79 Abs. 2 VO (EU) Nr. 648/2012.

II. Finanzaufsicht

1. Eigenmittelausstattung[502]

a) Anfangskapital und Kapitalanforderung

127 Eine Zulassung wird nach Art. 12 RL 2013/36/EU (CRD IV) grds. nur erteilt, wenn das **Kreditinstitut** über durch gesellschaftsrechtliche Sonderung getrennte Eigenmittel und ein Anfangskapital[503] von mindestens 5 Mio. EUR verfügt. Auch im laufenden Betrieb dürfen die Eigenmittel diesen Betrag grds. nicht unterschreiten (Art. 93 VO (EU) Nr. 575/2013). **Wertpapierfirmen** müssen je nach Tätigkeit und dem Vorhandensein alternativer Sicherungen gemäß Art. 12 RL 2004/39/EG (bzw ab 3.1.2017 Art. 15 RL 2014/65/EU) iVm Art. 28 ff RL 2013/36/EU (CRD IV) ein Anfangskapital von grds. mindestens 25.000 EUR[504] bzw 50.000 EUR[505] bzw 125.000 EUR[506] bzw 730.000 EUR[507] aufweisen.[508] Für die Verwaltungsgesellschaften, Investmentgesell-

501 Art. 34 Abs. 1 VO (EU) Nr. 648/2012 iVm Art. 17 ff DelVO (EU) Nr. 153/2013.

502 *Kern*, ZBB 2011, 337 ff; *Leistikow/Bertelmann*, WM 2012, 731 ff; *Manns/Schulte-Mattler*, WM 2010, 1577 ff; *Paul/Stein/Kaltofen*, DStR 2013, 1849 ff; *Schmitt*, BB 2011, 105 ff und 2347 ff.

503 Der Begriff des Anfangskapitals (auch hartes Kernkapital) ist in Art. 12 Abs. 2 iVm Art. 26 Abs. 1 lit. a bis e VO (EU) Nr. 575/2013 definiert.

504 Dieses Anfangskapital gilt gemäß Art. 31 Abs. 2 lit. a RL 2013/36/EU für die auch nach der Versicherungsvermittlungs-RL 2002/92/EG eingetragenen Firmen.

505 Dieses Anfangskapital gilt grds. nach Art. 30 VO (EU) Nr. 575/2013 für lokale Firmen iSv Art. 4 Abs. 1 Nr. 4 VO (EU) Nr. 575/2013 und nach Art. 31 RL 2013/36/EU für Wertpapierfirmen iSv Art. 4 Abs. 2 lit. c VO (EU) Nr. 575/2013 (bloße Anlageberatung und bloße Weitergabe von Kundenaufträgen) ohne hinreichende Berufshaftpflichtversicherung.

506 Dieses Anfangskapital gilt grds. (Öffnungsklausel in Abs. 3) nach Art. 29 Abs. 1 RL 2013/36/EU für Wertpapierfirmen, die zwar keinen Eigenhandel betreiben, jedoch im Rahmen des Fremdhandels oder des Portfoliomanagements im Kundenauftrag Gelder und/oder Wertpapiere verwalten.

507 Dieses Anfangskapital gilt grds. nach Art. 28 Abs. 2 RL 2013/36/EU für alle übrigen Wertpapierfirmen, die auch den Eigenhandel betreiben.

508 Die im Bemühen um sachgerechte Differenzierungen und unter dem Einfluss von Lobbyisten sehr kompliziert geratene Regelung eines eigentlich einfachen Sachverhalts (Höhe des Mindestanfangskapitals) ist ein Musterbeispiel für die gegenwärtigen Probleme der zunehmend untragbaren europäischen Regulierung der Finanzdienstleistungen.

schaften und Verwahrstellen eines **OGAW**[509] sowie für **AIFM**[510] bestehen vergleichbare, allerdings teilweise weniger konkrete Anforderungen. Im Augenblick der Zulassung muss auch dem Vorstand eines **Versicherungsunternehmens** ein Mindestmaß an anrechnungsfähigen Eigenmitteln zur Verfügung stehen (sog. Mindestgarantiefonds bzw jetzt Mindestkapitalanforderung).[511] **CCPs** haben schließlich über ein ständiges und verfügbares Anfangskapital in Höhe von mindestens 7,5 Mio. EUR zu verfügen.[512]

b) Laufende Eigenmittelausstattung

aa) Eigenmittelausstattung von Kreditinstituten und Wertpapierfirmen

(1) Überblick

Wichtigster Gegenstand der laufenden Finanzaufsicht über Kreditinstitute (Rn 65) 128
und Wertpapierfirmen (Rn 69) ist die angemessene **Deckung von** diversen aktuellen und etwaigen künftigen **Risiken** durch bestimmte Eigenmittel und Kapitalpuffer.[513] Die insoweit nach der RL 2013/36/EU (CRD IV) und namentlich der VO (EU) Nr. 575/2013 (CRR) geltenden Regelungen (sog. **CRD IV-Paket**) unterscheiden zunächst zwischen verschiedenen zu gewichtenden Risiken (Rn 129 ff) sowie zwischen diversen nach der Verfügbarkeit unterschiedlich deckungsgeeignete Eigenmittelarten (Rn 132), bevor sie die Deckungsquoten in differenzierter Weise festlegen und zusätzliche Kapitalpuffer vorsehen (Rn 133). Die EU-Regelungen folgen dabei den internationalen Standards für Banken, die in der Folge der Finanzkrise von 2007/2008 sehr viel detaillierter und strenger wurden.[514] Mit der Reform wurden insb. die Vorschriften für die Zuordnung von Aktiven zu den verschiedenen Eigenkapitalkategorien verschärft (Rn 132), Eigenkapitalanforderungen für regelmäßig nur kurzfristig gehaltene Positionen im Handelsbuch und für Verbriefungen vorgesehen bzw erweitert (Rn 130), die Quote für sog. hartes Kernkapital erhöht und verschiedene zusätzliche Kapitalpuffer eingeführt (Rn 133). Verschärft werden schließlich auch die Anforderungen an die Offenlegung von Risiken (Art. 431 ff CRR; dazu Rn 134).

---

509 S. dazu die Mindestregelungen in RL 2009/65/EG: Art. 7 (Verwaltungsgesellschaft: grds. mind. 125.000 EUR Anfangskapital), Art. 23 Abs. 2 (Verwahrstelle: ausreichende finanzielle Mittel zur ordnungsgemäßen Wahrnehmung der jeweiligen Aufgaben), Art. 29 Abs. 1 (Investmentgesellschaft: mind. 300.000 EUR Anfangskapital).

510 Art. 8 Abs. 1 lit. b iVm Art. 9 Abs. 1, 2 RL 2011/61/EU (interner AIF-Verwalter: Anfangskapital mind. 300.000 EUR; externer AIF-Verwalter: mind. 125.000 EUR), wobei bei AIF-Portfolios über 250 Mio. EUR zusätzliche Eigenmittel erforderlich sind (Art. 9 Abs. 3 und 6).

511 S. insbes. Art. 18 Abs. 1 lit. d, lit. f, Abs. 2 Unterabs. 2, Abs. 3 lit. a, Abs. 4 lit. a (Voraussetzung der Zulassung), 128 ff (Berechnung), Art. 139 (Nichtbedeckung) und Art. 144 Abs. 1 Unterabs. 2 (Entzug der Zulassung) RL 2009/138/EG.

512 Art. 16 VO (EU) Nr. 648/2012.

513 Die maßgeblichen Regelungen sind für die nach der RL 2013/36/EU (CRD IV) beaufsichtigten Kreditinstitute und Wertpapierfirmen in Art. 73, 76 ff, 128 ff CRD IV und namentlich in der VO (EU) Nr. 575/2013 (CRR) sowie für Versicherungsunternehmen in den Art. 87 ff RL 2009/138/EG enthalten.

514 S. ab 2010 insb. die Empfehlungen des Basel Committee on Banking Supervision „A global regulatory framework for more resilient banks and banking systems" vom Dezember 2010 in revidierter Fassung vom Juni 2011 (dt. Fassung unter http://www.bis.org/publ/bcbs189_de.pdf) sowie mit ändernden und ergänzenden Beschlüssen vom 25.7.2012 (Capital requirements for bank exposures to central counterparties; dt. Fassung unter http://www.bis.org/publ/bcbs227_de.pdf]), 7.1.2013 (The Liquidity Coverage Ratio and liquidity risk monitoring tools; dt. Fassung unter http://www.bis.org/publ/bcbs238_de.pdf), 17.12.2013 und 12.1.2014 (Liquidity coverage ratio and restricted-use committed liquidity facilities; dt. Fassung unter http://www.bis.org/press/p140112d_de.pdf), kurz: Basel III.

(2) Risikoarten und Bewertung von Risiken

129 Auf der Risikoseite wird grds. zwischen sog. Kreditrisiken, Marktrisiken und operationellen Risiken[515] unterschieden.[516] Die für Kreditinstitute und Wertpapierfirmen nach Art. 107 Abs. 1 iVm Art. 92 Abs. 3 lit. a und f VO (EU) 575/2013 (CRR) als sog. **Kreditrisiken** (auch Adressrisiken) zusammengefassten Risiken (Forderungsausfallrisiken,[517] Verwässerungsrisiken,[518] Gegenparteiausfallrisiken[519]) sind entweder mit dem Kreditrisiko-Standardansatz (KSA; Art. 111 ff CRR) oder dem auf eigenen Beurteilungen des Instituts beruhenden, an bestimmte Voraussetzungen für die erforderliche aufsichtsbehördliche Gestattung gebundenen und den großen und komplexen Instituten ausdrücklich durch Art. 77 Abs. 1 RL 2013/36/EU (CRD IV) zur Anwendung empfohlenen sog. Internal Rating Based-Approach (IRBA, Art. 142 ff CRR) zu gewichten und durch Eigenmittel zu unterlegen (Art. 107 ff CRR). So wird bspw eine in der Bilanz als Aktivum aufgeführte Forderung auf Rückzahlung eines Darlehens (Kreditrisikoposition) nach dem KSA zunächst bewertet (Forderungswert nach Art. 111 CRR) und einer der nach Schuldnertypen gebildeten Forderungsklassen zugeordnet (Art. 112 CRR). Unter zumeist zusätzlicher Berücksichtigung der Bonität des Schuldners anhand von sechs Bonitätsstufen, zu deren Beurteilung auch Ratings einer anerkannten externen Ratingagentur (ECAI) oder einer Exportversicherungsagentur herangezogen werden können (Art. 113 Abs. 1 CRR), wird sodann das sog. Risikogewicht für die Forderungen der einzelnen Klassen bestimmt (zB für Forderungen gegenüber Zentralstaaten und -banken 0 %, 20 %, 50 %, 100 % und 150 %).[520] Aus der Multiplikation von Risikopositionswert (hier Forderungswert) und Risikogewicht ergibt sich schließlich der grds. für die Eigenmittelunterlegung maßgebliche sog. risikogewichtete Positionsbetrag (Art. 113 Abs. 2 CRR). Unter bestimmten Voraussetzungen können allerdings noch besondere risikomindernde Umstände (zB Bestellung von Sicherheiten, teilweise oder vollständige Weitergabe von Forderungsrisiken durch deren Verbriefung) berücksichtigt werden.[521] Andererseits haben die Institute noch gesondert das Risiko einer Bonitätsverschlechterung der Gegenpartei und einer dadurch notwendig werdenden Anpassung der Risikogewichtung (sog. CVA-Risiko) durch Eigenmitttel zu unterlegen (Art. 381 ff CRR).

---

515 S. dazu in Deutschland auch das BaFin-Rundschreiben 10/2012 (BA) v. 14.12.2012 mit Mindestanforderungen für das Risikomanagement (MaRisk) von Kredit- und Finanzdienstleistungsinstituten; näher *Hofmann* (Hrsg.), Basel III und MaRisk, 2011.

516 Dabei herrscht insb. im Rahmen der CRR ein gegenüber dem üblichen Level nochmals gesteigertes Begriffschaos, da die Grundbegriffe entweder nicht oder unzureichend und viele Begriffe in der zudem unübersichtlich gegliederten CRR nur noch für einzelne Abschnitte definiert werden.

517 Nach Art. 92 Abs. 3 lit. a CRR handelt es sich dabei um das Risiko des Ausfalls (Art. 4 Abs. 1 Nr. 54 ff CRR) von sich nicht aus der Handelsbuchtätigkeit ergebenden Forderungen wie insb. Kreditforderungen.

518 Nach Art. 4 Abs. 1 Nr. 53 CRR handelt es sich dabei um das Risiko, dass sich ein Forderungsbetrag einer angekauften Forderung durch bare oder unbare Ansprüche des Forderungsschuldners vermindert.

519 Nach Art. 92 Abs. 3 lit. f CRR handelt es sich dabei um das Risiko des Ausfalls bestimmter Forderungen aus der Handelsbuchtätigkeit (Forderungen aus Derivatgeschäften, Pensions- und Leihgeschäften, Lombardgeschäften und Geschäften mit langfristiger Abwicklung).

520 So beträgt das Risikogewicht einer Forderung gegen die EZB wegen deren hoher Bonität zB 0 % (Art. 114 Abs. 3 VO (EU) Nr. 575/2013).

521 S. dazu die Begriffsdefinitionen in Art. 4 Abs. 1 Nr. 57 ff sowie die Regelungen in Art. 192 ff VO (EU) Nr. 575/2013; zur Art der Berücksichtigung im Rahmen des KSA s. noch Art. 110 Abs. 1 iVm Art. 62 lit. c VO (EU) 575/2013.

Die für Kreditinstitute und Wertpapierfirmen nach Art. 325 ff, 445 iVm Art. 92 Abs. 3 lit. b und c CRR als sog. **Marktrisiken** zusammengefassten Risiken (sog. Positionsrisiken,[522] Großkreditrisiken,[523] Fremdwährungsrisiken,[524] Abwicklungsrisiken,[525] Warenpositionsrisiken[526]) sind ebenfalls entweder mit den in der CRR näher geregelten Standardansätzen (Art. 326 ff CRR) oder dem auf eigenen Beurteilungen des Instituts beruhenden, an bestimmte Voraussetzungen für die erforderliche aufsichtsbehördliche Gestattung gebundenen und den großen und komplexen Instituten ausdrücklich durch Art. 77 Abs. 3 RL 2013/36/EU (CRD IV) zur Anwendung empfohlenen internen Modellen (Art. 362 ff CRR) zu gewichten und durch Eigenmittel zu unterlegen. Institute mit geringfügiger sog. Handelsbuchtätigkeit[527] können die Marktrisiken unter den Voraussetzungen von Art. 94 CRR statt nach den Marktrisikogrundsätzen auch nach den Kreditrisikogrundsätzen (Rn 129) gewichten und unterlegen. 130

Die nach der RL 2013/36/EU (CRD IV) beaufsichtigten Kreditinstitute und Wertpapierfirmen haben das sog. **operationelle Risiko** nach Art. 312 ff VO (EU) Nr. 575/2013 (CRR) zusätzlich mit Eigenmitteln zu unterlegen. Dabei handelt es sich um das Risiko von Verlusten, die unter Einschluss von Rechtsrisiken durch die Unangemessenheit oder das Versagen von internen Verfahren, Menschen und Systemen (zB deliktisches Verhalten von Mitarbeitern, Computerausfall) oder durch externe Ereignisse (zB Naturkatastrophen) verursacht werden (Art. 4 Abs. 1 Nr. 52 CRR). Sie werden entweder gemäß einem Basisindikatoransatz (Art. 315 ff VO CRR), einem Standardansatz (Art. 317 ff CRR) oder (unter besonderen Gestattungsvoraussetzungen) nach fortgeschrittenen Messansätzen (Advanced Measurement Approaches, AMA; Art. 321 ff CRR) gewichtet und mit Eigenmitteln unterlegt. Die Eigenkapitalanforderung beträgt für das operationelle Risiko beim Basisindikatoransatz 15 % des Dreijahresdurchschnitts der Summe aus Nettozinserträgen und zinsunabhängigen Nettoerträgen (Art. 315 Abs. 1 CRR). 131

(3) Eigenmittelarten und ihre Bestandteile

Auf der Eigenmittelseite wird bei Kreditinstituten und Wertpapierfirmen nach der VO (EU) Nr. 575/2013 (CRR) anhand der Verfügbarkeit zwischen dem **Kernkapital** (Tier 1 Capital, T1) mit den beiden Unterkategorien hartes Kernkapital (Common 132

522 Risiken im Zusammenhang mit dem Handel von Schuldtiteln und Aktieninstrumenten sind nach Art. 326 ff CRR zu gewichten und mit Eigenmitteln zu unterlegen.

523 Nach Art. 92 Abs. 3 lit. b ii) CRR handelt es sich dabei um Großkredite oberhalb der Obergrenzen der Art. 395 bis 401 CRR, soweit dem Institut eine Überschreitung jener Obergrenzen gestattet ist.

524 Risiken im Zusammenhang mit Devisen- und Goldpositionen sind nach Art. 351 ff CRR zu gewichten und mit Eigenmitteln zu unterlegen.

525 Risiken im Zusammenhang mit Geschäften über Schuldtitel, Eigenkapitalinstrumente, Fremdwährungen und Waren (mit Ausnahme von Pensions- und Leihgeschäften), die nach dem festgesetzten Liefertag noch nicht abgewickelt wurden, sind nach Art. 378 ff CRR zu gewichten und mit Eigenmitteln zu unterlegen.

526 Risiken im Zusammenhang mit dem Handel von Waren sind nach Art. 355 ff CRR zu gewichten und mit Eigenmitteln zu unterlegen.

527 Zum Handelsbuch zählen nach Art. 4 Abs. 1 Nr. 86 alle Positionen in Finanzinstrumenten und Waren, die ein Institut entweder mit Handelsabsicht oder zur Absicherung anderer mit Handelsabsicht gehaltener Positionen des Handelsbuchs hält.

Equity Tier 1; CET1; Art. 26 ff CRR)[528] und zusätzliches Kernkapital (Additional Tier 1; AT1; Art. 51 ff CRR)[529] sowie dem **Ergänzungskapital** (Tier 2 Capital; T2; Art. 62 ff CRR)[530] als Kategorien des anrechenbaren Eigenkapitals unterschieden (Art. 72). Eigenmittel müssen im Umfang der Anrechnung vollständig einbezahlt oder betriebsintern generiert sein sowie den nichtnachrangigen Forderungen aller übrigen Gläubiger im Falle der Liquidation, des Konkurses oder eines Sanierungsverfahrens nachgehen.[531] Sie sollen Verluste absorbieren können.[532] Bei den Versicherungen wird zwischen Basiseigenmitteln und ergänzenden Eigenmitteln unterschieden (Art. 88 f RL 2009/138/EG), wobei die ergänzenden Eigenmittel von der Aufsichtsbehörde gesondert zu genehmigen sind (Art. 90).

(4) Eigenmittelanforderungen

133 Die Eigenmittelanforderungen für Kreditinstitute und Wertpapierfirmen[533] berechnen sich nach Art. 92 Abs. 1, 2 VO (EU) Nr. 575/2013 (CRR) für jede Eigenmittelkategorie (Rn 132) als Quote des sog. Gesamtforderungsbetrags iSv Art. 92 Abs. 3 und 4 CRR, dh der Summe aller nach den genannten Grundsätzen (Rn 129 ff) gewichteten Risikopositionen aus der Geschäftstätigkeit eines Instituts, wobei bestimmte Risikopositionen (zB Risiken aus der Handelsbuchtätigkeit, operationelles Risiko) noch mit dem Faktor 12,5 zu multiplizieren sind. Danach ist die Quote für das harte Kernkapital schrittweise bis 2015 von bislang 2 % auf 4,5 % zu erhöhen. Die Quote für das zusätzliche Kernkapital beträgt 1,5 % und diejenige für das Ergänzungskapital ist schrittweise (Art. 494 CRR) auf 2 % herunterzufahren. Daraus ergibt sich eine **Gesamtkapitalquote** von **8 %** (Art. 92 Abs. 1 lit. c CRR). Zusätzlich haben Institute ab 1.1.2016[534] verschiedene sog. **Kapital(erhaltungs)puffer** nach Art. 129 ff RL 2013/36/EU (CRD IV) einzurichten, welche zwar ebenfalls Eigenmittel darstellen, aber anders als Mindestkapital zu einer in einer Krise wichtigen Verlustdeckung eingesetzt werden können. So sind aus hartem Kernkapital grds.[535] ein sog. Kapitalerhaltungspuffer von 2,5 % des Gesamtrisikobetrages des Institutes (schrittweise bis 2019) und ein sog. institutsspezifischer antizyklischer Kapitalpuffer[536] aufzubauen. Der antizyklische Puffer soll zyklischen Systemrisiken (zB starke Ausweitung der

---

528 Das harte Kernkapital besteht nach Art. 50 CRR aus den Posten des harten Kernkapitals nach den gemäß den Art. 32 bis 35 erforderlichen Anpassungen, den in Art. 36 vorgesehenen Abzügen und nach Anwendung der in den Art. 48, 49 und 50 beschriebenen Ausnahmen und Alternativen.

529 Das zusätzliche Kernkapital besteht nach Art. 61 CRR aus den Posten des zusätzlichen Kernkapitals nach Abzug der in Art. 56 genannten Posten und nach Anwendung des Art. 79.

530 Das Ergänzungskapital besteht nach Art. 71 CRR aus den Posten des Ergänzungskapitals nach den Abzügen gemäß Art. 66 und nach Anwendung des Art. 79.

531 Art. 12 Abs. 2 CRD iVm Art. 28 Abs. 1 CRR (Anfangskapital); Art. 28 Abs. 1, Art. 52 Abs. 1 und Art. 62 CRR (übrige Eigenmittel).

532 Art. 26 Abs. 1 Unterabs. 2, Art. 36 Abs. 1 lit. a, Art. 28 Abs. 1 lit. i und Art. 73 Abs. 2 lit. b CRR.

533 Für bestimmte Wertpapierfirmen gelten noch Erleichterungen nach Art. 95 ff CRR; s. zudem Art. 129 Abs. 2-4 bzw Art. 130 Abs. 2-4 RL CRD IV.

534 S. zu den differenzierten Übergangsregelungen Art. 162 CRD IV.

535 S. noch die Öffnungsklauseln von Art. 129 Abs. 2-4 bzw Art. 130 Abs. 2-4 CRD IV zugunsten von kleinen und mittleren Wertpapierfirmen, deren mögliche mitgliedstaatliche Freistellung die Stabilität des Finanzsystems des betreffenden Mitgliedstaats aber nicht gefährden darf.

536 Ermittelt wird diese Pufferanforderung nach Art. 130 Abs. 1 CRD IV durch Multiplikation des Gesamtrisikobetrags iSv Art. 92 Abs. 3, 4 CRR mit dem gewichteten Durchschnittswert der antizyklischen Pufferquoten, die gemäß Art. 140 nach Maßgabe des Teils 1 Titel II CRR auf Einzel- oder auf konsolidierter Basis berechnet werden.

Kreditvergabe) entgegenwirken. Weitere Kapitalpuffer aus hartem Kernkapital sind von global systemrelevanten Instituten (sog. G-SRI-Puffer in einer von der Bedeutung des Instituts nach Art. 131 Abs. 9 CRD IV abhängigen Höhe zwischen 1 % und 3,5 %) und von anderweitig systemrelevanten Instituten (sog. A-SRI Puffer in Höhe von bis zu 2 % des Gesamtrisikobetrags) vorzuhalten. Schließlich können die Mitgliedstaaten nach Art. 133 noch einen sog. Systemrisikopuffer aus hartem Kernkapital einführen, um von der CRR nicht erfasste langfristige nicht-zyklische Systemrisiken oder Makroaufsichtsrisiken (Störung des Finanzsystems mit möglichen ernsthaften nachteiligen Auswirkungen auf das Finanzsystem und die Realwirtschaft in einem spezifischen Mitgliedstaat) zu vermeiden und zu mindern.

Mit der **Verschuldungsquote** (auch sog. Leverage Ratio) wurde in Anlehnung an internationale Standards[537] durch Art. 429 ff VO (EU) Nr. 575/2013 (CRR) noch ein zusätzliches Instrument der laufenden Finanzaufsicht über Kreditinstitute und Wertpapierfirmen eingeführt, das abgesehen von Pflichten zur Meldung und Offenlegung (Art. 430 ff) aber einstweilen nur nach Ermessen der Aufsichtsbehörde (sog. Beobachtungsphase) zur Anwendung kommen und erst ab 1.1.2018 mit einer Quote in Höhe von voraussichtlich 3-4 % für Großbanken verbindlich gemacht werden soll.[538] Die Verschuldungsquote iSd CRR gibt an, zu wieviel Prozent die Summe der bilanzierten Aktiva (Bilanzsumme) und der außerbilanziellen Posten durch Kernkapital gedeckt ist. Um den nach IFRS bilanzierenden Instituten die Erfüllung der künftig verbindlichen Verschuldungsquote zu erleichtern bzw für Wettbewerbsgleichheit zu sorgen, soll ihnen wie bei einer Bilanzierung nach US-GAAP insb. die Verrechnung von kurzfristigen Derivatkontraktpositionen bei der Berechnung der Verschuldungsquote gestattet werden. 134

Erfüllt ein Institut im Sinne der RL 2013/36/EU (CRD IV) innerhalb der nächsten zwölf Monate die Eigenmittelanforderungen der VO (EU) Nr. 575/2013 (CRR) voraussichtlich **nicht mehr** (Art. 102 CRD IV) können die zuständigen Behörden aufgrund der ihnen von den Mitgliedstaaten zwingend mindestens einzuräumenden Befugnisse zusätzliche Informations- und Meldepflichten anordnen, zusätzliche Eigenmittelanforderungen für nicht durch CRR erfasste Risiken stellen, Maßnahmen der internen Unternehmensführung und Vergütungspolitik verlangen, einen Zeit- und Maßnahmenplan für die Rückkehr zur Erfüllung der Aufsichtsanforderungen von CRD IV und CRR einfordern, Vorgaben für die Behandlung von Aktiven (zB Rückstellungen) und die Verwendung von Gewinnen sowie die Einschränkung oder Begrenzung der Geschäftstätigkeit bis hin zur Veräußerung von risikoträchtigen Geschäftszweigen machen (Art. 104 CRD IV). Sodann sollen die Aufsichtsbehörden auch beurteilen dürfen, ob besondere Liquiditätsanforderungen vorzuschreiben sind (Art. 105). Sollten diese Maßnahmen nicht ausreichen, sehen die Art. 27 ff der RL 2014/50/EU (BRRD) unter dem Titel III „Frühzeitiges Eingreifen" weitere Maßnahmen wie die Anordnung der Durchführung von Maßnahmen gem. Sanierungsplan (Rn 124), die Anordnung oder Einberufung einer Anteilseignerversammlung mit 135

537 S. dazu aktuell die Basel III leverage ratio framework and disclosure requirements v. 12.1.2014 (dt. Fassung abrufbar unter http://www.bis.org/publ/bcbs270_de.pdf).

538 Erwägungsgründe 92 ff CRR und Beschl. des BCBS vom 12.1.2014 (Fn 537).

Vorgabe von Traktanden, die Entlassung von Mitgliedern des Leitungsorgans und der Geschäftsleitung oder die Anordnung einer Änderung der rechtlichen bzw operativen Strukturen oder der Geschäftsstrategie. Sollten mit den Maßnahmen der Aufsichtsbehörden und der Privatwirtschaft der wahrscheinliche Ausfall eines Instituts innerhalb eines angemessenen Zeitrahmens nicht verhindert werden können, können unter der weiteren Voraussetzung eines gegebenen öffentlichen Interesses die Abwicklungsmaßnahmen nach der RL 2014/59/EU (BRRD) eingeleitet werden (näher Rn 163).

bb) Solvenzkapitalanforderungen an Versicherungsunternehmen

136 Versicherungsunternehmen (Rn 77 ff) unterliegen neben der Pflicht zur Bildung von Rückstellungen (Rn 138) und zur Erfüllung einer Mindestkapitalanforderung (Rn 127) spezifischen Solvenzkapitalanforderungen (Art. 100 ff RL 2009/138/EG), um auch **unvorhergesehene Risiken** im Versicherungsgeschäft und sonstige Risiken (Marktrisiken,[539] Kreditrisiken,[540] operationelle Risiken[541]) abzusichern sowie die dauernde und jederzeitige Erfüllbarkeit aller denkbaren Verpflichtungen möglichst gewährleisten zu können.[542] Dabei können sie für die mindestens einmal pro Jahr vorzunehmende Risikobewertung zwischen einer Standardformel (Art. 103 ff)[543] und (unter bestimmten Voraussetzungen) internen Modellen in Form von Voll- oder Partialmodellen (Art. 112 ff) wählen. Die Solvenzkapitalanforderung (SCR) ergibt sich nach der Standardformel gem. Art. 103 aus der Summe der Basissolvenzkapitalanforderung (BSCR; Art. 104 ff und Anh. IV), der Kapitalanforderung für das operationelle Risiko (Art. 107) sowie der Anpassung für die Verlustausgleichsfähigkeit der versicherungstechnischen Rückstellungen und latenten Steuern (Art. 108). Dabei wird bei der Bewertung der versicherungstechnischen und operationellen Risiken naturgemäß noch zwischen Schaden-, Lebens- und Krankenversicherung differenziert (Art. 105, Anh. IV Nr. 2, 3). Als Solvenzkapital kommen Basiseigenmittel und von der Aufsicht genehmigte ergänzende Eigenmittel in Betracht (Art. 88 ff). Die nach wiederholter Verlängerung nunmehr bis 31.3.2015 umzusetzenden EU-Regelungen (s. Art. 1 RL 2013/58/EU) orientieren sich dabei an den internationalen Standards für Versicherungsunternehmen[544] und den Basel II-Eigenmittelstandards für Banken.[545] Für **Zentrale Gegenparteien** (Rn 84) bestehen Pflichten zur laufenden Eigenmittelunterlegung nach Art. 16, 41 ff VO (EU) 648/2012 und Art. 1 ff DelVO (EU) Nr. 152/2013,

539 Die Deckung von Marktrisiken iSv Art. 13 Nr. 31 erfolgt nach Art. 101 Abs. 4 lit. d, 105 Abs. 5 RL 2009/138/EG (Umsetzung bis 31.3.2015 nach RL 2013/58/EU).

540 Die Deckung von Kreditrisiken iSv Art. 13 Nr. 32 erfolgt nach Art. 101 Abs. 4 lit. e RL 2009/138/EG (Umsetzung bis 31.3.2015 nach RL 2013/58/EU).

541 Die Deckung von operationellen Risiken iSv Art. 13 Nr. 33 erfolgt nach Art. 101 Abs. 4 lit. f, 107 RL 2009/138/EG (Umsetzung bis 31.3.2015 nach RL 2013/58/EU).

542 S. dazu Erwägungsgründe 16 f RL 2009/138/EG.

543 Dazu etwa *Hübel*, Aufsichtsrechtliche Eigenmittelanforderungen an Kompositversicherungsunternehmen unter Solvency II nach dem Standardmodell, 2013.

544 Die ausführlichen, wenn auch wenig vereinheitlichenden Insurance Core Principles (ICP 17: Capital Adequacy) der International Association of Insurance Supervisors (letzte Version vom 1.10.2011) sind abrufbar unter http://www.iaisweb.org/ICP-on-line-tool-689); vgl zu künftigen Entwicklungen auch noch den IAIS-Vorschlag vom 16.12.2013 „Basic Capital Requirements for Global Systemically Important Insurers G-SIIs – Proposal".

545 Dazu näher *Laas/Siegel*, Basel Accords versus Solvency II, 2014.

damit diese eine geordnete Abwicklung oder Umstrukturierung notfalls sicherstellen sowie vorhandene Betriebs-, Rechts-, Markt-, Kredit- und Geschäftsrisiken abdecken können.

c) Liquidität

In der Folge der Finanzkrise von 2007/2008 wurden die bislang in nur geringem Maße[546] harmonisierten Anforderungen an die Liquidität[547] von Finanzdienstleistern einer eingehenderen Regelung unterworfen.[548] In Anlehnung an die **Vorgaben von Basel III** (Rn 20) müssen Kreditinstitute (Rn 65) und Wertpapierfirmen (Rn 69) sowie alle Teile einer Finanzgruppe nach Art. 411 ff VO (EU) Nr. 575/2013 (CRR) schrittweise bis 1.1.2018 (Art. 460 Abs. 2 CRR) einzeln über hinreichend liquide Aktiva verfügen, um den möglichen Gesamtwert der Netto-Zahlungsmittelabflüsse der nächsten 30 Tage auch unter bestimmten Stressbedingungen abdecken zu können (Art. 412 CRR; sog. Liquiditätsdeckungsquote oder Liquidity Coverage Ratio, LCR).[549] Hinzutreten soll die nach einer Beobachtungsphase voraussichtlich erst ab 1.1.2018 als Mindeststandard verbindliche sog. strukturelle Liquiditätsquote (Net Stable Funding Ratio, NSFR),[550] welche die Institute verpflichten soll, ihre langfristigen Verbindlichkeiten auch unter „angespannten Umständen“ durch eine breite Vielfalt von Instrumenten der stabilen Refinanzierung zu unterlegen (Art. 413 CRR), um damit die Liquidität angemessen (gem. Basel III für mindestens 12 Monate) zu sichern. Unter Umständen kann die zuständige Aufsichtsbehörde besondere Liquiditätsanforderungen vorschreiben, um Liquiditätsrisiken zu unterlegen (Art. 105 CRD IV). Für **Versicherungsunternehmen** gelten bislang nur die bis 31.3.2015 umzusetzenden Art. 44 Abs. 2 lit. d und Art. 132 Abs. 2 Unterabs. 2 RL 2009/138/EG. Schließlich haben nunmehr auch **AIFM** ein Liquiditätsmanagement einzurichten, das es ermöglicht, Liquiditätsrisiken des AIF zu überwachen und zu gewährleisten, dass sich das Liquiditätsprofil der Anlagen des AIF auch unter bestimmten Stressannahmen mit seinen zugrunde liegenden Verbindlichkeiten deckt.[551] 137

d) Versicherungstechnische Rückstellungen

Versicherungsunternehmen (Rn 77 ff) und Einrichtungen der betr. Altersversorgung (Rn 82) müssen nach dem Vorsichtsprinzip hinreichende, von einem Versicherungsmathematiker o. ä. für jeden Vertrag getrennt berechnet e versicherungstechnische Rückstellungen zum „besten Schätzwert“ zuzüglich einer Risikomarge bilden.[552] Im handelsrechtlichen Sinne handelt es sich um Verbindlichkeiten, Rückstellungen und passive Rechnungsabgrenzungsposten, die gemäß der Versicherungsbilanz- 138

546 S. zur Einrichtung eines Liquiditätsrisikomanagements Anh. V Nr. 14 und 15 der aufgehobenen RL 2006/48/EG.
547 Nach Art. 13 Nr. 34 RL 2009/138/EG ist das Liquiditätsrisiko das Risiko, dass Versicherungs- und Rückversicherungsunternehmen nicht in der Lage sind, Anlagen und andere Vermögenswerte zu realisieren, um ihren finanziellen Verpflichtungen bei Fälligkeit nachzukommen.
548 Vgl dazu für Deutschland die VO über die Liquidität der Institute (LiqV) v. 14.12.2006, BGBl. 2006 I, 3117.
549 Die Anforderungen sind von der EU-Kommission per 1.1.2015 zu konkretisieren.
550 S. dazu Erwägungsgrund 111 f CRR.
551 Art. 16 RL 2011/61/EU iVm Art. 46 ff DelVO (EU) Nr. 231/2013.
552 Art. 76 ff RL 2009/138/EG (Versicherungsunternehmen; Umsetzung bis 31.3.2015), Art. 9 Abs. 1 lit. d und e, 15 ff RL 2003/41/EG (Pensionsfonds).

RL 91/674/EWG sämtlich auf der **Passivseite der Bilanz** auszuweisen sind. Nach Art. 51 Abs. 1 lit. d RL 2009/138/EG müssen die Mitgliedstaaten den Versicherungsunternehmen die jährliche Veröffentlichung der Berechnungsgrundlagen- und -methoden ihrer Rückstellungen vorschreiben. In der Lebens- und Krankenversicherung müssen die Prämien hoch genug sein, um die Verpflichtungen erfüllen und die erforderlichen Rückstellungen bilden zu können,[553] was den Aufsichtsbehörden insoweit eine mittelbare ex-post-Tarifkontrolle ermöglicht. Bei den Vermögenswerten, die die Rückstellungen bedecken, ist die Sicherheit, der Ertrag und die Realisierbarkeit sowie die Mischung und Streuung der Anlagen zu gewährleisten.[554]

2. Großkredite und qualifizierte Beteiligungen

139 Die Regelungen betreffend **Großkredite**[555] sollen bei Kreditinstituten (Rn 65) und Wertpapierfirmen (Rn 69) einer übermäßigen Risikokonzentration (sog. Klumpenrisiko) entgegenwirken. Nach Art. 392 VO (EU) Nr. 575/2013 (CRR) wird unter einem Großkredit eine Risikopostion iSv Art. 389 iVm 111 ff CRR (va Forderungen) an einen Kunden bzw eine Gruppe verbundener Kunden (Art. 4 Abs. 1 Nr. 39 CRR) verstanden, dessen grds. zu 100 % angesetzter Wert 10 % der Eigenmittel des Kreditinstituts erreicht oder überschreitet (Art. 392). Für derartige Kredite bestehen eine Meldepflicht (Art. 394 CRR) sowie Obergrenzen von grds. 25 % der anrechenbaren Eigenmittel (max. 150 Mio. EUR bei Krediten an Kreditinstitute, Wertpapierfirmen sowie verbundene Unternehmen). Wird die Obergrenze ausnahmsweise überschritten, entstehen grds. (vgl zu Ausnahmen Art. 400 CRR) zusätzliche Eigenmittelanforderungen in Abstufungen zwischen 200 % und 900 % (Art. 397 CRR). Für **qualifizierte Beteiligungen** iSv Art. 4 Abs. 1 Nr. 36 CRR an außerhalb des Finanzsektors tätigen Gesellschaften gelten entspr. Regelungen mit grds. Obergrenzen von 15 % der Eigenmittel für Einzelbeteiligungen und 60 % der anrechenbaren Eigenmittel für sämtliche qualifizierte Beteiligungen (Art. 89 ff CRR).

3. Aufsichtsrechtliche Stresstests

140 Die **ESA**-VO (EU) Nr. 1093-1095/2010 (Rn 6, 12) räumen der EBA, der ESMA sowie der EIOPA die grds. Kompetenz ein, unionsweite Stresstest durchzuführen, um die Widerstandsfähigkeit von Instituten sowie des Systems gegenüber ungünstigen Marktentwicklungen zu bewerten (Art. 21 Abs. 2 lit. b).[556] Hierzu können die ESA über den Gemeinsamen Ausschuss und in Zusammenarbeit mit dem ESRB entspr. Parameter erarbeiten (Art. 9 b RL 2002/87/EG idF der RL 2011/89/EU). Zudem haben die jeweils **zuständigen Aufsichtsbehörden** bei Kreditinstituten (Rn 65) und

553 Art. 21 RL 2002/83/EG und Art. 54 Abs. 2 RL 92/49/EWG (ab 1.1.2016 Art. 206, 209 RL 2009/138/EG).
554 Art. 20 ff RL 92/49/EWG, Art. 22 ff RL 2002/83/EG und Art. 132 RL 2009/138/EG.
555 Art. 387 ff VO (EU) Nr. 575/2013 (CRR); im deutschen Recht bestehen noch ergänzende Regelungen in den §§ 13, 14 KWG und der Verordnung zur Ergänzung der Großkreditvorschriften nach der Verordnung (EU) Nr. 575/2013 des Europäischen Parlaments und des Rates v. 26.6.2013 über Aufsichtsanforderungen an Kreditinstitute und Wertpapierfirmen und zur Änderung der Verordnung (EU) Nr. 646/2012 und zur Ergänzung der Millionenkreditvorschriften nach dem Kreditwesengesetz (Großkredit- und Millionenkreditverordnung – GroMiKV) v. 6.12.2013 (BGBl. I 2013, 4183).
556 S. dazu die weiterführenden Informationen auf den Webseiten der EBA (http://www.eba.europa.eu/risk-analysis-and-data/eu-wide-stress-testing) und der EIOPA (https://eiopa.europa.eu/activities/financial-stability/index.html).

Wertpapierfirmen (Rn 69) jährlich aufsichtsrechtliche Stresstests durchzuführen Art. 100 RL 2013/36/EU, CRD IV). Damit sollen die Risiken unter Berücksichtigung der Art, des Umfangs und der Komplexität der Geschäfte eines Instituts ermittelt (Art. 97 Abs. 1 lit. c CRD IV) und die Institute identifiziert werden, von denen ein Systemrisiko ausgehen könnte (Art. 22 Abs. 2 VO (EU) Nr. 1093/2010). Bei Finanzkonglomeraten werden Stresstests durch den für die Beaufsichtigung zuständigen Mitgliedstaat (sog. Koordinator nach Art. 10 f RL 2002/87/EG) durchgeführt (Art. 9 b Abs. 1 RL 2002/87/EG idF der RL 2011/89/EU). Das Durchführungsverfahren legt die EBA fest (Art. 22 Abs. 2 Unterabs. 2 VO (EU) Nr. 1093/2010). Die Ergebnisse werden veröffentlicht (Art. 52 CRD IV).

4. Sonstige Maßnahmen der Gläubigersicherung

Kreditinstitute und Wertpapierfirmen müssen einem System der **Einlagensicherung** 141
bzw Anlegerentschädigung angehören (näher Rn 169 ff). Zur Begrenzung des Ausfallrisikos sind CCPs (Rn 84) zunächst verpflichtet, von ihren Clearingmitgliedern ständig anzupassende sog. Einschusszahlungen (**Margins**) einzuziehen, um die bis zur Liquidierung der relevanten Position bestehenden potenziellen Risiken und die Verluste aus mindestens 99 % der Forderungsveränderungen über einen angemessenen Zeithorizont zu decken sowie um die Risikopositionen gegenüber allen Clearingmitgliedern und vertraglich verbundenen CCPs im vollen Umfang mindestens auf Tagesbasis zu besichern.[557] Darüber hinaus haben CCPs Pflichtbeiträge zur Errichtung eines **Ausfallfonds** zu erheben (Art. 42 VO (EU) Nr. 648/2012 iVm Art. 29 DelVO (EU) Nr. 153/2013), um die durch die Margins nicht gedeckten Verluste abzusichern, die aus der Eröffnung eines Insolvenzverfahrens oder aus dem Ausfall eines oder mehrerer Clearingmitglieder entstehen. Schließlich hat eine CCP ausreichend vorfinanzierte „sonstige Finanzmittel" vorzuhalten, um jederzeit, dh auch unter extremen, aber plausiblen Marktbedingungen (s. hierzu Art. 30 DelVO (EU) Nr. 153/2013) einen Ausfall mindestens der beiden Clearingmitglieder, gegenüber denen die CCP die höchsten Risikopositionen hält, aufzufangen (Art. 43 VO (EU) Nr. 648/2012). Die Eintragung in das Register für Versicherungsvermittler setzt das Bestehen einer **Berufshaftpflichtversicherung** oder vergleichbaren Garantie voraus (Art. 4 Abs. 3 RL 2002/92/EG). Über eine Berufshaftpflichtversicherung müssen auch die intern verwalteten AIF und externen AIFM verfügen (Art. 8 Abs. 7 lit. b RL 2011/61/EU).

III. Verhaltensaufsicht

Namentlich die Wertpapierfirmen unterliegen grds.[558] umfangreichen **Wohlverhal-** 142
tensregeln, die durch Ausführungsakte weiter konkretisiert und insb. nach der Schutzbedürftigkeit der Kunden ausdifferenziert wurden (dazu Rn 143).[559] Die Einhaltung der Wohlverhaltensregeln durch ausländische Zweigniederlassungen einer

557 Art. 41 VO (EU) Nr. 648/2012 iVm Art. 24 ff DelVO (EU) Nr. 153/2013.

558 Bis 2.1.2017 (zur Regelung ab 3.1.2017 s. Rn 143) gelten nach Art. 24 Abs. 1 RL 2004/39/EG die Art. 19, 21 und 22 Abs. 1 nicht gegenüber bestimmten geeigneten Gegenparteien iSv Abs. 2 (andere beaufsichtigte Institute, staatliche und internationale Einrichtungen), sofern diese generell mit diesem Status einverstanden sind.

559 Art. 19 ff RL 2004/39/EG, umgesetzt in Art. 31 ff WpHG und der WpDVerOW; ab 3.1.2017 Art. 24 ff RL 2014/65/EU.

Wertpapierfirma wird dabei durch die zuständigen Behörden im Aufnahmemitgliedstaat überwacht.[560] Spezifischen Wohlverhaltensregeln unterliegen auch die Verwalter von OGAW und AIF sowie die CCPs.[561] Die Regelungen zur Anlageberatung und Vermögensverwaltung werden durch MiFID II grundlegend reformiert.[562]

143 Wie bis anhin unterscheidet auch MiFID II (anzuwenden ab 3.1.2017) zwei **Kundenkategorien**, die „professionellen Kunden" und alle anderen Kunden, die sog. „Kleinanleger"[563] (Art. 4 Abs. 1 Nr. 11 MiFID II). Als professionelle Kunden gelten im Wesentlichen andere Finanzdienstleistungserbringer, große Unternehmen,[564] Regierungen sowie institutionelle Anleger, deren Haupttätigkeit in der Anlage in Finanzinstrumenten besteht (s. Anh. II Abschn. I; „geborene" professionelle Kunden). Sodann können Kleinanleger unter den im Anh. II Abschn. II aufgeführten Voraussetzungen auf Antrag als professionelle Kunden behandelt werden („gekorene" professionelle Anleger). Schließlich verwendet MiFID II insb. im Zusammenhang mit dem Anlegerschutz eine dritte Kundenkategorie, die „geeigneten Gegenparteien".[565] Die Wohlverhaltensregeln für die verschiedenen Kundenkategorien ergeben sich im Wesentlichen aus den Bestimmungen zum Anlegerschutz (insb. Art. 24 bis 30 MiFID II). Dabei gelten für die Kleinanleger die umfangreichsten Schutzbestimmungen, während bei Geschäften mit geeigneten Gegenparteien gem. Art. 30 Abs. 1 MiFID II grds. nur Informations- (Art. 24 Abs. 4 und 5) und Berichtspflichten (Art. 25 Abs. 6) sowie die Pflicht zur kundengünstigsten Auftragsbearbeitung (Art. 27) und -ausführung (Art. 28 Abs. 1) bestehen.

1. Interessenwahrungs- und Erkundigungspflichten

144 Nach der Generalklausel des Art. 19 Abs. 1 RL 2004/39/EG (bzw ab 3.1.2017 Art. 24 Abs. 1 und Art. 30 Abs. 1 Unterabs. 2 RL 2014/65/EU) hat eine Wertpapierfirma (Rn 69) ehrlich, redlich und professionell im bestmöglichen Interesse ihrer Kunden zu handeln. Ähnliches gilt für AIFM (Rn 76).[566] Dies bedingt für Wertpapierfirmen nicht nur eine Pflicht zur **Erkundigung über den Anleger** und dessen Bedürfnisse (sog. know your customer-rule), sondern auch eine Pflicht zum Verständnis der angebotenen oder empfohlenen Finanzinstrumente (know your products) sowie eine Pflicht zur etwaigen **Warnung** der Kunden (Art. 24 Abs. 4 lit. b MiFID II). Sodann bedingt die Pflicht zur Interessenwahrung auch ausreichende Kenntnisse und Kompetenzen der Kundenberater (Art. 25 Abs. 1 MiFID II) und eine Absenz adverser Anreizstrukturen, die Mitarbeiter verleiten könnten, einem Kleinanleger Finanzin-

560 Art. 32 Abs. 7 RL 2004/39/EG (ab 3.1.2017 Art. 38 Abs. 8 RL 2014/65/EU).

561 Art. 14 RL 2009/65/EG (OGAW-Verwalter); Art. 12 ff RL 2011/61/EU (AIFM); Art. 38 VO (EU) Nr. 648/2012 (Verhaltenspflichten von CCPs gegenüber Clearingmitgliedern und deren Kunden).

562 Näher (noch zum Kommissionsentwurf) *Loff/Hahne*, WM 2012, 1512 ff; *Veil/Lerch*, WM 2012, 1605, 1608 ff.

563 Anh. II Abschn. I Abs. 4 Unterabs. 2 MiFID II verwendet hier den sonst nirgends in der RL gebrauchten Begriff „nichtprofessionelle Kunden".

564 Diese Unternehmen erfüllen mind. zwei der folgenden Anforderungen: Bilanzsumme 20 Mio. EUR, Nettoumsatz 40 Mio. EUR, Eigenmittel 2 Mio. EUR.

565 S. Erwägungsgründe 86, 103 und 104 MiFID II; eine allgemeingültige Definition der geeigneten Gegenpartei enthalten weder MiFID II noch MiFIR, da die Begriffsumschreibung in Art. 30 Abs. 2 Unterabs. 1 MiFID II nur „für die Zwecke dieses Artikels" Gültigkeit hat.

566 Art. 12 RL 2011/61 und jeweils auch Art. 7 VO (EU) Nr. 345/2013 (EuVECA) bzw VO (EU) Nr. 346/2013 (EuSEF).

strumente anzubieten, die seinen Bedürfnissen nicht am besten entspr. (Art. 24 Abs. 10). Eine Pflicht zur empfehlenden **Beratung** besteht nach Art. 19 Abs. 4 und 5 MiFID I bzw Art. 25 Abs. 2 und 3 MiFID II nur, wenn sich die Wertpapierfirma auch zur Anlageberatung[567] oder zum Portfoliomanagement verpflichtet hat.[568] Dann haben die Finanzberater mögliche Produkte, Produktpakete und Dienstleistungen einer Eignungsprüfung (Suitability Test) zu unterziehen, was gem. MiFID II Informationen zu den Kenntnissen und Erfahrungen des (potentiellen) Kunden, seinen Anlagezielen und seiner Risikotoleranz sowie zu seinen finanziellen Verhältnissen einschließlich der Fähigkeit, Verluste zu tragen, voraussetzt (Art. 25 Abs. 2 MiFID II). Ansonsten hat lediglich eine Angemessenheitsprüfung (Appropriateness Test) zu erfolgen, dh der Kunde ist zu warnen, wenn ein Produkt oder eine Wertpapierdienstleistung aufgrund seiner Kenntnisse und Erfahrungen im Anlagebereich nicht angemessen ist (Art. 25 Abs. 3 MiFID II). Bei sog. Execution-Only-Geschäften kann auch hierauf unter bestimmten Voraussetzungen verzichtet werden (Art. 25 Abs. 4 MiFID II). In Art. 21 f MiFID I bzw Art. 27 f MiFID II wird zudem die **Pflicht zur günstigsten, unverzüglichen, redlichen und raschen Ausführung von Kundenaufträgen** konkretisiert (Festlegung von Grundsätzen der Auftragsausführung, Wahl günstiger Handelsplätze, effiziente Ausführungssysteme). Interessenkonflikte sind zu vermeiden bzw offen zu legen (Art. 13 Abs. 3 und Art. 18 MiFID I bzw Art. 16 Abs. 3 und Art. 23 MiFID II), weshalb eine Wertpapierfirma auch etwa für die Weiterleitung von Kundenaufträgen zu einem bestimmten Handels- oder Ausführungsplatz keine Vergütungen, Rabatte oder nicht-monetären Vorteile erhalten darf (Art. 27 Abs. 2 MiFID II). Gegen die Interessenwahrungspflicht verstoßen namentlich auch die Abrechnung zu anderen als den effektiv erzielten Kursen (sog. **Kursschnitte**), der vorgängige Abschluss von Eigengeschäften unter Ausnutzung von Kenntnissen über bevorstehende Kundentransaktionen (sog. **Front Running**) bzw Anlageempfehlungen (sog. **Scalping**)[569] sowie die Gebührenschinderei (sog. **Churning**). Besondere Bedeutung kommt in diesem Zusammenhang schließlich der Einhaltung der Vorschriften zur Verhinderung eines **Marktmissbrauchs** (näher Rn 199 ff) zu. Ab 3.1.2017 sind Wertpapierfirmen verpflichtet, nur Finanzinstrumente zu konzipieren, die den Bedürfnissen eines bestimmten Zielmarktes innerhalb der jeweiligen Kundenkategorie entspr. und auch nur angeboten oder empfohlen werden, wenn dies im Interesse des Kunden liegt (Art. 24 Abs. 2 RL MiFID II).

2. Anlagepolitik[570]

Die Anlage durch einen Finanzdienstleister von Vermögenswerten, die er für eigene Rechnung hält, treuhänderisch verwaltet bzw zur Bedeckung von versicherungstechnischen Rückstellungen verwendet, hat nach dem **Vorsichtsprinzip** zu erfolgen.[571] 145

567 Zum Begriff der Anlageberatung EuGH, Rs. C-604/11 (Genil 48 SL u.a.), EuZW 2013, 557 ff.

568 Zu den Pflichten nach Art. 19 IV, V MiFID beim Anbieten von Zinsswaps und den Folgen einer Verletzung (Vertragsnichtigkeit) EuGH, Rs. C-604/11 (Genil 48 SL u.a.), EuZW 2013, 557 ff.

569 Zum Scalping als Marktmanipulation s. BGH v. 6.11.2003 (1 StR 24/03), BB 2004, 11 ff.

570 Zu den Anlagevorschriften für Versicherungen *Geier,* ZBB 2011, 45 ff.

571 Art. 47 Abs. 1 VO (EU) Nr. 648/2012 (CCPs); Art. 18 Abs. 1 RL 2003/41/EG (Pensionsfonds); Art. 50 ff RL 2009/65/EG (OGAW); Art. 15 Abs. 3 lit. c und Abs. 4 RL 2011/61/EU iVm Art. 44 f DelVO (EU) Nr. 231/2013 (AIFM); Art. 20 ff RL 92/49/EWG, Art. 22 ff RL 2002/83/EG und Art. 132 RL 2009/138/EG

Dieses bedingt insb. eine vorrangige Anlage in an geregelten Märkten gehandelten Wertpapieren,[572] Auflagen und Begrenzungen für Anlagen in Derivaten,[573] die Einrichtung eines Risikomanagements,[574] eine Risikostreuung[575] und ein grds. Verbot der Kreditaufnahme.[576] Besonders restriktiv sind dabei die Bedingungen für CCPs.[577] Besondere Regeln zur Anlagepolitik gelten für AIF (Rn 76), welche die besonders geschützten Bezeichnungen EuVECA (VO (EU) Nr. 345/2013) bzw EuSEF (VO (EU) Nr. 346/2013) verwenden wollen.[578]

3. Informationspflichten

146 Die Finanzdienstleister unterliegen diversen zumeist sowohl für das Aufsichts- wie das Privatrecht relevanten Informationspflichten, die in erster Linie dem **Individualschutz** von Bankkunden, Anlegern und Versicherungsnehmern dienen. So sind **Wertpapierfirmen** (Rn 69) zur nicht irreführenden, sachangemessenen und individuellen Information des Kunden sowie zur Dokumentation der Vertragsbedingungen und zur Berichterstattung nach Erbringung der Dienstleistung verpflichtet (s. Rn 148 zu den ab 3.1.2017 bestehenden Dokumentationspflichten gem. MiFID II und MiFIR).[579] Weitergehende Informationspflichten statuieren die RL 2014/65/EU (MiFID II) und die VO (EU) 600/2014 (MiFIR) betreffend die Unabhängigkeit,[580] den Analyseumfang,[581] die Beurteilungsperiodizität,[582] die (Gesamt-)Kosten und Nebenkosten des Finanzinstruments und der Wertpapierdienstleistung (Art. 24 Abs. 4 Unterabs. 2), die Höhe der Provisionen und anderer monetärer und nichtmonetärer Vorteile.[583] Regis-

(Versicherungsunternehmen; dazu *Sonntag*, Kapitalanlagepolitik von Lebensversicherungsunternehmen unter Solvency II, 2013).

572 S. Art. 50 RL 2009/65/EG (OGAW), Art. 18 Abs. 1 lit. c RL 2003/41/EG (Pensionsfonds) und Art. 132 Abs. 4 Unterabs. 3 RL 2009/138/EG (Versicherungsunternehmen).

573 S. etwa Art. 50 Abs. 1 lit. g, Art. 51 Abs. 2 Unterabs. 2, Abs. 3, 52 Abs. 1 Unterabs. 1 RL 2009/65/EG (OGAW), Art. 15 Abs. 4 RL 2011/61/EU (AIFM), Art. 18 Abs. 1 lit. d RL 2003/41/EG (Pensionsfonds) und Art. 132 Abs. 4 Unterabs. 2 RL 2009/138/EG (Versicherungsunternehmen).

574 S. etwa Art. 51 Abs. 1 RL 2009/65/EG iVm Art. 38 ff Durchführungs RL 2010/43/EU (OGAW) und Art. 44 Abs. 2 lit. c, 132 Abs. 2 Unterabs. 1 RL 2009/138/EG (Versicherungsunternehmen); Art. 15 RL 2011/61/EU iVm Art. 38 ff DelVO (EU) Nr. 231/2013 (AIFM).

575 S. etwa Art. 52 ff RL 2009/65/EG (OGAW), Art. 18 Abs. 1 lit. e RL 2003/41/EG (Pensionsfonds) und Art. 132 Abs. 4 Unterabs. 4, Art. 5 RL 2009/138/EG (Versicherungsunternehmen).

576 S. etwa Art. 83 RL 2009/65/EG (OGAW), Art. 18 Abs. 2 RL 2003/41/EG (Pensionsfonds).

577 Art. 47 VO (EU) Nr. 648/2012 iVm Art. 43 ff DelVO (EU) Nr. 153/2013.

578 Diese Fondsarten haben 70 % des Kapitals in qualifizierte Anlagen anzulegen. Dies sind bei EuVECA vor allem Eigenkapitalinstrumente von nicht notierten Unternehmen mit weniger als 250 Personen und einem Jahresumsatz von höchsten 50 Mio. EUR (Art. 3 lit. e VO (EU) Nr. 345/2013) sowie bei EuSEF vor allem Eigenkapitalinstrumente von nicht notierten Unternehmen (oder deren Finanziers), die satzungsmäßig vorrangig entweder schutzbedürftigen, marginalisierten, benachteiligten oder ausgegrenzten Personen Dienstleitungen oder Güter bereitstellen oder die bei der Güterproduktion oder Dienstleistungserbringen ein soziales Ziel verfolgen (Art. 3 Abs. 1 lit. e, d VO (EU) Nr. 346/2013).

579 Art. 19 Abs. 2, 3, 7, 8 RL 2004/39/EG; zu den „Lehman-Zertifikate"-Entsch. des BGH im Lichte des Unionsrechts *Roth*, ZBB 2012, 429 ff.

580 Eine unabhängige Anlageberatung setzt die Berücksichtigung einer ausreichend breit gestreuten Palette von auf dem Markt angebotenen Finanzinstrumenten voraus und verbietet wie beim Portfolio-Management (Art. 24 Abs. 7) die Annahme von Vermittlungsprovisionen und anderen monetären und nichtmonetären Vorteilen (Art. 24 Abs. 4 lit. a/i).

581 Angabe, ob die Beratung auf der Grundlage umfangreicher (dh Berücksichtigung verschiedener Arten von Finanzinstrumenten) oder restriktiver Marktanalysen erfolgt (Art. 24 Abs. 4 lit. a/ii).

582 Angabe, ob eine laufende Beurteilung der Eignung der empfohlenen Finanzinstrumente erfolgt (Art. 24 Abs. 4 lit. a/iii).

583 Die Beratung auf Provisionsbasis ist weiterhin zulässig, doch sind die Entschädigungen grds. offen zu legen. Die Offenlegungspflicht erstreckt sich auf alle erhaltenen finanziellen Vorteile, unabhängig davon, ob sie als Rückvergütung oder Innenprovision eingeordnet werden. Monetäre und nichtmonetäre Vorteile

trierte Drittlandfirmen treffen weitere Offenlegungspflichten (Art. 46 Abs. 5 und 6 MiFIR).[584] Die Informationen sind auf einem dauerhaften Datenträger (Art. 25 Abs. 6 MiFID II), verständlich und so zur Verfügung zu stellen, dass sie (potentiellen) Kunden eine informierte Anlageentscheidung ermöglichen (Art. 24 Abs. 5 MiFID II). Anbieter von **Zahlungsdiensten** treffen diverse Informationspflichten rund um die von ihnen angebotenen Dienstleistungen (dazu Rn 151, 183 f). **CCPs** (Rn 84) und **Transaktionsregister** (Rn 84) haben insb. transparent über die Preise, Entgelte, Abschläge und Rabatte inkl. der diesbzgl Bedingungen für jede separat erbrachte Dienstleistung und Aufgabe zu informieren sowie die Risiken darzulegen.[585] **OGAW** müssen einen umfassenden Prospekt (Anlage Schema A), ein kurzes Dok. mit wesentlichen Informationen für den Anleger,[586] einen Jahres- und Halbjahresbericht (Schema B) sowie ständig Informationen über die Verkaufspreise der Anteile veröffentlichen (Art. 68 ff RL 2009/65/EG). Nach einer am 15.4.2014 vom Europäischen Parlament verabschiedeten und am 9.7.2014 von der Kommission angenommenen Verordnung sollen max. drei A4-seitige, präzise, klare, verständlich und prägnant formulierte, redliche und nicht irreführende Basisinformationsblätter (KID; Key Information Document) Kleinanlegern einen besseren Einblick in sog. „verpackte" Anlageprodukte (v.a. Fondsprodukte, Zertifikate und kapitalbildende Lebensversicherungen; wegen deren Einbeziehung jetzt sog. packaged retail and insurance based investment products und damit **PRIIPs** statt bislang PRIPs) verschaffen und es ermöglichen, die grundlegenden Merkmale und Risiken der verschiedenen Klassen zugeordneten PRIIPs zu verstehen und zu vergleichen.[587] Aus diesem Grund schreibt die Verordnung eine bestimmte einzuhaltende Reihenfolge der Informationen vor (Art. 8). Auch **AIFM** haben die Anleger relativ detailliert über die von ihnen verwalteten EU-AIF bzw die von ihnen in der EU vertriebenen AIF zu informieren.[588] Die Versorgungsanwärter von Einrichtungen der **betrieblichen Altersversorgung** (Rn 82) sind über ihre Rechte und Pflichten sowie die Risiken, die Geschäftsentwicklung und die Grundsätze der Anlagepolitik hinreichend zu informieren (Art. 9 Abs. 1 lit. f, Art. 11 RL 2003/41/EG). Aufsichtsrechtliche Rückwirkungen haben schließlich auch die verschiedenen, in der Schadenversicherung allerdings eher rudimentär geregelten Informationspflichten der **Versicherer.**[589] Versicherungsunternehmen sind zudem zur Ver-

---

sind bei der unabhängigen Anlageberatung (Art. 24 Abs. 7 lit. b) und im Rahmen des Portfolio-Managements (Art. 24 Abs. 8) verboten; zur Honoraranlagenberatung Fn 291.

584 Fehlende Berechtigung zur Erbringung von Dienstleistungen für andere Kunden als zulässige Gegenparteien oder professionelle Kunden, fehlende Aufsicht in der Union, Angabe von Name und Anschrift der für die Aufsicht im Drittland zuständigen Behörde, Pflichtangebot eines (Schieds-) Gerichtsstands in einem Mitgliedstaat.

585 Art. 38 und 78 Abs. 8 VO (EU) Nr. 648/2012.

586 Art. 78 RL 2009/65/EG iVm DVO (EU) Nr. 583/2010 (eingeführt als damals sog. vereinfachter Prospekt durch die RL 2001/107/EG).

587 S. zu dieser noch nicht veröffentlichten Verordnung den Vorschlag KOM(2012) 352 endg. v. 3.7.2012 (seinerzeit noch PRIPs); dazu näher *Seitz/Juhnke/Seibold*, BKR 2013, 1 ff; *Müchler*, WM 2012, 974 ff; *Schäfer/Schäfer*, ZBB 2013, 23 ff; *Podewils*, ZBB 2011, 169 ff.

588 Art. 23 RL 2011/61/EU iVm DelVO (EU) Nr. 231/2013 sowie speziell für EuVECA Art. 13 VO (EU) Nr. 345/2013 und EuSEF Art. 14 VO (EU) Nr. 346/2013.

589 S. dazu insb. Art. 31, 43 RL 92/49/EWG bzw Art. 36 RL 2002/83/EG; überschießend umgesetzt in § 10 a VAG iVm Anl. Teil D; s. ferner Art. 183 ff RL 2009/138/EG (ab 1.1.2016).

öffentlichung der Berechnungsgrundlagen und -methoden ihrer versicherungstechnischen Rückstellungen verpflichtet.[590]

4. Externe Publizitätspflichten

147 Auch das Finanzdienstleistungsaufsichtsrecht statuiert nicht nur interne Mitteilungspflichten gegenüber der Aufsichtsbehörde, sondern zunehmend auch externe Publizitätspflichten, die neben die unternehmensrechtlichen Publizitätspflichten (Rn 160 f) treten, um die hoheitliche Aufsicht um eine **Kontrolle durch die Marktteilnehmer** zu ergänzen. Dies gilt insb. für die Offenlegungspflichten der Banken, Wertpapierfirmen und Versicherungsunternehmen betreffend die Angaben zur **Eigenmitteldeckung** und zum **Risikomanagement** bzw zur Governance.[591] Versicherungsunternehmen sind darüber hinaus zur Veröffentlichung der Berechnungsgrundlagen und -methoden ihrer versicherungstechnischen Rückstellungen verpflichtet.[592] AIFM haben ihre Anleger entsprechend den Vertragsbedingungen oder der Satzung des AIF jährlich über die Bewertung und Berechnung der AIF zu informieren.[593]

5. Dokumentation und Transparenz von Transaktionen

148 **Wertpapierfirmen** haben unbeschadet der Marktmissbrauchsregelungen (Rn 199 ff) die Geschäfte mit Finanzinstrumenten zu Aufsichtszwecken mit bestimmten Angaben zu dokumentieren, spätestens am Ende des folgenden Werktages den Aufsichtsbehörden zu melden und mindestens fünf Jahre lang zur Verfügung zu halten.[594] Die Aufzeichnungen umfassen Telefongespräche und elektronische Kommunikation zu Kundenaufträgen (Annahme, Übermittlung, Ausführung) und zum Eigenhandel (Art. 16 Abs. 6 und 7 MiFID II und Art. 25 f MiFIR). Detaillierte Aufzeichnungs- und zehnjährige Aufbewahrungspflichten über erbrachte Dienstleistungen, ausgeübte Tätigkeiten und abgewickelte Kontrakte obliegen auch den CCPs.[595] Teil der Regelungen zur Markttransparenz und -integrität sind auch die Vorschriften zur internen Orderabwicklung durch Wertpapierfirmen im Aktienhandel, die sich auf die Stellung und Veröffentlichung marktgerechter Kursofferten sowie eine Veröffentlichung der getätigten Geschäfte beziehen (Art. 27 f RL 2004/39/EG bzw ab 3.1.2017 Art. 14 f, 17 f, 20 f MiFIR). Hierdurch wird der Rechtsrahmen für die interne Geschäftsabwicklung derjenigen für MTF angenähert. Die im Rahmen der Internalisierung auf MTF, OTF und auf geregelten Märkten erfolgten Geschäftsabschlüsse und die sich ergebenden Kurse sind von den Wertpapierfirmen bzw Betreibern schließlich offen zu legen.[596] **Unternehmensgruppen** und -konglomerate haben ihre gruppeninternen Transaktionen ebenfalls zu Aufsichtszwecken zu dokumentieren (Rn 83, 121).

590 Art. 51 Abs. 1 lit. d RL 2009/138/EG.
591 Beispiele bilden die Art. 431 ff VO (EU) Nr. 575/2013 (Eigenmittelpublizität von Kreditinstituten und Wertpapierfirmen als sog. dritter Säule von Basel III), Art. 51 ff RL 2009/138/EG (Versicherungsunternehmen) und Art. 38 VO (EU) Nr. 648/2012 (Transparenz von CCPs).
592 Art. 51 Abs. 1 lit. d RL 2009/138/EG.
593 Art. 19 Abs. 3 Unterabs. 5 RL 2011/61/EU.
594 Art. 25 Abs. 2-7 RL 2004/39/EG (ab 3.1.2017 Art. 16 Abs. 7 Unterabs. 9 RL 2014/65/EU).
595 Art. 29 VO (EU) Nr. 648/2012 iVm Art. 12 ff DelVO (EU) Nr. 153/2013.
596 Art. 28, 30 und 45 RL 2004/39/EG (ab 3.1.2017 Art. 6 f, 20 VO (EU) Nr. 600/2014).

6. Verhaltenspflichten im Zusammenhang mit Ratings

Nach der VO (EG) Nr. 1060/2009 idF der VO (EU) Nr. 462/2013[597] unterliegen zunächst die **Ratingagenturen** spezifischen Verhaltenspflichten namentlich in Bezug auf Interessenkonflikte (Art. 6 ff; dazu auch bereits Rn 110). So darf etwa die vertraglich vereinbarte Abgabe von Ratings für Wiederverbriefungen, denen Aktiva desselben Originators zugrunde liegen, während max. vier Jahren erfolgen (Art. 6 b; sog. Rotationsprinzip). Einer vier-, fünf- oder siebenjährigen Rotationspflicht unterliegen auch Ratinganalysten (Art. 7 Abs. 4 iVm Anh. I Abschn. C Nr. 8). Ferner müssen die Agenturen Ratings und den Abbruch von Ratings unterschiedslos und rechtzeitig bekannt geben, wobei ein Abbruch vollständig zu begründen ist (Art. 10 iVm Anh. I Abschn. D). Ratingagenturen haben zudem die Methoden, Modelle und grundlegenden Annahmen der Ratingtätigkeit (Art. 8 Abs. 1 iVm Anh. I Abschn. E Teil I Nr. 5, Art. 10 Abs. 4) sowie ihre Zusammenarbeit mit dem aus eigener Initiative bewerteten Unternehmen (Art. 10 Abs. 5) offen zu legen. Sie haben ihre Ratings und die zugrundeliegenden Methoden nach besonderen Sorgfaltsanforderungen zu erstellen, zu überwachen sowie mindestens einmal jährlich (Länderratings mindestens alle sechs Monate) und bei begründetem Anlass zu überprüfen (Art. 8 Abs. 2-6, Art. 8 a, Art. 9). Werden Fehler in Bezug auf die Methoden oder ihre Anwendung festgestellt, sind neben der ESMA auch alle betroffenen bewerteten Unternehmen sowie über die Website die Allgemeinheit zu informieren (Art. 8 Abs. 7). Eine Ratingagentur haftet Anlegern und Emittenten für einen Schaden, wenn dieser durch eine im Anh. III aufgeführte Zuwiderhandlung entstanden ist, diese Zuwiderhandlung vorsätzlich oder grob fahrlässig begangen wurde und wenn sich diese Zuwiderhandlung auf ein Rating ausgewirkt hat (Art. 35 a).[598] **Emittenten**, die für sog. strukturierte Finanzprodukte ein Ranking in Auftrag geben möchten, haben mindestens zwei Ratings einzuholen (Art. 8 c). In diesem Fall gelten dann wie auch allg. bei der Beauftragung mehrerer Ratingagenturen noch die Pflichten nach Art. 8 d. Trotz aller Regulierung scheint der EU-Gesetzgeber den Ratingagenturen (und insbesondere denjenigen aus Drittstaaten) noch nicht vollends zu vertrauen. Er möchte daher ihren erheblichen Einfluss auf die Finanzmärkte dadurch begrenzen, dass er die nach EU-Recht beaufsichtigten Finanzdienstleistungsunternehmen als potenzielle **Verwender** von Ratings unter Androhung von Sanktionen durch die Mitgliedstaaten (Art. 36) dazu anhält, für aufsichtsrechtliche Zwecke grds. nur Ratings von Agenturen mit Sitz in der EU zu verwenden (Art. 4) und Ratings weder automatisch noch ausschließlich zur Bewertung der Bonität eines Unternehmens oder eines Finanzinstruments heranzuziehen, sondern vielmehr eigene Bewertungen vorzunehmen (Art. 5 a, Änderungs-RL 2013/14/EU).[599] Die Vermeidungspflicht gilt zudem für den ESRB und die drei ESA (Rn 11 f), die mit ihren Warnungen, Leitlinien, Empfehlungen und Entwürfen technischer Standards keine unnötigen Anreize zur Verwendung von Ratings geben 149

597 S. zudem das Ausführungsgesetz zur Verordnung (EG) Nr. 1060/2009 des Europäischen Parlaments und des Rates v. 16.9.2009 über Ratingagenturen, BGBl. 2010 I, 786.

598 *Wojcik*, NJW 2013, 2385 ff.

599 Mit dieser RL (ABl. L 145 v. 31.5.2013, S. 1) wurden in den jeweils einschlägigen aufsichtsrechtlichen RL spezifische Vermeidungspflichten für EbAV (Änderung der RL 2003/41/EG), OGAW-Verwaltungs- und Investmentgesellschaften (Änderung der RL 2009/65/EG) und für AIFM (Änderung der RL 2011/61/EU) statuiert.

und erlassene Regeln daraufhin durchforsten sollen (Art. 5 b).[600] Die EU-Kommission unterliegt einer analogen Pflicht (Art. 5 c).

7. Mitteilungs- und Meldepflichten gegenüber Behörden

150 Die Beaufsichtigten und deren Leitungsorgane unterliegen einer Vielzahl von Mitteilungs- und Meldepflichten gegenüber den zuständigen (Aufsichts-)Behörden. Wichtige **Beispiele** bilden die Mitteilung der Eigengeschäfte von Führungskräften nach Art. 19 VO (EU) Nr. 596/2014 (MAR), die Mitteilung eines drohenden Ausfalls des Instituts bzw des Unternehmens einer Gruppe nach Art. 81 RL 2014/59/EU (BRRD) und die spätestens am folgenden Arbeitstag vorzunehmende Mitteilung von Geschäften mit Finanzinstrumenten nach Art. 26 VO (EU) Nr. 600/2014, die unabhängig davon besteht, ob die Geschäfte an einem Handelsplatz abgeschlossen werden oder nicht.

E. Durchführung der Finanzdienstleistungsaufsicht

I. Befugnisse der Finanzdienstleistungsaufsichtsbehörden

151 Seit der Einführung des ESFS (Rn 11 f) erfolgt die Aufsicht über den Finanzdienstleistungssektor nicht mehr ausschließlich über die Mitgliedstaaten, sondern auch – und teils ausschließlich (Ratingagenturen, Transaktionsregister) – durch die drei europäischen Finanzaufsichtsbehörden (ESA) sowie im Rahmen der Bankenunion (Rn 7, 10) durch die EZB. Soweit die Aufsicht durch die Mitgliedstaaten erfolgt, müssen diese den zuständigen nationalen Aufsichtsbehörden alle zur Erfüllung ihrer Aufgaben **erforderlichen Zuständigkeiten** und Befugnisse verleihen. Auch wenn die aufsichtsrechtlichen Richtlinien dies nicht ausdrücklich vorsehen,[601] ergibt sich eine entsprechende Verpflichtung aus dem Grundsatz der Unionstreue (Art. 4 Abs. 3 EUV) und aus dem Gebot des effet utile.

1. Erlaubnis- und Genehmigungsbefugnisse

152 Aufgrund des Zulassungs- bzw Registrierungserfordernisses für zahlreiche Finanzdienstleistungstätigkeiten im Binnenmarkt (Rn 93) ist die Zuständigkeit für **Zulassungen** bzw **Registrierungen** die wichtigste Befugnis der jeweils zuständigen nationalen oder supranationalen Aufsichtsbehörden. Der Antrag auf Zulassung bzw Registrierung ist grds. bei der hierfür zuständigen Behörde zu stellen. Lediglich der Antrag auf Zulassung zur Aufnahme der Tätigkeit eines Kreditinstituts in einem SSM-Staat ist an die Aufsichtsbehörde im Herkunftsmitgliedstaat und nicht an die EZB zu richten (zum Verfahren Art. 14 VO (EG) Nr. 1024/2013). Unter Umständen besteht vor einer Entsch. über die Zulassung bzw Registrierung die Pflicht zur Konsultation eines besonderen Gremiums[602] oder der zuständigen Behörden in anderen Mitgliedstaa-

---

600 S. dazu EBA, EIOPA and ESMA, Final Report on Mechanistic references to credit ratings in the ESAs' guidelines and recommendations (JC 2014 004) vom 6.2.2014, abrufbar unter: http://www.eba.europa.eu/regulation-and-policy/credit-risk/mechanicistic-references-to-credit-ratings/-/regulatory-activity/press-release).

601 So aber etwa Art. 50 Abs. 1 RL 2004/39/EG (ab. 3.1.2017 Art. 69 Abs. 1 RL 2014/65/EU), Art. 27 RL 2009/138/EG und Art. 46 Abs. 2 lit. i RL 2011/61/EU.

602 S. etwa Art. 18 f VO (EU) Nr. 648/2012 (Zentrale Gegenparteien).

ten[603] bzw der zuständigen Behörde im Herkunftsmitgliedstaat.[604] Die Zulassung ist dem Antragsteller mitzuteilen.[605] Die EU-Kommission bzw die drei ESA führen zudem zentrale Register bzw Listen mit den von ihnen selbst bzw den nationalen Behörden registrierten bzw zugelassenen Finanzdienstleistern, die über das Amtsblatt oder die Website der Behörde bekannt gemacht werden.[606] Eine Ablehnung ist dem Antragsteller regelmäßig[607] binnen sechs Monaten nach Eingang des Antrags bzw nach Vervollständigung der Antragsunterlagen und max. nach zwölf Monaten in einer begründeten und Rechtsmitteln zugänglichen Form bekannt zu geben.[608] Die Zulassung darf mit Bedingungen und Auflagen versehen werden.[609] Auch der Entzug der Zulassung ist zu begründen und den Betroffenen mitzuteilen sowie teilweise der Kommission und/oder der zuständigen ESA (Rn 12) zu melden.[610] Den Aufsichtsbehörden stehen ferner Eingriffsmöglichkeiten bei **Anteilsübertragungen,**[611] **Geschäftsleiterwechseln,**[612] **Bestandsübertragungen**[613] und **Aufgabenübertragungen**[614] zu.

2. Informations-, Prüfungs- und Teilnahmerechte

Die Informationsbefugnisse der zuständigen Aufsichtsbehörden finden ihren Aus- 153
druck in Pflichten der Betroffenen zur Einreichung von Unterlagen (Geschäftspläne,

603 S. etwa Art. 16 RL 2013/36/EU (Kreditinstitute); Art. 60 RL 2004/39/EG bzw ab 3.1.2017 Art. 84 RL 2014/65/EU (Wertpapierfirmen); Art. 8 Abs. 2 RL 2011/61/EU (AIFM bei bestimmten Kontroll-/Tochter-/Mutterkonstellationen).

604 S. etwa Art. 57 VO (EU) Nr. 648/2012 (Transaktionsregister).

605 Art. 7 Abs. 3 RL 2004/39/EG (ab 3.1.2017 Art. 7 Abs. 3 RL 2014/65/EU).

606 Art. 20 RL 2013/36/EU (Kreditinstitute); Art. 5 Abs. 3 (Wertpapierfirmen) und Art. 47 (geregelte Märkte) RL 2004/39/EG bzw ab 3.1.2017 Art. 5 Abs. 3 (Wertpapierfirmen), Art. 33 Abs. 6 (KMU-Wachstumsmärkte), Art. 56 (geregelte Märkte) und Art. 59 Abs. 3 Unterabs. 2 (Datenbereitstellungsdienste) RL 2014/65/EU; Art. 59 Abs. 3 RL 2014/65/EU (Datenbereitstellungsdienste); Art. 48 VO (EU) Nr. 600/2014 (Drittlandfirmen); Art. 18 Abs. 3 VO (EG) 1060/2009 (Ratingagenturen); Art. 25 Abs. 4 Unterabs. 6 (CCPs) und Art. 59 Abs. 3 (Transaktionsregister) VO (EU) Nr. 648/2012; Art. 6 Abs. 1 Unterabs. 2 RL 2009/65/EG idF der RL 2010/78/EU (OGAW-Verwaltungsgesellschaft); Art. 7 Abs. 5 RL 2011/61/EU (AIFM), Art. 59 Abs. 3 RL 2014/65/EU (Datenbereitstellungsdienste).

607 Bei AIFM beträgt die Frist grds. drei und nur ausnahmsweise sechs Monate (Art. 8 Abs. 5 RL 2011/61/EU).

608 Art. 15, 72 RL 2013/36/EU (Kreditinstitute), Art. 7 Abs. 3, Art. 52 RL 2004/39/EG (Wertpapierfirmen) bzw ab 3.1.2017 Art. 7 Abs. 3 (Wertpapierfirmen), Art. 61 Abs. 3 (Datenbereitstellungsdienste) und Art. 41 Abs. 1 (Zweigstellen von Drittlandwertpapierfirmen) sowie Art. 74 (Rechtsmittel) RL 2014/65/EU; ähnlich Art. 7 Abs. 3, Art. 29 Abs. 2 und 107 Abs. 1, 2 RL 2009/65/EG (OGAW).

609 Dies folgt indirekt etwa aus Art. 18 Abs. 1 lit. c RL 2013/36/EU (Kreditinstitute), Art. 8 lit. c, 36 Abs. 5 lit. c RL 2004/39/EG (Wertpapierfirmen, geregelte Märkte) bzw ab 3.1.2017 Art. 8 lit. c, Art. 44 Abs. 5 lit. c und Art. 62 lit. c RL 2014/65/EU (Wertpapierfirmen, geregelte Märkte, Datenbereitstellungsdienste), Art. 7 Abs. 5 lit. c bzw Art. 29 Abs. 4 lit. c RL 2009/65/EG (Verwaltungsgesellschaften bzw Investmentgesellschaften von OGAW), Art. 22 Abs. 1 lit. b RL 73/239/EWG idF der RL 92/49/EWG (Schadenversicherungsunternehmen).

610 S. dazu etwa Art. 20 Abs. 5 RL 2013/36/EU, Art. 107 Abs. 1 RL 2009/65/EG und Art. 7 Abs. 5 RL 2011/61/EU.

611 S. Rn 117.

612 S. etwa Art. 9 Abs. 2, Abs. 3 RL 2004/39/EG bzw ab 3.1.2017 Art. 9 Abs. 4 und 5 RL 2014/65/EU (Mitteilungspflicht und Möglichkeit des Zulassungsentzugs).

613 Art. 12 RL 92/49/EWG sowie Art. 14 und 53 RL 2002/83/EG (Genehmigungspflicht), umgesetzt in § 14 Abs. 1 a und § 111 d VAG; ferner Art. 39 RL 2009/138/EG; näher zur grenzüberschreitenden Bestandsübertragung *Bälz*, VersR 2005, 310 ff; *Lüttringhaus*, VersR 2008, 1036 ff und *Müller*, Versicherungsbinnenmarkt, Rn 785 ff.

614 Art. 13, 30 RL 2009/65/EU und Art. 32 ff Durchführungs-RL 2010/43/EU (OGAW); Art. 20 (AIFM) und Art. 21 Abs. 11 (Verwahrstellen) RL 2011/61/EU.

Rechnungslegungsunterlagen etc.), zur Meldung und zur Auskunft.[615] Die Behörde hat zudem Einsichtsrechte und die Möglichkeit zu Nachprüfungen vor Ort mit Zutritts- und Durchsuchungsbefugnissen.[616] Zur Prüfung von Unterlagen kann sie auch Untersuchungsbeauftragte (zB Wirtschaftsprüfer und Sachverständige) einschalten.[617] Sodann können nach MiFID II ab 3.1.2017 bei begründetem Verdacht eines Verstoßes von Telekommunikationsbetreibern bereits existierende, relevante Aufzeichnungen von Datenübermittlungen angefordert werden, soweit dies nach nationalem Recht zulässig ist.[618] Schließlich räumt die RL 2014/65/EU den Behörden auch die Kompetenz für öffentliche Bekanntmachungen ein (Art. 69 Abs. 2 lit. q MiFID II).

3. Anordnungsbefugnisse

154 Die zuständigen Behörden können zudem nicht nur Untersagungsverfügungen,[619] sondern aufgrund einiger ausdrücklicher Ermächtigungen[620] sowie der Rechtsprechung des EuGH zum effet utile-Gebot[621] auch Gebotsverfügungen erlassen, um Missstände zu unterbinden bzw diesen entgegenzuwirken. Eine erhebliche Erweiterung der Anordnungsbefugnisse bringen ab 3.1.2017 die RL 2014/65/EU (MiFID II) und die VO (EU) Nr. 600/2014 (MiFIR), indem die Aufsichtsbehörden (ESMA oder EBA) unter bestimmten Voraussetzungen eine Einschränkung oder Aussetzung der Vermarktung, des Vertriebs oder des Verkaufs von Finanzinstrumenten und strukturierten Anlagen anordnen sowie bestimmte Personen anweisen können, die Größe von Positionen oder offenen Forderungen zu verringern und auch Positionen in Warenderivaten zu limitieren oder zu verbieten.[622] Schließlich kann die Aufsichtsbehörde dann auch die Abberufung einer natürlichen Person aus dem Leitungsorgan einer Wertpapierfirma oder eines Marktbetreibers verlangen.[623] Weitreichende Informations- und Massnahmenbefugnisse stehen den zuständigen Behörden im Zusammenhang mit Eigenmittelanforderungen von Kreditinstituten und Wertpapierfirmen (hierzu Rn 135) bzw der Sanierung und Abwicklung von Finanzdienstleistungsunternehmen (hierzu Rn 163) zu. Sofern die ESA-VO (EU) Nr. 1093-1095/2010 keine Regelungen enthalten, können den drei ESA (Rn 12) auch gestützt auf Art. 114 AEUV bestimmte und gerichtlich überprüfbare Eingriffskompetenzen übertragen werden.[624]

615 S. etwa Art. 50 Abs. 2 lit. a, b, d und h RL 2004/39/EG (ab 3.1.2017 Art. 69 Abs. 2 lit. a, b, d, g und j RL 2014/65/EU), Art. 23 b ff VO (EG) Nr. 1060/2009 idF der VO (EU) Nr. 462/2013 sowie Art. 31 und 61 VO (EU) Nr. 648/2013.

616 S. etwa Art. 50 Abs. 2 lit. c RL 2004/39/EG (ab 3.1.2017 Art. 69 Abs. 2 lit. c RL 2014/65/EU), Art. 63 VO (EU) Nr. 648/2012 und Art. 37 VO (EU) Nr. 236/2012.

617 S. etwa Art. 50 Abs. 2 lit. m RL 2004/39/EG (ab 3.1.2017 Art. 69 Abs. 2 lit. i RL 2014/65/EU) und Art. 62 ff VO (EU) Nr. 648/2012.

618 Art. 69 Abs. 2 lit. r RL 2014/65/EU.

619 S. etwa Art. 50 Abs. 2 lit. e, g, j und k RL 2004/39/EG (ab 3.1.2017 Art. 69 Abs. 2 lit. f, k, m und n RL 2014/65/EU).

620 Art. 10 Abs. 6, Art. 50 Abs. 2 lit. f und i RL 2004/39/EG (ab 3.1.2017 Art. 10 Abs. 3, Art. 11 Abs. 4, Art. 69 Abs. 2 lit. e und lit. l RL 2014/65/EU); Art. 26 Abs. 2, 64 RL 2013/36/EU; Art. 46 Abs. 2 RL 2011/61/EU; Art. 24 VO (EU) Nr. 1060/2009 idF der VO (EU) Nr. 513/2011; Art. 64 VO (EU) Nr. 648/2012; Art. 18 ff VO (EU) Nr. 236/2012.

621 S. dazu generell nur EuGH, Rs. 68/88 (Kommission/Griechenland), Slg 1989, 2965, Rn 25 und EuGH, Rs. C-326/88 (Hansen), Slg 1990, I-2911, Rn 17.

622 Art. 69 Abs. 2 lit. o, p, s und t RL 2014/65/EU; Art. 39 bis 45 VO (EU) Nr. 600/2014.

623 Art. 69 Abs. 2 lit. u RL 2014/65/EU.

624 EuGH, Rs. C-270/12 (Großbritannien und Nordirland/Parlament und Rat), NJW 2014, 1359 (dazu *Kohtamäki*, EuR 2014, 321 ff).

Zur Abwehr von erheblichen Gefahren und bei Untätigkeit der zuständigen Behörden kann die ESMA zudem konkrete Weisungen gegenüber Nicht-EU-AIFM erteilen (Art. 47 RL 2011/61/EU).

4. Sanktionsbefugnisse

Unbeschadet des Verfahrens zum Entzug der Zulassung haben die Mitgliedstaaten 155
auch wirksame, verhältnismäßige und abschreckende **Verwaltungssanktionen** vorzusehen und durchzusetzen. Während sich hierzu einige vor allem ältere Rechtsakte mit einer allg. gehaltenen Umschreibung begnügen,[625] legen die neueren Richtlinien und Verordnungen jeweils einen Kanon der von den Mitgliedstaaten mindestens vorzusehenden Sanktionen fest. Zu diesem Kanon gehören regelmäßig Geldbußen,[626] Tätigkeitsverbote,[627] und die öffentliche Bekanntgabe von Verstößen bzw Sanktionen (sog. naming and shaming[628]). Gelegentlich wird auch eine Gewinnabschöpfung[629] oder ein Stimmrechtsausübungsverbot[630] vorgesehen. Die zu verhängenden Geldbußen werden neuerdings durch absolute oder (in Abhängigkeit vom erzielten Gewinn bzw Gesamtnettoumsatz zu bestimmende) relative Unter- bzw Obergrenzen näher eingegrenzt.[631] Sodann nennen die jüngeren Erlasse die bei der Festlegung der Art und der Höhe bzw des Umfangs einer verwaltungsrechtlichen Sanktion oder Maßnahme zu berücksichtigenden Umstände wie die Schwere und die Dauer eines Verstoßes, den Grad an Verantwortung der verantwortlichen Person, deren Finanzkraft und die Höhe der von ihr erzielten Gewinne bzw verhinderten Verluste bzw der bei Dritten entstandenen Verluste, die Kooperationsbereitschaft oder das Vorhandensein früherer Verstöße.[632] Teilweise haben die drei ESA die Kompetenz erhalten, Leitlinien zur Sanktionierung zu erlassen.[633] Mit diesen genaueren Vorgaben soll die nach Ansicht der EU-Kommission früher teilweise unzureichende Durchsetzung der Regulierung verbessert werden.[634] Im Bereich ihrer supranationalen Aufsichtszuständigkeiten verfügen schließlich die EZB[635] und die ESMA[636] über Sanktionsbefugnisse aus-

625 S. etwa Art. 51 Abs. 1 RL 2004/39/EG (bis 2.1.2017); Art. 12 VO (EU) Nr. 648/2012; Art. 41 VO (EU) Nr. 236/2012; Art. 48 Abs. 1 RL 2011/61/EU; Art. 110 RL 2014/59/EU.

626 S. etwa Art. 66 Abs. 2 lit. c bis e RL 2013/36/EU und (ab 3.1.2017) Art. 70 Abs. 6 lit. f bis lit. h RL 2014/65/EU.

627 S. etwa Art. 67 Abs. 2 lit. d RL 2013/36/EU und (ab 3.1.2017) Art. 70 Abs. 6 lit. d RL 2014/65/EU.

628 S. etwa Art. 66 Abs. 2 lit. a RL 2013/36/EU (CRD IV); Art. 12 Abs. 2 VO (EU) Nr. 648/2012 (EMIR); Art. 36 VO (EG) Nr. 1060/2009 idF der VO (EU) Nr. 513/2011; Art. 41 Abs. 4 VO (EU) Nr. 236/2012; Art. 48 Abs. 2 RL 2011/61/EU (AIFM); Art. 34 VO (EU) Nr. 596/2014 (MAR); Art. 112 RL 2014/59/EU (BRRD) und (Geltung ab 3.1.2017) Art. 70 Abs. 6 lit. a, 71 RL 2014/65/EU (MiFID II).

629 S. etwa Art. 30 Abs. 2 lit. b VO (EU) Nr. 596/2014 (Geltung ab 3.7.2016).

630 S. etwa Art. 66 Abs. 2 lit. f RL 2013/36/EU.

631 S. etwa Art. 30 Abs. 2 lit. h bis lit. j VO (EU) Nr. 596/2014 (Geltung ab 3.7.2016); Art. 66 Abs. 2 lit. c bis e RL 2013/36/EU und (Geltung ab 3.1.2017) Art. 70 Abs. 6 lit. f bis lit. h RL 2014/65/EU.

632 S. etwa Art. 70 RL 2013/36/EU (CRD IV), Art. 72 RL 2014/65/EU (MiFID II), Art. 114 RL 2014/59/EU (BRRD).

633 S. etwa Art. 41 Abs. 2 VO (EU) Nr. 236/2012.

634 Mitteilung der EU-Kommission KOM(2010) 716 endg. v. 8.12.2010.

635 Grundlage des Sanktionsrechts der EZB bilden Art. 132 Abs. 3 AEUV und die VO (EG) Nr. 2532/98 des Rates (ABl. L 318 v. 27.11.1998, S. 4); hinsichtlich der Aufsichtsaufgaben ergeben sich die Sanktionsbefugnisse der EZB aus Art. 18 SSM-VO (EU) Nr. 1024/2013 und der SSM-Rahmenverordnung (EU) Nr. 468/2014 (EZB/2014/17), ABl. L 141 v. 14.5.2014, S. 1 (v.a. Art. 120 ff); zu den Sanktionsbefugnissen der EZB im Bereich der Geldpolitik s. VO (EG) Nr. 2157/1999 (EZB/1999/4), ABl. L 264 v. 12.10.1999, S. 21.

636 Art. 23 e, 36 a ff VO (EG) Nr. 1060/2009 idF der VO (EU) Nr. 462/2013 und iVm DelVO (EU) Nr. 946/2012 (Ratingagenturen); Art. 65 ff VO (EU) Nr. 648/2012 (Transaktionsregister).

drücklich rein administrativen Charakters. Die **strafrechtlichen Sanktionen** werden gesondert am Ende dieses Beitrags behandelt (Rn 217 ff).

II. Kooperation der Aufsichtsbehörden

156 Die aufsichtsrechtlichen Richtlinien enthalten zahlreiche Vorschriften für die Zusammenarbeit zwischen den Aufsichtsbehörden ein und desselben Mitgliedstaats, für deren grenzüberschreitende Kooperation sowie für die enge Zusammenarbeit mit dem ESRB, den drei ESA bzw deren Gemeinsamem Ausschuss und der EU-Kommission.[637] Gegenstand dieser Regelungen sind die Kompetenzverteilung, der Informationsaustausch und die Koordinierung von Aufsichtsmaßnahmen. Für die bei **Finanzkonglomeraten** besonders bedeutsame Kompetenzverteilung und Zusammenarbeit bestehen dabei zusätzliche Regelungen.[638]

1. Kompetenzverteilung

157 Die Mitgliedstaaten sind zunächst zu einer klaren nationalen Zuständigkeitsabgrenzung im Finanzdienstleistungsbereich verpflichtet.[639] Sofern nicht inzwischen wie für Ratingagenturen (Rn 73) und Transaktionsregister (Rn 84) eine einheitliche supranationale Aufsicht eingerichtet wurde, sehen die einschlägigen Regelungen für die grenzüberschreitende Aufsicht in Übereinstimmung mit dem Sitzlandprinzip (Rn 96 ff) eine primäre Aufsichtszuständigkeit der **Behörden des Herkunftsmitgliedstaats** vor.[640] Damit diese ihre Aufgaben effektiv wahrnehmen können, dürfen sie auch in den im Aufnahmemitgliedstaat errichteten Zweigstellen Prüfungen vor Ort vornehmen.[641] Ihnen stehen dort allerdings keine eigenen Zwangsbefugnisse zu.[642] Andererseits können die Behörden im Aufnahmemitgliedstaat zwar ebenfalls Untersuchungen vor Ort in den Zweigstellen vornehmen,[643] doch können sie ein Unternehmen in der Regel lediglich auffordern, die vorschriftswidrige Situation zu beenden, und dies auch nur dann, wenn das Unternehmen eine Zweigstelle in ihrem Hoheitsgebiet hat oder dort Dienstleistungen erbringt und der Rechtsverstoß Vorschriften betrifft, die in Anwendung der eine Zuständigkeit der Behörden des Aufnahmemitgliedstaats beinhaltenden Richtlinienbestimmungen vom Aufnahmemitgliedstaat erlassen wurden.[644] Anordnungen, Zwangsmaßnahmen und Sanktionen dürfen auch insoweit grds. nur die zuständigen Behörden des Herkunftsmitgliedstaats treffen. Ausnahmsweise können die **Behörden im Aufnahmemitgliedstaat** allerdings weitere Rechtsverstöße verhindern bzw ahnden und erforderlichenfalls eine Geschäftstätigkeit auch ganz verbieten, wenn Maßnahmen der Behörden des Herkunftsstaats ganz

637 S. hierzu die mit der Omnibus-I-RL 2010/78/EU in verschiedene Rechtsakte eingefügten Informations- und Kooperationspflichten; dazu grundlegend *Lehmann*, Ordo 2013, 327 ff.
638 Art. 4 und 12 ff RL 2002/87/EG idF der RL 2011/89/EU.
639 S. etwa Art. 49 Unterabs. 1 RL 2004/39/EG (ab 3.1.2017 Art. 68 Abs. 1 RL 2014/65/EU) und Art. 46 Abs. 1 RL 2011/61/EU.
640 Art. 49 Abs. 1 RL 2013/36/EU (Kreditinstitute), Art. 31 f RL 2004/39/EG bzw ab 3.1.2017 Art. 34 ff RL 2014/65/EU (Wertpapierfirmen), Art. 9 Abs. 5, 20 Abs. 2-6 RL 2003/41/EG (Pensionsfonds).
641 S. dazu etwa Art. 52 Abs. 1 RL 2006/48, Art. 57 RL 2004/39/EG (ab 3.1.2017 Art. 80 RL 2014/65/EU), Art. 110 Abs. 1 RL 2009/65/EG und Art. 14 f RL 2002/87/EG; Art. 46 Abs. 2 lit. c RL 2011/61/EU.
642 *Ohler*, DVBl. 2002, 880, 881.
643 S. dazu etwa Art. 52 Abs. 3 RL 2013/36/EU.
644 S. dazu etwa Art. 41 Abs. 1 RL 2013/36/EU, Art. 62 Abs. 2 RL 2004/39/EG (ab 3.1.2017 Art. 86 Abs. 2 RL 2014/65/EU) und Art. 21 Abs. 3 RL 2009/65/EG.

fehlen oder diese ungeeignet sind oder wenn diese aus zwingenden Gründen des Allgemeininteresses im Aufnahmestaat bzw in dringenden Fällen zum Schutz der Dienstleistungsempfänger notwendig sind (Sicherungsmaßnahmen).[645] Bei deren Untätigkeit im Falle von Kreditinstituten kann sich die Behörde des Aufnahmemitgliedstaats auch an die EBA wenden (Art. 41 Abs. 2 RL 2013/36/EU, CRD IV).

2. Wechselseitige Information und Verschwiegenheitspflichten

Die aufsichtsrechtlichen Richtlinien sehen umfassende wechselseitige Informations- 158
pflichten aller auf nationaler und supranationaler Ebene zuständigen Behörden hinsichtlich aller für die Aufsicht wesentlichen Umstände vor.[646] Der Informationsaustausch unterliegt dabei allerdings noch gewissen datenschutzrechtlichen Einschränkungen und Auflagen sowie dem Berufsgeheimnis.[647] Zum Verhältnis zwischen der Verschwiegenheitspflicht der Aufsichtsbehörde und dem Auskunftsanspruch des Bürgers wird sich demnächst der EuGH zu äußern haben.[648]

3. Amtshilfe

Einige Rechtsakte enthalten zur effektiveren Gestaltung der Aufsicht eine ausdrückli- 159
che Verpflichtung zur Amtshilfe zwischen den nationalen Aufsichtsbehörden[649] und zur Amtshilfe der nationalen zugunsten der supranationalen Aufsichtsbehörden[650] sowie die Pflicht zur Bestimmung einer der beteiligten Behörden als Kontaktstelle[651] bzw Koordinatorin.[652] Zahlreiche Bestimmungen regeln die Zusammenarbeit,[653] Anhörung[654] und gegenseitige Information[655] der beteiligten Behörden. Mit Drittlän-

645 S. dazu etwa Art. 44 RL 2013/36/EU, Art. 62 Abs. 1 Unterabs. 2 RL 2004/39/EG (ab 3.1.2017 Art. 86 Abs. 1 Unterabs. 2 RL 201/65/EU), Art. 21 Abs. 4-6 RL 2009/65/EG, Art. 20 Abs. 10 RL 2003/41/EG und Art. 40 Abs. 5-8 RL 92/49/EWG; näher dazu die Mitteilung der Kommission v. 20.6.1997 zu Auslegungsfragen über den freien Dienstleistungsverkehr und das Allgemeininteresse in der Zweiten Bankenrichtlinie, ABl. C 209 v. 10.7.1997, S. 6 und die Mitteilung der Kommission zu Auslegungsfragen: Freier Dienstleistungsverkehr und Allgemeininteresse im Versicherungswesen, ABl. C 43 v. 16.2.2000, S. 5; ferner *Schnyder*, Europ. Banken- und Versicherungsrecht, 2005, Rn 124 ff.

646 S. zum Informationsaustausch etwa Art. 50 ff RL 2013/36/EU (Kreditinstitute), Art. 49, 54, 58 (Wertpapierfirmen, geregelte Märkte), Art. 101 ff RL 2009/65/EG iVm Art. 12 f DVO (EU) Nr. 584/2010 (OGAW); Art. 12 und 14 RL 2002/87/EG (Finanzkonglomerate), Art. 20 V, VIII RL 2003/41/EG (Pensionsfonds), Art. 22, 24 RL 2007/64/EG (Zahlungsinstitute), Art. 21, 23 und 84 VO (EU) Nr. 648/2012 (CCP), Art. 25, 50 und 53 f RL 2011/61/EU (AIFM), Art. 35 VO (EU) Nr. 236/2012 (Leerverkäufe), Art. 90 RL 2014/59/EU (BRRD), Art. 8 Abs. 1 lit. d und Art. 35 fESA-VO (EU) Nr. 1093-1095/2010 (ESA, ESRB und nationale Behörden).

647 S. explizit zum Berufsgeheimnis Art. 32 VO (EU) Nr. 1060/2009 idF der VO (EU) Nr. 515/2011 (Ratingagenturen), Art. 83 VO (EU) Nr. 648/2012 (EMIR); Art. 34 VO (EU) Nr. 236/2012 (Leerverkäufe), Art. 27 Abs. 2 und 3 RL 2011/61/EU (AIFM), Art. 27 VO (EU) Nr. 596/2014 (MAR), Art. 84 RL 2014/59/EU (BRRD) sowie Art. 70 VO (EU) Nr. 1093-1095/2010 (ESA).

648 Rs. C-140/13 betr. das Vorabentscheidungsersuchen des VG Frankfurt/M. NVwZ 2013, 742.

649 S. etwa Art. 16 Abs. 1 RL 2003/6/EG, Art. 56 Abs. 1 Unterabs. 2 RL 2004/39/EG (ab 3.1.2017 Art. 79 Abs. 1 RL 2014/65/EU) und Art. 6 ff DVO (EU) Nr. 584/2010.

650 S. etwa Art. 6, Art. 11 Abs. 2 Unterabs. 2 und Art. 12 Abs. 5 VO (EU) Nr. 1024/2013, Art. 63 Abs. 7 VO (EU) Nr. 648/2012 sowie Art. 128 RL 2014/59/EU.

651 Art. 56 Abs. 1 Unterabs. 3 RL 2004/39/EG bzw ab 3.1.2017 Art. 79 Abs. 1 Unterabs. 5 RL 2014/65/EU (Wertpapierfirmen).

652 Art. 10 f RL 2002/87/EG (Finanzkonglomerate).

653 Art. 87 ff RL 2014/59/EU (BRRD).

654 Art. 87 RL 2014/59/EU (BRRD).

655 Art. 113 RL 2014/59/EU (BRRD).

dern sind nach Möglichkeit entsprechende Kooperationsvereinbarungen zu schließen.[656]

656 S. etwa Art. 38 VO (EU) Nr. 236/2012; Art. 26 VO (EU) Nr. 596/2014 (MAR); Art. 93 ff RL 2014/59/EU (BRRD); Art. 39 Abs. 2 lit. b RL 2014/65/EU (MiFID II).

§ 4
Unternehmensrecht der Finanzdienstleister

A. Externe Rechnungslegung und Publizität[657]

Die Harmonisierung der sog. externen[658] Rechnungslegung von Finanzdienstleistungsunternehmen soll (auch zur Erleichterung der Aufsicht) den Vergleich der Jahresabschlüsse von Unternehmen aus verschiedenen Mitgliedstaaten ermöglichen. Für die Rechnungslegung von Finanzdienstleistungsunternehmen gelten zunächst einige **Sonderregelungen** aufgrund zweier mehrfach geänderter Bilanzrichtlinien für Banken und andere Finanzinstitute (RL 86/635/EWG, **Bankbilanz-RL**) sowie für Versicherungsunternehmen (RL 91/674/EWG, **Versicherungsbilanz-RL**),[659] die beide durch die RL 2003/51/EG[660] mit den Regelungen der IAS-Verordnung[661] abgestimmt wurden. Im Übrigen verweisen die beiden Richtlinien auf die allg. gesellschaftsrechtlichen Vorschriften zur Rechnungslegung und Abschlussprüfung.[662] Während die allg. Bilanzrichtlinien nur Kapitalgesellschaften betreffen, gelten die Bank- und Versicherungsbilanzrichtlinie grds. für alle Unternehmensformen mit Ausnahme der Einzelbankiers[663] bzw kleiner Unternehmen auf Gegenseitigkeit.[664] Beide Sonderrichtlinien enthalten einzelne Regeln zum genauen Inhalt und zur Gliederung der Bilanz, der Gewinn- und Verlustrechnung sowie des Anh. Ferner regeln sie Fragen der Bewertung, der Aufstellung der konsolidierten Abschlüsse sowie der Offenlegung von Jahresabschlüssen und Lageberichten. Schließlich verlangen die beiden Richtlinien, dass die Jahresabschlüsse und konsolidierten Abschlüsse von Kreditinstituten und Versicherungsgesellschaften von einer oder mehreren nach Unionsrecht zur Durchführung solcher Prüfungen berechtigten Personen geprüft werden.[665] Analoges gilt für Emittenten von Wertpapieren, die zum Handel an einem geregelten Markt zugelassen sind,[666] Zahlungsinstitute,[667] OGAW,[668] E-Geld-Institute,[669] und AIF.[670] Die Voraussetzungen für die Zulassung der für die Abschlussprüfung zuständigen Personen sowie die Mindestanforderungen an die Durchführung dieser Prüfungen sind in der RL 2006/43/EG festgelegt. Spezifische Anforderungen gelten neuerdings für die Abschlussprüfung bei **Unternehmen von öffentlichem Interesse.**[671] Von den **Rechnungs-** 160

657 *Bauer*, WM 1987, 861 ff; *Rixen*, WM 1989, 905 ff.
658 Zur sog. internen Rechnungslegung gegenüber den Aufsichtsbehörden s. Rn 108.
659 Eingehend dazu *Müller*, Versicherungsbinnenmarkt, Rn 545 ff.
660 Umsetzung in Deutschland durch das Gesetz zur Einführung internationaler Rechnungslegungsstandards und zur Sicherung der Qualität der Abschlussprüfung (Bilanzrechtsreformgesetz) v. 4.12.2004, BGBl. I 2004, 3166; vgl hierzu auch *Busse von Colbe*, BB 2004, 2063 ff.
661 VO (EG) Nr. 1606/2002 v. 19.7.2002 betreffend die Anwendung internationaler Rechnungslegungsstandards, ABl. L 243 v. 11.9.2002, S. 1.
662 S. dazu RL 2013/34/EU (früher RL 78/660/EWG und RL 83/349/EWG) und RL 2006/43/EG.
663 Art. 2 Abs. 1 lit. a RL 86/635/EWG.
664 Art. 2 Abs. 1 lit. a und b RL 91/674/EWG.
665 Art. 1 Abs. 1 RL 86/635/EWG, Art. 1 Abs. 1 RL 91/674/EWG.
666 Art. 4 Abs. 4 RL 2004/109/EG.
667 Art. 15 Abs. 2 RL 2007/64/EG.
668 Art. 73 RL 2009/65/EG.
669 Art. 3 Abs. 1 RL 2009/110/EG.
670 Art. 22 Abs. 3 RL 2011/61/EU.
671 VO (EU) Nr. 537/2014 (zur Begriffsbestimmung Art. 2 RL 2006/43/EG).

legungsstandards betreffen IFRS 4 Versicherungsverträge sowie IFRS 7, IAS 32 und IAS 39 Finanzinstrumente.

161 Während die Offenlegung von Jahresabschlussunterlagen durch **Zweigniederlassungen** ausländischer Banken und anderer Finanzinstitute durch die RL 89/117/EWG spezifisch angeglichen und insb. mit dem Verzicht auf einen gesonderten Jahresabschluss auch eine Gleichstellung mit den Zweigniederlassungen von Banken in demselben Mitgliedstaat erreicht wurde (vgl auch Art. 14 Abs. 1 RL 89/666/EWG), fehlt eine entsprechende Regelung für die ausländischen Zweigniederlassungen von Versicherungsunternehmen. Diese unterliegen vielmehr Art. 2 Abs. 1 lit. g iVm Art. 3 der allg. Zweigniederlassungs-RL 89/666/EWG.

B. Finanzdienstleistungsunternehmen in der Krise[672]

I. Sanierung und Abwicklung nach der BRRD und SRM-VO

162 Mit der RL 2014/59/EU (**BRRD**) sind neue Regelungen für die Sanierung und Abwicklung von in der Union niedergelassenen Kreditinstituten, Wertpapierfirmen, bestimmten Finanzinstituten, (gemischten) (Finanz-)Holdinggesellschaften, (gemischten) (Unions-)Mutterfinanzholdinggesellschaften und Zweigstellen von Drittlandinstituten in Kraft getreten.[673] Auf die nach der BRRD geltenden Anforderungen an die Sanierungs- und **Abwicklungsplanung** (Art. 4 ff BRRD) wurde bereits ebenso hingewiesen (Rn 124 ff) wie auf die Möglichkeiten eines **frühzeitigen Eingreifens** der zuständigen Aufsichtsbehörde nach Art. 27 BRRD, wenn ein Kreditinstitut oder eine Wertpapierfirma gegen eine der Anforderungen der VO (EU) Nr. 575/2013 (CRR), der RL 2013/36/EU (CRD IV) oder des Titels II der Richtlinie 2014/65/EU (MiFID II) oder einen der Art. 3 bis 7, 14 bis 17 sowie 24, 25 und 26 der VO (EU) Nr. 600/2014 (MiFIR) verstößt oder in naher Zukunft dagegen zu verstoßen droht (Rn 135). Zur **Sanierung** enthalten darüber hinaus die Art. 3 ff der RL 2001/17/EG (Versicherungsunternehmen) und die Art. 3 ff der RL 2001/24/EG (Kreditinstitute)[674] Sonderregelungen. Im Fall einer Anwendung der Abwicklungsinstrumente und -befugnisse der BRRD gilt die RL 2001/24/EG auch für alle sonst in den subjektiven Anwendungsbereich der BRRD fallenden Unternehmen.[675]

163 Die gegenüber der Liquidation im regulären Insolvenzverfahren (Rn 166 f) vorrangigen[676] Regelungen zur **Abwicklung** (Art. 31 ff BRRD) kommen nach Art. 32 f BRRD zur Anwendung, wenn erstens der Ausfall eines Kreditinstituts bzw einer Wertpapierfirma etc. durch Maßnahmen der Privatwirtschaft (u.a. Maßnahmen im Rahmen von institutsbezogenen Sicherungssystemen) oder der Aufsichtsbehörden (u.a. Frühinterventionsmaßnahmen nach Art. 27 BRRD, s. auch Rn 135; Kapitalherabschreibung oder -umwandlung nach Art. 59 BRRD) innerhalb eines angemessenen Zeitrahmens

672 *Binder*, Bankeninsolvenzen im Spannungsfeld zwischen Bankaufsichts- und Insolvenzrecht, 2005; *Chattopadhyay*, WM 2013, 405 ff; *Cichy/Behrens*, WM 2014, 438 ff; *Lehmann*, WM 2013, 1389 ff; *Ruzik*, BKR 2009, 133 ff; *Schnyder*, Europ. Banken- und Versicherungsrecht, 2005, Rn 260 ff; *Wimmer*, ZInsO 2002, 897 ff; s. auch noch die Literaturhinweise in Fn 695, 719 und 729.

673 Zum Anwendungsbereich Art. 1 Abs. 1 und zu den Begriffsbestimmungen Art. 2 Abs. 1 Nr. 2-4, 9-15 und 23 RL 2014/59/EU.

674 Dazu EuGH, Rs. C-85/12 (Landsbanki Islands HF), DZWIR 2014, 68 ff.

675 Art. 1 Abs. 4 RL 2001/24/EG idF der RL 2014/59/EU.

676 S. dazu auch Art. 37 Abs. 6 BRRD.

wahrscheinlich nicht abgewendet werden kann und wenn zweitens ein öffentliches Interesses an der Abwicklung besteht, was der Fall ist, wenn die Abwicklungsmaßnahme für die Erreichung mindestens eines der in Art. 31 Abs. 2 genannten Abwicklungsziele[677] erforderlich und mit Blick auf diese Ziele verhältnismäßig ist und wenn dies bei einer Liquidation des Instituts im Wege eines regulären Insolvenzverfahrens nicht in demselben Umfang der Fall wäre. Die Bestimmungen zum **Abwicklungsverfahren** verlangen vom Leitungsorgan eines betroffenen Instituts oder Unternehmens einen (drohenden) Ausfall den Aufsichtsbehörden mitzuteilen, welche ihrerseits die Abwicklungsbehörden unterrichten (Art. 81 BRRD). Diese erlässt und veröffentlicht eine Entscheid über das Vorliegen der Abwicklungsvoraussetzungen und die zu treffenden Abwicklungsmaßnahmen, der ggf der gerichtlichen Zustimmung bzw Anfechtung unterliegt (Art. 82 und 85 BRRD). Vor der Anwendung von Abwicklungsinstrumenten hat eine faire, vorsichtige und realistische Bewertung der Vermögenswerte und Verbindlichkeiten des Instituts bzw Unternehmens durch einen unabhängigen Dritten zu erfolgen (Art. 36 BRRD). Im Abwicklungsverfahren hat die Abwicklungsbehörde darauf zu achten (Art. 34 Abs. 1 BRRD), dass die Verluste primär von den Anteilseignern und sekundär von den Gläubigern (grds. in der Rangfolge des regulären Insolvenzverfahrens und mit Ausnahme der vollständig gesicherten gedeckten Einlagen) des in Abwicklung befindlichen Instituts getragen werden und dass die Gläubiger keine größeren Verluste erleiden als im Wege eines regulären Insolvenzverfahrens nach Maßgabe der Schutzbestimmungen von Art. 73-75 BRRD. Nach Art. 37 Abs. 3 BRRD müssen die Mitgliedstaaten mindestens[678] vier kombinierbare **Abwicklungsinstrumente** vorsehen: Erstens Unternehmensveräußerungen an Dritte, die kein Brückeninstitut sind (Art. 38 f BRRD), zweitens Unternehmensveräußerungen an ein sog. Brückeninstitut, das eigens für diese Veräußerung als eine mindestens teilweise im Eigentum öffentlicher Stellen stehende juristische Person für grds. zwei Jahre gegründet wurde, von der Abwicklungsbehörde kontrolliert wird und deren Leitungsorgane und Geschäftsleiter maximal für grobe Fahrlässigkeit haften (Art. 40 f BRRD), drittens die Ausgliederung von Vermögenswerten, Rechten und Verbindlichkeiten auf eine Zweckgesellschaft (sog. Bad Bank), die für die Vermögensverwaltung als eine mindestens teilweise im Eigentum öffentlicher Stellen stehende juristische Person gegründet wurde, von der Abwicklungsbehörde kontrolliert wird und welche die ihr übertragenen Vermögenswerte zum höchstmöglichen Preis verkaufen soll (Art. 42 BRRD) und viertens das sog. Bail-in-Instrument, mit dem die Abwicklungsbehörde bestimmte Verbindlichkeiten (Art. 44 BRRD) in einer vorgegebenen Reihenfolge (Aktionäre vor den Gläubigern; s. Art. 48 BRRD) herabschreiben und/oder in Eigenkapital umwandeln kann,[679] um das Institut zu rekapitalisieren oder die anderen Abwicklungsmaßnahmen (Art. 43-58 BRRD) zu ermöglichen. Der nach Anwendung der drei erstgenannten Abwicklungsinstrumente (Art. 37 Abs. 3 lit. a, b und c

677 Zu diesen gehören die Sicherstellung der Kontinuität kritischer Funktionen, die Vermeidung erheblicher negativer Auswirkungen auf die Finanzstabilität, der Schutz öffentlicher Mittel, der der Schutz von Einlegern und Anlegern und der Schutz von Kundenvermögen.

678 Es bleibt den Mitgliedstaaten gem. Art. 37 Abs. 9 BRRD unbenommen, den Abwicklungsbehörden zusätzliche Instrumente an die Hand zu geben und ihnen weitere Befugnisse zu übertragen.

679 Art. 2 Abs. 1 Nr. 57 RL 2014/59/EU.

BRRD) verbleibende Teil des Instituts oder Unternehmens wird im Wege eines regulären Insolvenzverfahrens liquidiert (Art. 37 Abs. 6 BRRD). Führt die Anwendung eines Abwicklungsinstruments bei Gläubigern zu Verlusten oder einer Umwandlung ihrer Forderungen, ist mindestens gleichzeitig auch eine Herabschreibung oder Umwandlung von Kapitalinstrumenten (Art. 59-62 BRRD) durchzuführen (Art. 37 Abs. 2 BRRD). Im Zusammenhang mit diesen einschneidenden Abwicklungsinstrumenten haben die Mitgliedstaaten den Abwicklungsbehörden nach den Vorgaben der BRRD äußerst weitreichende und grds. auch in anderen Mitgliedstaaten durchsetzbare (Art. 66 BRRD) **Abwicklungsbefugnisse** einzuräumen, die etwa die Übertragung von Vermögenswerten und den Eingriff in laufende Verträge (Art. 63 f), die Anordnung von Unterstützungsleistungen durch das Institut oder die Entlassung von Leitungsorganen bzw Geschäftsleitern und die Übernahme der Kontrolle und Leitung (Art. 72 BRRD) oder der Bestellung eines Sonderverwalters (Art. 35 BRRD) reichen (Art. 63 ff BRRD). Dabei soll den Interessen von Anteilseignern und Gläubigern durch spezielle **Schutzbestimmungen** Rechnung getragen werden (Art. 73 ff; dazu Rn 178).

164 Jeder Mitgliedstaat muss seinen nationalen Abwicklungsmechanismen für die effektive Anwendung der Abwicklungsinstrumente und -befugnisse finanzielle Mittel zur Verfügung stellen und hierfür mindestens einen sog. **Abwicklungsfinanzierungsmechanismus** als Fonds einrichten. Diesem Fonds kann ein Mitgliedstaat zwar die Nutzung der Verwaltungsstruktur des nationalen Einlagensicherungssystems, nicht aber ders. Mittel gestatten (Art. 100 BRRD). Die nationalen Finanzierungsmechanismen sind mit jährlichen Beiträgen, deren Höhe vom Risikoprofil des Instituts abhängt, grds. bis zum 31.12.2024 (bei vorzeitigen Ausschüttungen im Umfang von mindestens 0.5 % verlängerbar um max. vier Jahre) mit mindestens 1 % der gedeckten Einlagen aller im Hoheitsgebiet zugelassenen Institute auszustatten, wobei diese Zielausstattung innerhalb von sechs Jahren wieder zu erreichen ist, wenn diese unter 0,66 % gefallen sein sollte (Art. 102 f BRRD). Die nationalen Finanzierungsmechanismen müssen voneinander (Art. 106) und von Dritten (Art. 105) Kredite aufnehmen können. Die Abwicklungsfinanzierungsmechanismen der SSM-Staaten sollen schrittweise vergemeinschaftet werden (dazu Rn 165).

165 Für die in einem **SSM-Staat** (Rn 7) niedergelassenen Kreditinstitute und die nach Art. 4 Abs. 1 lit. g der VO (EU) Nr. 1024/2013 der konsolidierten Aufsicht durch die EZB unterstehenden und in einem SSM-Staat niedergelassenen Mutterunternehmen sowie die in diese konsolidierte Aufsicht einbezogenen und in einem SSM-Staat niedergelassenen Wertpapierfirmen und Finanzinstitute (Anwendungsbereich gem. Art. 2) sieht die VO (EU) Nr. 806/2014 (**SRM-VO**) weitere Regelungen zur **Abwicklungsplanung** (Art. 8 ff), zur **Frühintervention** (Art. 13) und **Abwicklung** (Art. 14 ff) vor. Diese einheitlichen Vorschriften werden von einem gemäß Art. 42 als EU-Agentur errichteten Ausschuss für die einheitliche Abwicklung („Ausschuss"; Art. 42 ff) in Zusammenarbeit mit dem Rat und der Kommission sowie den nationalen Abwicklungsbehörden angewandt (zur Behördenzusammenarbeit s. Art. 30 ff). Dabei wird dieser sog. einheitliche Abwicklungsmechanismus durch einen einheitlichen **Abwicklungsfonds** (Single Resolution Fund, SRF) unterstützt (Art. 1 Abs. 2 und Art. 60), der

vom Ausschuss als Teil II seines vom Unionshaushalt getrennten Haushalts verwaltet und vorbehaltlich eines hierzu noch zwischen den teilnehmenden Staaten zu schließenden Übereinkommens innerhalb von acht Jahren analog den Vorgaben der BRRD mit einem Endvolumen von mind. 1 % der gedeckten Einlagen aller zugelassenen Kreditinstitute der teilnehmenden Mitgliedstaaten (dies entspricht derzeit einem Volumen von rund 55 Mrd. Euro) ausgestattet werden soll. Hierzu sollen die in den Anwendungsbereich fallenden Kreditinstitute etc. zunächst auf nationaler Ebene Beiträge erbringen und der Fonds dann schrittweise vergemeinschaftet werden (Art. 67 Abs. 4, 69, 70 und 71). Die Fondsgelder sollen vor allem für Abwicklungsmaßnahmen iSv Art. 76 verwendet werden.

II. Reguläres Sanierungs- und Insolvenzverfahren

Ist der Anwendungsbereich von BRRD bzw SRM-VO nicht eröffnet oder liegen die 166
Voraussetzungen für eine Abwicklung nicht vor oder verbleibt nach der vorrangigen Abwicklung noch ein zu liquidierender Unternehmensteil zurück (vgl Rn 162 ff), kommt es zu einem regulären Sanierungs- bzw Insolvenzverfahren, das von den aufsichtsrechtlichen Sanierungs- und Abwicklungsmaßnahmen zu unterscheiden ist. Auf dieses Verfahren findet die EuInsVO keine Anwendung, da Versicherungsunternehmen, Kreditinstitute und Wertpapierfirmen, die Dienstleistungen erbringen, welche die Haltung von Geldern oder Wertpapieren Dritter umfassen, sowie OGAW vom Anwendungsbereich der EuInsVO ausdrücklich ausgenommen sind.[680] Stattdessen bestehen nach der **RL 2001/24/EG** und der RL **2001/17/EG**[681] einige im Jahre 2003 in das deutsche Recht umgesetzte[682] Sonderregelungen für die Sanierung und Liquidation von Kreditinstituten und Direktversicherungsunternehmen[683] mit Hauptsitz und/oder[684] Zweigniederlassungen im EWR. Ziel der Regelungen, ist es, im Interesse aller Gläubiger, Anleger und Versicherten die Aufsichtsbehörden in das Zwangsliquidationsverfahren einzubinden und sicherzustellen, dass zur Vermeidung von Kompetenzkonflikten und Ungleichbehandlungen nur **ein einziges Liquidationsverfahren** mit unionsweiter Wirkung im Mitgliedstaat des satzungsmäßigen Sitzes von dessen Aufsichtsbehörde eröffnet und nach dessen Recht durchgeführt wird.[685] Die Richtlinien folgen mit dieser Vermeidung von Sekundärverfahren dem Universalitäts- und Sitzlandprinzip (dazu Rn 96 ff). Ziel dieser Prinzipien ist die Konzentration des Liquidationsverfahrens an dem Ort, an dem sich regelmäßig der Großteil der Gläubiger des Kreditinstituts aufhält und das meiste Vermögen des Kreditinsituts belegen ist

680 Art. 1 Abs. 2 VO (EG) Nr. 1346/2000 des Rates v. 29.5.2000 über Insolvenzverfahren, ABl. L 160 v. 30.6.2000, S. 1.

681 Ab 1.1.2016 Art. 267 ff RL 2009/138/EG.

682 Gesetz zur Umsetzung aufsichtsrechtlicher Bestimmungen zur Sanierung und Liquidation von Versicherungsunternehmen und Kreditinstituten, BGBl. 2003 I, 2478; vgl auch §§ 46 e f KWG.

683 Rückversicherer gelten nach Art. 2 lit. a bzw Art. 13 Nr. 1 nicht als Versicherungsunternehmen iSv Art. 1 Abs. 1 RL 2001/17/EG bzw ab 1.1.2016 Art. 267 ff RL 2009/138/EG.

684 Während bei Kreditinstituten neben dem Hauptsitz im EWR auch noch mindestens eine Zweigniederlassung in einem anderen EWR-Staat bzw bei einem nicht im EWR liegenden Hauptsitz mindestens zwei Zweigniederlassungen in unterschiedlichen EWR-Staaten vorhanden sein müssen (Art. 1 RL 2001/24/EG), genügen bei Direktversicherungsunternehmen ein Hauptsitz im EWR oder eine Zweigniederlassung im EWR (Art. 1 RL 2001/17/EG bzw ab 1.1.2016 Art. 267 RL 2009/138/EG).

685 Art. 3 Abs. 1, Abs. 2, Art. 9 Abs. 1 und 10 RL 2001/24/EG sowie Art. 4, 8 Abs. 1, Abs. 2 und Art. 9 RL 2001/17/EG bzw ab 1.1.2016 Art. 269, 273 Abs. 1, Abs. 2 und Art. 274 RL 2009/138/EG.

(Grundsatz der engsten Verbindung).[686] Befindet sich der Sitz in einem Drittstaat, gilt der Mitgliedstaat, in dem die Zweigstelle niedergelassen ist, als Herkunftsland.[687] Die einleitende Behörde sowie die Aufsichtsbehörden im Herkunfts- und in den Aufnahmestaaten unterrichten sich gegenseitig.[688] Mit der Verfahrenseröffnung ist der Widerruf der aufsichtsrechtlichen Zulassung verbunden, sofern keine Sanierungsmaßnahmen eingeleitet werden bzw diese scheitern. Die Publizität der Verfahren wird durch Bekanntmachungen im EU-Amtsblatt und in zwei überregionalen Zeitungen jedes Aufnahmemitgliedstaats sichergestellt.[689] Die Gläubiger können ihre Forderungen in der Amtssprache des eigenen Mitgliedstaats anmelden und werden dann von den Liquidatoren regelmäßig über den Fortgang der Liquidation unterrichtet.

167 Das Verfahren richtet sich nach dem **Recht des Herkunftsmitgliedstaats**, das auch in Aufnahmestaaten durch die Behörden des Herkunftsstaates gegebenenfalls zwangsweise durchgesetzt werden kann.[690] Zum Schutz besonderer Gläubigergruppen bestehen jedoch weit reichende Ausnahmen. Die Richtlinien enthalten **Sonderanknüpfungen** für Arbeitsverhältnisse (Vertragsstatut), Verträge über den Erwerb oder die Nutzung eines unbeweglichen Gegenstands (lex rei sitae), Rechte an eintragungspflichtigen unbeweglichen Gegenständen oder eintragungsfähigen Vermögenswerten (Recht des Registerstaats), Pensionsgeschäfte (Vertragsstatut), Wertpapiere (Recht des Registerstaats), Zahlungs- und Abrechnungssysteme (Recht des Systems; dazu Rn 179), dingliche Rechte und Aufrechnungen (Recht der Forderung des Finanzdienstleisters).[691] Die Wirkungen von Sanierungs- oder Liquidationsmaßnahmen auf einen anhängigen Rechtsstreit richten sich nach dem Recht desjenigen Mitgliedstaats, in dem der Rechtsstreit anhängig ist.[692]

III. Schutz von Gläubigern und Anlegern

1. Institutssicherung

168 Eine Gläubigersicherung kann zunächst durch eine Sicherung des Unternehmens insgesamt, die mittelbar auch den Gläubigern zugutekommt, erfolgen.[693] Die in Deutschland etablierten Institutssicherungssysteme[694] der Sparkassen- und Giroverbände und der Genossenschaftsbanken sind aufgrund der von Deutschland wahrgenommenen Möglichkeit eines Bestandsschutzes mit dem Unionsrecht vereinbar. In der Folge der Finanzkrise von 2007/2008 wurden zudem national (Sonderfonds Finanzmarktstabilisierung, SoFFin) und supranational (zur bislang nur indirekten Unterstützung von Banken durch den ESM Rn 13) Hilfsfonds zur Existenzsicherung von

686 *Willemer*, in: Schwennicke/Auerbach, Kreditwesengesetz, 2. Aufl. 2013, § 46 e Rn 7.
687 Bei mehreren Zweigniederlassungen in unterschiedlichen Mitgliedstaaten werden diese als gesonderte Unternehmen behandelt (Art. 30 Abs. 2 RL 2001/17/EG bzw ab 1.1.2016 Art. 296 RL 2009/138/EG sowie Erwägungsgrund 22, Art. 8 und 19 RL 2001/24/EG).
688 Art. 4 und 5 RL 2001/24/EG sowie Art. 5 und 8 Abs. 3 RL 2001/17/EG bzw ab 1.1.2016 Art. 270 und 273 Abs. 3 RL 2009/138/EG.
689 Art. 13 ff RL 2001/24/EG sowie Art. 14 ff RL 2001/17/EG bzw ab 1.1.2016 Art. 280 ff RL 2009/138/EG.
690 *Schmitt*, ZIP 2009, 1989 ff; *Willemer*, in: Schwennicke/Auerbach (Hrsg.), Kreditwesengesetz, 2. Aufl., 2013, § 46 e Rn 8.
691 Art. 20 ff RL 2001/24/EG sowie Art. 19 ff RL 2001/17/EG bzw ab 1.1.2016 Art. 285 ff RL 2009/138/EG.
692 Art. 32 RL 2001/24/EG sowie Art. 26 RL 2001/17/EG bzw ab 1.1.2016 Art. 292 ff RL 2009/138/EG.
693 Dazu auch *Ricke*, BKR 2002, 899, 890.
694 § 12 EAEG; zur Abschaffung von Anstaltslast und Gewährträgerhaftung s.o. Rn 56.

Banken eingerichtet. Mit den Richtlinien 2014/59/EU (BRRD), 2001/17/EG und 2001/24/EG sowie der SRM-VO (EU) Nr. 806/2014 nimmt die Institutssicherung durch Sanierungs- und Abwicklungsplanung, Frühintervention, Sanierung und Abwicklung inzwischen einen breiten Raum im Regulierungsrahmen der Union ein (dazu näher Rn 162 ff).

2. Einlagensicherung und Anlegerentschädigung[695]

Die mit dem Einlagensicherungs- und Anlegerentschädigungsgesetz von 1998 (EAEG)[696] umgesetzten Richtlinien über Einlagensicherungssysteme (RL 94/19/EG) und Anlegerentschädigung (RL 97/9/EG) bezwecken die **Harmonisierung des Schutzes der Einleger** bzw **Anleger** im Falle der Insolvenz von Kreditinstituten bzw von Wertpapierhandelsunternehmen und damit die Gewährleistung der Stabilität des Bankensystems insgesamt (v. a. Verhinderung eines sog. *bank run*). Die Regelungen zur Organisation und Finanzierung der Sicherungssysteme obliegen auch nach der Einführung der neuen Einlagensicherungs-RL 2014/49/EU grds. noch immer den Mitgliedstaaten, was zwar die Beibehaltung und Anpassung der bestehenden Systeme erleichterte, den Harmonisierungserfolg aber letztlich in Frage stellt.[697] Die Kommission hatte daher bereits nach einer Überprüfung der RL 94/19/EG die Kreditinstitute im Jahre 2006 zu Verbesserungen im Wege der Selbstregulierung aufgefordert.[698] Mit der im Zuge der jüngsten Finanzkrise erfolgten Änderung der RL 94/19/EG durch die RL 2009/14/EG[699] wurden insb. die Deckungssumme erhöht (näher Rn 172) und die Deckungsfrist deutlich verkürzt (näher Rn 173). Mit der neuen **Einlagensicherungs-RL 2014/49/EU** werden nunmehr die in jedem Mitgliedstaat zu errichtenden Einlagensicherungssysteme ex ante durch jährliche Beiträge aller zugelassenen Kreditinstitute (näher Rn 172) so finanziert, dass die Finanzmittel eines Systems bis 3.7.2024 insgesamt 0,8 % (ausnahmsweise 0,5 %) der bei seinen Mitgliedern gedeckten Einlagen entsprechen, wovon 70 % in bar einbezahlt sein müssen.[700] Unionsweit geht es um einen Betrag von ca. 60 Mrd. EUR. Die Beiträge der einzelnen Mitglieder ergeben sich aus der Höhe der gedeckten Einlagen und des Risikos, dem das Institut ausgesetzt ist (vgl Art. 13 RL 2014/49/EU). Entgegen dem ursprünglichen Kommissionsvorschlag besteht keine Pflicht zur wechselseitigen Kreditgewährung zwischen den Einlagensicherungssystemen. Doch können die Mitgliedstaaten solche Kreditgewährungen innerhalb der Union auf freiwilliger Basis vorsehen, sofern verschiedene Kriterien und Bedingungen erfüllt werden (vgl Art. 12 RL 2014/49/EU). Es besteht zudem die Möglichkeit, die Einlagensicherungssysteme verschiedener Mitgliedstaaten zusammenzulegen oder ein grenzüberschreitendes Einlagensicherungssystem zu errichten (Art. 4 Abs. 1 Unterabs. 2 RL 2014/49/EU). Die Art. 20 und 22 der 169

695 *Everling*, ZHR 1998, 403; *Grüneberg*, WM 2012, 1365 ff; *Hoeren*, EuZW 1994, 750 ff; *Kessel*, AG 1997, 313; *Roth*, ZBB 1997, 373 ff; *Ricke*, BKR 2002, 899, 900; *Sethe*, ZBB 1998, 305 ff; *Zetzsche/Grünewald*, WM 2013, 1337 ff.

696 Gesetz zur Umsetzung der EG-Einlagensicherungsrichtlinie und der EG-Anlegerentschädigungsrichtlinie v. 16.7.1998, BGBl. I 1998, 1842; s. auch noch Fn 699.

697 Näher *Sethe*, ZBB 1998, 305, 309.

698 KOM(2006) 729 endg.

699 Umgesetzt mit dem ÄndG des Einlagensicherungs- und Anlegerentschädigungsgesetzes und anderer Gesetze v. 25.6.2009, BGBl. 2009 I, 1528 ff.

700 Art. 10 RL 2014/49/EU.

RL 2014/49/EU sehen eine differenzierte Fristenregelung für die Inkraftsetzung der nationalen Umsetzungsvorschriften (bis zum 3.7.2015 bzw 31.5.2016) und der unmittelbar anwendbaren Bestimmungen der Richtlinie vor, während die alte RL 94/19/EG nach Art. 21 RL 2014/49/EU mit Wirkung zum 4.7.2019 aufgehoben wird. Die EU-Kommission hat am 12.7.2010 zudem ein „Weißbuch Sicherungssysteme für **Versicherungen**"[701] publiziert, in dem sie unter anderem die Vorschläge einer zwischen 2002 und 2005 mit diesem Thema beschäftigten Expertengruppe und den OXERA-Bericht über Insurance Guarantee Schemes vom November 2007 berücksichtigt. Die öffentliche Konsultation wurde 2010 abgeschlossen. Ein Richtlinienvorschlag liegt derzeit noch nicht vor.

170 Die von den Mitgliedstaaten einzuführenden und offiziell anzuerkennenden Einlagensicherungssysteme betreffen nur **Einlagen**, dh Guthaben, die sich aus auf einem Konto verbliebenen Beträgen oder aus Zwischenpositionen im Rahmen von normalen Bankgeschäften ergeben und vom Kreditinstitut nach den geltenden gesetzlichen und vertraglichen Bedingungen zurückzuzahlen sind, einschließlich von Festgeld- und Spareinlagen (Art. 2 Abs. 1 Nr. 3 RL 2014/49/EU). Der Einlagenbegriff ist damit weiter als derjenige der RL 2013/36/EU (CRD IV).[702] Ausgenommen sind im Wesentlichen besonders gedeckte Schuldverschreibungen, Einlagen von Finanzdienstleistungserbringern (dh Versicherungs- und Rückversicherungsunternehmen, Finanzinstituten, Wertpapierfirmen, OGAW, Pension- und Rentenfonds) und staatlichen Stellen (Ausnahmen möglich für Gebietskörperschaften mit einem Jahreshaushalt bis 500.000 EUR) sowie Gelder aus Geldwäschestraftaten und sämtliche Eigenmittel des Kreditinstituts.[703] Nach der RL 2014/49/EU sind auch Einlagen in fremder Währung geschützt.

171 Die Einlagen von Kunden **bei ausländischen Zweigniederlassungen** werden grds. im Herkunftsmitgliedstaat des Kreditinstituts abgesichert (Art. 14 Abs. 1 RL 2014/49/EU). Unter der RL 94/19/EG war umstritten,[704] ob nach Art. 4 II RL 94/19/EG ein freiwilliger Beitritt zum Einlagensicherungssystem des Aufnahmemitgliedstaats (sog. *topping up* im Aufnahmestaat) möglich ist (§ 13 EAEG).[705] Besonders umstritten[706] war das in Art. 4 Abs. 1 Unterabs. 2 RL 94/19/EG bis zum 31.12.1999 geltende sog. Exportverbot, wonach den Einlegern von Zweigstellen in anderen Mitgliedstaaten mit niedrigerem Schutzniveau nur die danach vorgesehenen niedrigeren Entschädigungen geleistet werden durften (so auch noch § 14 EAEG aF). Hierdurch sollte in der Übergangszeit verhindert werden, dass die Höhe und der Umfang der angebotenen Deckung zu einem die nationalen Märkte erheblich störenden Instrument des Wettbewerbs werden.[707] Nach der neuen RL 2014/49/EU (v.a. Art. 14) unterstehen

701 KOM(2010) 370 endg.
702 Vgl dazu Erwägungsgrund 14 RL 2013/36/EU.
703 Art. 5 Abs. 1 RL 2014/49/EU, wobei die Mitgliedstaaten in wenigen Spezialfällen Ausnahmen vorsehen können (Abs. 2 und 3).
704 Dazu näher EuGH, Rs. C-233/94 (Deutschland/Parlament und Rat), Slg 1997, I-2405, Rn 60 ff.
705 Zu dem damit aufgeworfenen Problemen der grenzüberschreitenden Zugehörigkeit zu Sicherungssystemen *Weber*, Die Bank 1994, 476, 478; zulässig ist es auch, ein sog. *topping up* im Herkunftsstaat auf das Schutzniveau im Aufnahmestaat vorzusehen (vgl Erwägungsgrund 15 RL 97/9/EG).
706 Dazu näher EuGH, Rs. C-233/94 (Deutschland/Parlament und Rat), Slg 1997, I-2405, Rn 60 ff.
707 S. zur Nichtverlängerung dieser Regelung den Bericht der EU-Kommission v. 22.12.1999 über die Anwendung der „Exportverbotsklausel" (Art. 4 Abs. 1) der RL 94/19/EG, KOM(1999) 722.

die Einleger von Zweigstellen dem Einlagensicherungssystem und damit den Deckungssummen des Hauptsitzes des Kreditinstituts, wobei die Erstattung durch das Einlagensicherungssystem im Aufnahmemitgliedstaat im Namen und auf Kosten des Einlagensicherungssystems des Herkunftsmitgliedstaats erfolgt (Art. 14 Abs. 2 RL 2014/49/EU). **Kreditinstitute mit Sitz außerhalb der Union** müssen eine vergleichbare Absicherung für die bei ihren innergemeinschaftlichen Zweigstellen gehaltenen Einlagen gewährleisten (Art. 15 RL 2014/49/EU).

Es besteht einerseits eine **Pflichtmitgliedschaft** aller im betreffenden Mitglied- 172
staat gem. Art. 8 RL 2013/36/EU zugelassenen Kreditinstitute (Art. 4 Abs. 3 RL 2014/49/EU bzw Art. 3 Abs. 1 RL 94/19/EG, § 2 EAEG)[708] und andererseits ein **Aufnahmezwang.**[709] Die Aufsichtsbehörden haben ggf durch Sanktionen bis hin zum Zulassungsentzug sicherzustellen, dass die angeschlossenen Institute ihren gegenüber dem Sicherungssystem bestehenden Pflichten nachkommen (Art. 4 Abs. 4 und 5 RL 2014/49/EU).[710] Seit 31.12.2010 beträgt die **Deckungssumme** pro Anleger grds.[711] 100.000 EUR (Art. 7 Abs. 1, 1 a RL 94/19/EG idF der RL 2009/14/EG), wobei die neue Richtlinie präzisiert, dass dieser Betrag pro Institut gilt (Art. 6 Abs. 1 iVm Art. 7 Abs. 1 RL 2014/49/EU). Die EU-Kommission kann den Betrag der Deckungssumme inflationsbedingt durch eine DelVO anheben (Art. 6 Abs. 7 RL 2014/49/EU). Hinsichtlich bestimmter als besonders schutzwürdig angesehener Einlagen[712] müssen die Mitgliedstaaten gewährleisten, dass diese für eine Dauer von mindestens drei und höchstens 12 Monaten nach Gutschrift des Betrags oder nach dem Zeitpunkt, ab dem diese Einlagen auf rechtlich zulässige Weise übertragen werden können, über den Betrag von (aktuell) 100.000 EUR hinaus geschützt sind (Art. 6 Abs. 2 RL 2014/49/EU). Nach Art. 19 Abs. 4 RL 2014/49 können die Mitgliedstaaten, die am 1.1.2008 eine Deckungssumme zwischen 100.000 EUR und 300.000 EUR vorgesehen hatten, diese höhere Deckungssumme zudem bis zum 31.12.2018 weiter anwenden, wobei die Zielausstattung und die Beiträge der Kreditinstitute entsprechend anzupassen sind.

Art. 7 Abs. 6 RL 94/19/EG bzw Art. 9 Abs. 1 RL 2014/29/EU gewährt den Einlegern, 173
dh den wirtschaftlich Berechtigten, einen individuellen **Auszahlungsanspruch** (vgl auch § 3 Abs. 1 EAEG). Ordnungsgemäß überprüfte Einlageforderungen sind seit der

708 Deutschland hat allerdings von der RL-Option Gebrauch gemacht, solche Institute von der Pflichtmitgliedschaft auszunehmen, die wie die Sparkassen und Girozentralen sowie die Volks- und Raiffeisenbanken einer institutssichernden Einrichtung angehören (§ 12 EAEG).

709 Deutschland hat allerdings von der RL-Option (Art. 3 Abs. 3 RL 94/19/EG, neu Art. 4 Abs. 5 RL 2014/49/EU) Gebrauch gemacht, dass Institute bei einem Verstoß gegen die Beitrags- und Mitwirkungspflichten (nicht bei einem Verstoß gegen kundenbezogene Pflichten) aus einer Sicherungseinrichtung ausgeschlossen werden können (§ 11 EAEG).

710 Zur Vereinbarkeit der Beiträge zum Sicherungsfonds als Sonderabgaben mit dem Grundgesetz BVerwG v. 21.4.2004 (6 C 20.03), ZIP 2004, 1847; zur fehlenden Staatshaftung bei pflichtwidriger Wahrnehmung der Aufsicht über die Pflichtmitgliedschaft durch die zuständige Behörde s. EuGH, Rs. C-222/02 (Paul), Slg 2004, I-9425.

711 Nach Art. 7 Abs. 3 verbleibt den Mitgliedstaaten die Möglichkeit, für bestimmte Arten von Einlagen insb. aus sozialen Erwägungen (zB Altersversorgung) eine volle Deckung beizubehalten.

712 Hierzu gehören Einlagen, die auf Transaktionen mit privat genutzten Wohnimmobilien beruhen, Einlagen, die soziale Zwecke erfüllen und an Ereignisse wie Heirat, Scheidung, Renteneintritt, Kündigung, Entlassung, Invalidität oder Tod anknüpfen, Einlagen, die auf Versicherungsleistungen oder Entschädigungszahlungen für aus Straftaten herrührende Körperschäden oder wegen falscher strafrechtlicher Verurteilung beruhen.

Änderungs-RL 2009/14/EG grds.[713] innerhalb von 20 Arbeitstagen nach der behördlichen oder gerichtlichen Feststellung der Nichtverfügbarkeit iSv Art. 1 Nr. 3 RL 94/19/EG vom Systemträger zu befriedigen (Art. 10 Abs. 1 RL 94/19/EG, §§ 3 ff EAEG). Mit der neuen RL 2014/49/EU wird diese Frist schrittweise verkürzt, nämlich auf zunächst 15 (1.1.2019 bis 31.12.2020), dann zehn (1.1.2021 bis 31.12.2013) und schließlich sieben Arbeitstage (ab 1.1.2024).[714] Die Mitgliedstaaten hatten bisher die Möglichkeit, eine Ausschlussfrist für die Geltendmachung des Sicherungsanspruchs vorzusehen (in Deutschland ein Jahr), wenn sie gleichzeitig eine entsprechende Information der Einleger über den Sicherungsfall gewährleisteten (Art. 10 Abs. 3, 4 RL 94/19/EG, § 5 Abs. 2, 3 EAEG). Eine solche Ausschlussfrist ist in der RL 2014/49/EU nicht mehr vorgesehen. Das Einlagensicherungssystem hat eine Forderung in der Höhe der von ihm an die Einleger geleisteten Zahlungen gegen das betreffende Kreditinstitut (Art. 9 Abs. 2 RL 2014/49/EU bzw Art. 11 RL 94/19/EG, § 5 Abs. 5 EAEG).

174 Die **RL 97/9/EG** enthält der ursprünglichen RL 94/19/EG vergleichbare Regelungen für die Verpflichtungen von Wertpapierdienstleistungsunternehmen auf Rückgewähr von Wertpapieren oder Geldern aus **Wertpapiergeschäften.** Auch diese RL soll den Anlegern künftig einen besseren Schutz bieten.[715] So soll die Deckungssumme von mindestens 20.000 EUR auf 50.000 EUR angehoben werden. Außerdem soll die Möglichkeit der Mitgliedstaaten, einen Selbstbehalt von bis zu 10 % vorzusehen (Art. 4 Abs. 1, 4 RL 97/9/EG, § 4 Abs. 2 S. 1 Nr. 2 EAEG), wegfallen. Universalbanken müssen nur einem Sicherungssystem angehören, sofern dieses Verbindlichkeiten sowohl aus dem Einlagen- wie dem Wertpapiergeschäft abdeckt. Auch ein Kunde, der über ein einziges Institut Einlagen- und Wertpapiergeschäfte tätigt, hat zwei Sicherungsansprüche nach den jeweiligen Bestimmungen der Richtlinien bzw des EAEG. Wie die Einleger sollen künftig auch die Anleger klarer und umfassender über die Rechtslage informiert werden. Schließlich sollen auch die Anlegerentschädigungssysteme hinreichend durch die Wertpapierfirmen finanziert sein.

175 Zur Umsetzung der Richtlinien wurden in Deutschland[716] bei der KfW drei nicht rechtsfähige Sondervermögen für private und öffentlich-rechtliche Universalbanken sowie Wertpapierdienstleistungsunternehmen als Einlagensicherungssysteme iSd Richtlinien geschaffen. Die bislang bestehenden **freiwilligen privatrechtlichen Einlagensicherungssysteme** können die gesetzlichen Mindestaufgaben durch Beleihung übernehmen und/oder daneben eine freiwillige zusätzliche Entschädigung garantieren. Als hundertprozentige Tochtergesellschaften des Bundesverbandes der deutschen Banken bzw des Bundesverbandes der öffentlichen Banken Deutschlands haben die Entschädigungseinrichtung deutscher Banken GmbH bzw die Entschädigungseinrichtung der öffentlichen Banken Deutschlands GmbH die Aufgabe der richtlinienkon-

713 Die RL 2009/14/EG gestattet nur noch eine einmalige Verlängerungsmöglichkeit um lediglich zehn Arbeitstage.

714 Art. 8 RL 2014/49/EU.

715 S. dazu die Vorschläge der EU-Kommission v. 12.7.2010 KOM(2010) 371 endg.; krit. dazu *Steffen/Sachse*, ZBB 2011, 33 ff.

716 Näher *Sethe*, ZBB 1998, 305, 317 ff; zum Entschädigungsanspruch wegen verspäteter Umsetzung der RL 94/19/EG LG Bonn v. 16.4.1999 (1 O 186/98), NJW 2000, 815 ff.

formen Mindestsicherung der Einlagen privater Kreditinstitute und Bausparkassen bzw öffentlicher Banken durch Beleihungen v. 24.8.1998 übernommen. Die traditionellen Einlagensicherungsfonds beider Verbände gewährleisten daneben noch eine praktisch unbegrenzte Zusatzsicherung,[717] die nach den Vorgaben der Richtlinien zum sog. *topping up* auch ausländischen Zweigstellen offenstehen muss. Die Umsetzung in Deutschland erfolgte weitgehend richtlinienkonform.[718]

3. Gläubigerschutz bei Finanzsicherheiten[719]

Die 2004 umgesetzte[720] und durch die RL 2009/44/EG[721] geänderte Finanzsicherheiten-RL 2002/47/EG enthält insolvenz- und allg. privatrechtliche Mindestregelungen zur Bestellung (Art. 3), Übertragung (Art. 5) und Verwertung (Art. 4, 7 f) von Sicherheiten in Form von Wertpapieren und Barguthaben im Geschäftsverkehr unter Beteiligung von Finanzinstitutionen (**Interbankenverkehr, Geschäftskundenverkehr**). Damit ergänzt sie auch die RL 98/26/EG (Rn 179), die lediglich u.a. die Sicherung von Finanzsicherheiten in Abrechnungssystemen betrifft. Die RL 2002/47/EG ist nicht auf grenzüberschreitende Sachverhalte beschränkt, sie betrifft aber nur die **Verpfändung und Vollrechtsübertragung von Finanzsicherheiten**, dh Barsicherheiten,[722] Finanzinstrumenten[723] und ggf Kreditforderungen. Nicht erfasst sind damit etwa die Sicherungsübereignung von beweglichen Sachen sowie die Sicherungsabtretung von Lieferantenforderungen oder GmbH-Anteilen. Mit den genannten Finanzsicherheiten können auch nur solche Verbindlichkeiten abgesichert werden, die ein Recht auf Barzahlung[724] und/oder Lieferung von Finanzinstrumenten begründen (sog. maßgebliche Verbindlichkeiten iSv Art. 2 Abs. 1 lit. f RL 2002/47/EG). Im Ergebnis werden damit nur bestimmte Sicherungsgläubiger durch eine Freistellung von privat- und insolvenzrechtlichen Regelungen privilegiert.[725] Der deutsche Gesetzgeber hat diese Beschränkungen grds. übernommen und lediglich einerseits überschießend auch Sicherungs- 176

717 Zum Nebeneinander *Steuer*, WM 1998, 2449, 2455 und *Weber*, DB 1998, 470, 474.

718 Umsetzungsfehler erkennt *Sethe*, ZBB 1998, 305, 321 ff, in § 11 Abs. 1 EAEG (fehlendes Erfordernis der Zustimmung des Aufsichtsamts zur Ausschlusserklärung) und in § 23 a KWG (Information nur der Neukunden; hier jedoch Möglichkeit der richtlinienkonformen Auslegung).

719 *Schlaegel*, Die Finanzsicherheiten-Richtlinie (2002/47/EG) und ihre Umsetzung in das deutsche Recht, 2008; *Ehricke*, ZIP 2003, 1065 ff; *ders.*, ZIP 2003, 2141 ff; *Einsele*, WM 2001, 7; *Flöther/Bräuer*, DZWIR 2004, 89 ff; *Hölzle*, ZIP 2003, 2144 ff; *Keller*, BKR 2002, 347 ff; *Kieper*, ZInsO 2003, 1109 ff; *Kollmann*, WM 2004, 1012 ff; *Obermüller/Hartenfels*, BKR 2004, 440 ff.

720 Gesetz zur Umsetzung der Richtlinie 2002/47/EG v. 6.6.2002 über Finanzsicherheiten und zur Änderung des Hypothekenbankgesetzes und anderer Gesetze, BGBl. I 2004, 502.

721 Gesetz zur Umsetzung der geänderten Bankenrichtlinie und der geänderten Kapitaladäquanzrichtlinie v. 19.11.2010, BGBl. I 2010, 1592.

722 Barsicherheit ist nach Art. 2 Abs. 1 lit. d ein in beliebiger Währung auf einem Konto gutgeschriebener Betrag oder vergleichbare Geldforderungen wie zB eine Geldmarkt-Sichteinlage.

723 Finanzinstrumente sind nach Art. 2 Abs. 1 lit. e Aktien und andere, diesen gleichzustellende Wertpapiere, Schuldverschreibungen und sonstige verbriefte und unverbriefte Schuldtitel, die auf dem Kapitalmarkt gehandelt werden können, und alle anderen üblicherweise gehandelten Titel, die zum Erwerb solcher Aktien, Schuldverschreibungen oder anderer Wertpapiere durch Zeichnung, Kauf oder Austausch berechtigen oder zu einer Barzahlung führen (zB Optionen, Futures), mit Ausnahme von Zahlungsmitteln, einschließlich Anteilen an OGAW, Geldmarktinstrumenten sowie jegliche Rechte oder Ansprüche im Zusammenhang mit irgendeinem der vorgenannten Aktiva.

724 Da es in der RL 2002/47/EG nur um die Besicherung von Finanzmarktgeschäften geht, sind mit den Barzahlungsforderungen nicht etwa auch Kreditrückzahlungsforderungen gemeint, sondern nach zutreffender Auffassung nur Barausgleichsforderungen aufgrund der Glattstellung von Finanztermingeschäften („cash settlement"); näher *Ehricke*, ZIP 2003, 1065 ff.

725 Krit. *Ehricke*, ZIP 2003, 1065 ff.

vereinbarungen zwischen „sonstigen Unternehmen" einbezogen sowie andererseits durch von der RL zugelassenes Opt-out die eigenen Anteile und Anteile an verbundenen Unternehmen dieser sonstigen Unternehmen von den Sicherheiten ausgenommen (§ 1 Abs. 17 Abs. 1 KWG).[726]

177 Die von der RL angestrebte Privilegierung der Besicherung von Finanzmarktgeschäften besteht zunächst in einer in Deutschland bereits zuvor gegebenen weitgehenden **Befreiung von Formerfordernissen** bei der Bestellung von Finanzsicherheiten (Art. 3 RL 2002/47/EG). Außerdem können die Sicherheiten nicht nur in der Form von beschränkt dinglichen Rechten, sondern wie bereits zuvor in Deutschland auch im Wege der Vollrechtsübertragung, die von den Mitgliedstaaten nicht einfach in ein beschränkt dingliches Recht umqualifiziert werden kann, bestellt werden (Art. 6 Abs. 1 RL 2002/47/EG). Um die Liquidität der Finanzmärkte zu stärken, sollen die Mitgliedstaaten zudem sicherstellen, dass der Sicherungsnehmer unter der Voraussetzung einer entsprechenden Parteivereinbarung ein **Verfügungsrecht** über die bestellte Finanzsicherheit zu eigenen Zwecken in Form eines beschränkt dinglichen Rechts ausüben kann, wobei der Sicherungsnehmer durch eine entsprechende Verfügung verpflichtet wird, spätestens zum Fälligkeitstermin der zu sichernden Verbindlichkeit eine Ersatzsicherheit zu stellen (Art. 5 RL 2002/47/EG).[727] Im Verwertungs- oder Beendigungsfall iSv Art. 2 Abs. 1 lit. l RL 2002/47/EG sollen die Mitgliedstaaten sicherstellen, dass die Finanzsicherheiten durch Verkauf bzw Aneignung (Finanzinstrumente) oder Aufrechnung bzw Verwendung an Zahlungs statt (Barsicherheiten) **verwertet werden können**, wobei keine Voraussetzungen aufgestellt werden dürfen, die über die in der RL genannten hinausgehen (Art. 4; umgesetzt in §§ 1259, 1279 und 1295 BGB sowie § 166 InsO). Die Wirksamkeit der Aufrechnung infolge Beendigung darf dabei nicht durch Liquidations- oder Sanierungsmaßnahmen sowie durch behauptete Verfügungen über die betroffenen Rechte beeinträchtigt werden (Art. 7 Abs. 1 RL 2002/47/EG). Die Wirksamkeit der Finanzsicherheitenbestellung (einschließlich der Bestellung **sog. Aufstockungssicherheiten** zum Ausgleich nachträglicher Wertänderungen des Sicherungsobjekts oder der Sicherheit), die bei Gutgläubigkeit sogar bis zum Ende des Tages der Insolvenzeröffnung geschützt wird, darf auch nicht durch eine etwaige Rückwirkung des Insolvenzeröffnungsbeschl. auf den Tagesanfang (sog. **Null-Uhr-Regelungen**) oder Verdachtsfristen in Frage gestellt werden (Art. 8 RL 2002/47/EG). Die Regelungen zur Insolvenzfestigkeit wurden in § 21 Abs. 2 S. 2, § 81 Abs. 3 S. 2, § 96 Abs. 2, § 104 (v. a.), § 130 Abs. 1, § 160, § 166 und § 223 Abs. 1 S. 2 InsO umgesetzt.[728]

4. Schutz von Anteilseigenern und Gläubigern bei Abwicklungen

178 Erfolgt im Rahmen einer Abwicklung nach den Regeln der RL 2014/59/EU (**BRRD**; dazu Rn 162 ff) lediglich eine partielle Übertragung der Rechte, Vermögenswerte und Verbindlichkeiten des in Abwicklung befindlichen Instituts oder wird ein Bail-in durchgeführt, so soll eine unabhängige Person möglichst bald nach Durchführung

726 Näher *Kollmann*, WM 2004, 1012, 1014 ff.

727 Nach Ansicht des deutschen Gesetzgebers bestand insoweit kein Umsetzungsbedarf (Begr. RegE ZIP 2003, 1563, 1567); krit. *Kieper*, ZInsO 2003, 1109, 1114 f.

728 *Kollmann*, WM 2004, 1012, 1020 ff.

der Abwicklungsmaßnahme ermitteln, ob die Anteilseigner und Gläubiger, deren Forderungen nicht übertragen bzw herabgeschrieben oder in Eigenkapital umgewandelt worden sind, finanziell schlechter gestellt sind, als wenn ein reguläres Insolvenzverfahren durchgeführt worden wäre (Art. 73 f). Im Falle einer Schlechterstellung besteht ein Anspruch des Betroffenen auf Auszahlung des Differenzbetrags aus den nach der BRRD einzurichtenden Abwicklungsfinanzierungsmechanismen (Art. 75).

IV. Zahlungssicherung in Abrechnungssystemen[729]

Mit der durch die RL 2009/44/EG geänderten RL 98/26/EG[730] sollen die systembedingten Risiken in Zahlungs- sowie Wertpapierliefer- und -abrechnungssystemen,[731] die dem Recht eines Mitgliedstaats unterliegen, sowie insb. die durch die **Insolvenz eines Teilnehmers** an einem solchen System ausgelösten Störungen möglichst verringert werden.[732] Die Richtlinie möchte auf diese Weise den freien Kapital- und Dienstleistungsverkehr im Binnenmarkt durch eine effiziente und kostengünstige Abwicklung entsprechender Verrechnungen fördern. Daher bleiben nach Art. 3 und 7 RL 98/26/EG Zahlungs- und Überweisungsaufträge sowie durchgeführte Verrechnungen auch dann gegenüber Dritten wirksam, wenn ein Systemteilnehmer nachträglich oder ohne Kenntnis bzw Kennenmüssen der zentralen Vertragspartei oder Clearingstelle insolvent wird (umgesetzt in § 116, § 96 Abs. 2, § 147 Abs. 1 S. 2 InsO).[733] Zahlungs- bzw Übertragungsaufträge können ab dem vom jeweiligen System bestimmten Zeitpunkt **nicht mehr widerrufen** werden (Art. 5 RL 98/26/EG; umgesetzt in §§ 675 b BGB). Für das Insolvenzverfahren eines Teilnehmers gilt hinsichtlich der sich aus der Systemteilnahme ergebenden Rechte und Pflichten das für das System maßgebliche Recht (Art. 8 RL 98/26/EG, umgesetzt in Art. 102 Abs. 4 EGInsO). Die Rechte der Teilnehmer und Zentralbanken an den von einem Teilnehmer geleisteten Sicherheiten werden von der Eröffnung eines Insolvenzverfahrens über das die Sicherheit leistende Institut nicht berührt (Art. 9 Abs. 1 RL 98/26/EG; umgesetzt in §§ 166 Abs. 2 S. 2, 223 Abs. 1 InsO).[734] Der Begriff der Insolvenz ist für sämtliche Vorschriften weit zu verstehen und erfasst damit auch vorläufige Sicherungsmaßnahmen.[735] Für Nettingsysteme besteht eine Anzeigepflicht (Art. 10 Abs. 1 Unterabs. 2 RL 98/26/EG). Sie können von den Mitgliedstaaten zudem einer **Beaufsichtigung** oder Genehmigungspflicht unterworfen werden (Art. 10 Abs. 1 Unterabs. 3 RL 98/26/EG).[736] Jeder Inhaber eines berechtigten Interesses kann von einem Institut Auskunft über die Systeme verlangen, an denen es beteiligt ist, sowie über die wesentlichen Regeln für das Funktionieren dieser Systeme (Art. 10 Abs. 1 Unterabs. 4 RL 98/26/EG). 179

729 *Keller*, BKR 2002, 347 ff; *ders.*, WM 2000, 1269 ff.
730 Umsetzung in Deutschland durch das ÄndG insolvenzrechtlicher und kreditwesenrechtlicher Vorschriften v. 8.12.1999, BGBl. I 1999, 2384.
731 In Deutschland fallen die in § 1 Abs. 16 KWG genannten Systeme unter die RL 98/26/EG.
732 Erwägungsgründe 1 und 4.
733 Zur Umsetzung näher *Keller*, WM 2000, 1269, 1275 ff und 1278 f.
734 Zur Umsetzung näher *Keller*, WM 2000, 1269, 1279 f.
735 So nunmehr auch nach Beanstandung durch die Kommission berücksichtigt in § 21 Abs. 2 S. 2 InsO nF.
736 In Deutschland besteht für derartige Systeme lediglich eine Anzeigepflicht nach § 24 b Abs. 1 KWG.

§ 5
Regulierung der Finanzdienstleistungsgeschäfte

A. Commercial Banking

I. Einlagengeschäft

Das Einlagengeschäft von Kreditinstituten ist unionsrechtlich insb. durch die RL 94/19/EG über Einlagensicherungssysteme (Rn 169 ff) geprägt. Bedeutung hat zudem die **Zinsbesteuerungs-RL** 2003/48/EG,[737] die dazu beitragen will, dass Erträge, die durch Zinszahlungen iSv Art. 6 zugunsten von natürlichen und in einem anderen Mitgliedstaat steuerlich ansässigen Personen erzielt werden, nach den Rechtsvorschriften dieses Mitgliedstaats effektiv besteuert werden (Art. 1). Mit der RL 2014/48/EU hat der Rat zur Schließung von Besteuerungslücken und zur wirkungsvolleren Bekämpfung von Steuerbetrug und Steuerhinterziehung sowie zur Abstimmung mit dem OECD-Standard eine Änderung der RL 2003/48/EG ab 1.1.2017 beschlossen. Damit sind u.a. ein Wechsel von der Quellensteuer zum automatischen Informationsaustausch und eine Verpflichtung der Banken zur Einhaltung eines Transparenzkonzepts zur Feststellung der Kundenidentität verbunden. 180

II. Zahlungsdienste[738]

Die schnelle, zuverlässige und kostengünstige Abwicklung von grenzüberschreitenden **Überweisungen** ist für die im Binnenmarkt agierenden Privatpersonen und Unternehmen von besonderer Bedeutung.[739] Seit Erlass einer unverbindlichen und kaum wirksamen Empfehlung im Jahre 1990[740] versucht die Kommission daher, die Dienstleistungen im Bereich der grenzüberschreitenden Überweisungen stetig zu verbessern. Nachdem auch die 1997 erlassene, vom UNCITRAL-Modellgesetz zur grenzüberschreitenden Überweisung von 1992[741] beeinflusste und inzwischen durch die RL 2007/64/EG (Rn 183 f) abgelöste Richtlinie 97/5/EG[742] nicht die von der EU-Kommission gewünschten Effekte erzielte,[743] wurden mit dem 1999 eingeführten 181

---

737 Vgl hierzu die Zinsinformationsverordnung (ZIV) der Bundesregierung v. 26.1.2004, BGBl. I 2004, 128.

738 *Blaurock* (Hrsg.), Das Recht der grenzüberschreitenden Überweisung, 2000; *ders.*, in: FS Söllner, 2000, S. 153 ff; *Breidenstein/Scheibengruber*, WM 2009, 1393 ff; *Burghardt*, WM 2013, 62 ff; *Derleder*, NJW 2009, 3195 ff; *Einsele*, JZ 2000, 9 ff; *Favre-Bulle*, Les paiements transfrontières dans un espace financier européen, 1998; *Fischer zu Cramburg*, NZG 2009, 824 ff; *Göbel*, WM 1997, 1832; *Gößmann/v. Look*, Sonderbeilage Nr. 1 WM 2000; F II; *Hadding*, ZBB 2012, 149 ff; *Herdegen*, WM 2001, 2081 ff; *Hoffmann*, EuZW 2002, 69 ff; *Hofmann*, BKR 2014, 105 ff; *Horn*, ZBB 1995, 273 ff; *Knieper*, WiRO 2001, 353 ff; *Langner*, BKR 2004, 131 ff; *Linardatos*, WM 2014, 300 ff; *Lohmann/Koch*, WM 2008, 57 ff; *Manger-Nestler*, EuZW 2008, 332 ff; *Schinkels*, in: Gebauer/Wiedmann (Hrsg.), Zivilrecht unter europ. Einfluss, 2. Aufl. 2010, Kap. 16; *U. H. Schneider*, EuZW 1997, 589 ff; *Schneider/Hadding*, (Hrsg.), Grenzüberschreitender Zahlungsverkehr in der EU, 1997; *Spindler/Zahrte*, BKR 2014, 265 ff; *Werner*, BKR 2010, 9 ff; *ders.*, WM 2014, 243 ff; *Zahrte*, WM 2013, 1207 ff.

739 S. nur Erwägungsgrund 1 RL 2007/64/EG.

740 Empfehlung 90/109/EWG der Kommission v. 14.2.1990 über die Transparenz bei grenzüberschreitenden Finanztransaktionen, ABl. L 67 v. 15.3.1990, S. 39.

741 Abgedruckt in WM 1993, 664 ff; dazu *Hadding/Schneider*, WM 1993, 629 ff; *Wulf*, Das UNCITRAL-Modellgesetz über den grenzüberschreitenden Überweisungsverkehr, 1998.

742 Die Richtlinie wurde vom deutschen Gesetzgeber in den §§ 675 a, 676 a bis 676 g BGB aF und §§ 12 f BGB-InfoV aF überschießend umgesetzt (näher *Schinkels*, in: Gebauer/Wiedmann (Hrsg.), Zivilrecht unter europ. Einfluss, 2. Aufl. 2010, Kap. 16, Rn 10 ff.

743 S. dazu sowie zu einzelnen Problemen insb. im Bereich der Informationspflichten, der doppelten Gebührenbelastung und der Streitbeilegungsverfahren den Bericht der Kommission v. 29.11.2002, KOM(2002)

Trans-European Automated Real-Time Gross Settlement Express Transfer-System (TARGET) und der inzwischen durch die VO (EG) Nr. 924/2009 (Rn 185) ersetzten VO (EG) Nr. 2560/2001 weitere Hindernisse für grenzüberschreitende Zahlungen beseitigt. Im Bereich der Zahlungsdienste ist sodann auch die neue VO (EU) Nr. 655/2014 zur vorläufigen **Kontopfändung** von Bedeutung.[744] Diese bietet einem Gläubiger im Sinne einer Sicherungsmaßnahme die Möglichkeit, einen sog. „Beschluss zur vorläufigen Pfändung" eines in einem Mitgliedstaat geführten Bankkontos zu erwirken, wenn die Gefahr besteht, dass eine spätere Vollstreckung gegenüber diesem Schuldner ohne eine solche Maßnahme unmöglich oder erheblich erschwert wird. Mit einer am 15.4.2014 vom Europäischen Parlament verabschiedeten und am 9.7.2014 von der Kommission angenommenen Richtlinie[745] wurden ferner drei seit längerem gehegte Wünsche der Kommission verwirklicht: Zum einen soll die **Vergleichbarkeit von Zahlungskontogebühren** verbessert werden. Hierfür sollen die wichtigsten gebührenpflichtigen Dienste für ein Zahlungskonto mittels technischer Regulierungsstandards der EBA terminologisch standardisiert, die Gebühren transparent offengelegt und auf kostenlos zugänglichen Vergleichswebsites publiziert werden. Zweitens soll ein Wechsel von Zahlungskonten erleichtert werden (sog. **Kontowechsel-Service**), indem das Vorgehen und die Fristen in Art. 10 festgelegt werden. Für die Sicherstellung angemessener, kostendeckender Gebühren sind die Mitgliedstaaten zuständig (Art. 11 f). Drittens soll der diskriminierungsfreie Zugang zu Zahlungskonten mit grundlegenden Funktionen garantiert werden. Im Zusammenhang mit diesem sog. **Basiskonto** sind mindestens die folgende Dienste zu erbringen: Eröffnung, Führung und Schließung des Kontos, Möglichkeiten für Einzahlungen eines Geldbetrages, Barbezüge an Bankschaltern und Geldautomaten in der Union sowie die Ausführung von Lastschriften, Online-Zahlungen und Überweisungen (einschließlich Daueraufträgen). Die Höhe angemessener Gebühren ist durch die Mitgliedstaaten festzulegen (Art. 18). Aktuell stehen schließlich Vorschläge der EU-Kommission für eine neue Zahlungsdienste-RL (**PSD II**),[746] eine VO über Interbankenentgelte für kartengebundene Zahlungsvorgänge (**MIF**),[747] eine VO zur Übermittlung von Angaben bei Geldtransfers[748] im Raum.

182 Aufgrund der RL 2007/64/EG, der VO (EG) Nr. 924/2009 und der VO (EU) Nr. 260/2012 idF der VO (EU) Nr. 248/2014 besteht nach einer zusätzlichen Übergangsfrist bis 1.2.2016 ein einheitlicher Euro-Zahlungsverkehrsraum (**Single Euro Payments Area, SEPA**). In der SEPA sollen alle Zahlungen unabhängig davon, ob sie die Grenze überschreiten oder nicht, gleich behandelt werden. Hierzu wurden vom

---

663; s. generell zu Problemen des Zahlungsverkehrs im Binnenmarkt ferner die Mitteilung der Kommission v. 31.1.2000 an den Rat und das Europ. Parlament über den Massenzahlungsverkehr im Binnenmarkt, KOM(2000) 36 sowie die Mitteilung der Kommission an den Rat und das Europäische Parlament – Ein neuer Rechtsrahmen für den Zahlungsverkehr im Binnenmarkt (Konsultationspapier), KOM(2003) 718 endg.

744 VO (EU) Nr. 655/2014; noch zum Kommissionsentwurf krit. *Häcker*, WM 2012, 2180 ff und *Stamm*, IPRax 2014, 124 ff.

745 Zu der bislang noch nicht im Amtsblatt veröffentlichten Richtlinie s. noch den Kommissionsvorschlag KOM(2013) 266 endg.; dazu *Günther*, WM 2014, 1369 ff.

746 KOM(2013) 547 endg.; dazu *Linardatos*, WM 2014, 300 ff und *Spindler/Zahrte*, BKR 2014, 265 ff.

747 KOM(2013) 550 endg. v. 24.7.2013.

748 KOM(2013) 44 endg. v. 5.2.2013.

Europäischen Zahlungsverkehrsrat (European Payments Council, **EPC**), einem Gremium der nationalen Bankenverbände und großen Kreditinstitute, einheitliche Zahlungsinstrumente mit einheitlichen technischen **Standards** (zB einheitliche Kontonummern-Systematik mit IBAN (International Bank Account Number) und BIC (Bank Identifier Code) statt Kontonummer und Bankleitzahl) entwickelt (sog. SEPA-Überweisung seit Anfang 2008,[749] SEPA-Lastschrift seit Ende 2009,[750] SEPA-Kartenzahlungen[751]). Dabei ging es auch um die Schaffung eines wettbewerbspolitisch erwünschten einheitlichen Zahlungsdienstemarkts. Zur SEPA gehören vor allem die Mitglieder der WWU, daneben aber auch die anderen EU-Mitgliedstaaten, die EWR-Mitgliedstaaten und die Schweiz. In Deutschland bedeutet etwa die inzwischen in einer Basisvariante und einer Variante für den Verkehr mit Geschäftskunden (sog. Firmenlastschrift) eingeführte **SEPA-Lastschrift** (Fn 750) eine erhebliche Veränderung, da das SEPA-Mandat nicht nur den Zahlungsempfänger, sondern auch den Zahlungsdienstleister des Zahlungspflichtigen zur Einlösung der Lastschrift ermächtigt. Deshalb müssen die bisherigen Lastschriftmandate auf SEPA-Lastschriften umgestellt werden. Die hierfür zur Entlastung der Zahlungsteilnehmer vorgesehene automatische Umstellung nach Ablauf einer Widerspruchsfrist von zwei Monaten wurde nicht Gesetz, da sich der Deutsche Bundestag nicht von der Notwendigkeit überzeugt zeigte, die Einführung der SEPA-Lastschrift, die sich vielmehr im Wettbewerb beweisen und die gegen sie vorgebrachten Einwände wichtiger Endnutzergruppen selbst überwinden solle, durch eine gesetzliche Übergangsregelung zu unterstützen.[752] Für neue Lastschriftmandate haben die deutschen Zahlungsdienstleister für die Übergangszeit doppelte sog. Kombimandate entwickelt.

1. Richtlinie über Zahlungsdienste im Binnenmarkt[753]

Die 2009 in deutsches Recht umgesetzte[754] **RL 2007/64/EG** über Zahlungsdienste im 183
Binnenmarkt, welche die RL 97/5/EG sowie die Empfehlung 97/489/EG[755] und vereinzelte Regelungen zum Zahlungskartenmissbrauch[756] abgelöst hat und die ihrerseits demnächst durch eine neue RL (**PSD II**)[757] ersetzt werden dürfte, soll durch eine grds. **Vollharmonisierung** (Art. 86) einheitliche aufsichts- und privatrechtliche Bedingungen für Zahlungsdienste im EWR schaffen und damit die Rechtsgrundlage für

749 Grundlage ist das SEPA Credit Transfer (SCT) Scheme.

750 Grundlagen sind das SEPA Direct Debit (SDD) Core Scheme und das SEPA Business to Business Direct Debit Scheme; zur Internet-Lastschrift in der SEPA *Hoeren*, WM 2014, 1061 ff.

751 Der EPC hat Ende 2008 ein Rahmenwerk zur Standardisierung von Kartenzahlungen (SEPA Cards Framework, SCF) verabschiedet; s. auch den Vorschlag für eine VO über Interbankenentgelte bei Kreditkartenzahlungen (MIF) KOM(2013) 550 endg.

752 Beschluss des Deutschen Bundestages v. 8.7.2009 zu BR-Drucks. 639/09, S. 3; vgl demgegenüber noch BT-Drucks. 16/11643 Nr. 23.

753 *Derleder*, NJW 2009, 3195 ff; *Fornasier*, WM 2013, 205 ff; *Laitenberger*, NJW 2010, 192 ff; *Lohmann/Koch*, WM 2008, 57 ff; *Manger-Nestler*, EuZW 2008, 332 ff; *Scheibengruber*, BKR 2010, 15 ff.

754 Die privatrechtlichen Teile wurden in den §§ 675 c ff BGB (Zahlungsdienstevertrag) und in Art. 248 §§ 1-16 EGBGB (Informationspflichten) umgesetzt (s. BGBl. I 2009, 2355); zu den öffentlich-rechtlichen Teilen Rn 68 sowie BGBl. I 2009, 1506.

755 Empfehlung 97/489/EG der Kommission v. 30.7.1997 zu den Geschäften, die mit elektronischen Zahlungsinstrumenten getätigt werden (besonders zu den Beziehungen zwischen Emittenten und Inhabern solcher Instrumente), ABl. L 208 v. 2.8.1997, S. 52.

756 Art. 8 RL 97/7/EG und Art. 8 RL 2002/65/EG (beide aufgehoben durch RL 2007/64/EG).

757 S. dazu den Vorschlag KOM(2013) 547 endg.; *Linardatos*, WM 2014, 300 ff und *Spindler/Zahrte*, BKR 2014, 265 ff.

den einheitlichen Euro-Zahlungsverkehrsraum (SEPA) bilden.[758] Der **Anwendungsbereich** der RL 2007/64/EG ist deutlich weiter als derjenige der RL 97/5/EG: Sie gilt nach Art. 2 grds. (zu Ausnahmen Art. 2 Abs. 3 und Art. 3) für alle Zahlungsdienste iSv Art. 4 Nr. 3 und Anh.,[759] die innerhalb des EWR von Zahlungsdienstleistern (Art. 1)[760] geleistet werden, wobei die Art. 30 bis 83 jedoch mit Ausnahme von Art. 73 nur dann zur Anwendung gelangen, wenn sowohl der Zahlungsdienstleister des Zahlers als auch der des Zahlungsempfängers im EWR ansässig sind oder – falls nur ein einziger Zahlungsdienstleister an dem Zahlungsvorgang beteiligt ist – dieser im EWR ansässig ist.

184 Die RL 2007/64/EG behandelt neben dem speziell für Zahlungsinstitute geltenden Aufsichtsrecht (zu diesem Rn 68) zahlreiche privatrechtliche Fragen, die sich im Vorfeld sowie bei der Durchführung und (Rück-)Abwicklung diverser Zahlungen stellen. Hierzu gehören zunächst die Haftung von Zahlungsinstituten für Dritte (Art. 18) und der Anspruch auf diskriminierungsfreien Zugang (Art. 28) sowie die Änderung und Kündigung von Zahlungsdiensterahmenverträgen (Art. 44 f). Sehr ausführlich werden die Anforderungen an die Transparenz von Vertragsbedingungen sowie die vorvertraglichen und vertragsbegleitenden Informationspflichten des Zahlungsdienstleisters vor allem gegenüber Verbrauchern geregelt (Art. 30 ff). Den zweiten Schwerpunkt bilden die **Rechte und Pflichten der Parteien** bei der Erbringung und Nutzung von Zahlungsdiensten (Art. 50 ff). Geregelt werden Fragen zum Entgelt (Art. 52), zur Autorisierung von Zahlungsvorgängen (Art. 54 ff), zur Haftung des Zahlungsdienstleisters für nicht autorisierte Zahlungsvorgänge (Art. 60), zur Haftung des Zahlers bei nicht autorisierter Nutzung des Zahlungsinstruments (Art. 61), zur Erstattung eines von einem oder über einen Zahlungsempfänger ausgelösten Zahlungsvorgangs (Art. 62 ff), zum Eingang, zur Ablehnung, zur Unwiderruflichkeit und zur zeitlichen[761] Ausführung von Zahlungsaufträgen (Art. 64 ff) sowie zur Haftung und zum Regress des Zahlungsdienstleisters bei nicht erfolgter oder fehlerhafter Ausführung (Art. 74 ff). Die Richtlinie enthält schließlich noch Vorgaben für Beschwerde- und Streitbeilegungsverfahren (Art. 80 ff).

2. Verordnung über grenzüberschreitende Zahlungen in der Gemeinschaft

185 Die **VO (EG) Nr. 924/2009**, die ab 1.11.2009 die VO (EG) Nr. 2560/2001 abgelöst hat, stellt nach Art. 1 Abs. 1 und Art. 3 Abs. 1 sicher, dass für grenzüberschreitende Zahlungen und die mit ihnen zusammenhängenden Dienstleistungen[762] innerhalb des EWR die gleichen Entgelte erhoben werden wie für vergleichbare Zahlungsvorgänge

758 Erwägungsgründe 1 ff.

759 Erfasst werden insbes. Bareinzahlungen und -abhebungen auf ein/von einem Zahlungskonto, Überweisungen, Lastschriften und Kartenzahlungen.

760 Erfasst werden nach Art. 1 Abs. 1 Kreditinstitute, E-Geld-Institute, Postscheckämtern, die nach Art. 10 gesondert zugelassenen Zahlungsinstitute, die EZB und die nationalen Zentralbanken (sofern nicht währungspolitisch tätig oder nach Art. 2 Abs. 3 national ausgenommen), die Mitgliedstaaten und ihre regionalen oder lokalen Gebietskörperschaften (sofern diese nicht in ihrer Eigenschaft als Behörden handeln).

761 Die Ausführungsfristen für den nationalen und grenzüberschreitenden Zahlungsverkehr in Europa dürfen nur noch drei bzw ab 2012 nur noch einen Bankgeschäftstag betragen.

762 Erfasst werden etwa auch die Entgelte für Daueraufträge sowie für die Ausgabe von Zahlungs-, Debit- oder Kreditkarten, nicht jedoch (Art. 3 Abs. 4) für eine allfällige Währungsumrechnung.

innerhalb eines Mitgliedstaats (**Grundsatz der Gebührengleichheit**).[763] Die VO und die durch sie angeordnete Gleichbehandlung gelten im Einklang mit der RL 2007/64/EG für grenzüberschreitende Zahlungen bis 50.000 EUR, die in Euro oder der Landeswährung eines Mitgliedstaats, der die Anwendung der VO auf seine Landeswährung beschlossen und mitgeteilt hat (Art. 3 Abs. 3, Art. 14), getätigt werden, wobei Zahlungen, die Zahlungsdienstleister auf eigene Rechnung oder für Rechnung anderer Zahlungsdienstleister vornehmen, ausgenommen sind (Art. 1 Abs. 2, 3). Unter einer grenzüberschreitenden Zahlung versteht die VO einen in Papierform oder in bar ausgelösten oder abgeschlossenen und im Zuge der Zahlungsausführungskette elektronisch verarbeiteten Zahlungsvorgang, der von einem Zahler oder von einem oder über einen Zahlungsempfänger ausgelöst wird und bei dem der Zahlungsdienstleister des Zahlers und der Zahlungsdienstleister des Zahlungsempfängers in unterschiedlichen Mitgliedstaaten ansässig sind.[764] Je nach Art der Zahlung gelten für die Gleichstellung gewisse Voraussetzungen wie etwa die Angabe der ISO-Codes IBAN und BIC, die die vollautomatische Bearbeitung von Überweisungen ermöglichen (Art. 4 Abs. 3 iVm Abs. 2). Die Einhaltung der Verordnung ist durch wirksame, verhältnismäßige und abschreckende Sanktionen der Mitgliedstaaten zu gewährleisten (Art. 13). Zur Ergänzung der als unzureichend erachteten SEPA-Selbstregulierung des europäischen Bankensektors sowie zur Ergänzung bzw Änderung der VO (EG) Nr. 924/2009 wurden mit der **VO (EU) Nr. 260/2012** technische Vorschriften und Geschäftsanforderungen für Überweisungen und Lastschriften in Euro erlassen.[765]

3. E-Geld-Zahlungen

Während die Abwicklung von E-Geld-Zahlungen in den Anwendungsbereich der Zahlungsdienste-**RL 2007/64/EG** fällt, wird die Ausgabe von Geld von der vor allem Aufsichtsfragen betreffenden **RL 2009/110/EG (E-Geld-Richtlinie)** erfasst.[766] Die zuletzt genannte Richtlinie enthält neben einer Definition des Begriffs des E-Geldes (Art. 2 Nr. 2) noch eine privatrechtlich relevante Regelung, wonach dem Inhaber von E-Geld innerhalb der Gültigkeitsdauer ein Anspruch gegen die ausgebende Stelle auf Rücktausch zum Nennwert in Münzen und Banknoten oder in Form einer Überweisung auf ein Konto zu vertraglich eindeutig benannten Bedingungen einzuräumen ist (Art. 11 Abs. 2-7; umgesetzt in § 22 a KWG). 186

4. Sonstige Maßnahmen

Die **RL 98/26/EG** zur Zahlungssicherung in Abrechnungssystemen wurde bereits im Zusammenhang mit den insolvenzrechtlichen Regelungen behandelt (Rn 179). Auf den Rahmenbeschl. zur Bekämpfung von **Betrug und Fälschung** im Zusammenhang mit bargeldlosen Zahlungsmitteln (Rn 220) wird ebenso im Rahmen der strafrechtlichen Regelungen eingegangen wie auf die der Geldwäschebekämpfung dienenden 187

763 Krit. zur Vorgänger-VO *Hoffmann*, EuZW 2002, 69, 71 ff und *Herdegen*, WM 2001, 2081 ff.

764 Vgl Art. 2 Nr. 1 und Nr. 7 sowie Erwägungsgründe 5 f; erfasst werden insbes. grenzüberschreitende Überweisungen, Lastschriften, Geldabhebungen am Geldautomaten, Zahlungen per Kredit- und Debitkarte sowie Finanztransfers, nicht jedoch Scheckzahlungen.

765 Vgl hierzu auch das SEPA-Begleitgesetz v. 3.4.2013, BGBl. I 2013, 610.

766 Vgl auch Erwägungsgrund 9 RL 2007/64/EG.

strengeren Aufzeichnungs- und **Kontrollpflichten bei Geldtransfers** nach der VO (EG) Nr. 1781/2006 (Rn 219). Seit längerem sind zudem Maßnahmen im Bereich Clearing und Abrechnung geplant.[767]

III. Kreditgeschäft[768]

1. Verbraucherkredit und Wohnimmobilienkredit

188 Vornehmlich dem Verbraucherschutz dienen die bereits kurz erwähnten (Rn 61 mwN) Richtlinien über den Verbraucherkredit (RL 2008/48/EG; zuvor RL 87/102/EWG) und über Wohnimmobilienkreditverträge für Verbraucher (RL 2014/17/EU). Die Vorschriften der **RL 2008/48/EG** (Geltung ab 11.6.2010) sind daher nur auf Kreditverträge (Art. 3 lit. c: Zahlungsaufschub, Darlehen, ähnliche Finanzierungshilfe, nicht jedoch Ratenlieferungsverträge iSv § 510 BGB) zwischen einem Verbraucher (Art. 3 lit. a) und einem gewerblich tätigen Kreditgeber (Art. 3 lit. a) anwendbar, sofern der Gesamtkreditbetrag nicht weniger als 200 EUR oder mehr als 75.000 EUR beträgt (Art. 2 Abs. 2 lit. c). Existenzgründer sind zwar nach dem insoweit überschießenden deutschen Recht (§ 512 BGB), nicht aber nach der RL 2008/48/EG erfasst. Inhaltlich geht es um Informationspflichten in der Werbung (Art. 4, 19) und im vorvertraglichen Bereich (Art. 5 ff, 19), um die Pflicht zur Bewertung der Kreditwürdigkeit des Verbrauchers (Art. 8 f), die Form und den Inhalt des Vertrages (Art. 10 f), Informationspflichten bei Überziehungskrediten (Art. 12), die Kündigung (Art. 13), den Widerruf (Art. 14 f), die vorzeitige Rückzahlung des Kredits (Art. 16) und die Kreditvermittlung (Art. 21). Die Umsetzung der RL 87/102/EWG erfolgte in Deutschland durch das Verbraucherkreditgesetz, welches zum 1.1.2002 in das BGB integriert wurde (§§ 355 ff, 491 ff iVm 488 ff und 655 a ff BGB sowie für die Informationspflichten inzwischen Art. 247 EGBGB). Mit dem Gesetz zur Umsetzung der Verbraucherkreditrichtlinie, des zivilrechtlichen Teils der Zahlungsdiensterichtlinie sowie zur Neuordnung der Vorschriften über das Widerrufs- und Rückgaberecht wurde die RL 2008/48/EG mit Änderungen der genannten Vorschriften des BGB in Deutschland umgesetzt. Mit der nochmals weiter reichenden **RL 2014/17/EU** soll für die von gewerblichen Kreditgebern (Art. 4 Nr. 2) mit Verbrauchern (Art. 4 Nr. 1) geschlossenen grundpfandrechtlich besicherten Kreditverträge oder andere Wohnimmobilienkreditverträge (Art. 3) eine Mindestharmonisierung (Art. 2) erreicht werden. Wichtige Gegenstände der Regulierung sind allgemeine Wohlverhaltensregeln (Art. 7 ff) sowie auch hier besondere Informationspflichten (Art. 10 ff), die Pflicht zur Kreditwürdigkeitsprüfung (Art. 18 ff), die vorzeitige Rückzahlung (Art. 25) und die Kreditvermittlung (Art. 29 ff). Die vorvertraglichen Informationspflichten sind mit Hilfe des personalisierten Europäischen Standardisierten Informationsblatts (ESIS-Merkblatt) zu erfüllen (Art. 14 Abs. 2 iVm Anhang II). Die RL 2014/17/EU ist bis 21.3.2016 umzusetzen.

---

767 S. dazu die Mitteilung KOM(2004) 312 endg.

768 *Basedow/Remien/Wenckstern* (Hrsg.), Europäisches Kreditsicherungsrecht, 2009; *Benjamin/Yates*, The Law of Global Custody, 3. Aufl., 2009; *Eilmansberger*, EuZW 1991, 691 ff; *Eidenmüller/Kieninger* (Hrsg.), The Future of Secured Credit in Europe, 2008; *Goode*, Legal Problems of Credit and Security, 4. Aufl. 2008; *Kieninger*, Mobiliarsicherheiten im Europäischen Binnenmarkt, 1996; *Köndgen/Stöcker*, ZBB 2005, 112 ff; *v. Wilmovsky*, Europäisches Kreditsicherungsrecht, 1996; s. auch noch die Literaturhinweise in Fn 719.

2. Kreditsicherung

Die **Grundfreiheiten** können sich unmittelbar oder mittelbar über das gesicherte Geschäft auf Bestellung, Bestand, Übertragung und Verwertung eines Sicherungsrechts auswirken.[769] Damit bedürfen nationale Regelungen des Sachenrechts (v. a. Bestellungsverbote und -einschränkungen, Publizität von Sicherungsrechten, insolvenzrechtliche Eingriffe in Verwertungsbefugnisse und Verteilungsrechte) und des Kollisionsrechts (v. a. Anknüpfung an den Lagerort und damit Rechtswechsel bei einer grenzüberschreitenden Verbringung von Sicherungsgut) der Rechtfertigung. Als Rechtfertigungsgründe kommen dabei insb. der Verbraucherschutz, der Verkehrsschutz durch Publizität und die Funktionsfähigkeit von Insolvenzverfahren in Betracht.[770] 189

Das Sekundärrecht der Kreditsicherheiten steht noch am Anfang und befasst sich bislang nur mit Einzelaspekten. So gelten die **Finanzsicherheiten-RL** 2002/47/EG (Rn 176 f) nur für den Interbanken- und Geschäftskundenverkehr, bestimmte Sicherungsgegenstände und insb. nicht für herkömmliche Investitionskredite und die **Finalitäts-RL** 98/26/EG (Rn 179) lediglich u.a. für die Sicherung von Finanzsicherheiten in Abrechnungssystemen. In Art. 9 der Zahlungsverzugs-RL 2011/7/EU findet sich zwar eine allg. gehaltene Regelung zum Eigentumsvorbehalt, doch ist unklar, ob diese überhaupt eine Verpflichtung der Mitgliedstaaten zu dessen Einführung und wenn ja mit welchem Inhalt begründet.[771] Die Art. 4 I, 5 und 7 EuInsVO (EG) Nr. 1346/2000[772] sowie die Art. 3 Abs. 2, Art. 10, 21 f RL 2001/24/EG und die Art. 20 f RL 2001/17/EG schützen die Sicherungsrechte einschließlich von Eigentumsvorbehalten vor Einschränkungen durch das Insolvenzrecht, sofern sich der Sicherungsgegenstand in einem anderen Mitgliedstaat als dem des Insolvenzverfahrens befindet.[773] Die von der Kommission vorgeschlagene[774] Richtlinie über die Niederlassungsfreiheit und den freien Dienstleistungsverkehr auf dem Gebiet des Hypothekarkredits wurde bislang nicht verabschiedet. Der Bericht der sog. Forum-Gruppe zum **Grundpfandkredit** hat die Diskussion um die unionsweite Einführung eines harmonisierten Grundpfandrechts (sog. Eurohypothek) jedoch wieder belebt.[775] Die EU-Kommission hat hierzu zudem am 19.7.2005 ein umstrittenes Grünbuch und am 18.12.2007 ein Weißbuch vorgelegt.[776] 190

769 EuGH, Rs. C-222/97 (Trummer und Mayer), Slg 1999, I-1661, Rn 20 ff (grenzüberschreitende Bestellung einer Hypothek als Ausübung der Kapitalverkehrsfreiheit einerseits und Erstreckung der für die grenzüberschreitende Grundstücksveräußerung geltenden Kapitalverkehrsfreiheit auf die Bestellung der Hypothek andererseits).

770 Näher *v. Wilmovsky*, in: Hdb zum dt. und europ. BankR, 2. Aufl. 2009, § 75, Rn 3 ff.

771 Zur identisch lautenden Regelung in Art. 4 der aufgehobenen RL 2000/35/EG bejahend *Schmidt-Kessel*, NJW 2001, 97, 102; verneinend *Kieninger*, in: Basedow u.a. (Hrsg.), Aufbruch nach Europa, S. 151, 161 ff; zur Umsetzung der neuen Zahlungsverzugs-RL *Graf v. Westphalen*, ZRP 2013, 5 ff.

772 Vgl hierzu auch das Gesetz zur Neuregelung des Internationalen Insolvenzrechts v. 14.3.2003, BGBl. I 2003, 345.

773 Näher dazu *Keller*, BKR 2002, 347, 349.

774 Kommission v. 22.5.1987, KOM(1987) 255, ABl. C 161 v. 19.6.1987, S. 4; dazu *Eilmansberger*, EuZW 1991, 691 ff.

775 Näher zur jüngeren Diskussion *Köndgen/Stöcker*, ZBB 2005, 112 ff und *P. Meyer*, EuZW 2004, 389; grundlegend *Stöcker*, Die Eurohypothek, 1992.

776 KOM(2005) 327 endg. bzw KOM(2007) 807 endg.

IV. Garantiegeschäft

191 Die von der Kommission vorgeschlagene[777] Verordnung über Bürgschaften von Kreditinstituten und Versicherungsunternehmen, die die öffentlichen Behörden zur Annahme von Bürgschaften von in einem Mitgliedstaat zugelassenen Kreditinstituten oder Versicherungsunternehmen verpflichten sollte, wurde bislang nicht verabschiedet. Im Bereich des Garantiegeschäfts ist es daher von Bedeutung, dass die von einem Kreditinstitut oder Versicherungsunternehmen aus einem anderen Mitgliedstaat geleisteten Sicherheiten aufgrund der Gewährleistung der Dienstleistungs- und Kapitalverkehrsfreiheit als gleichwertig anzuerkennen sind. Dies steht insb. einer Regelung entgegen, die von einem Sicherungsgeber aus einem anderen Mitgliedstaat eine zusätzliche Vereinbarung des Sicherungsgebers mit einem im Inland ansässigen Kreditinstitut oder Versicherungsunternehmen verlangt.[778]

B. Investment Banking

I. Emissionsgeschäft

1. Prospektpflicht[779]

192 Mit der Prospekt-RL 2003/71/EG (umgesetzt im WpPG)[780] wurde das bisherige Nebeneinander von Börsenzulassungsprospekten[781] und Verkaufsprospekten[782] für öffentliche Angebote aufgehoben und eine **einheitliche Prospektpflicht** begründet. Ohne einen behördlich zugelassenen und veröffentlichten Prospekt dürfen danach grds.[783] keine öffentlichen Angebote von Wertpapieren gemacht bzw Wertpapiere zum Handel an einem geregelten Markt zugelassen werden.[784] Die Richtlinie bestätigt diesbzgl das mit der insoweit aufgehobenen Kapitalmarktpublizitäts-RL 2001/34/EG begründete System der einheitlichen Prospektzulassung (**Europäischer Pass**), die grds. durch die im Sitzstaat des Emittenten zuständige Behörde erfolgt.[785] Die RL 2003/71/EG wurde durch die RL 2010/73/EU mit dem Ziel geändert, den Anlegerschutz weiter zu verbessern, die Klarheit und Wirksamkeit der Rechtsvorschriften über Prospekte zu erhöhen und den Verwaltungsaufwand der Unternehmen bei der Kapitalbeschaffung an den europäischen Wertpapiermärkten zu verringern. In Deutschland wurden die

777 Kommission v. 15.1.1989 KOM(1988) 805, ABl. C 51 v. 28.2.1989, S. 6; geänderter Vorschlag der Kommission v. 25.1.1991, KOM(1990) 567, ABl. C 53 v. 28.2.1991, S. 74.

778 S. dazu EuGH, Rs. C-410/96 (Ambry), Slg 1998, I-7875 Rn 30.

779 *Crüwell*, AG 2003, 243 ff; *Elsen/Jäger*, BKR 2010, 97 ff; *Holzborn/Schwarz-Gondek*, BKR 2003, 927 ff; *König*, GPR 2003/04, 152 ff; *Kunold/Schlitt*, BB 2004, 501 ff; *Sandberger*, EWS 2004, 297 ff; *Schammo*, EU Prospectus Law: New Perspectives on Regulatory Competition in Securities Markets, Cambridge, 2011; *von Kopp-Colomb/Seitz*, WM 2012, 1220 ff; *Weber*, NZG 2004, 360 ff.

780 Prospektrichtlinie-Umsetzungsgesetz v. 22.6.2005, BGBl. I 2005, 1698; zur Umsetzung näher *Kullmann/Sester*, ZBB 2005, 209 ff; *dies.*, WM 2005, 1068 ff; *Kunold/Schlitt*, BB 2004, 501 ff.

781 S. dazu die aufgehobenen Art. 20-41 RL 2001/34/EG, die insoweit ihrerseits mit der Aufhebung der Börsenzulassungsprospekt-RL 80/390/EWG verbunden war.

782 S. dazu die aufgehobene Emissionsprospekt-RL 89/298/EWG.

783 Einschränkungen des Anwendungsbereichs finden sich in Art. 1 Abs. 2 (v.a. OGAW) und Ausnahmen in den Art. 3 Abs. 2, Art. 4 Abs. 1, 2 RL 2003/71/EG idF der RL 2010/78/EU.

784 Art. 1 Abs. 1, Art. 3 Abs. 1 iVm den Legaldefinitionen in Art. 2 Abs. 1 lit. a, d und j RL 2003/71/EG idF der RL 2010/71/EG; näher *Kunold/Schlitt*, BB 2004, 501, 502 ff.

785 Art. 13 und Art. 17 f RL 2003/71/EG; Herkunftsmitgliedstaat ist nach Art. 2 Abs. 1 lit. m grds. der Staat des Sitzes des Emittenten; nach Art. 13 Abs. 5 kann die Zuständigkeit zudem nach Information der ESMA auf die zuständige und damit einverstandene Behörde eines anderen Mitgliedstaats übertragen werden.

Änderungen mit dem Gesetz vom 26.6.2012[786] umgesetzt. Mit der Omnibus II-RL 2014/51/EU wird die ESMA zwecks weiterer Harmonisierung mit der Ausarbeitung von Entwürfen technischer Regulierungsstandards (Art. 291 AEUV) beauftragt.

Zum Zwecke des Anlegerschutzes und der unionsweiten Anerkennungsfähigkeit der Zulassung stellt die RL 2003/71/EG Mindestanforderungen an den **Prospektinhalt.**[787] Die Informationen sind in der Form eines Prospekts zu veröffentlichen, der wahlweise aus drei Teilen (Registrierungsformular mit emittentenbezogenen Angaben,[788] Wertpapierbeschreibung,[789] Zusammenfassung mit allen „Schlüsselinformationen" iSv Art. 2 Abs. 1 lit. s und von idR nicht mehr als 2500 Worten)[790] oder aus einem Teil (eigentlich zwei, nämlich Text und Zusammenfassung)[791] besteht (Art. 5 Abs. 2, 3). Der Prospekt ist nach den ausgesprochen detaillierten Vorgaben der Durchführungs-VO (EG) Nr. 809/2004 zu gestalten (Kap. II, III sowie Anhänge) und zu veröffentlichen (Kap. V). Die Angaben sollen vollständig,[792] wahr, klar, kontinuierlich, international und sachdienlich sein, damit sich die Anleger ein fundiertes Urteil über die Vermögenswerte und Verbindlichkeiten, die Finanzlage, die Gewinne und Verluste, die Zukunftsaussichten des Emittenten und jedes Garantiegebers sowie über die mit den Wertpapieren verbundenen Rechte bilden können (Art. 5 Abs. 1). Es besteht die Möglichkeit der Verweisung (incorporation by reference).[793] Eine Übersetzung kann in anderen Mitgliedstaaten nur noch hinsichtlich der Zusammenfassung bzw dann verlangt werden, wenn der Prospekt nicht in einer in internationalen Finanzkreisen gebräuchlichen Sprache erstellt wurde (Art. 19 Abs. 2). Es besteht eine Aktualisierungspflicht, die mit einem Widerrufsrecht verbunden ist, wenn zwischen Billigung und Angebotsschluss bzw Handelseröffnung wichtige neue Umstände oder wesentliche Unrichtigkeiten offenbar werden (Art. 16 Abs. 1 und 2 idF der RL 2010/73/EU). Der Prospekt hat eine Gültigkeit von max. einem Jahr nach seiner Genehmigung, sofern er in dieser Zeit um erforderliche Nachträge ergänzt wird (Art. 9 Abs. 1 idF der RL 2010/73/EU iVm Art. 16 Abs. 1). 193

Die im Prospekt ausdrücklich zu benennenden Prospektverantwortlichen[794] soll zudem eine **Prospekthaftung** treffen (Art. 6), die in ihren Voraussetzungen und 194

786 Gesetz zur Umsetzung der Richtlinie 2010/73/EU und zur Änderung des Börsengesetzes v. 26.6.2012, BGBl. 2012 I, S. 1375.

787 Art. 5, 7 RL 2003/71/EG und Kapitel II VO (EG) Nr. 809/2004.

788 S. dazu Art. 5 Abs. 2, Anh. II RL 2003/71/EG.

789 S. dazu Art. 5 Abs. 2, Anh. III RL 2003/71/EG.

790 S. dazu Art. 5 Abs. 2, Anh. IV RL 2003/71/EG; zum Richtwert der 2500 Worte s. Erwägungsgrund 21 RL 2003/71/EG; zum Haftungsrisiko *Weber*, NZG 2004, 360, 366.

791 S. dazu Art. 5 Abs. 3, Anh. I RL 2003/71/EG.

792 Ausnahmen enthalten Art. 5 Abs. 4 (sog. Basisprospekt) und Art. 8 RL 2003/71/EG (unvollständiger Emissionsprospekt); zur Frage, welche Informationen bereits in den Basisprospekt und welche erst in die endgültigen Bedingungen aufgenommen werden müssen bzw können, EuGH, Rs. C-359/12 (Timmel), EuZW 2014, 581 und *Buck-Heeb/Dieckmann*, LMK 2014, 359156.

793 Art. 11 RL 2003/71/EG idF der RL 2010/73/EU und Art. 28 VO (EG) Nr. 809/2004 idF der DelVO (EU) Nr. 486/2012; zum Haftungsrisiko *Weber*, NZG 2004, 360, 366.

794 Dies sind „je nach Fall" zumindest der Emittent oder dessen Verwaltungs-, Management- bzw Aufsichtsstellen, der Anbieter, die Person, die die Zulassung zum Handel an einem geregelten Markt beantragt, oder der Garantiegeber (Art. 6 Abs. 1); Ersteller von Zusammenfassungen und deren Übersetzer sind beim Fehlen wesentlicher Informationen nur bei vorhandenem Warnhinweis grds. ausgenommen (Art. 6 Abs. 2 Unterabs. 2 idF der RL 2010/73/EU); vgl auch zur verwaltungsrechtlichen Verantwortlichkeit von nicht ausdrücklich als verantwortlich bezeichneten Mitgliedern des Verwaltungsrats EuGH, Rs. C-430/05 (Ntionik Anonymi), EuZW 2007, 570.

Rechtsfolgen von der Richtlinie allerdings nicht näher bzw nur rudimentär hinsichtlich der Haftungssubjekte harmonisiert wurde und sich daher inhaltlich weiterhin nach den divergierenden nationalen Haftungsregelungen richtet.[795] Regelungen bestehen schließlich noch zur Emissionswerbung,[796] zu den Aufsichtsbefugnissen, Sanktionen und Rechtsmitteln (Art. 21, 25 f), zur grenzüberschreitenden Behördenzusammenarbeit (Art. 22) und zu den möglichen Vorsichtsmaßnahmen der Behörden des Aufnahmemitgliedstaats (Art. 23).

2. Laufende Publizitätspflichten von Emittenten und ihren Aktionären[797]

195 Emittenten, deren Wertpapiere bereits zum Handel auf einem geregelten Markt zugelassen sind, unterliegen nach der **Transparenz-RL II 2004/109/EG**[798] grds.[799] umfangreichen Publizitätsanforderungen für die Dauer der Zulassung, auf die hier nur der Vollständigkeit hingewiesen sei. Diese bestehen zunächst in periodischen **Berichtspflichten** nach Art. 4 ff RL 2004/109/EG (Jahres-, Halbjahresfinanzbericht für alle Emittenten sowie Zwischenmitteilungen der Geschäftsführung von Aktienemittenten in der ersten und zweiten Hälfte des Geschäftsjahres). Nach Art. 9 ff RL 2004/109/EG (**Beteiligungspublizität**) haben die Mitgliedstaaten sicherzustellen, dass ein Aktionär einem Emittenten und der zuständigen Aufsichtsbehörde mitteilt, welchen Anteil an den Stimmrechten des Emittenten er hält, wenn er durch Erwerb oder Veräußerung von Aktien des Emittenten, die zum Handel an einem geregelten Markt zugelassen sind und an die Stimmrechte geknüpft sind, die Schwelle von 5 %, 10 %, 15 %, 20 %, 25 %, 30 % (optional, falls 1/3-Schwelle vorgesehen), 50 % oder 75 % (optional, falls 2/3-Schwelle vorgesehen) erreicht, über- oder unterschreitet (Art. 9, 19 Abs. 3). Dies gilt auch für Personen, die in den in Art. 10 genannten Fällen zum Erwerb, zur Veräußerung oder zur Ausübung von Stimmrechten berechtigt sind und nach Art. 13 für Personen, die direkt oder indirekt Finanzinstrumente halten, die ihrem Inhaber das Recht verleihen, von sich aus im Rahmen einer förmlichen Vereinbarung mit Stimmrechten verbundene und bereits ausgegebene Aktien des Emittenten zu erwerben. Der Emittent bzw ggf die Aufsichtsbehörde haben die ihnen gemachten Mitteilungen unverzüglich zu veröffentlichen (Art. 12 Abs. 6, 7).

196 Ein Emittent unterliegt zudem den in den Art. 14 und 16 RL 2004/109/EG geregelten besonderen Veröffentlichungspflichten sowie einer umfassenden und die Gleichbehandlung aller Aktionäre wahrenden **Informationspflicht** (Art. 17 RL 2004/109/EG). Die Emittenten von zum Handel an einem geregelten Markt zugelassenen Schuldti-

795 Krit. *Assmann*, in: Gebauer/Wiedmann (Hrsg.), Zivilrecht unter europ. Einfluss, 2. Aufl. 2010, Kap. 22, Rn 65; zum Vorrang der Haftungsregelung gegenüber dem Kapitalschutz nach der RL 77/91/EWG EuGH, Rs. C-174/12 (Hirmann), ZBB 2014, 80.

796 Art. 15 RL 2003/71/EG und Art. 34 VO (EG) Nr. 809/2004.

797 *Di Noia/Milič/Spatola*, ZBB 2014, 96 ff; *Fleischer/Schmolke*, NZG 2010, 1241 ff; *Fürhoff/Schuster*, BB 2005, 785 ff; *Hannich*, WM 2013, 449 ff; *Hopt*, WM 2013, 101 ff; *Kocher*, WM 2013, 1305 ff; *Körner*, NJW 2004, S. 3386 ff; *Letzel*, WM 2003, 1757 ff; *Nietsch*, WM 2012, 2217 ff; *Riedel*, wistra 2001, 447 ff; *Ringe*, AG 2007, 809 ff; *Schlitt/Singhof/Schäfer*, BKR 2005, 251 ff; *Seibt/Wollschläger*, ZIP 2014, 545 ff; *Veil*, ZBB 2014, 85 ff; *Veith*, NZG 2005, 254.

798 S. zu dieser RL auch die Durchführungs-RL 2007/14/EG; zur Neufassung der RL *Veil*, WM 2012, 53 ff; umgesetzt in Deutschland mit dem Transparenzrichtlinie-Umsetzungsgesetz v. 5.1.2007 (BGBl. I 2007, 10) sowie dem EHUG v. 10.11.2006 (BGBl. I 2006, 2553).

799 Begrenzungen des Anwendungsbereichs bzw Ausnahmen enthalten Art. 1 Abs. 2 (v.a. OGAW), Art. 8 RL 2004/109/EG.

teln haben die Informationspflichten nach Art. 18 RL 2004/109/EG zu erfüllen. Die RL 2004/109/EG enthält grds. Mindeststandards, teilweise aber auch Höchststandards.[800] Sie unterliegen der Kontrolle durch den Herkunftsmitgliedstaat (Art. 19). Zur Sprache und zur Zugänglichkeit der Informationen enthalten die Art. 20 f RL 2004/109/EG eine differenzierte Regelung. Abschließend finden sich Vorschriften zu den Aufsichtsbefugnissen, Sanktionen, Maßnahmen und Rechtsmitteln (Art. 24, 28 f idF der RL 2013/50/EU), zur grenzüberschreitenden Behördenzusammenarbeit (Art. 25) und zu den möglichen Vorsichtsmaßnahmen der Behörden des Aufnahmemitgliedstaats (Art. 26). Die RL 2004/109/EG wurde 2006/2007 durch das **TUG** und **EHUG** umgesetzt.[801] Nach Art. 21 a idF der RL 2013/50/EU richtet die ESMA bis 2018 ein Webportal für den zentralen Zugang zu den nach der RL publizitätspflichtigen Daten ein. Art. 7 Omnibus I-RL 2010/78/EU räumt der EU-Kommission zudem bei zahlreichen Bestimmungen die Kompetenz ein, die Transparenz-RL II im Lichte der technischen Entwicklungen auf den Finanzmärkten durch delegierte Rechtsakte zu präzisieren und zu ergänzen.

Nach Art. 17 der Marktmissbrauchs-VO (EU) Nr. 596/2014 (**MAR**) besteht schließlich noch als insiderrechtliche Präventivmaßnahme eine Pflicht des Emittenten zur **Ad-hoc-Publizität** von Insiderinformationen iSv Art. 7.[802] Der Emittent kann die Bekanntgabe (gerade auch bei einem zeitlich gestreckten Vorgang)[803] aufschieben, wenn diese seine Interessen schädigen könnte und kein Informationsleck bzw kein ausreichend präzises Gerücht im Hinblick auf die Insiderinformation besteht (Art. 17 Abs. 4 und Abs. 7 MAR). Die Offenlegungsvorschriften der Marktmissbrauchs-VO verlangen von einem Emittenten darüber hinaus die Aufstellung von sog. **Insiderlisten**, welche die von ihr beschäftigten Personen mit Zugang zu Insiderinformationen aufführen und bei der zuständigen Behörde einzureichen sind (Art. 18 MAR). Außerdem hat ein Emittent die **Eigengeschäfte von Führungskräften** (Begriffsbestimmung in Art. 3 Nr. 25 MAR) und von mit diesen eng verbundenen Personen (Begriffsbestimmung in Art. 3 Nr. 25 MAR) mit Finanzinstrumenten des bzw mit Bezug zum betreffenden Emittenten an die zuständige Behörde und die anderen Anleger zu melden, sofern ein jährliches Gesamtvolumen von mindestens 5.000 EUR überschritten wird (Art. 19 MAR; sog. Directors‘ Dealings). Neuerdings gelten die Offenlegungsvorschriften nicht mehr nur für Eigengeschäfte an geregelten Märkten, sondern auch für solche auf einem multilateralen oder organisierten Handelssystem (Art. 19 Abs. 4 197

800 S. dazu insb. Art. 3 RL 2004/109/EG.

801 Gesetz v. 5.1.2007 zur Umsetzung der Richtlinie 2004/109/EG des Europäischen Parlaments und des Rates v. 15.12.2004 zur Harmonisierung der Transparenzanforderungen in Bezug auf Informationen über Emittenten, deren Wertpapiere zum Handel auf einem geregelten Markt zugelassen sind, und zur Änderung der Richtlinie 2001/34/EG (Transparenzrichtlinie-Umsetzungsgesetz – TUG), BGBl. 2007 I, 10, sowie Gesetz v. 10.11.2006 über elektronische Handelsregister und Genossenschaftsregister sowie das Unternehmensregister (EHUG), BGBl. 2006 I, 2553.

802 *Di Noia/Milič/Spatola*, ZBB 2014, 96 ff; *Veil*, ZBB 2014, 85 ff; zu einer hängigen Vorlage der Cour de Cassation betreffend den Begriff der „präzisen Information“ (Rs. C-628/13, Lafonta/AMF) *Klöhn*, ZIP 2014, 945 ff.

803 Dazu jetzt Art. 17 Abs. 4 Unterabs. 2 MAR; zum Zeitpunkt der Ad-hoc-Publizität bei gestrecktem Sachverhalt jetzt auch ausdrücklich Art. 7 Abs. 2 und 3 MAR; vgl dazu auch (noch zu Art. 6 Abs. 1 RL 2006/6/EG) EuGH, Rs. C-19/11 (Geltl), EuZW 2012, 708 ff (Veröffentlichung von Informationen über den Wechsel des Vorstandsvorsitzenden – Fall Schrempp); dazu *Langenbucher*, BKR 2012, 145 ff; *Mennicke*, ZBB 2013, 244 ff; *Mock*, ZBB 2012, 286 ff und *Möllers/Seidenschwann*, NJW 2012, 2762 ff; *Parmentier*, WM 2013, 970 ff.

MAR). Sie werden jetzt zudem durch Handelsverbote während eines geschlossenen Zeitraums von 30 Kalendertagen vor Ankündigung eines Zwischenberichts oder eines Jahresabschlussberichts, zu deren Veröffentlichung der Emittent verpflichtet ist, ergänzt (sog. **Closed Periods**, Art. 19 Abs. 11 MAR).

II. Handel mit Wertpapieren und anderen Finanzinstrumenten[804]

1. Wohlverhaltensregeln

198 Aufgrund ihrer Doppelnatur prägen die aufsichtsrechtlichen **Wohlverhaltensregeln** (Art. 11 RL 93/22/EWG, Art. 19 ff RL 2004/39/EG, Art. 24 ff RL 2014/65/EU; dazu Rn 142 ff) in ihrem Anwendungsbereich (dazu Rn 69) auch das privatrechtliche Vertragsverhältnis zwischen dem Träger des Wertpapierdienstleistungsunternehmens und dem Kunden, indem sie die Aufklärungs-, Sorgfalts- und Interessenwahrungspflichten einer Wertpapierfirma näher bestimmen. Die Vorgaben der einschlägigen RL 93/22/EWG und 2004/39/EG wurden in §§ 31 f WpHG umgesetzt. Die Regelungen zur Anlageberatung und Vermögensverwaltung (sog. Portfolio-Management) werden mit der MiFID II-RL 2014/65/EU grundlegend reformiert (Rn 142 ff).[805]

2. Marktmissbrauch[806]

199 Die neue Marktmissbrauchs-VO (EU) Nr. 596/2014 (**MAR**), die mit der diesbzgl DVO die bisherige Marktmissbrauchs-RL 2003/6/EG[807] ersetzt und noch durch die auf Art. 83 Abs. 2 AEUV gestützte Marktmissbrauchssanktions-RL 2014/57/EU (**CRIM-MAD**) zur Harmonisierung der einschlägigen Straftatbestände ergänzt wird, untersagt u.a. Insidergeschäfte und Marktmanipulationen, um die Integrität der europäischen Finanzmärkte und die Gleichbehandlung aller Anleger sicherzustellen und hierdurch das Vertrauen der Anleger in die Finanzmärkte zu stärken. Der Schutzbereich der neuen Rechtsakte erstreckt sich auf alle Handelsplattformen (auch OTF) und Finanzinstrumente iSd neuen Bestimmungen von MiFID II und MiFIR. Das neue **Insider-Handelsverbot** betrifft zunächst wie das bisherige sog. Primärinsider, dh Organmitglieder und Anteilseigner des Emittenten sowie andere Personen, die aufgrund entsprechender Aufgaben oder krimineller Handlungen Zugang zu Insider-Informationen haben (Art. 8 MAR). Außerdem gilt es für alle anderen über Insider-Informationen verfügenden Personen, sofern diese wussten oder hätten wissen können, dass es sich um derartige Informationen handelt (sog. Sekundärinsider iSv Art. 8 Abs. 4 Unterabs. 2 MAR). Eine Insider-Information ist eine nicht öffentlich bekannte präzise Information, die direkt oder indirekt einen oder mehrere Emittenten von Fi-

---

804 *Balzer*, ZBB 2003, 177 ff; *Caspari*, NZG 2005, 98, 103; *Christoph/Spindler*, BB 2004, 2197 ff; *Hopt*, in: FS Schimansky, 1999, S. 631; *Klages*, Die Richtlinie der EG über den Börsenzulassungsprospekt, 1981; *Kühne*, BKR 2005, 275 ff; *Kunold/Schlitt*, BB 2004, 501 ff; *Möllers*, ZBB 2003, 390 ff; *Moloney*, EC Securities Regulation, 2. Aufl., 2008; *Mülbert*, WM 2001, 2085; *Seitz*, BKR 2002, 340.

805 Näher *Loff/Hahne*, WM 2012, 1512 ff; *Veil/Lerch*, WM 2012, 1605, 1608 ff.

806 *Di Noia/Milič/Spatola*, ZBB 2014, 96 ff; *Fischer zu Cramburg*, NZG 2009, 580 ff; *Krauel*, Insiderhandel, 2000; *Langenbucher/Brenner/Gellings*, BKR 2010, 133 ff; *Leppert/Stürwald*, ZBB 2002, 90 ff; *Merkner/Sustmann*, NZG 2005, 729 ff; *dies.*, AG 2012, 315 ff; *Seibt/Wollenschläger*, AG 2014, 593 ff; *Tountopoulos*, WM 2013, 351 ff; *Trüg*, NJW 2014, 1346 ff; *ders.*, NZG 2014, 809 ff; *Veil*, ZBB 2014, 85 ff; *Veil/Koch*, WM 2011, 2297; *Weber*, EuZW 2002, 43 ff.

807 Umsetzung in Deutschland durch das Gesetz zur Verbesserung des Anlegerschutzes v. 28.10.2004, BGBl. I 2004, 2630; dazu *Bürgers*, BKR 2004, 424 ff; *Diekmann/Sustmann*, NZG 2004, 929 ff; *Holzborn/Israel*, WM 2004, 1948 ff.

nanzinstrumenten oder ein oder mehrere Finanzinstrumente betrifft, und die, wenn sie öffentlich bekannt würde, geeignet wäre (Betrachtung ex ante), den Kurs dieses(r) Finanzinstruments(e) oder sich darauf beziehender Derivate erheblich zu beeinflussen (näher Art. 7 MAR).[808] Die öffentliche Bekanntmachung, zu welcher der Emittent baldmöglichst verpflichtet ist (sog. Ad-hoc-Publizität nach Art. 17; dazu Rn 197), nimmt der Information den Insidercharakter. Das Insiderhandelsverbot umfasst die Ausnutzung der Insider-Information beim (seit 2003 ggf auch nur versuchten) Erwerb oder der Veräußerung der betroffenen Finanzinstrumente für eigene oder fremde Rechnung (Art. 14 MAR).[809] Außerdem ist es Primär- und Sekundärinsidern untersagt, ihre Insider-Informationen an Dritte weiterzugeben, soweit dies nicht im normalen Rahmen der Ausübung ihrer Arbeit oder ihres Berufes oder der Erfüllung ihrer Aufgaben geschieht,[810] oder auf der Grundlage von Insider-Informationen Empfehlungen zu einschlägigen Transaktionen zu geben (Art. 14 MAR). Zur besseren Verfolgung von Insiderverstößen sind die Emittenten verpflichtet, ein Verzeichnis der Insider zu führen (Art. 18 MAR) und die Eigengeschäfte der Führungspersonen und der diesen nahe stehenden Personen mit Finanzinstrumenten des betreffenden Emittenten bzw mit Bezug zu diesem zu melden (Art. 19 MAR; dazu Rn 197). Aufgrund der MAR gelten als Insidergeschäft neuerdings auch die Nutzung von Insiderinformationen in Form der Stornierung oder Änderung eines Auftrags in Bezug auf ein Finanzinstrument, auf das sich die Informationen beziehen, wenn der Auftrag vor Erlangen der Insiderinformation erteilt wurde (Art. 8 Abs. 1), und das Handeln aufgrund einer Empfehlung (Art. 8 Abs. 3). Demgegenüber statuiert Art. 9 MAR nunmehr auch explizit legitime Handlungen. Schließlich enthält die MAR Bedingungen für eine zulässige sog. Marktsondierung (market sounding), dh die Übermittlung von Informationen vor der Ankündigung eines Geschäfts an potenzielle Anleger, um das Interesse von potenziellen Anlegern an diesem Geschäft und dessen Bedingungen (insb. seiner preislichen Gestaltung) abzuschätzen (Art. 11 MAR).

Marktmanipulationen und nunmehr auch der Versuch hierzu sind ebenfalls grds. ver- 200
boten (Art. 15 MAR). Dabei geht es zunächst um sog. handelsgestützte Marktmanipulationen. Hierzu zählen zum einen Geschäfte oder Geschäftsaufträge, die falsche oder irreführende Signale in Bezug auf Finanzinstrumente geben oder geben könnten bzw die den Kurs von Finanzinstrumenten in anormaler oder künstlicher Weise beeinflussen, sofern diese Transaktionen nicht durch legitime Gründe gerechtfertigt und auf dem betreffenden geregelten Markt zulässig sind (näher Art. 12 Abs. 1 lit. a und v.a. Anh. I lit. A MAR). Zum anderen werden Geschäfte oder Geschäftsaufträge unter Vorspiegelung falscher Tatsachen oder unter Verwendung sonstiger Kunstgriffe oder Formen der Täuschung erfasst (näher Art. 12 Abs. 1 lit. b und v.a. Anh. I lit. B MAR). Sodann betrifft das Verbot noch sog. informationsgestützte Marktmanipulationen durch die Verbreitung von Informationen, die falsche oder irreführende Signale in Bezug auf Finanzinstrumente geben oder geben könnten, wenn der Verbreiter

808 S. auch EuGH, Rs. C-391/04 (Georgakis), Slg 2007, I-3741.

809 Vgl zum Begriff der Ausnutzung auch EuGH, Rs. 45/08 (Spector Photo Grpoup NV), Slg 2009, I-12073 und EuGH, Rs. C-391/04 (Georgakis), Slg 2007, I-3741.

810 Dazu auch EuGH, Rs. C-384/02 (Knud Grøngaard/Allan Bang), EuZW 2006, 25 (Arbeitnehmervertreter in Gesellschaftsorganen) und *Sethe*, ZBB 2006, 243 ff.

der Informationen wusste oder hätte wissen müssen, dass diese falsch oder irreführend waren (Art. 12 Abs. 1 lit. c MAR).[811] Schließlich gilt nun aufgrund des Libor-Skandals[812] auch die Übermittlung falscher oder irreführender Angaben oder die Bereitstellung falscher oder irreführender Ausgangsdaten bzgl eines Referenzwerts als Marktmanipulation (Art. 12 Abs. 1 lit. d). Die abstrakten Definitionen werden durch einen positiven, nicht abschließenden Beispielskatalog in Art. 12 Abs. 2 MAR,[813] durch einen negativen Beispielskatalog in Art. 13 MAR (sog. safe harbours),[814] die Regelung zur Erstellung und Weitergabe von Finanzanalysen und anderen wichtigen Informationen (Art. 20 Abs. 1) sowie die noch zu erlassenden delegierten Rechtsakte der Kommission und technische Regulierungsstandards konkretisiert. Weitere Aufschlüsse gibt der regelmäßig neu aufgelegte Emittentenleitfaden der BaFin.[815]

201 Die Mitgliedstaaten müssen zur **Verfolgung von Marktmissbräuchen** eine einzige Behörde mit bestimmten Mindestkompetenzen benennen (Art. 22 f MAR), die mit den Behörden anderer Mitgliedstaaten und der ESMA kooperiert und diesen Amtshilfe leistet (Art. 25 MAR). Sodann soll durch Kooperationsvereinbarungen mit Drittstaaten zumindest ein wirksamer Informationsaustausch sichergestellt werden (Art. 26 MAR, s. auch Rn 159). Die Verordnung sieht unbeschadet einer strafrechtlichen Sanktionierung eine angemessene verwaltungsrechtliche Ahndung der Verstöße durch die Mitgliedstaaten vor, wobei die Verordnung klare Mindestvorgaben hinsichtlich Art und Umfang statuiert (Art. 30 MAR; s. dazu generell Rn 155). Sanktionen sind der ESMA zu melden (Art. 33 MAR) und auf der Webseite der zuständigen nationalen Behörden während fünf Jahren zu publizieren (Art. 34 MAR; sog. naming and shaming). Weitere bis 3.7.2016 umzusetzende Vorgaben strafrechtlichen Charakters enthält die neue Marktmissbrauchssanktions-RL 2014/57/EU (CRIM-MAD; näher Rn 221).

3. Leerverkäufe[816]

202 Leerverkäufe werden derzeit durch die **Leerverkaufs-VO (EU) Nr. 236/2012**[817] sowie drei DelVO (EU) Nr. 826/2012, 918/2012, 919/2012 und eine DVO (EU) Nr. 827/2012 reguliert. Bei einem Leerverkauf im Zusammenhang mit Aktien oder Schuldinstrumenten werden diese veräußert, ohne sich zum Zeitpunkt des Verkaufs im Eigentum des Veräußerers zu befinden.[818] Die Regeln der Leerverkaufs-VO betreffen gem. Art. 1 einerseits unabhängig vom Ort der Transaktion Finanzinstrumen-

811 Näher für das bisherige deutsche Recht die konkretisierende MaKonV und *Fleischer*, in: Fuchs (Hrsg.), § 20 a WpHG Rn 15 ff.

812 Dazu *Bausch/Wittmann*, WM 2014, 494 ff.

813 Genannt werden der Missbrauch einer marktbeherrschenden Stellung, das Beeinflussen der Schlusskurse durch börsenschlussnahe Geschäfte (sog. Marking the Close) und die öffentliche Stellungnahme zu Finanzinstrumenten im Anschluss an diese betreffende Eigengeschäfte ohne Offenlegung des Interessenkonflikts (sog. Scalping).

814 Hierzu zählen der Handel mit eigenen Aktien im Rahmen von Rückkaufprogrammen und Kursstabilisierungsmaßnahmen (näher VO (EG) Nr. 2273/2003; ab 3.7.2016 aufgehoben durch VO (EU) Nr. 596/2014).

815 Die vierte Aufl. des über die Homepage der BaFin abrufbaren Leitfadens stammt vom 8.11.2013; zum Leitfaden näher *Merkner/Sustmann*, NZG 2009, 813 ff.

816 *Krüger/Ludewig*, WM 2012, 1942 ff; *Ludewig/Geilfus*, WM 2013, 1533 ff; *Mülbert/Sajnovits*, ZBB 2012, 266 ff; *Zimmer/Beisken*, WM 2010, 485 ff.

817 Vgl hierzu auch das EU-Leerverkaufs-Ausführungsgesetz v. 6.11.2012, BGBl. I 2012, 2286.

818 Art. 2 Abs. 1 lit. b Leerverkaufs-VO mit Präzisierungen in Art. 3 DelVO (EU) Nr. 918/2012.

te,[819] die an einem Handelsplatz in der EU (geregelter Markt, MTF oder OTF; Rn 70) zugelassen sind, und andererseits Schuldinstrumente der Mitgliedstaaten oder der Union (insb. der Europäischen Investitionsbank) sowie jeweils die auf diese Finanz- bzw Schuldinstrumente oder deren Emittenten bezogenen Derivate. Für Aktien, die zwar auch in der EU, aber hauptsächlich an einem Handelsplatz in einem Drittland gehandelt werden, gilt die Leerverkaufs-VO ebenso nur zum Teil (Art. 16) wie für Market-Making-Tätigkeiten iSv Art. 2 Abs. 1 lit. k, Primärmarkttätigkeiten und Kursstabilisierungsmaßnahmen (Art. 17). Die Leerverkaufs-VO enthält in Art. 5 f zunächst Pflichten des Halters von Aktien (auch bei Sitz außerhalb der EU; Art. 10) zur behördlichen **Meldung** (ab 0,2 % des ausgegebenen Aktienkapitals jeweils in Schritten von 0,1 %) und zur **Offenlegung** (ab 0,5 % des ausgegebenen Aktienkapitals jeweils in Schritten von 0,1 %) auf einer Webseite der nationalen Behörde (Art. 9 Abs. 4) von Netto-Leerverkaufspositionen (Art. 3 Abs. 4) in Aktien. Nach Art. 7 trifft zudem die Halter signifikanter Netto-Leerverkaufspositionen in ausgegebenen öffentlichen Schuldtiteln eine behördliche Meldepflicht, wobei die Meldeschwellen je nach Emittent variieren und von der EU-Kommission festgesetzt werden. Des Weiteren statuiert die Leerverkaufs-VO ein grds. **Verbot von ungedeckten Leerverkäufen** von Aktien (Art. 12) und öffentlichen Schuldtiteln (Art. 13). Ein Leerverkauf ist ungedeckt, wenn sich der Verkäufer die entsprechenden Aktien bzw Schuldtitel weder geliehen hat, noch einen vertraglich oder eigentumsrechtlich unbedingt durchsetzbaren Anspruch auf Übertragung des Eigentums an diesen hat und auch nicht über die Zusage eines Dritten verfügt, damit er die verkauften Aktien bzw Schuldtitel bei Fälligkeit verfügbar machen kann (Art. 12 Abs. 1 und Art. 13 Abs. 1 sowie Erwägungsgrund 13). Grundsätzlich verboten sind schließlich noch **ungedeckte Credit Default Swaps** iSv Art. 4 auf öffentliche Schuldtitel (Art. 14). Die gegen die ausnahmsweisen Eingriffsbefugnisse der ESMA nach Art. 28 gerichtete Nichtigkeitsklage hat der EuGH abgewiesen.[820]

4. Handel mit Derivaten[821]

Zur Erhöhung der Transparenz und zur frühzeitigen Identifizierung etwaiger systemischer Risiken von Derivatemärkten statuiert die noch durch zahlreiche Regulie- 203

819 Der Begriff des Finanzinstruments umfasst nach Art. 2 Abs. 1 lit. a Leerverkaufs-VO alle im Anh. I Abschn. C der RL 2004/39/EG (ab 3.1.2017 Anh. I Abschn. C RL 2014/65/EU) aufgeführten Instrumente (übertragbare Wertpapiere, Geldmarktinstrumente, Fondsanteile, Derivate etc.).

820 EuGH, Rs. C-270/12 (Großbritannien und Nordirland/Parlament und Rat), EWS 2013, 398 ff; eingehend zu den abweichenden Schlussanträgen von GA Jääskinen *Orator*, EuZW 2013, 852 ff.

821 *Diekmann/Fleischmann*, WM 2011, 1105 ff; *Funke*, WM 2012, 202 ff; *von Hall*, WM 2013, 673 ff; *Jaskulla*, BKR 2012, 441 ff; *Jobst*, ZBB 2010, 384 ff; *Köhling/Adler*, WM 2012, 2125 ff und 2173 ff; *Nietsch/Graef*, BB 2010, 1361 ff; *Pankoke/Wallus*, WM 2014, 4 ff; *Schuster/Ruschkowski*, ZBB 2014, 123 ff; *Singh*, IMF Working Paper WP/10/99, 2010.

rungs-[822] und Durchführungsstandards[823] sowie nationale Ausführungsbestimmungen[824] ergänzte **EMIR-VO (EU) Nr. 648/2012** zunächst eine **Meldepflicht für alle** Verträge über Derivate iSv Art. 2 Nr. 5 EMIR iVm Anh. I Abschn. C Nr. 4 bis 10 MiFID I-RL 2004/39/EG (bzw ab 3.1.2017 MiFID II-RL 2014/65/EU). Aufgrund der Meldepflicht sind Identifizierungsmerkmale der Gegenparteien sowie bestimmte Details des Derivatekontrakts (DelVO (EU) Nr. 148/2013) spätestens an dem auf die Transaktion (Vertragsabschluss, -änderung, -beendigung) folgenden Arbeitstag an ein registriertes (Art. 55 EMIR) oder anerkanntes (Art. 77 EMIR) Transaktionsregister (Rn 84) mit Sitz in der EU zu übermitteln (Art. 9 f EMIR). Darüber hinaus sind **bestimmte**[825] durch ihre hinreichende Standardisierung charakterisierte sog. **OTC-Derivatekontrakte**, dh außerhalb eines geregelten Marktes iSd MiFID gehandelte Derivategeschäfte (Art. 1 Abs. 1 iVm Art. 2 Ziff. 7 EMIR; „over the counter"/OTC) bei Abschluss oder Verlängerung über mitgliedstaatlich beaufsichtigte (Art. 14 ff EMIR) bzw von der ESMA anerkannte (Art. 25 EMIR) CCPs (Rn 84) abzuwickeln, sofern es sich bei den Parteien nach Art. 4 Abs. 1 EMIR entweder um in der EU beaufsichtigte oder diesen gleichzustellende drittstaatliche finanzielle Gegenparteien iSv Art. 2 Nr. 8 EMIR[826] oder um nichtfinanzielle Gegenparteien iSv Art. 2 Nr. 9 und Art. 10 EMIR[827] handelt (Art. 4 ff EMIR; sog. Clearing- oder **CCP-Pflicht**).[828] Grundsätzlich keiner Clearingpflicht unterliegen gruppeninterne Geschäfte (Art. 4 Abs. 2 iVm Art. 3 EMIR). Schließen finanzielle oder nichtfinanzielle Gegenparteien ein nicht der Clearingpflicht unterliegendes **sonstiges OTC-Derivategeschäft** ab (gem. Art. 4 Abs. 2 EMIR auch gruppeninterne Geschäfte), müssen sie mit der gebührenden Sorgfalt si-

822 Als sog. technische Regulierungsstandards (Regulating Technical Standards/RTS) bestanden bis 31.7.2014: DelVO (EU) Nr. 148/2013 (Mindestangaben der Meldungen an Transaktionsregister); DelVO (EU) Nr. 149/2013 (Indirekte Clearingvereinbarungen, die Clearingpflicht, das öffentliche Register, den Zugang zu einem Handelsplatz, nichtfinanzielle Gegenparteien und Risikominderungstechniken für nicht durch eine CCP geclearte OTC-Derivatekontrakte); DelVO (EU) Nr. 150/2013 (Festlegung der Einzelheiten eines Antrags auf Registrierung als Transaktionsregister); DelVO (EU) Nr. 151/2013 (von Transaktionsregistern zu veröffentlichende und zugänglich zu machende Daten sowie operationelle Standards für die Zusammenstellung und den Vergleich von Daten sowie den Datenzugang); DelVO (EU) Nr. 152/2013 (Eigenkapitalanforderungen an CCPs); DelVO (EU) Nr. 153/2013 (Anforderungen an CCPs); DelVO (EU) Nr. 285/2014 (Technische Regulierungsstandards in Bezug auf unmittelbare, wesentliche und vorhersehbare Auswirkungen von Kontrakten sowie zur Verhinderung von Umgehungen).

823 Als sog. technische Durchführungsstandards (Implementing Technical Standards/ITS) bestanden bis 31.7.2014: DVO (EU) Nr. 1247/2012 (Format und die Häufigkeit von Transaktionsmeldungen an Transaktionsregister); DVO (EU) Nr. 1248/2012 (Format von Anträgen auf Registrierung von Transaktionsregistern); DVO (EU) Nr. 1249/2012 (Format der von zentralen Gegenparteien aufzubewahrenden Aufzeichnungen).

824 Der deutsche Gesetzgeber hat mit dem Ausführungsgesetz zur Verordnung (EU) Nr. 648/2012 über OTC-Derivate, zentrale Gegenparteien und Transaktionsregister (EMIR-Ausführungsgesetz) v. 13.2.2013, BGBl. I, 174, u. a. das WpHG um die §§ 18 bis 20 und 48 ergänzt.

825 Nach Art. 5 Abs. 2 EMIR werden die von der Clearingpflicht betroffenen Derivatekategorien von der EU-Kommission auf Vorschlag der ESMA in der Form technischer Regulierungsstandards iSd Art. 10 bis 14 der VO (EU) Nr. 1095/2010 festgelegt; die ESMA führt nach Art. 6 EMIR ein öffentliches Register der clearingpflichtigen Kategorien von OTC-Derivaten.

826 Hierzu gehören die entspr. den einschlägigen aufsichtsrechtlichen Richtlinien zugelassenen Kreditinstitute (Rn 65), Wertpapierfirmen (Rn 69), (Rück-)Versicherungsunternehmen (Rn 77 ff), OGAW (inkl. ihrer Verwalter; Rn 74), Einrichtungen der betrieblichen Altersversorgung (Rn 82) sowie die alternativen Investmentfonds (inkl. ihrer Verwalter; Rn 76).

827 Hierzu gehören andere in der EU niedergelassene Unternehmen, die in einem größeren Umfang Derivate zur Absicherung von nicht aus ihrer Geschäftstätigkeit rührenden Risiken einsetzen.

828 Näher zur Clearingpflicht *Köhling/Adler*, WM 2012, 2125, 2129 ff; näher zu den Methoden des Clearings und zur Abwicklung von Geschäften in der Insolvenz eines Clearingmitglieds *von Hall*, WM 2013, 673, 674 ff.

cherstellen, dass angemessene Verfahren und Vorkehrungen bestehen, um das operationelle **Risiko** und das Gegenparteiausfallrisiko zu ermessen, zu beobachten und zu **mindern.**[829] Dabei geht es insb. um die rechtzeitige Bestätigung der Bedingungen des OTC-Derivatekontrakts, die tägliche Validierung des Werts ausstehender Derivatekontrakte, die Sicherstellung eines rechtzeitigen und angemessenen Austauschs von Sicherheiten sowie (bei finanziellen Gegenparteien) hinreichende Eigenkapitalabsicherungen. Hierzu und insb. zur Sicherstellungspflicht wird die EU-Kommission noch technische Regulierungsstandards erlassen, die sich an internationalen Standards[830] orientieren werden. Die RL 2013/36/EU (CRD IV) und die VO (EU) Nr. 575/2013 (CRR) enthalten zudem Regelungen für Kreditinstitute (Rn 65) und Wertpapierfirmen (Rn 69) zur Eigenmittelunterlegung der Risiken aus OTC-Derivatkontrakten.[831] Ab 3.1.2017 müssen finanzielle und bestimmte nichtfinanzielle Gegenparteien die der Handelspflicht nach Art. 32 MiFIR unterliegenden und bei der ESMA nach Art. 34 MiFIR verzeichneten Derivatkontrakte zudem grds. über einen regulierten Markt (RM, MTF, OTF, ggf Drittlandhandelsplatz) abschließen (sog. **Plattformpflicht** nach Art. 28 MiFIR). Die zugelassenen bzw anerkannten CCPs und die Handelsplätze haben sich **wechselseitig Zugang** zu gewähren, sofern hierfür jeweils die diskriminierungsfrei angewendeten begründeten Voraussetzungen erfüllt sind (Art. 7 f EMIR sowie DelVO (EU) Nr. 149/2013).

III. Fondsgeschäft[832]

Auch für das Fondsgeschäft im Zusammenhang mit OGAW (Rn 74 f) und AIF 204
(Rn 76) ist zunächst auf die zivilrechtlichen Auswirkungen der aufsichtsrechtlichen Regelungen über die **Verhaltenspflichten** von OGAW, OGAW-Verwaltungsgesellschaften, Investmentgesellschaften, Verwahrstellen und AIFM hinzuweisen (s. insb. Art. 12 ff, 30 f, 32 III und 35 RL 2009/65/EG sowie Art. 12 ff RL 2011/61/EU; dazu auch Rn 142 ff). Daneben enthalten die Art. 68 ff RL 2009/65/EG und die DVO (EU) Nr. 583/2010 bzw die Art. 22 ff RL 2011/61/EU umfangreiche Regelungen zur spezifischen **Prospekt-, Informations- und Berichtspflicht** von OGAW-Verwaltungsgesellschaften bzw AIFM, die daher auch weitgehend vom Anwendungsbereich der Prospekt-RL 2003/71/EG (dort Art. 2 Abs. 2 lit. a) und der Transparenz-RL II 2004/109/EG (dort Art. 1 Abs. 2) ausgenommen sind. Danach sind ein vollständiger und ein vereinfachter Prospekt (OGAW) bzw diverse Informationsmaterialien (AIF) sowie ein Jahres- und (bei OGAW) ein Halbjahresbericht zu erstellen, zu aktualisieren und zu veröffentlichen. Nach Art. 84 RL 2009/65/EG ist der OGAW auf Verlangen eines Anteilsinhabers zur Rücknahme oder Auszahlung seiner Anteile verpflichtet, sofern nicht in außergewöhnlichen Fällen eine Aussetzung möglich ist. Die Be-

829 Art. 11 EMIR und Art. 12 ff DelVO (EU) Nr. 149/2013; näher *Köhling/Adler*, WM 2012, 2125, 2173 ff.

830 BCBS/IOSCO-Margin requirements for non-centrally cleared derivatives vom 2.9.2013 (abrufbar unter: https://www.bis.org/publ/bcbs261.pdf).

831 S. insb. Art. 300 ff CRR (Eigenmittelanforderungen für Forderungen an eine zentrale Gegenpartei) und Art. 381 ff CRR (Eigenmittelanforderungen für das Risiko einer Anpassung der Kreditbewertung; sog. CVA-Risiko); dazu noch auf der Grundlage des Verordnungsvorschlags *Köhling/Adler*, WM 2012, 2173, 2178 f.

832 *Blankenheim*, ZBB 2011, 344 ff; *Engert*, ZBB 2014, 108 ff; *Steffen/Sachse*, ZBB 2011, 33 ff; *Szylar* (ed.), UCITS Handbook, London, 2012; s. noch die Literaturhinweise zur AIFM-RL in Fn 312 und zum dt. KAGB in Fn 313.

wertung des Sondervermögens bzw die Berechnung des Ausgabe- und Verkaufspreises und des Rücknahme- oder Auszahlungspreises der Anteile (Art. 85), die Ausschüttung und Wiederanlage (Art. 86) sowie die Fondsverwaltungskosten (Art. 90) müssen in den gesetzlichen Vorschriften oder in den Vertragsbedingungen des Investmentfonds bzw in der Satzung der Investmentgesellschaft geregelt sein. Außerdem bestehen grds. Verbote betreffend die Kreditaufnahme, Kreditvergabe, Bürgschaftsübernahme und Wertpapierleerverkäufe durch OGAW und ihre Gesellschaften für Rechnung des Fonds (Art. 83, 88 f). Produktbezogene Sonderregelungen bestehen zudem noch für Fonds mit einer besonders geschützten Bezeichnung wie derzeit den Fonds für Risikokapital (European Venture Capital Funds, **EuVECA**)[833] und den Fonds für soziales Unternehmertum (European Social Entrepreneurship Funds, **EuSEF**),[834] zu denen demnächst noch Regelungen für langfristig orientierte Investmentfonds (European Long-Term Investment Funds, **ELTIF**)[835] und für Geldmarktfonds[836] hinzutreten dürften. Die OGAW-RL und die AIFM-RL enthalten schließlich kollisions- und sachrechtliche Regelungen zur **Haftung** der Verwaltungsgesellschaft und insb. der Verwahrstelle.[837] Nach Art. 30 AIFM-RL 2011/61/EU bestehen zudem noch Wartefristen für bestimmte Maßnahmen zum Zerschlagen von Unternehmen durch Private Equity Fonds. Mit zwei weiteren Revisionen der RL 2009/65/EG sollen insb. die stärker an den Interessen der Anleger orientierte Vergütung der Fondsverwaltung und die Haftung der Verwahrstellen (sog. OGAW V-RL)[838] sowie die Regelungen zur Systemrelevanz von OGAW und ihren Anlagetechniken (sog. OGAW VI-RL)[839] harmonisiert werden.

C. Versicherungsdienstleistungen[840]

205 Die seit 1965 andauernden und 1979 in einen Richtlinienvorschlag[841] mündenden sowie von der Wissenschaft unterstützten[842] Bemühungen der Kommission um eine

833 VO (EU) Nr. 345/2013 (s. auch § 337 KAGB); dazu *Jesch*, BB 2012, 2895, 2896; *Philipp*, EuZW 2013, 283.

834 VO (EU) Nr. 346/2013 (s. auch § 338 KAGB); dazu *Philipp*, EuZW 2013, 283.

835 KOM(2013) 462 endg. v. 26.6.2013.

836 KOM(2013) 615 endg. v. 4.9.2013.

837 Art. 13 Abs. 2, Art. 22 Abs. 2, Art. 24, 32 Abs. 2 und Art. 34 RL 2009/65/EG bzw Art. 20, 21 RL 2011/61/EU.

838 KOM(2012) 350 endg. v. 3.7.2012; dazu *Jesch*, BB 2012, 2895, 2896 f.; krit. *Engert*, ZBB 2014, 108 ff.

839 S. dazu das Consultation Document v. 26.7.2012 „Undertakings for Collective Investment in Transferable Securities (UCITS) – Product Rules, Liquidity Management, Depositary, Money Market Funds, Long-term Investments".

840 *Armbrüster*, Zur Harmonisierung des Privatversicherungsrechts in der EG, Jahrbuch Junger Zivilrechtswissenschaftler 1991, S. 89 ff; *Basedow*, EuZW 2014, 1 ff; *Basedow/Birds/Clarke/Cousy/Heiss/ Loacker*, Principles of European Insurance Contract Law (PEICL), 2009; *Beckmann*, ZEuP 1999, 809 ff; *Biagosch*, Europäische Dienstleistungsfreiheit und deutsches Versicherungsvertragsrecht, 1991; *Heiss*, Stand und Perspektiven der Harmonisierung des Versicherungsvertragsrechts in der EG, 2005; *ders.*, VersR 2005, 1 ff; *Hübner*, ZVersWiss. 1982, 221 ff; *Lemor*, VW 1992, 17 ff; *Müller*, VW 1988, 1354 ff; *G. Schwarz*, ZfS 1991, 361 ff.

841 Vorschlag der EWG-Kommission v. 5.7.1979 für eine RL des Rates zur Koordinierung der Rechts- und Verwaltungsvorschriften betreffend die Aufnahme und Ausübung der Tätigkeit der Direktversicherung, ABl. C 190 v. 28.7.1979, S. 2; Änderung des Vorschlags für eine RL des Rates zur Koordinierung der Rechts- und Verwaltungsvorschriften über Versicherungsverträge, ABl. C 355 v. 31.12.1980, S. 30; dazu *Steindorff*, ZHR 144 (1980), 447 ff.

842 *Basedow/Birds/Clarke/Cousy/Heiss/Loacker* (Hrsg), Principles of European Insurance Contract Law (PEICL), 2009; *Heiss* (Hrsg), Principles of European Insurance Contract Law: A Model Optional Instrument, 2011.

Vereinheitlichung des allg. materiellen Versicherungsvertragsrechts waren bislang nicht von Erfolg gekrönt.[843] Die Harmonisierung des materiellen Versicherungsvertragsrechts beschränkt sich daher auf **vereinzelte Sonderregelungen** in den mit Ausnahme der Kfz-Haftpflicht-Richtlinien vor allem dem Aufsichtsrecht gewidmeten Spartenrichtlinien.

I. Regelungen mit spartenübergreifender Bedeutung

Eine spartenübergreifende Bedeutung haben zunächst verschiedene, in der Schaden- 206
versicherung allerdings noch sehr rudimentäre Regelungen über **allg. Informationspflichten** der Versicherer[844] und Versicherungsvermittler.[845] Um den grenzüberschreitenden Vertrieb von Versicherungsprodukten zu erleichtern, können diese Informationspflichten von den Mitgliedstaaten nur insoweit erweitert werden, als sie „für das tatsächliche Verständnis der wesentlichen Bestandteile der Versicherungspolice durch den Versicherungsnehmer notwendig sind".[846] **Übertragungen des Versicherungsbestands**, zu denen es insb. bei Sanierungen und Umstrukturierungen kommt, werden im Interesse aller Beteiligten dadurch erleichtert, dass Versicherer und Zweigniederlassungen ihren Versicherungsbestand ganz oder teilweise ohne die nach den zivilrechtlichen Regelungen der Mitgliedstaaten erforderliche Zustimmung der Versicherungsnehmer (Gläubiger) übertragen können, sofern das übernehmende Unternehmen über entsprechende Eigenmittel zur Bedeckung der Solvabilitätsspanne verfügt und die zuständige Stelle die Genehmigung erteilt.[847] Allgemeiner Natur sind auch die Regelungen zum Verbraucherschutz beim **Fernabsatz** von Finanzdienstleistungen (Rn 61) sowie zur **Gleichstellung** von Männern und Frauen im Dienstleistungsbereich (Rn 60).

II. Regelungen mit spartenspezifischer Bedeutung

1. Kraftfahrzeug-Haftpflichtversicherung

Die bislang aus fünf einander ergänzenden Richtlinien[848] bestehende Regelung der 207
Kfz-Haftpflichtversicherung wurde mit der **RL 2009/103/EG kodifiziert.** Die kodifizierende Kfz-Richtlinie bezweckt unverändert zum einen die Angleichung des Ver-

---

843 Näher *Roth*, in Honsell (Hrsg.) VVG, Europ. VersR Rn 108 ff; s. aber auch die positive Stellungnahme des EWSA zur Initiative „Europäischer Versicherungsvertrag", ABl. C 157 v. 28.6.2005, 1.

844 Nach Art. 31, 43 RL 92/49/EWG, Art. 36 RL 2002/83/EG und Art. 183 ff RL 2009/138/EG (Art. 183 f ab 1.1.2016) muss der Versicherungsnehmer vor Eingehung irgendeiner Verpflichtung bestimmte Angaben erhalten und (bei der Lebensversicherung) während der gesamten Vertragsdauer über die Änderung bestimmter Angaben auf dem Laufenden gehalten werden; s. zudem zum „ewigen" Widerrufsrecht bei unterlassener ordnungsgemäßer Belehrung über das Widerrufsrecht EuGH, Rs. C-209/12 (Endress), VersR 2014, 225 Rn 32 und 39 (dazu Rn 209).

845 Art. 12 f RL 2002/92/EG.

846 Art. 185 VII RL 2009/138/EG; zur entspr. Interpretation der Vorgängerregelung des Art. 31 RL 92/96/EWG als grds. Höchststandard EuGH, Rs. C-386/00 (Axa Royale), VersR 2002, 1011; zur insoweit fraglichen Vereinbarkeit der Reformvorschläge zum VVG-Recht der Obliegenheiten mit dem EG-Recht *Herrmann*, VersR 2003, 1333 ff.

847 S. dazu und zur stattdessen erfolgenden Kontrolle der Übertragung durch die zuständigen Behörden oder Gerichte der Mitgliedstaaten Art. 12 RL 92/49/EWG sowie Art. 14 und 53 RL 2002/83/EG (Genehmigungspflicht), umgesetzt in § 14 Abs. 1 a und § 111 d VAG; ferner Art. 39 RL 2009/138/EG; näher zur grenzüberschreitenden Bestandsübertragung *Bälz*, VersR 2005, 310 ff und *Müller*, Versicherungsbinnenmarkt, Rn 785 ff.

848 1. Kfz-Haftpflicht-RL 72/166/EWG, 2. Kfz-Haftpflicht-RL 84/5/EWG, 3. Kfz-Haftpflicht-RL 90/232/EG, 4. Kfz-Haftpflicht-RL 2000/26/EG und 5. Kfz-Haftpflicht-RL 2005/14/EG.

braucher- und Opferschutzes und zum anderen die Herstellung von Wettbewerbsgleichheit auf Seiten der Versicherungsanbieter in materiell-rechtlicher Hinsicht. Sie basiert wie die aufgehobenen Vorgängerrichtlinien auf dem sog. Straßburger Übereinkommen von 1959[849] und dem **Grüne-Karte-System,**[850] in dessen Rahmen die Kfz-Haftpflichtversicherer in jedem daran teilnehmenden Land ein Büro errichten, dem sie als Mitglieder angehören. Die Büros erfüllen ihre Aufgaben zum einen als sog. Zahlendes Büro durch Ausgabe von internationalen Versicherungskarten für den Kraftverkehr (sog. grüne Karten) und zum anderen als sog. Behandelndes Büro durch die Abwicklung der Schadensersatzansprüche von Verkehrsopfern in ihrem Land gegen ausländische Kraftfahrer. Maßgeblich ist hierfür das Recht des Besuchslandes, um eine Angleichung des divergierenden nationalen Versicherungsschutzes an die im Besuchsland geltenden Anforderungen zu erreichen.

208 Schon die RL 72/166/EWG ermöglichte den grds. Verzicht auf die Kontrolle der Grünen Karte beim Grenzübertritt, indem sie eine **Pflicht zur Haftpflichtversicherung** für alle Fahrzeuge im EWR mit einer sich obligatorisch auf das ganze EWR-Gebiet erstreckenden Deckung einführte (jetzt Art. 3 ff RL 2009/103/EG).[851] Dieser Haftpflichtschutz wurde durch die RL 84/5/EWG Sachschäden erweitert sowie durch die Festlegung von **Mindestdeckungssummen** und die Einrichtung eines Entschädigungsfonds zum Opferschutz in Fällen der Schadensverursachung durch ein nicht ermitteltes oder nicht versichertes Fahrzeug verbessert (jetzt Art. 3 Abs. 14, Art. 9 und 10 RL 2009/103/EG). Die RL 90/232/EG schloss weitere Lücken im Versicherungsschutz, indem sie insb. vorsah, dass sich die Versicherungspflicht auf alle Fahrzeuginsassen[852] mit Ausnahme des Fahrers erstreckt (jetzt Art. 12 Abs. 1 RL 2009/103/EG) und dass die Ersatzpflicht des Entschädigungsfonds unabhängig von einem Nachweis der verweigerten oder nicht möglichen Zahlung des Haftpflichtigen durch das Unfallopfer bestehen muss (jetzt Art. 10 Abs. 1 Unterabs. 2 S. 2 RL 2009/103/EG). Zur Vervollständigung des Grüne-Karte-Systems und der drei bisherigen Kfz-Haftpflicht-Richtlinien, deren Regelungen ausschließlich Verkehrsunfälle erfassen, die sich im Wohnsitzland des Unfallopfers ereignet haben, sah die RL 2000/26/EG[853] Regelungen zum Ersatz von Personen- und Sachschäden vor, die bei einem **Unfall in einem anderen Mitgliedstaat** als dem Wohnsitzmitgliedstaat des Geschädigten durch die Nutzung eines Fahrzeugs verursacht worden sind, das in einem Mitgliedstaat versichert ist und dort seinen gewöhnlichen Standort hat (jetzt Art. 20 Abs. 1 RL 2009/103/EG). Vorgesehen wurden ein **Direktanspruch** des Geschädigten gegen das die Haftpflicht des Unfallverursachers deckende Versicherungsunternehmen (jetzt

849 Europäisches Übereinkommen über die obligatorische Haftpflichtversicherung für Kraftfahrzeuge v. 20.4.1959, BGBl. 1965 II, 282 ff.

850 Empfehlung Nr. 5 des Unterausschusses für Straßenverkehr des Binnenverkehrsausschusses der Wirtschaftskommission der Vereinten Nationen für Europa vom 25.1.1949; am 1.1.1953 in Kraft gesetzt durch Beschl. Nr. 43 desselben Gremiums vom 5.6.1952, abrufbar unter http://www.gruene-karte.de, Link Agreements, „1949 Geneva Recommendation"; *Müller*, Versicherungsbinnenmarkt, Rn 113 ff; näher *W. Schmitt*, System der Grünen Karte, 1968.

851 S. dazu auch EuGH, Rs. C-129/94 (Ruiz Bernaldez), EuZW 1996, 735 (Pflicht zur Ersatzleistung an den Geschädigten auch bei Trunkenheit des Fahrers, aber Regressmöglichkeit für den Versicherer).

852 Zum Begriff des Fahrzeuginsassen der RL s. EuGH, Rs. C-356/05 (Elaine Farrell/Alan Whitty), Slg 2007, I-3067 mit Anm. *Looschelders*, GPR 2007, 273 ff.

853 Näher *Looschelders*, NZV 1999, 57 ff.

Art. 18 RL 2009/103/EG) und die Verpflichtung der Mitgliedstaaten zur Benennung eines Schadenregulierungsbeauftragten (jetzt Art. 21 RL 2009/103/EG) sowie zur Einrichtung von **Auskunfts-** (jetzt Art. 23 RL 2009/103/EG) und **Entschädigungsstellen** (jetzt Art. 24 RL 2009/103/EG). Die RL 2005/14/EG, die die vorangegangenen Richtlinien modifizierte, diente schließlich insb. dazu, den Abschluss einer Versicherung bei einem vorübergehenden Aufenthalt in einem anderen Mitgliedstaat zu erleichtern (jetzt Art. 14 lit. a RL 2009/103/EG) sowie den Abschluss einer kurzfristigen Versicherung für ein außerhalb des Wohnsitzlandes des Eigentümers erworbenes Fahrzeug zu ermöglichen (jetzt Art. 15 RL 2009/103/EG). Die Mindestdeckungssumme bei Personenschäden wurde auf 1 Mio. EUR pro Unfallopfer und 5 Mio. EUR pro Schadensfall festgelegt (jetzt Art. 9 Abs. 1 RL 2009/103/EG). Fahrzeuginsassen, die um die Alkoholisierung uä des Fahrers wissen, bleibt der Versicherungsschutz seither erhalten (jetzt Art. 13 Abs. 3 RL 2009/103/EG). Die Regelungen beeinflussen auch die Auslegung der deutschen Vorschriften über die vorsätzliche Herbeiführung des Versicherungsfalls.[854]

2. Sonstige spartenspezifische Regelungen

Beim Abschluss eines **Lebensversicherungsvertrags** hat der Versicherungsnehmer nach Art. 35 RL 2002/83/EG ein Rücktrittsrecht innerhalb einer Frist von mindestens 14 und höchstens 30 Tagen nach Inkenntnissetzung vom Vertragsschluss. Seit 1.1.2008 findet sich die deutsche Umsetzungsregelung in den §§ 8 f und 152 VVG, die bei Lebensversicherungsverträgen ein allg. Widerrufsrecht innerhalb von 30 Tagen vorsehen, wobei der Versicherer auch den Rückkaufswert einschließlich der Überschussanteile nach § 169 VVG zu zahlen hat. Bei fehlender ordnungsgemäßer Belehrung über das Widerrufsrecht (§ 8 Abs. 2 S. 1 Nr. 2 VVG) besteht das Widerrufsrecht entgegen dem europarechtswidrigen[855] und zum 1.1.2008 aufgehobenen, aber noch für zwischen Ende 1994 und Ende 2007 zustande gekommene Verträge relevanten § 5 a Abs. 2 S. 4 VVG aF (Einjahresfrist ab erster Prämienzahlung) vorbehaltlich einer allfälligen Verwirkung unbegrenzt.[856] 209

Die RL 87/344/EWG zur **Rechtsschutzversicherung**[857] sichert dem Versicherungsnehmer ein Recht auf grds. freie Anwaltswahl[858] und verpflichtet den Versicherer zur Einrichtung eines Streitschlichtungsverfahrens bei Meinungsverschiedenheiten zwischen ihm und dem Versicherungsnehmer über die im Streitfall einzunehmende Haltung.[859] Den Rechtsschutzversicherer treffen zudem diesbzgl Hinweispflichten.[860] 210

854 Näher *Franck*, VersR 2014, 13 ff.

855 Zur Unvereinbarkeit von § 5 a Abs. 2 S. 4 VVG aF mit dem seinerzeit noch maßgeblichen Art. 15 Abs. 1 Unterabs. 1 RL 90/619/EWG idF der RL 92/96/EWG iVm Art. 31 Abs. 1 RL 92/96/EWG s. EuGH, Rs. C-209/12 (Endress), VersR 2014, 225 Rn 32 und 39 (dazu *Brand*, WM 2014, 269 ff).

856 Dazu und zur Beschränkung der unbegrenzten Dauer des Widerspruchsrechts auf noch nicht beidseitig vollständig erfüllte Verträge *Armbrüster*, NJW 2014, 497 f.

857 S. zu einer Begriffsdefinition Art. 2 RL 87/344/EWG (ab 1.1.2016 Art. 198 Abs. 1 RL 2009/138/EG).

858 Art. 4 f RL 87/344/EWG (ab 1.1.2016 Art. 201 f RL 2009/138/EG); umgesetzt in § 127 VVG.

859 Art. 6 RL 87/344/EWG (ab 1.1.2016 Art. 203 RL 2009/138/EG); umgesetzt in § 128 VVG.

860 Art. 7 RL 87/344/EWG (ab 31.3.2015 Art. 204 RL 2009/138/EG); umgesetzt in §§ 126 und 128 VVG.

211 Nach Art. 54 Abs. 2 RL 92/49/EWG (ab 1.1.2016 Art. 206 II RL 2009/138/EG) können die Mitgliedstaaten vorsehen, dass die **substitutive Krankenversicherung**[861] nach Art der Lebensversicherung zu betreiben ist, wenn bestimmte Bedingungen, die u.a. auch Auswirkungen auf das private Versicherungsverhältnis zeitigen (Kündigungsfrist des Versicherers, Beitragsanpassungen, Vertragsumwandlungsrecht des Versicherungsnehmers), erfüllt sind.

D. Europäisches Kollisionsrecht der Finanzdienstleistungsverträge[862]

I. Europäisches Kollisionsrecht der Bankverträge und Wertpapiergeschäfte

212 Für das europäische Internationale Bankvertragsrecht gelten im Vergleich zum allg. Internationalen Vertragsrecht keine Besonderheiten, so dass insoweit auf die allg. Ausführungen zu diesem Thema und insb. zu Art. 3 ff der VO (EG) Nr. 593/2008 (**Rom I**) in diesem Bd. verwiesen werden kann. Häufig wird sich in den Individualverträgen bzw AGB[863] eine ggf auch nur konkludente Rechtswahl iSv Art. 3 Rom I-VO finden, für die bei Verbraucherverträgen aber auch noch Art. 6 Abs. 2 Rom I-VO zu beachten ist. Zum Zwecke der subsidiären objektiven Anknüpfung werden die meisten Verträge (Zahlungsverkehrs-, Effekten-, Einlagen- und Depotgeschäfte) als **Dienstleistungsverträge iSv Art. 4 Abs. 1 lit. b** Rom I-VO zu qualifizieren sein, so dass auf sie vorbehaltlich von Art. 6 Rom I-VO das Recht desjenigen Staates zur Anwendung gelangt, in dem das Kreditinstitut etc. seine Hauptverwaltung (Art. 19 Abs. 1 Unterabs. 1 Rom I-VO) hat.[864] Kredit-, Bürgschafts- und Garantieverträge fallen trotz der weiten Auslegung des Dienstleistungsbegriffs zwar vorbehaltlich von Art. 6 unter die allg. Regel von Art. 4 Abs. 2 Rom I-VO, doch führt auch diese zum Recht am Ort der Hauptverwaltung des Kreditinstituts, da dieses die jeweils charakteristische Leistung erbringt.[865] Nach der objektiven Sonderanknüpfung von **Art. 4 Abs. 1 lit. h** Rom I-VO unterliegen schließlich Verträge, die innerhalb eines multilateralen Systems[866] geschlossen werden, das die Interessen einer Vielzahl Dritter am **Kauf und Verkauf von Finanzinstrumenten** iSv Art. 4 Abs. 1 Nr. 17 RL 2004/39/EG (ab 3.1.2017 Art. 4 Abs. 1 Nr. 15 RL 2014/65/EU) nach nichtdiskretionären Regeln und nach Maßgabe eines einzigen Rechts zusammenführt oder das Zusammenführen fördert, im Interesse einer einheitlichen Anknüpfung diesem Recht.[867] Verträge über An-

861 S. zu einer Begriffsdefinition Art. 54 Abs. 1 RL 92/49/EWG (ab 1.1.2016 Art. 206 Abs. 1 RL 2009/138/EG).

862 Allgemein zu Finanzdienstleistungen unter der Rom I-Verordnung: *Einsele*, WM 2009, 289 ff; *Mankowski*, RIW 2009, 98 ff; *Mattout*, Droit bancaire international, 4. Aufl., 2009; speziell zu den versicherungsrechtlichen Regelungen: *Deutsch*, MedR 2009, 576 ff; *Fricke*, VersR 2008, 443 ff; *Heiss*, in: FS Kropholler, 2008, 459 ff; *Looschelders/Smarowos*, VersR 2010, 1 ff; *Perner*, IPRax 2009, 218 ff; noch zum alten Recht: *Hub*, Internationale Zuständigkeit in Versicherungssachen nach der VO 44/01/EG (EuGVVO), 2005; *Liauh*, Internationales Versicherungsvertragsrecht, 2000; *W. H. Roth*, Internationales Versicherungsvertragsrecht, 1985; *Staudinger*, VersR 1999, 401 ff; *Woopen*, EuZW 2007, 495 ff.

863 S. etwa Ziff. 6 I AGB der privaten Banken bzw AGB der Sparkassen.

864 Näher *Freitag*, in: Derleder/Knops/Bamberger (Hrsg.), Handbuch zum deutschen und europäischen Bankrecht, 2. Aufl., 2009, § 62.

865 Näher MüKo-*Martiny*, Bd. 10, 5. Aufl., 2009, Rom I-VO Art. 4 Rn 170 ff, 181, 188 ff.

866 Gemeint sind der geregelte Märkte (Art. 4 Abs. 1 Nr. 14 MiFID I bzw ab 3.1.2017 Art. 4 Abs. 1 Nr. 21 MiFID II) und MTF (Art. 4 Abs. 1 Nr. 15 MiFID I bzw Nr. 22 MiFID II) sowie ab 3.1.2017 auch OTF (Art. 4 Abs. 1 Nr. 23 MiFID II); bloße Abwicklungs- und Abrechnungssysteme fallen nicht unter lit. h.

867 Näher MüKo-*Martiny*, Bd. 10, 5. Aufl., 2009, Rom I-VO Art. 4 Rn 133 ff.

lageberatung und Wertpapierkommission unterliegen jedoch Art. 4 Abs. 1 lit. b, Art. 6 Rom I-VO.

II. Europäisches Kollisionsrecht der Versicherungsverträge

Die ebenfalls nach der VO (EG) Nr. 593/2008 (**Rom I**)[868] erfolgende Bestimmung des auf Versicherungsverträge anwendbaren Rechts ist abhängig von der Art der Versicherung und des Versicherungsnehmers sowie der Art und der Belegenheit des Risikos.[869] Zur Gewährleistung eines angemessenen Schutzes des Versicherungsnehmers führen die Regelungen bei den Massenrisikenversicherungen zumeist zur Anwendung des dem Versicherungsnehmer eher vertrauten Heimatrechts und bei Großrisiken zur freien Rechtswahl. Vorbehalten bleiben stets die international zwingenden Eingriffsnormen und der ordre public (Art. 9 und 21). 213

Nach Art. 7 Abs. 2 Rom I-VO, der gegenüber dem übrigen sekundären Gemeinschaftsrecht (Art. 23) und den allg. Regelungen der Art. 3, 4 und 6 (vgl Art. 4 Abs. 1, Art. 6 Abs. 1) in seinem Anwendungsbereich (Art. 7 Abs. 1) Vorrang beansprucht, unterliegen **Direktversicherungsverträge**, die innerhalb und außerhalb des EWR[870] belegene **Großrisiken** iSv Art. 13 Nr. 27 RL 2009/138/EG decken, primär dem von den Parteien nach Art. 3 der VO gewählten Recht. Soweit die Parteien keine Rechtswahl getroffen haben, unterliegt der Versicherungsvertrag dem Recht des Staats, in dem der Versicherer seinen gewöhnlichen Aufenthalt hat. Ergibt sich aus der Gesamtheit der Umstände (v.a. Belegenheit des Risikos), dass der Vertrag eine offensichtlich engere Verbindung zu einem anderen Staat aufweist, ist das Recht dieses anderen Staates anzuwenden. Direktversicherungsverträge, die **im EWR belegene Massenrisiken** (dh keine Großrisiken) betreffen, unterliegen Art. 7 Abs. 3 Rom I-VO, der die Möglichkeiten einer nach Art. 3 zu treffenden Rechtswahl in unterschiedlicher Weise einschränkt: Wenn der Versicherungsnehmer eine gewerbliche, industrielle oder freiberufliche Tätigkeit ausübt und der Versicherungsvertrag zwei oder mehr Risiken abdeckt, die mit dieser Tätigkeit in Zusammenhang stehen und in unterschiedlichen Mitgliedstaaten belegen sind, ist die Wahl auf das Recht eines betroffenen Mitgliedstaats oder das Recht des Staates des gewöhnlichen Aufenthalts des Versicherungsnehmers beschränkt (lit. e). Für alle anderen Direktversicherungsverträge iSv Art. 7 Abs. 1, 3 kann grds. nur das Recht eines jeden Mitgliedstaats, in dem zum Zeitpunkt des Vertragsschlusses das Risiko belegen ist (lit. a), bzw das Recht des Staates des gewöhnlichen Aufenthalts des Versicherungsnehmers (lit. b) gewählt werden. Räumen die betreffenden Mitgliedstaaten in den Fällen von lit. a, b und e eine größere Wahlfreiheit bzgl des auf den Versicherungsvertrag anwendbaren Rechts ein, so können die Parteien hiervon Gebrauch machen. Bei Lebensversicherungsverträgen kann zu- 214

868 Die Art. 7 ff EGVVG wurden durch Art. 2 Abs. 4 Nr. 2 des Gesetzes v. 25.6.2009 zur Anpassung der Vorschriften des Internationalen Privatrechts an die VO (EG) Nr. 593/2008 (BGBl. 2009 I, 1574) aufgehoben.

869 Die Belegenheit des Risikos in einem Mitgliedstaat iSv Art. 7 VO (EG) Nr. 593/2008 bestimmt sich nach Art. 7 Abs. 6 iVm Art. 13 Nr. 14 (Lebensversicherungen) bzw Nr. 13 RL 2009/138/EG (sonstige Direktversicherungen).

870 Nach Art. 1 Abs. 4 S. 2 VO (EG) Nr. 593/2008 bezeichnet der Begriff „Mitgliedstaat" in dem für Versicherungsverträge gesonderte Regelungen enthaltenden Art. 7 alle Mitgliedstaaten der EU, dh auch unter Einschluss derjenigen Mitgliedstaaten (DK sowie unabhängig von einem „opt in" auch GB und IRL), für die die VO nicht (bzw nur aufgrund eines „opt in") gilt. Die VO hat zudem Bedeutung für den EWR.

dem das Recht des Mitgliedstaats gewählt werden, dessen Staatsangehörigkeit der Versicherungsnehmer besitzt (lit. c). Deckt die Versicherung allein Schadensfälle in anderen Mitgliedstaaten als dem Mitgliedstaat, in dem das Risiko belegen ist, ist auch das Recht eines dieser anderen Staaten wählbar (lit. d). Soweit die Parteien keine nach Art. 3 und 7 Abs. 3 wirksame Rechtswahl getroffen haben, unterliegt der Vertrag dem Recht des Mitgliedstaats, in dem zum Zeitpunkt des Vertragsschlusses das Risiko belegen ist. Deckt der Vertrag in mehr als einem Mitgliedstaat belegene Risiken, so ist der Vertrag als aus mehreren Verträgen bestehend anzusehen, von denen sich jeder auf jeweils nur einen Mitgliedstaat bezieht (Art. 7 Abs. 5).

215 **Pflichtversicherungsverträge** werden grds. ebenfalls nach Art. 7 Abs. 2 (Großrisiken) bzw Art. 7 Abs. 3 (Massenrisiken) Rom I-VO angeknüpft. Sie genügen der Versicherungspflicht nach Art. 7 Abs. 4 Rom I-VO jedoch nur, wenn sie den von dem die Versicherungspflicht auferlegenden EWR-Mitgliedstaat vorgeschriebenen besonderen Bestimmungen für diese Versicherung entsprechen. Widersprechen sich das Recht des Mitgliedstaats, in dem das Risiko iSv Art. 13 Nr. 13 RL 2009/138/EG belegen ist, und dasjenige des Mitgliedstaats, der die Versicherungspflicht vorschreibt, so hat das letztere Vorrang (Art. 7 Abs. 4 lit. a). Ein Mitgliedstaat kann zudem, wie dies auch Deutschland getan hat,[871] abweichend von Art. 7 Abs. 2, 3 und damit auch rechtswahlfest vorschreiben, dass auf den Versicherungsvertrag das Recht des Mitgliedstaats anzuwenden ist, der die Versicherungspflicht vorschreibt (Art. 7 Abs. 4 lit. b). Deckt der Vertrag in mehr als einem Mitgliedstaat belegene Risiken, so ist der Vertrag als aus mehreren Verträgen bestehend anzusehen, von denen sich jeder auf jeweils nur einen Mitgliedstaat bezieht (Art. 7 Abs. 5).

216 **Massenrisikenverträge,**[872] **die außerhalb** eines EWR-Mitgliedstaats belegene Risiken betreffen, **und alle Rückversicherungsverträge** unterliegen als Nichtverbraucherverträge der freien Rechtswahl nach Art. 3 und subsidiär der objektiven Anknüpfung nach Art. 4 Abs. 1 lit. b Rom I-VO, wonach das Recht des Staates des gewöhnlichen Aufenthalts (Art. 19) des Versicherers zur Anwendung kommt. Für Verbraucherverträge gilt die Sonderregelung von Art. 6, wonach regelmäßig das Recht des Staates des gewöhnlichen Aufenthalts (Art. 19) des Versicherungsnehmers zur Anwendung gelangt. Eine vorrangige Rechtswahl bleibt zwar möglich, doch darf diese nicht dazu führen, dass dem Verbraucher der Schutz der zwingenden Regelungen des Rechts desjenigen Staates, in dem er seinen gewöhnlichen Aufenthalt hat, entzogen wird.

871 Art. 46 c EGBGB.

872 Hierbei handelt es sich um Direktversicherungsverträge, die keine Großrisiken iSv Art. 13 Nr. 27 RL 2009/138/EG decken.

§ 6
Maßnahmen mit strafrechtlichem Bezug[873]

A. Geldwäsche und Terrorismusfinanzierung[874]

Wie schon die vorangegangenen Richtlinien 91/308/EWG[875] und 2001/97/EG[876] orientieren sich auch die diese ablösende 3. Geldwäsche-RL 2005/60/EG[877] und die Durchführungs-RL 2006/70/EG an den internationalen Empfehlungen zur Geldwäsche- und Terrorismusbekämpfung der Financial Action Transaction Force (FATF). Mit einer VO zur Übermittlung von Angaben bei Geldtransfers sollen demnächst auch die FATF-Empfehlungen von 2012 zur lückenlosen Rückverfolgbarkeit von Geldtransfers umgesetzt werden.[878] Der **Begriff** der Geldwäsche wird von den Richtlinien in Übereinstimmung mit dem Wiener UN-Übereinkommen von 19.12.1988 gegen den illegalen Handel mit Betäubungsmitteln und psychotropen Stoffen[879] definiert (aktuell Art. 1 Abs. 2 RL 2005/60/EG). Relevante Vortaten sind nicht nur Drogendelikte, sondern seit der RL 2001/97/EG alle schweren Straftaten, zu denen nunmehr neben zB organisierter Kriminalität, Terrorismus und Betrug zu Lasten des Unionshaushalts alle Straftaten gehören, die mit einer Höchststrafe von mindestens einem Jahr Freiheitsstrafe bedroht sind (Art. 3 Nr. 5 lit. f RL 2005/60/EG).[880] Der **subjektive Anwendungsbereich** der Geldwäscheregelungen wurde durch die Richtlinien schrittweise ausgeweitet. Nunmehr unterliegen ihnen Kreditinstitute, Finanzinstitute ieS und bestimmte selbständig beruflich tätige natürliche oder juristische Personen, zu denen Abschlussprüfer, externe Buchprüfer, Steuerberater, Immobilienmakler, Kasinos, Treuhand- und Unternehmensdienstleister, unter zusätzlichen Voraussetzungen Notare und Rechtsanwälte sowie Barzahlungen in Höhe von mindestens 15.000 EUR in einer einzigen oder offenbar zusammenhängenden Transaktion entgegennehmende Händler von Gütern gehören (Art. 2 Abs. 1 Nr. 1-3). Was die durch die 3. Geldwäsche-RL nunmehr erfasste Finanzierung des **Terrorismus** anbelangt, fällt diese auch dann unter die Richtlinie, wenn die Finanzierung durch rechtmäßig erworbene Vermögensgegenstände erfolgt. 217

873 Vgl dazu im deutschen Recht *Hohnel*, Kapitalmarktstrafrecht, Kommentar, München, 2013; *Park* (Hrsg.), Kapitalmarktstrafrecht: Straftaten, Ordnungswidrigkeiten, Finanzaufsicht, Compliance, Handkommentar, 3. Aufl., Baden-Baden, 2013; aktuell: *Ahlbrecht*, BKR 2014, 98 ff.

874 *Ackmann/Reder*, WM 2009, 158 ff und 200 ff; *Handoll*, Capital, payments and money laundering in the EU, 2007; *Hetzer*, ZfZ 2004, 362 ff; *Pieth/Aiolfi*, A Comparative Guide to Anti-Money Laundering – A Critical Analysis of systems in Singapore, Switzerland, the UK and the USA, 2004; *C. Schröder*, ZBB 2013, 312 ff; *Sommer*, AnwBl. 2005, 50 ff; *Sotiriadis/Heimerdinger*, BKR 2009, 234 ff.

875 Hier stand das Wiener UN-Übereinkommen vom 19.12.1988 gegen den illegalen Handel mit Betäubungsmitteln und psychotropen Stoffen (United Nations, Treaty Series, vol. 1582, No. I-27627) Pate.

876 Laut Erwägungsgrund 7 RL 2001/97/EG orientierte man sich an den 40 Empfehlungen zur Bekämpfung der Geldwäsche von 1996 der bei der OECD angesiedelten Financial Action Task Force on Money Laundering (FATF).

877 Laut Erwägungsgrund 5 der RL 2005/60/EG fanden die 2003 überarbeiteten 40 Empfehlungen der FATF (http://www.fatf-gafi.org) und deren inzwischen neun Sonderempfehlungen zur Bekämpfung der Terrorismusfinanzierung Berücksichtigung.

878 KOM(2013) 44 endg. v. 5.2.2013.

879 Art. 3 Abs. 1 lit. b und c (Nachweis in Fn 875).

880 S. dazu auch bereits die Gemeinsame Maßnahme 98/699/JI v. 3.12.1998 betreffend Geldwäsche, die Ermittlung, das Einfrieren, die Beschlagnahme und die Einziehung von Tatwerkzeugen und Erträgen aus Straftaten, ABl. L 333 v. 9.12.1998, S. 1.

218 Die Richtlinie enthält neben dem hinreichend zu sanktionierenden **Verbot der Geldwäsche** (Art. 1 Abs. 1, Art. 34) eine grds. **Pflicht zur Feststellung der Kundenidentität** und der Kundenabsichten sowie Aufzeichnungs- und Kontrollpflichten bei Geschäftseröffnung, Transaktionen ab 15.000 EUR und Verdacht auf Geldwäsche oder Terrorismusfinanzierung (Art. 9 ff). Vorgesehen ist zudem eine geheim zu haltende (Art. 28) Kooperation der Finanzdienstleister etc. mit den weisungsbefugten (Art. 24) (Strafverfolgungs-)Behörden (Art. 22 Abs. 1: Meldepflicht- und Auskunftspflicht,[881] Art. 24: Aussetzen von und ggf Verzicht auf Transaktionen, Art. 26: Befreiung vom Bankgeheimnis). Durch Art. 25 wird schließlich noch eine Meldepflicht der zuständigen Aufsichtsbehörden statuiert. Die drei Geldwäsche-RL wurden in § 261 StGB und dem Gesetz über das Aufspüren von Gewinnen aus schweren Straftaten (Geldwäschegesetz – GwG)[882] umgesetzt. Die Bekämpfung der Geldwäsche und der Terrorismusfinanzierung stellt einen einen tauglichen Grund des Allgemeinwohls zur Beschränkung der Dienstleistungsfreiheit nach Art. 56 AEUV dar.[883]

219 Seit 2006 wird die Geldwäsche-RL noch durch die VO (EG) Nr. 1781/2006 über die Übermittlung von **Angaben zum Auftraggeber bei Geldtransfers** ergänzt. Danach müssen Zahlungsverkehrsdienstleister mit Sitz im EWR bei jedem Schritt eines Geldtransfers[884] vollständige Angaben[885] zum Auftraggeber[886] weiterleiten bzw einfordern. Die VO dient der Umsetzung der Sonderempfehlung VII der FATF in EU-Recht und ist Teil des EU-Aktionsplans zur Bekämpfung des Terrorismus.

B. Bekämpfung von Betrug und Fälschung im Zusammenhang mit Zahlungsmitteln[887]

220 Der Rahmenbeschl. zur Bekämpfung von Betrug und Fälschung im Zusammenhang mit bargeldlosen Zahlungsmitteln sieht vor, dass Betrugs- und Fälschungshandlungen im bargeldlosen Zahlungsverkehr sowie deren Vorbereitung[888] in allen Mitgliedstaaten als **Straftat** behandelt und mit wirksamen, verhältnismäßigen und abschreckenden Sanktionen gegen natürliche bzw juristische Personen belegt werden (Art. 2, 3 und 4 Abs. 2). Außerdem enthält der Beschl. Bestimmungen zur internationalen Zuständigkeit und zur Sicherstellung der Strafverfolgung bei Nichtauslieferung von Staatsangehörigen durch den Mitgliedstaat. Das deutsche Straf- und Ordnungswid-

881 Zur Koordination der Arbeit der nationalen Meldestellen hat die EU-Kommission eine informelle Plattform der Zentralstellen für Verdachtsanzeigen (FIUs) eingerichtet.

882 Das aktuelle Gesetz stammt v. 13.8.2008, BGBl. 2008 I, 1690 ff.

883 Zur Meldepflicht EuGH, Rs. C-212/11 (Jyske-Bank Gibraltar Ltd), EuZW 2013, 635 ff.

884 Geldtransfer ist nach Art. 2 Nr. 7 jede Transaktion, die im Namen eines Auftraggebers über einen Zahlungsverkehrsdienstleister auf elektronischem Wege mit dem Ziel abgewickelt wird, einem Begünstigten bei einem Zahlungsverkehrsdienstleister einen Geldbetrag zur Verfügung zu stellen, unabhängig davon, ob Auftraggeber und Begünstigter dies. Person sind; ausgenommen sind nach Art. 3 Abs. 2-7 ggf Kartenzahlungen, Transfers von elektronischem Geld bis 1000 EUR, Zahlungen über IT-Geräte (zB Mobiltelefon), Zahlungen als Gegenleistung für die Lieferung von Waren oder Dienstleistungen sowie Barabhebungen vom eigenen Konto und einige Sonderzahlungen.

885 Nach Art. 4 sind dies grds. Name, Anschrift, Kontonummer und ggf alternativ Geburtsdatum und Geburtsort, die Kundennummer oder die Identifikationsnummer des Kunden.

886 Auftraggeber ist nach Art. 2 Nr. 3 entweder der Kontoinhaber oder bei einem fehlenden Kontobezug der Auftraggeber ieS.

887 *Husemann*, NJW 2004, 104 ff.

888 Erfasst sind Handlungen im Zusammenhang mit dem Zahlungsmittel selbst, seiner Herstellung, der Auftragserteilung, der Einziehung des Betrags, der Bearbeitung, Verrechnung und Leistung der Zahlung.

rigkeitenrecht entsprach bereits weitgehend den Vorgaben und wurde daher nur geringfügig durch das 35. StrÄndG in den §§ 146 ff und 263 a StGB angepasst.[889]

C. Strafrechtliche Sanktionen im Aufsichtsrecht

Die Regelungen zur Finanzdienstleistungsaufsicht (Rn 64 ff) sind von den Mitglied- 221
staaten effektiv zu sanktionieren (näher Rn 155), was insb. auch die jeweils ausdrücklich erwähnten strafrechtlichen Sanktionen einschließt.[890] Besonders erwähnenswert sind in diesem Zusammenhang die Marktmissbrauchs-VO (EU) Nr. 596/2014 (MAR) sowie die RL 2014/57/EU über strafrechtliche Sanktionen bei Marktmanipulation (CRIM-MAD). So sollen nach der auf Art. 83 Abs. 2 AEUV gestützten und von den Mitgliedstaaten bis zum 3.7.2016 umzusetzenden **CRIM-MAD** effektive, angemessene und abschreckende strafrechtliche Sanktionen eingeführt werden (Art. 7 Abs. 1 CRIM-MAD). Dazu gehören Freiheitsstrafen im Höchstmaß von mindestens vier Jahren für vorsätzliche Verstöße gegen das Insiderhandels- und Marktmanipulationsverbot sowie das Empfehlungs- und Verleitungsverbot (Art. 7 Abs. 2 iVm Art. 3 bis 5 CRIM-MAD) und Freiheitsstrafen im Höchstmaß von mindestens zwei Jahren für vorsätzliche Verstöße gegen das Weitergabeverbot (Art. 7 Abs. 3 iVm Art. 4 CRIM-MAD). Kumulativ zur Strafbarkeit von natürlichen Personen haben die Mitgliedstaaten sicherzustellen, dass juristische Personen für die in den Art. 3 bis 6 CRIM-MAD genannten Straftaten zur Verantwortung gezogen werden können, wenn diese zu ihren Gunsten von einem Leitungsorganmitglied begangen wurde oder wenn es die mangelnde Überwachung oder Kontrolle durch ein Leitungsorganmitglied einer diesem unterstellten Person ermöglicht hat, eine der in den Art. 3 bis 6 genannten Straftaten zugunsten der juristischen Person zu begehen (Art. 8 CRIM-MAD). Auch verpflichtet die RL die Mitgliedstaaten zu wirksamen, verhältnismäßigen und abschreckenden Sanktionen, die Geldstrafen oder nichtstrafrechtliche Geldbußen umfassen müssen, aber auch andere Sanktionen (zB Handelsverbot, Auflösung) einschließen können (Art. 9 CRIM-MAD).

889 Näher *Husemann*, NJW 2004, 104 ff.
890 S. etwa Art. 51 Abs. 1 RL 2004/39/EG (ab 3.1.2017 Art. 70 Abs. 1 RL 2014/65/EU), Art. 64 ff RL 2013/36/EU.

Anhang Übersicht zu den Rechtsquellen des Finanzmarktrechts der Europäischen Union

A. Völkerrechtliche Rechtsquellen (Staatsverträge, Soft Law) – Auswahl

- **OECD-Code** of Liberalization of Invisible Operations (1961), Beilage zum Bundesanzeiger Nr. 154 v. 21.8.1964.
- **OECD-Code** of Liberalization of Capital Movements (1961; Novelle von 1984), Beilage zum Bundesanzeiger Nr. 236 v. 16.12.1965.
- General Agreement on Trade in Services (**GATS**), BGBl. 1994 II, 1643 mit 5. Protokoll v. 27.2.1998 über Finanzdienstleistungen, BGBl. 1999 II, 312 ff (engl.) bzw 328 ff (dt.).
- **Straßburger Übereinkommen** über die obligatorische Haftpflichtversicherung für Kraftfahrzeuge v. 20.4.1959, BGBl. 1965 II, 282 ff.
- **Basler Konkordat** von 1975 (Principles for the Supervision of Banks Foreign Establishments).
- **Basel I:** Basler Eigenkapitalakkord von 1988 (International Convergence of Capital Measurement and Capital Standards).
- **Basel II:** Basler Eigenkapitalakkord v. 1.6.2004 mit Revisionen und Ergänzungen v. 1.7.2005, 1.10.2007, 1.7.2008, 1.7.2009 und 1.12.2009 (International Convergence of Capital Measurement and Capital Standards – A Revised Framework; Fassung des Originaldokuments von 2004 unter http://www.bis.org/publ/bcbs107ger.htm).
- **Basel II plus:** Weiterentwicklung des Basler Eigenkapitalakkords v. 1.6.2004 durch Beschlüsse v. 1.7.2009, 31.12.2010, 20.5.2011 und 1.11.2011.
- **Basel III:** A global regulatory framework for more resilient banks and banking systems v. Dezember 2010 in revidierter Fassung v. Juni 2011 (dt. Fassung unter http://www.bis.org/publ/bcbs189_de.pdf) sowie mit ändernden und ergänzenden Beschlüssen v. 25.7.2012 (Capital requirements for bank exposures to central counterparties; dt. Fassung unter http://www.bis.org/publ/bcbs227_de.pdf]), 7.1.2013 (The Liquidity Coverage Ratio and liquidity risk monitoring tools; dt. Fassung unter http://www.bis.org/publ/bcbs238_de.pdf), 17.12.2013 und 12.1.2014 (Liquidity coverage ratio and restricted-use committed liquidity facilities; dt. Fassung unter http://www.bis.org/press/p140112d_de.pdf).
- **Empfehlungen des Basler Ausschusses für Bankenaufsicht** (BCBS): „Customer due diligence for banks" v. Oktober 2001 mit Ergänzung „Consolidated KYC Risk Management" v. Oktober 2004; „Compliance and the compliance function in banks" v. April 2005; „The internal audit function in banks" v. Juni 2012.
- **FATF Recommendations 2012:** International Standards on Combating Money Laundering and the Financing of Terrorism & Proliferation v. Februar 2012 (abrufbar unter http://www.fatf-gafi.org/media/fatf/documents/recommendations/pdfs/FATF_Recommendations.pdf).

B. Primärrecht der Europäischen Union

- **EUV:** Art. 3.
- **AEUV:** Art. 3 I lit. b, c und e, Art. 4 II lit. a, f und j, Art. 5 Abs. 1, Art. 6 lit. g, Art. 12, Art. 26, Art. 49 ff, Art. 56 ff, Art. 63 ff, Art. 101 ff, Art. 114 f, Art. 124, Art. 127 Abs. 5, Abs. 6, Art. 136, Art. 169, Art. 290 f.
- **GRC:** Art. 8, Art. 15 ff, Art. 20 f, Art. 23, Art. 36, Art. 38.

C. Sekundärrecht der Europäischen Union (Auswahl)

I. Verordnungen

- **Verordnung (EWG) Nr. 1534/91** des Rates v. 31.5.1991 über die Anwendung von Art. 85 III des EG-Vertrages auf Gruppen von Vereinbarungen, Beschlüssen und aufeinander abgestimmten Verhaltensweisen im Bereich der Versicherungswirtschaft, ABl. L 143 v. 7.6.1991, S. 1, geändert durch VO (EG) Nr. 1/2003 (ABl. L 1 v. 4.1.2003, S. 1).
- **Verordnung (EG) Nr. 1103/97 (Euro-VO I)** des Rates v. 17.6.1997 über bestimmte Vorschriften im Zusammenhang mit der Einführung des Euro, ABl. L 162 v. 19.6.1997, S. 1, geändert durch VO (EG) Nr. 2595/2000 (ABl. L 300 v. 29.11.2000, S. 1).
- **Verordnung (EG) Nr. 974/98 (Euro-VO II)** des Rates v. 3.5.1998 über die Einführung des Euro, ABl. Nr. L 139 v. 11.5.1998, S. 1, geändert durch VO (EG) Nr. 2596/2000 (ABl. L 300 v. 29.11.2000, S. 2), VO (EG) Nr. 2169/2005 (ABl. L 346 v. 29.12.2005, S. 1), VO (EG) Nr. 2169/2005 (ABl. L 346 v. 29.12.2005, S. 1), VO (EG) Nr. 1647/2006 (ABl. L 309 v. 9.11.2006, S. 2), VO (EG) Nr. 835/2007 (ABl. L 186 v. 18.7.2007, S. 1), VO (EG) Nr. 693/2008 (ABl. L 195 v. 24.7.2008, S. 1) und VO (EU) Nr. 670/2010 (ABl. L 196 v. 28.7.2010, S. 1).
- **Verordnung (EG) Nr. 2866/98 (Euro-VO III)** des Rates v. 31.12.1998 über die Umrechnungskurse zwischen dem Euro und den Währungen der Mitgliedstaaten, die den Euro einführen, ABl. L 359 v. 31.12.1998, S. 1, geändert durch VO (EG) Nr. 1478/2000 (ABl. L 167 v. 7.7.2000, S. 1), VO (EG) Nr. 1086/2006 (ABl. L 195 v. 15.7.2006, S. 1), VO (EG) Nr. 1135/2007 (ABl. L 256 v. 2.10.2007, S. 2), VO (EG) Nr. 694/2008 (ABl. L 195 v. 24.7.2008, S. 3), VO (EU) Nr. 671/2010 (ABl. L 196 v. 28.7.2010, S. 4) und VO (EU) Nr. 870/2013 (ABl. L 243 v. 12.9.2013, S. 1).
- **Verordnung (EG) Nr. 1225/99** der Kommission v. 27.5.1999 betreffend die Definition von Merkmalen der Statistik der Versicherungsdienstleistungen, ABl. L 154 v. 19.6.1999, S. 1.
- **Verordnung (EG) Nr. 1226/99** der Kommission v. 28.5.1999 betreffend die zuzulassenden Abweichungen bei der Statistik der Versicherungsdienstleistungen, ABl. L 154 v. 19.6.1999, S. 46.
- **Verordnung (EG) Nr. 1227/99** der Kommission v. 28.5.1999 betreffend das technische Format für die Übermittlung der Statistik der Versicherungsdienstleistun-

gen, ABl. L 154 v. 19.6.1999, S. 75, geändert durch Akte über die Bedingungen des Beitritts der Tschechischen Republik, der Republik Estland, der Republik Zypern, der Republik Lettland, der Republik Litauen, der Republik Ungarn, der Republik Malta, der Republik Polen, der Republik Slowenien und der Slowakischen Republik und die Anpassungen der die Europäische Union begründenden Verträge (ABl. L 236 v. 23.9.2003, S. 561) und VO (EG) Nr. 1792/2006 (ABl. L 362 v. 20.12.2006, S. 1).

- **Verordnung (EG) Nr. 1228/99** der Kommission v. 28.5.1999 über die zu erstellenden Datenserien für die Statistik der Versicherungsdienstleistungen, ABl. L 154 v. 19.6.1999, S. 91, geändert durch Akte über die Bedingungen des Beitritts der Tschechischen Republik, der Republik Estland, der Republik Zypern, der Republik Lettland, der Republik Litauen, der Republik Ungarn, der Republik Malta, der Republik Polen, der Republik Slowenien und der Slowakischen Republik und die Anpassungen der die Europäische Union begründenden Verträge (ABl. L 236 v. 23.9.2003, S. 561) und VO (EG) Nr. 1792/2006 (ABl. L 362 v. 20.12.2006, S. 1.
- **Verordnung (EG) Nr. 1346/2000** (EuInsVO) des Rates v. 29.5.2000 über Insolvenzverfahren, ABl. L 160 v. 30.6.2000, S. 1, Anhänge mehrmals geändert (DVO (EU) Nr. 663/2014 ersetzt die Anhänge A, B und C).
- **Verordnung (EG) Nr. 2560/2001** des Europäischen Parlaments und des Rates v. 19.12.2001 über grenzüberschreitende Zahlungen in Euro, ABl. L 344 v. 28.12.2001, S. 13, aufgehoben durch VO (EG) Nr. 924/2009 (ABl. L 266 v. 9.10.2009, S. 11).
- **Verordnung (EG) Nr. 2273/2003** (ab 3.7.2016 aufgehoben durch VO (EU) Nr. 596/2014) der Kommission v. 22.12.2003 zur Durchführung der Richtlinie 2003/6/EG des Europäischen Parlaments und des Rates – Ausnahmeregelungen für Rückkaufprogramme und Kursstabilisierungsmaßnahmen, ABl. L 336 v. 23.12.2003, S. 33.
- **Verordnung (EG) Nr. 785/2004** des Europäischen Parlaments und des Rates v. 21.4.2004 über Versicherungsanforderungen an Luftfahrtunternehmen und Luftfahrzeugbetreiber, ABl. L 138 v. 30.4.2004, S. 1, geändert durch VO (EG) Nr. 1137/2008 (ABl. L 311 v. 21.11.2008, S. 1) und VO (EU) Nr. 285/2010 (ABl. L 87 v. 7.4.2010, S. 19).
- **Verordnung (EG) Nr. 809/2004** der Kommission v. 29.4.2004 zur Umsetzung der Richtlinie 2003/71/EG des Europäischen Parlaments und des Rates betreffend die in Prospekten enthaltenen Informationen sowie das Format, die Aufnahme von Informationen mittels Verweis und die Veröffentlichung solcher Prospekte und die Verbreitung von Werbung, ABl. L 149 v. 30.4.2004, S. 1, geändert durch VO (EG) Nr. 1787/2006 (ABl. L 337 v. 5.12.2006, S. 17), VO (EG) Nr. 211/2007 (ABl. L 61 v. 28.2.2007, S. 24), VO (EG) Nr. 1289/2008 (ABl. L 340 v. 19.12.2008, S. 17, DelVO (EU) Nr. 311/2012 (ABl. L 103 v. 13.4.2012, S. 13), DelVO (EU) Nr. 486/2012 (ABl. L 150 v. 9.6.2012, S. 1), DelVO (EU) Nr. 862/2012 (ABl. L 256 v. 22.9.2012, S. 4) und DelVO (EU) Nr. 759/2013 (ABl. L 213 v. 8.8.2013, S. 1).

- **Verordnung (EG) Nr. 1287/2006** der Kommission v. 10.8.2006 zur Durchführung der Richtlinie 2004/39/EG des Europäischen Parlaments und des Rates betreffend die Aufzeichnungspflichten für Wertpapierfirmen, die Meldung von Geschäften, die Markttransparenz, die Zulassung von Finanzinstrumenten zum Handel und bestimmte Begriffe im Sinne dieser Richtlinie, ABl. L 241 v. 2.9.2006, S. 1.
- **Verordnung (EG) Nr. 1781/2006** des Europäischen Parlaments und des Rates v. 15.11.2006 über die Übermittlung von Angaben zum Auftraggeber bei Geldtransfers, ABl. L 345 v. 8.12.2006, S. 1.
- **Verordnung (EG) Nr. 1569/2007** der Kommission v. 21.12.2007 über die Einrichtung eines Mechanismus zur Festlegung der Gleichwertigkeit der von Drittstaatemittenten angewandten Rechnungslegungsgrundsätze gemäß den Richtlinien 2003/71/EG und 2004/109/EG des Europäischen Parlaments und des Rates, ABl. L 340 v. 22.12.2007, S. 66, geändert durch DelVO (EU) Nr. 310/2012 (ABl. L 103 v. 13.4.2012, S. 11).
- **Verordnung (EG) Nr. 924/2009** (SEPA-VO) des Europäischen Parlaments und des Rates v. 16.9.2009 über grenzüberschreitende Zahlungen in der Gemeinschaft und zur Aufhebung der Verordnung (EG) Nr. 2560/2001, ABl. L 266 v. 9.10.2009, S. 11, geändert durch VO (EU) Nr. 260/2012 (ABl. L 94 v. 30.3.2012, S. 22).
- **Verordnung (EG) Nr. 1060/2009** (CRA I) des Europäischen Parlaments und des Rates v. 16.9.2009 über Ratingagenturen, ABl. L 302 v. 17.11.2009, S. 1, geändert durch RL 2011/61/EU (ABl. L 174 v. 1.7.2011, S. 1), VO (EU) Nr. 513/2011 (ABl. L 145 v. 31.5.2011, S. 30), VO (EU) Nr. 462/2013 (ABl. L 146 v. 31.5.2013, S. 1) und RL 2014/51/EU (ABl. L 153 v. 22.5.2014, S. 1).
- **Verordnung (EU) Nr. 267/2010** der Kommission v. 24.3.2010 über die Anwendung von Artikel 101 Absatz 3 des Vertrags über die Arbeitsweise der Europäischen Union auf Gruppen von Vereinbarungen, Beschlüssen und abgestimmten Verhaltensweisen im Versicherungssektor, ABl. L 83 v. 30.3.2010, S. 1 (Ende der Gültigkeit 31.3.2017).
- **Verordnung (EU) Nr. 407/2010** des Rates v. 11.5. 2010 zur Einführung eines europäischen Finanzstabilisierungsmechanismus, ABl. L 118 v. 12.5.2010, S. 1.
- **Verordnung (EU) Nr. 583/2010** der Kommission v. 1.7.2010 zur Durchführung der Richtlinie 2009/65/EG des Europäischen Parlaments und des Rates im Hinblick auf die wesentlichen Informationen für den Anleger und die Bedingungen, die einzuhalten sind, wenn die wesentlichen Informationen für den Anleger oder der Prospekt auf einem anderen dauerhaften Datenträger als Papier oder auf einer Website zur Verfügung gestellt werden, ABl. L 176 v. 10.7.2010, S. 1.
- **Verordnung (EU) Nr. 584/2010** der Kommission v. 1.7.2010 zur Durchführung der Richtlinie 2009/65/EG des Europäischen Parlaments und des Rates im Hinblick auf Form und Inhalt des Standardmodells für das Anzeigeschreiben und die OGAW-Bescheinigung, die Nutzung elektronischer Kommunikationsmittel durch die zuständigen Behörden für die Anzeige und die Verfahren für Überprüfungen

vor Ort und Ermittlungen sowie für den Informationsaustausch zwischen zuständigen Behörden, ABl. L 176 v. 10.7.2010, S. 16.

- **Verordnung (EU) Nr. 1092/2010** des Europäischen Parlaments und des Rates v. 24.11.2010 über die Finanzaufsicht der Europäischen Union auf Makroebene und zur Errichtung eines Europäischen Ausschusses für Systemrisiken, ABl. L 331 v. 15.12.2010, S. 1.
- **Verordnung (EU) Nr. 1093/2010** (EBA-VO) des Europäischen Parlaments und des Rates v. 24.11.2010 zur Errichtung einer Europäischen Aufsichtsbehörde (Europäische Bankenaufsichtsbehörde), zur Änderung des Beschlusses Nr. 716/2009/EG und zur Aufhebung des Beschlusses 2009/78/EG der Kommission, ABl. L 331 v. 15.12.2010, S. 12, geändert durch VO (EU) Nr. 1022/2013 (ABl. L 287 v. 29.10.2013, S. 5), RL 2014/17/EU (ABl. L 60 v. 28.2.2014, S. 34), RL 2014/59/EU (ABl. L 173 v. 12.6.2014, S. 190) und VO Nr. 806/2014.
- **Verordnung (EU) Nr. 1094/2010** (EIOPA-VO) des Europäischen Parlaments und des Rates v. 24.11.2010 zur Errichtung einer Europäischen Aufsichtsbehörde (Europäische Aufsichtsbehörde für das Versicherungswesen und die betriebliche Altersversorgung), zur Änderung des Beschlusses Nr. 716/2009/EG und zur Aufhebung des Beschlusses 2009/79/EG der Kommission, ABl. L 331 v. 15.12.2010, S. 48, geändert durch RL 2014/51/EU (ABl. L 153 v. 22.5.2014, S. 1).
- **Verordnung (EU) Nr. 1095/2010** (ESMA-VO) des Europäischen Parlaments und des Rates v. 24.11.2010 zur Errichtung einer Europäischen Aufsichtsbehörde (Europäische Wertpapier- und Marktaufsichtsbehörde), zur Änderung des Beschlusses Nr. 716/2009/EG und zur Aufhebung des Beschlusses 2009/77/EG der Kommission, ABl. L 331 v. 15.12.2010, S. 84, geändert durch RL 2011/61/EU (ABl. L 174 v. 1.7.2011, S. 1) und RL 2014/51/EU (ABl. L 153 v. 22.5.2014, S. 1).
- **Verordnung (EU) Nr. 1096/2010** des Rates v. 17.11.2010 zur Betrauung der Europäischen Zentralbank mit besonderen Aufgaben bzgl der Arbeitsweise des Europäischen Ausschusses für Systemrisiken, ABl. L 331 v. 15.12.2010, S. 162.
- **Verordnung (EU) Nr. 513/2011** (CRA II) des Europäischen Parlaments und des Rates v. 11.5.2011 zur Änderung der Verordnung (EG) Nr. 1060/2009 über Ratingagenturen, ABl. L 145 v. 31.5.2011, S. 30.
- **Verordnung (EU) Nr. 236/2012** des Europäischen Parlaments und des Rates v. 14.3.2012 über Leerverkäufe und bestimmte Aspekte von Credit Default Swaps, ABl. L 86 v. 24.3.2012, S. 1.
- **Verordnung (EU) Nr. 260/2012** des Europäischen Parlaments und des Rates v. 14.3.2012 zur Festlegung der technischen Vorschriften und der Geschäftsanforderungen für Überweisungen und Lastschriften in Euro und zur Änderung der Verordnung (EG) Nr. 924/2009, ABl. L 94 v. 30.3.2012, S. 22, geändert durch VO (EU) Nr. 248/2014 (ABl. L 84 v. 20.3.2014, S. 1).
- **Verordnung (EU) Nr. 648/2012** (EMIR) des Europäischen Parlaments und des Rates v. 4.7.2012 über OTC-Derivate, zentrale Gegenparteien und Transaktionsregister, ABl. L 201 v. 27.7.2012, S. 1, geändert durch DelVO (EU) Nr. 1002/2013 (ABl. L 279 v. 19.10.2013, S. 2), RL 2014/59/EU (ABl. L 173

v. 12.6.2014, S. 190) und VO (EU) Nr. 600/2014 (ABl. L 173 v. 12.6.2014, S. 84).

- **Verordnung (EU) Nr. 1011/2012** der Europäischen Zentralbank v. 17.10.2012 über die Statistiken über Wertpapierbestände, ABl. L 305 v. 1.11.2012, S. 6.
- **Verordnung (EU) Nr. 345/2013** des Europäischen Parlaments und des Rates v. 17.4.2013 über Europäische Risikokapitalfonds, ABl. L 115 v. 25.4.2013, S. 1.
- **Verordnung (EU) Nr. 346/2013** des Europäischen Parlaments und des Rates v. 17.4.2013 über Europäische Fonds für soziales Unternehmertum, ABl. L 115 v. 25.4.2013, S. 18.
- **Verordnung (EU) Nr. 462/2013** (CRA III) des Europäischen Parlaments und des Rates v. 21.5.2013 zur Änderung der Verordnung (EG) Nr. 1060/2009 über Ratingagenturen, ABl. L 146 v. 31.5.2013, S. 1.
- **Verordnung (EG) Nr. 472/2013** des Europäischen Parlaments und des Rates v. 21.5.2013 über den Ausbau der wirtschafts- und haushaltspolitischen Überwachung von Mitgliedstaaten im Euro-Währungsgebiet, die von gravierenden Schwierigkeiten in Bezug auf ihre finanzielle Stabilität betroffen oder bedroht sind, ABl. L 140 v. 27.5.2013, S. 1.
- **Verordnung (EU) Nr. 524/2013** (ODR-VO) des Europäischen Parlaments und des Rates v. 21.5.2013 über die Online-Beilegung verbraucherrechtlicher Streitigkeiten und zur Änderung der Verordnung (EG) Nr. 2006/2004 und der Richtlinie 2009/22/EG (Verordnung über Online-Streitbeilegung in Verbraucherangelegenheiten), ABl. L 165 v. 18.6.2013, S. 1.
- **Verordnung (EU) Nr. 575/2013** (CRR) des Europäischen Parlaments und des Rates v. 26.6.2013 über Aufsichtsanforderungen an Kreditinstitute und Wertpapierfirmen und zur Änderung der Verordnung (EU) Nr. 646/2012, ABl. L 176 v. 27.6.2013, S. 1.
- **Verordnung (EU) Nr. 1022/2013** (EBA-Bankenaufsichts-VO) des Europäischen Parlaments und des Rates v. 22.10.2013 zur Änderung der Verordnung (EU) Nr. 1093/2010 zur Errichtung einer Europäischen Aufsichtsbehörde (Europäische Bankenaufsichtsbehörde) hinsichtlich der Übertragung besonderer Aufgaben auf die Europäische Zentralbank gemäß der Verordnung (EU) Nr. 1024/2013, ABl. L 287 v. 29.10.2013, S. 5.
- **Verordnung (EU) Nr. 1024/2013** (SSM-VO) des Rates v. 15.10.2013 zur Übertragung besonderer Aufgaben im Zusammenhang mit der Aufsicht über Kreditinstitute auf die Europäische Zentralbank, ABl. L 287 v. 29.10.2013, S. 63.
- **Verordnung (EU) Nr. 1072/2013** der Europäischen Zentralbank v. 24.9.2013 über die Statistik über die von monetären Finanzinstituten angewandten Zinssätze (Neufassung), ABl. L 297 v. 7.11.2013, S. 51, geändert durch VO (EU) Nr. 756/2014 (ABl. L 205 v. 12.7.2014, S. 14).
- **Verordnung (EU) Nr. 248/2014** des Europäischen Parlaments und des Rates v. 26.2.2014 zur Änderung der Verordnung (EU) Nr. 260/2012 in Bezug auf die Umstellung auf unionsweite Überweisungen und Lastschriften, ABl. L 84 v. 20.3.2014, S. 1.

- **Verordnung (EU) Nr. 258/2014** des Europäischen Parlaments und des Rates v. 3.4.2014 zur Auflegung eines Unionsprogramms zur Unterstützung spezieller Tätigkeiten im Bereich Rechnungslegung und Abschlussprüfung für den Zeitraum 2014-2020 und zur Aufhebung des Beschlusses Nr. 716/2009/EG, ABl. L 105 v. 8.4.2014, S. 1.
- **Verordnung (EU) Nr. 468/2014** (SSM-Rahmenverordnung) der Euopäischen Zentralbank v. 16.4.2014 zur Einrichtung eines Rahmenwerks für die Zusammenarbeit zwischen der Europäischen Zentralbank und den nationalen zuständigen Behörden und den nationalen benannten Behörden innerhalb des einheitlichen Aufsichtsmechanismus, ABl. L 141 v. 14.5.2014, S. 1.
- **Verordnung (EU) Nr. 537/2014** des Europäischen Parlaments und des Rates v. 16.4.2014 über spezifische Anforderungen an die Abschlussprüfung bei Unternehmen von öffentlichem Interesse und zur Aufhebung des Beschlusses 2005/909/EG der Kommission, ABl. L 158 v. 27.5.2014, S. 77.
- **Verordnung (EU) Nr. 596/2014** (Marktmissbrauchs-VO, MAR) des Europäischen Parlaments und des Rates v. 16.4.2014 über Marktmissbrauch (Marktmissbrauchsverordnung) und zur Aufhebung der Richtlinie 2003/6/EG des Europäischen Parlaments und des Rates und der Richtlinien 2003/124/EG, 2003/125/EG und 2004/72/EG der Kommission, ABl. L 173 v. 12.6.2014, S. 1.
- **Verordnung (EU) Nr. 600/2014** (MiFIR) des Europäischen Parlaments und des Rates v. 15.5.2014 über Märkte für Finanzinstrumente und zur Änderung der Verordnung (EU) Nr. 648/2012, ABl. L 173 v. 12.6.2014, S. 84.
- **Verordnung (EU) Nr. 651/2014** der Kommission v. 17.6.2014 zur Feststellung der Vereinbarkeit bestimmter Gruppen von Beihilfen mit dem Binnenmarkt in Anwendung der Artikel 107 und 108 des Vertrags über die Arbeitsweise der Europäischen Union, ABl. L 187 v. 26.6.2014, S. 1.
- **Verordnung (EU) Nr. 655/2014** des Europäischen Parlaments und des Rates v. 15.5.2014 zur Einführung eines Verfahrens für einen Europäischen Beschluss zur vorläufigen Kontenpfändung im Hinblick auf die Erleichterung der grenzüberschreitenden Eintreibung von Forderungen in Zivil- und Handelssachen, ABl. L 189 v. 27.6.2014, S. 59.
- **Verordnung (EU) Nr. 756/2014** der Europäischen Zentralbank v. 8.7.2014 zur Änderung der Verordnung (EU) Nr. 1072/2013 (EZB/2013/34) über die Statistik über die von monetären Finanzinstituten angewandten Zinssätze (EZB/2014/30), ABl. L 205 v. 12.7.2014, S. 14.
- **Verordnung (EU) Nr. 795/2014** der Europäischen Zentralbank v. 3.7.2014 zu den Anforderungen an die Überwachung systemrelevanter Zahlungsverkehrssysteme (EZB/2014/28), ABl. L 217 v. 23.7.2014, S. 16.
- **Verordnung (EU) Nr. 806/2014 (SRM-VO)** des Europäischen Parlaments und des Rates v. 15.7.2014 zur Festlegung einheitlicher Vorschriften und eines einheitlichen Verfahrens für die Abwicklung von Kreditinstituten und bestimmten Wertpapierfirmen im Rahmen eines einheitlichen Abwicklungsmechanismus und

eines einheitlichen Abwicklungsfonds sowie zur Änderung der Verordnung (EU) Nr. 1093/2010, ABl. L 225 v. 30.7.2014, S. 1.

II. Richtlinien

- **Richtlinie 64/225/EWG** (ab 1.1.2016 aufgehoben durch RL 2009/138/EG, ABl. L 335 v. 17.12.2009, S. 1) des Rates v. 25.2.1964 zur Aufhebung der Beschränkungen der Niederlassungsfreiheit und des freien Dienstleistungsverkehrs auf dem Gebiet der Rückversicherung und Retrozession, ABl. L 56 v. 4.4.1964, S. 878.
- **Richtlinie 72/166/EWG** (1. Kfz-Haftpflichtversicherung-RL, ab 26.10.2009 aufgehoben durch RL 2009/103/EG) Rates v. 24.4.1972 betreffend die Angleichung der Rechtsvorschriften der Mitgliedstaaten bezüglich der Kraftfahrzeug-Haftpflichtversicherung und der Kontrolle der entsprechenden Versicherungspflicht, ABl. L 103 v. 2.5.1972, S. 1.
- **Richtlinie 73/183/EWG** (Niederlassungs-RL, ab 14.6.2000 aufgehoben durch RL 2000/12/EG) des Rates v. 28.6.1973 zur Aufhebung der Beschränkungen der Niederlassungsfreiheit und des freien Dienstleistungsverkehrs für selbständige Tätigkeiten der Kreditinstitute und anderer finanzieller Einrichtungen, ABl. L 194 v. 16.7.1973, S. 1.
- **Richtlinie 73/239/EWG** (1. Koordinierungs-RL Schaden, ab 1.1.2016 aufgehoben durch RL 2009/138/EG) des Rates v. 24.7.1973 zur Koordinierung der Rechts- und Verwaltungsvorschriften betreffend die Aufnahme und Ausübung der Tätigkeit der Direktversicherung (mit Ausnahme der Lebensversicherung), ABl. L 228 v. 16.8.1973, S. 3.
- **Richtlinie 73/240/EWG** (ab 1.1.2016 aufgehoben durch RL 2009/138/EG) des Rates v. 24.7.1973 zur Aufhebung der Beschränkungen der Niederlassungsfreiheit auf dem Gebiet der Direktversicherung mit Ausnahme der Lebensversicherung, ABl. L 228 v. 16.8.1973, S. 20.
- **Richtlinie 77/92/EWG** (Vermittler-RL, ab 14.1.2005 aufgehoben durch RL 2002/92/EG) des Rates v. 13.12.1976 über Maßnahmen zur Erleichterung der tatsächlichen Ausübung der Niederlassungsfreiheit und des freien Dienstleistungsverkehrs für die Tätigkeiten des Versicherungsagenten und des Versicherungsmaklers (aus ISIC-Gruppe 630), insbesondere Übergangsmaßnahmen für solche Tätigkeiten, ABl. L 26 v. 31.1.1977, S. 14.
- **Richtlinie 77/780/EWG** (1. Bankrechtskoordinierungs-RL, ab 14.6.2000 aufgehoben durch RL 2000/12/EG) des Rates v. 12.12.1977 zur Koordinierung der Rechts- und Verwaltungsvorschriften über die Aufnahme und Ausübung der Tätigkeit der Kreditinstitute, ABl. L 322 v. 17.12.1977, S. 30.
- **Richtlinie 78/473/EWG** (Mitversicherungs-RL, ab 1.1.2016 aufgehoben durch RL 2009/138/EG) des Rates v. 30.5.1978 zur Koordinierung der Rechts- und Verwaltungsvorschriften auf dem Gebiet der Mitversicherung auf Gemeinschaftsebene, ABl. L 151 v. 7.6.1978, S. 25.
- **Richtlinie 79/267/EWG** (1. Koordinierungs-RL Leben, ab 18.12.2002 aufgehoben durch RL 2002/83/EG) des Rates v. 5.3.1979 zur Koordinierung der Rechts-

und Verwaltungsvorschriften über die Aufnahme und Ausübung der Direktversicherung (Lebensversicherung), ABl. L 63 v. 13.3.1979, S. 1.

- **Richtlinie 84/5/EWG** (2. Kfz-Haftpflichtversicherung-RL, ab 26.10.2009 aufgehoben durch RL 2009/103/EG) des Rates v. 30.12.1983 betreffend die Angleichung der Rechtsvorschriften der Mitgliedstaaten bezüglich der Kraftfahrzeug-Haftpflichtversicherung, ABl. L 8 v. 11.1.1984, S. 17.
- **Richtlinie 84/641/EWG** (ab 1.1.2016 aufgehoben durch RL 2009/138/EG) des Rates v. 10.12.1984 zur insbesondere auf die touristische Beistandsleistung bezüglichen Änderung der Ersten Richtlinie 73/239/EWG zur Koordinierung der Rechts- und Verwaltungsvorschriften betreffend die Aufnahme und Ausübung der Tätigkeit der Direktversicherung (mit Ausnahme der Lebensversicherung), ABl. L 339 v. 27.12.1984, S. 21.
- **Richtlinie 85/611/EWG** (OGAW I-RL, aufgehoben ab 1.7.2011 durch RL 2009/65/EG) des Rates v. 20.12.1985 zur Koordinierung der Rechts- und Verwaltungsvorschriften betreffend bestimmte Organismen für gemeinsame Anlagen in Wertpapieren (OGAW), ABl. L 375 v. 31.12.1985, S. 3.
- **Richtlinie 86/635/EWG** (Bankbilanz-RL) des Rates v. 8.12.1986 über den Jahresabschluß und den konsolidierten Abschluß von Banken und anderen Finanzinstituten, ABl. L 372 v. 31.12.1986, S. 1, geändert durch RL 2001/65/EG (ABl. L 283 v. 27.10.2001, S. 28), RL 2003/51/EG (ABl. L 178 v. 17.7.2003, S. 16) und RL 2006/46/EG (ABl. L 224 v. 16.8.2006, S. 1).
- **Richtlinie 87/102/EWG** (1. Verbraucherkredit-RL, ab 10.6.2010 aufgehoben durch RL 2008/48/EG) des Rates v. 22.12.1986 zur Angleichung der Rechts- und Verwaltungsvorschriften der Mitgliedstaaten über den Verbraucherkredit, ABl. L 42 v. 12.2.1987, S. 48.
- **Richtlinie 87/343/EWG** (Spartentrennungs-RL Kreditversicherung/Kautionsversicherung; Ende der Gültigkeit: 1.11.2012) des Rates v. 22.6.1987 zur Änderung hinsichtlich der Kreditversicherung und der Kautionsversicherung der Ersten Richtlinie 73/239/EWG zur Koordinierung der Rechts- und Verwaltungsvorschriften betreffend die Aufnahme und Ausübung der Tätigkeit der Direktversicherung (mit Ausnahme der Lebensversicherung), ABl. L 185 v. 4.7.1987, S. 72.
- **Richtlinie 87/344/EWG** (Spartentrennungs-RL Rechtsschutzversicherung, ab 1.1.2016 aufgehoben durch RL 2009/138/EG) des Rates v. 22.6.1987 zur Koordinierung der Rechts- und Verwaltungsvorschriften für die Rechtsschutzversicherung, ABl. L 185 v. 4.7.1987, S. 77.
- **Richtlinie 88/220/EWG** (1. OGAW-Änderungs-RL, ab 1.7.2011 aufgehoben durch RL 2009/65/EG), des Rates v. 22.3.1988 zur Änderung der Richtlinie 85/611/EWG des Rates zur Koordinierung der Rechts- und Verwaltungsvorschriften betreffend bestimmte Organismen für gemeinsame Anlagen in Wertpapieren (OGAW) in Bezug auf die Anlagenpolitik bestimmter OGAW, ABl. L 100 v. 19.4.1988, S. 31.
- **Richtlinie 88/357/EWG** (2. Koordinierungs-RL Schaden, ab 1.1.2016 aufgehoben durch RL 2009/138/EG) des Rates v. 22.6.1988 zur Koordinierung der

Rechts- und Verwaltungsvorschriften für die Direktversicherung (mit Ausnahme der Lebensversicherung) und zur Erleichterung der tatsächlichen Ausübung des freien Dienstleistungsverkehrs sowie zur Änderung der Richtlinie 73/239/EWG, ABl. L 172 v. 4.7.1988, S. 1.

- **Richtlinie 88/361/EWG** des Rates v. 24.6.1988 zur Durchführung von Artikel 67 des Vertrages, ABl. L 178 v. 8.7.1988, S. 5.
- **Richtlinie 89/117/EWG** (Bankzweigstellen-RL) des Rates v. 13.2.1989 über die Pflichten der in einem Mitgliedstaat eingerichteten Zweigniederlassungen von Kreditinstituten und Finanzinstituten mit Sitz außerhalb dieses Mitgliedstaates zur Offenlegung von Jahresabschlußunterlagen, ABl. L 44 v. 16.2.1989, S. 40.
- **Richtlinie 89/299/EWG** (Eigenmittel-RL, ab 14.6.2000 aufgehoben durch RL 2000/12/EG) des Rates v. 17.4.1989 über die Eigenmittel von Kreditinstituten, ABl. L 124 v. 5.5.1989, S. 16.
- **Richtlinie 89/592/EWG** (Insider-RL, ab 11.4.2003 aufgehoben durch RL 2003/6/EG) des Rates v. 13.11.1989 zur Koordinierung der Vorschriften betreffend Insider-Geschäfte, ABl. L 334 v. 18.11.1989, S. 30.
- **Richtlinie 89/646/EWG** (2. Bankrechtskoordinierungs-RL, ab 14.6.2000 aufgehoben durch RL 2000/12/EG) des Rates v. 15.12.1989 zur Koordinierung der Rechts- und Verwaltungsvorschriften über die Aufnahme und Ausübung der Tätigkeit der Kreditinstitute und zur Änderung der Richtlinie 77/780/EWG, ABl. L 386 v. 30.12.1989, S. 1.
- **Richtlinie 89/647/EWG** (Solvabilitäts-RL, ab 14.6.2000 aufgehoben durch RL 2000/12/EG) des Rates v. 18.12.1989 über einen Solvabilitätskoeffizienten für Kreditinstitute, ABl. L 386 v. 30.12.1989, S. 14.
- **Richtlinie 90/88/EWG** des Rates v. 22.2.1990 zur Änderung der Richtlinie 87/102/EWG zur Angleichung der Rechts- und Verwaltungsvorschriften der Mitgliedstaaten über den Verbraucherkredit, ABl. L 61 v. 10.3.1990, S. 14.
- **Richtlinie 90/232/EWG** (3. Kfz-Haftpflichtversicherung-RL, ab 26.10.2009 aufgehoben durch RL 2009/103/EG) des Rates v. 14.5.1990 zur Angleichung der Rechtsvorschriften der Mitgliedstaaten über die Kraftfahrzeug-Haftpflichtversicherung, ABl. L 129 v. 19.5.1990, S. 33.
- **Richtlinie 90/618/EWG** (KfZ-Haftpflichtversicherung-Ergänzungs-RL; Ende der Gültigkeit: 1.11.2012) des Rates v. 8.11.1990 zur Änderung der Richtlinie 73/239/EWG und der Richtlinie 88/357/EWG zur Koordinierung der Rechts- und Verwaltungsvorschriften für die Direktversicherung (mit Ausnahme der Lebensversicherung), insbesondere bezüglich der Kraftfahrzeug-Haftpflichtversicherung, ABl. L 330 v. 29.11.1990, S. 44.
- **Richtlinie 90/619/EWG** (2. Koordinierungs-RL Leben, ab 18.12.2002 aufgehoben durch RL 2002/83/EG) des Rates v. 8.11.1990 zur Koordinierung der Rechts- und Verwaltungsvorschriften für die Direktversicherung (Lebensversicherung) und zur Erleichterung der tatsächlichen Ausübung des freien Dienstleistungsverkehrs sowie zur Änderung der Richtlinie 79/267/EWG, ABl. L 330 v. 29.11.1990, S. 50.

- **Richtlinie 91/308/EWG** (1. Geldwäsche-RL, ab 14.12.2005 aufgehoben durch RL 2005/60/EG) v. 10.6.1991 zur Verhinderung der Nutzung des Finanzsystems zum Zwecke der Geldwäsche, ABl. L 166 v. 28.6.1991, S. 77.
- **Richtlinie 91/674/EWG** (Versicherungsbilanz-RL) des Rates v. 19.12.1991 über den Jahresabschluß und den konsolidierten Abschluß von Versicherungsunternehmen, ABl. L 374 v. 31.12.1991, S. 7, geändert durch RL 2003/51/EG (ABl. L 178 v. 17.7.2003, S. 16) und RL 2006/46/EG (ABl. L 224 v. 16.8.2006, S. 1).
- **Richtlinie 91/675/EWG** des Rates v. 19.12.1991 über die Einrichtung eines Versicherungsausschusses, ABl. L 374 v. 31.12.1991, S. 32, geändert durch RL 2005/1/EG (ABl. L 79 v. 24.3.2005, S. 9) und RL 2008/21/EG (ABl. L 76 v. 19.3.2008, S. 48).
- **Richtlinie 92/30/EWG** (Konsolidierungs-RL, ab 19.6.2000 aufgehoben durch RL 2000/12/EG) des Rates v. 6.4.1992 über die Beaufsichtigung von Kreditinstituten auf konsolidierter Basis, ABl. L 110 v. 28.4.1992, S. 52.
- **Richtlinie 92/49/EWG** (3. Koordinierungs-RL Schaden, ab 1.1.2016 aufgehoben durch RL 2009/138/EG) des Rates v. 18.6.1992 zur Koordinierung der Rechts- und Verwaltungsvorschriften für die Direktversicherung (mit Ausnahme der Lebensversicherung) sowie zur Änderung der Richtlinien 73/239/EWG und 88/357/EWG, ABl. L 228 v. 11.8.1992, S. 1.
- **Richtlinie 92/96/EWG** (3. Koordinierungs-RL Leben, ab 18.12.2002 aufgehoben durch RL 2002/83/EG) des Rates v. 10.11.1992 zur Koordinierung der Rechts- und Verwaltungsvorschriften für die Direktversicherung (Lebensversicherung) sowie zur Änderung der Richtlinien 79/267/EWG und 90/619/EWG, ABl. L 360 v. 9.12.1992, S. 1.
- **Richtlinie 92/121/EWG** (Großkredit-RL, ab 14.6.2000 aufgehoben durch RL 2000/12/EG) des Rates v. 21.12.1992 über die Überwachung und Kontrolle der Großkredite von Kreditinstituten, ABl. L 29 v. 5.2.1993, S. 1.
- **Richtlinie 93/6/EWG** (Kapitaladäquanz-RL, ab 19.7.2006 aufgehoben durch RL 2006/49/EG) des Rates v. 15.3.1993 über die angemessene Eigenkapitalausstattung von Wertpapierfirmen und Kreditinstituten, ABl. L 141 v. 11.6.1993, S. 1.
- **Richtlinie 93/22/EWG** (Wertpapierdienstleistungs-RL, ab 31.10.2007 aufgehoben durch RL 2004/39/EG) des Rates v. 10.5.1993 über Wertpapierdienstleistungen, ABl. L 141 v. 11.6.1993, S. 27.
- **Richtlinie 94/19/EG** (Einlagensicherungs-RL, ab 4.7.2019 aufgehoben durch RL 2014/49/EU) des Europäischen Parlaments und des Rates v. 30.5.1994 über Einlagensicherungssysteme, ABl. L 135 v. 31.5.1994, S. 5, geändert durch RL 2005/1/EG (ABl. L 79 v. 24.3.2005, S. 9) und RL 2009/14/EG (ABl. L 68 v. 13.3.2009, S. 3).
- **Richtlinie 95/26/EG** (BCCI-RL, teilweise aufgehoben durch RL 2000/12/EG und RL 2002/83/EG) des Europäischen Parlaments und des Rates v. 29.6.1995 zur Änderung der Richtlinien 77/780/EWG und 89/646/EWG betreffend Kreditinsti-

tute, der Richtlinien 73/239/EWG und 92/49/EWG betreffend Schadenversicherungen, der Richtlinien 79/267/EWG und 92/96/EWG betreffend Lebensversicherungen, der Richtlinie 93/22/EWG betreffend Wertpapierfirmen sowie der Richtlinie 85/611/EWG betreffend bestimmte Organismen für gemeinsame Anlagen in Wertpapieren (OGAW) zwecks verstärkter Beaufsichtigung dieser Finanzunternehmen, ABl. L 168 v. 18.7.1995, S. 7.

- **Richtlinie 97/5/EG** (Überweisungs-RL, ab 31.10.2008 aufgehoben durch RL 2007/64/EG) des Europäischen Parlaments und des Rates v. 27.1.1997 über grenzüberschreitende Überweisungen, ABl. L 43 v. 14.2.1997, S. 25.
- **Richtlinie 97/9/EG** (Anlegerentschädigungs-RL) des Europäischen Parlaments und des Rates v. 3.3.1997 über Systeme für die Entschädigung der Anleger, ABl. L 84 v. 26.3.1997, S. 22.
- **Richtlinie 98/7/EG** des Europäischen Parlaments und des Rates v. 16.2.1998 zur Änderung der Richtlinie 87/102/EWG zur Angleichung der Rechts- und Verwaltungsvorschriften der Mitgliedstaaten über den Verbraucherkredit, ABl. L 101 v. 1.4.1998, S. 17.
- **Richtlinie 98/26/EG** (Finalitäts-RL oder Zahlungssicherungs-RL) des Europäischen Parlaments und des Rates v. 19.5.1998 über die Wirksamkeit von Abrechnungen in Zahlungs- sowie Wertpapierliefer- und -abrechnungssystemen, ABl. L 166 v. 11.6.1998, S. 45, geändert durch RL 2009/44/EG (ABl. L 146 v. 10.6.2009, S. 37), RL 2010/78/EU (ABl. L 331 v. 15.12.2010, S. 120) und VO (EU) Nr. 648/2012 (ABl. L 201 v. 27.7.2012, S. 1).
- **Richtlinie 98/29/EG** (Exportversicherungs-RL) des Rates v. 7.5.1998 zur Harmonisierung der wichtigsten Bestimmungen über die Exportkreditversicherung zur Deckung mittel- und langfristiger Geschäfte, ABl. L 148 v. 19.5.1998, S. 22, geändert durch VO (EG) Nr. 806/2003 (ABl. L 122 v. 16.5.2003, S. 1).
- **Richtlinie 98/78/EG** (Versicherungsgruppen-RL, ab 1.1.2016 aufgehoben durch RL 2009/138/EG) des Europäischen Parlaments und des Rates v. 27.10.1998 über die zusätzliche Beaufsichtigung der einer Versicherungsgruppe angehörenden Versicherungsunternehmen, ABl. L 330 v. 5.12.1998, S. 1.
- **Richtlinie 2000/12/EG** (kodifizierte Banken-RL, ab 19.7.2006 aufgehoben durch RL 2006/48/EG) des Europäischen Parlaments und des Rates v. 20.3.2000 über die Aufnahme und Ausübung der Tätigkeit der Kreditinstitute, ABl. L 126 v. 26.5.2000, S. 1.
- **Richtlinie 2000/26/EG** (4. Kfz-Haftpflichtversicherung-RL, ab 26.10.2009 aufgehoben durch RL 2009/103/EG) des Europäischen Parlaments und des Rates v. 16.5.2000 zur Angleichung der Rechtsvorschriften der Mitgliedstaaten über die Kraftfahrzeug-Haftpflichtversicherung, und zur Änderung der Richtlinien 73/239/EWG und 88/357/EWG des Rates, ABl. L 181 v. 20.7.2000, S. 65.
- **Richtlinie 2000/31/EG** (RL über den elektronischen Geschäftsverkehr; e-commerce-RL) des Europäischen Parlaments und des Rates v. 8.6.2000 über bestimmte rechtliche Aspekte der Dienste der Informationsgesellschaft, insbesonde-

re des elektronischen Geschäftsverkehrs, im Binnenmarkt, ABl. L 178 v. 17.7.2000, S. 1.

- **Richtlinie 2000/46/EG** (E-Geld-Institute-RL, ab 30.10.2009 aufgehoben durch RL 2009/110/EG) des Europäischen Parlaments und des Rates v. 18.9.2000 über die Aufnahme, Ausübung und Beaufsichtigung der Tätigkeit von E-Geld-Instituten, ABl. L 275 v. 27.10.2000, S. 39.
- **Richtlinie 2000/64/EG** (teilweise aufgehoben durch RL 2002/83/EG) des Europäischen Parlaments und des Rates v. 7.11.2000 zur Änderung der Richtlinien 85/611/EWG, 92/49/EWG, 92/96/EWG und 93/22/EWG des Rates im Hinblick auf den Informationsaustausch mit Drittländern, ABl. L 290 v. 17.11.2000, S. 27.
- **Richtlinie 2001/17/EG** (Versicherungsinsolvenz-RL, ab 1.1.2016 aufgehoben durch RL 2009/138/EG) des Europäischen Parlaments und des Rates v. 19.3.2001 über die Sanierung und Liquidation von Versicherungsunternehmen, ABl. L 110 v. 20.4.2001, S. 28.
- **Richtlinie 2001/24/EG** (Bankeninsolvenz-RL) des Europäischen Parlaments und des Rates v. 4.4.2001 über die Sanierung und Liquidation von Kreditinstituten, ABl. L 125 v. 5.5.2001, S. 15, geändert durch RL 2014/59/EU (ABl. L 173 v. 12.6.2014, S. 190).
- **Richtlinie 2001/34/EG** (Kapitalmarktpublizitäts-RL oder Börsenzulassungs-RL) des Europäischen Parlaments und des Rates v. 28.5.2001 über die Zulassung von Wertpapieren zur amtlichen Börsennotierung und über die hinsichtlich dieser Wertpapiere zu veröffentlichenden Informationen, ABl. L 184 v. 6.7.2001, S. 1, geändert durch RL 2003/6/EG (ABl. L 96 v. 12.4.2003, S. 16), RL 2003/71/EG (ABl. L 345 v. 31.12.2003, S. 64), RL 2004/109/EG (ABl. L 390 v. 31.12.2004, S. 38) und RL 2005/1/EG (ABl. L 79 v. 24.3.2005, S. 9).
- **Richtlinie 2001/65/EG** des Europäischen Parlaments und des Rates v. 27.9.2001 zur Änderung der Richtlinien 78/660/EWG, 83/349/EWG und 86/635/EWG des Rates im Hinblick auf die im Jahresabschluss bzw im konsolidierten Abschluss von Gesellschaften bestimmter Rechtsformen und von Banken und anderen Finanzinstituten zulässigen Wertansätze, ABl. L 283 v. 27.10.2001, S. 28, teilweise aufgehoben ab 19.7.2013 durch RL 2013/34/EU (ABl. L 182 v. 29.6.2013, S. 19).
- **Richtlinie 2001/97/EG** (2. Geldwäsche-RL) des Europäischen Parlaments und des Rates v. 4.12.2001 zur Änderung der Richtlinie 91/308/EWG des Rates zur Verhinderung der Nutzung des Finanzsystems zum Zwecke der Geldwäsche, ABl. L 344 v. 28.12.2001, S. 76.
- **Richtlinie 2001/107/EG** (2. OGAW-Änderungs-RL, ab 1.7.2011 aufgehoben durch RL 2009/65/EG) des Europäischen Parlaments und des Rates v. 21.1.2002 zur Änderung der Richtlinie 85/611/EWG des Rates zur Koordinierung der Rechts- und Verwaltungsvorschriften betreffend bestimmte Organismen für gemeinsame Anlagen in Wertpapieren (OGAW) zwecks Festlegung von Bestimmungen für Verwaltungsgesellschaften und vereinfachte Prospekte, ABl. L 41 v. 13.2.2002, S. 20.

- **Richtlinie 2001/108/EG** (3. OGAW-Änderungs-RL, ab 1.7.2011 aufgehoben durch RL 2009/65/EG) des Europäischen Parlaments und des Rates v. 21.1.2002 zur Änderung der RL 85/611/EWG des Rates zur Koordinierung der Rechts- und Verwaltungsvorschriften betreffend bestimmte Organismen für gemeinsame Anlagen in Wertpapieren (OGAW) hinsichtlich der Anlagen der OGAW, ABl. L 41 v. 13.2.2002, S. 35.
- **Richtlinie 2002/12/EG** (ab 18.12.2002 aufgehoben durch RL 2002/83/EG) des Europäischen Parlaments und des Rates v. 5.3.2002 zur Änderung der Richtlinie 79/267/EWG des Rates hinsichtlich der Bestimmungen über die Solvabilitätsspanne für Lebensversicherungsunternehmen, ABl. L 77 v. 20.3.2002, S. 11.
- **Richtlinie 2002/13/EG** des Europäischen Parlaments und des Rates v. 5.3.2002 zur Änderung der Richtlinie 73/239/EWG des Rates hinsichtlich der Bestimmungen über die Solvabilitätsspanne für Schadenversicherungsunternehmen, ABl. L 77 v. 20.3.2002, S. 17.
- **Richtlinie 2002/47/EG** (Finanzsicherheiten-RL) des Europäischen Parlaments und des Rates v. 6.6.2002 über Finanzsicherheiten, ABl. L 168 v. 27.6.2002, S. 43, geändert durch RL 2009/44/EG (ABl. L 146 v. 10.6.2009, S. 37) und RL 2014/59/EU (ABl. L 173 v. 12.6.2014, S. 190).
- **Richtlinie 2002/65/EG** (Finanzdienstleistungs-Fernabsatz-RL) des Europäischen Parlaments und des Rates v. 23.9.2002 über den Fernabsatz von Finanzdienstleistungen an Verbraucher und zur Änderung der Richtlinie 90/619/EWG des Rates und der Richtlinien 97/7/EG und 98/27/EG, ABl. L 271 v. 9.10.2002, S. 16, geändert durch RL 2005/29/EG (ABl. L 149 v. 11.6.2005, S. 22) und RL 2007/64/EG (ABl. L 319 v. 5.12.2007, S. 1).
- **Richtlinie 2002/83/EG** (Gesamt-RL Leben, ab 1.1.2016 aufgehoben durch RL 2009/138/EG) des Europäischen Parlaments und des Rates v. 5.11.2002 über Lebensversicherungen, ABl. L 345 v. 19.12.2002, S. 1.
- **Richtlinie 2002/87/EG** (Finanzkonglomerate-RL) des Europäischen Parlaments und des Rates v. 16.12.2002 über die zusätzliche Beaufsichtigung der Kreditinstitute, Versicherungsunternehmen und Wertpapierfirmen eines Finanzkonglomerats und zur Änderung der Richtlinien 73/239/EWG, 79/267/EWG, 92/49/EWG, 92/96/EWG, 93/6/EWG und 93/22/EWG des Rates und der Richtlinien 98/78/EG und 2000/12/EG des Europäischen Parlaments und des Rates, ABl. L 35 v. 11.2.2003, S. 1, geändert durch RL 2005/1/EG (ABl. L 79 v. 24.3.2005, S. 9), RL 2008/25/EG (ABl. L 81 v. 20.3.2008, S. 40), RL 2010/78/EU (ABl. L 331 v. 15.12.2010, S. 120), RL 2011/89/EU (ABl. L 326 v. 8.12.2011, S. 113) und RL 2013/36/EU (ABl. L 176 v. 27.6.2013, S. 338).
- **Richtlinie 2002/92/EG** (IMD I) des Europäischen Parlaments und des Rates v. 9.12.2002 über Versicherungsvermittlung, ABl. L 9 v. 15.1.2003, S. 3, geändert durch RL 2014/65/EU (ABl. L 173 v. 12.6.2014, S. 349).
- **Richtlinie 2003/6/EG** (Marktmissbrauchs-RL, ab 3.7.2016 aufgehoben durch VO (EU) Nr. 596/2014) des Europäischen Parlaments und des Rates v. 28.1.2003 über Insider-Geschäfte und Marktmanipulationen, ABl. L 96 v. 12.4.2003, S. 16,

geändert durch RL 2008/26/EG (ABl. L 81 v. 20.3.2008, S. 42) und RL 2010/78/EU (ABl. L 331 v. 15.12.2010, S. 120).

- **Richtlinie 2003/41/EG** (EbAV I) des Europäischen Parlaments und des Rates v. 3.6.2003 über die Tätigkeiten und die Beaufsichtigung von Einrichtungen der betrieblichen Altersversorgung, ABl. L 235 v. 23.9.2003, S. 10, geändert durch RL 2009/138/EG (ABl. L 335 v. 17.12.2009, S. 1), RL 2010/78/EU (ABl. L 331 v. 15.12.2010, S. 120), RL 2011/61/EU (ABl. L 174 v. 1.7.2011, S. 1) und RL 2013/14/EU (ABl. L 145 v. 31.5.2013, S. 1).
- **Richtlinie 2003/48/EG** (Zinsbesteuerungs-RL) des Rates v. 3.6.2003 im Bereich der Besteuerung von Zinserträgen, ABl. L 157 v. 26.6.2003, S. 38, geändert durch RL 2004/66/EG (ABl. L 168 v. 1.5.2004, S. 35), Entscheidung 2004/587/EG (ABl. L 257 v. 4.8.2004, S. 7), RL 2006/98/EG (ABl. L 363 v. 20.12.2006, S. 129) und RL 2014/48/EU (ABl. L 111 v. 15.4.2014, S. 50).
- **Richtlinie 2003/51/EG** (ab 19.7.2013 teilweise aufgehoben durch RL 2013/34/EU) des Europäischen Parlaments und des Rates v. 18.6.2003 zur Änderung der Richtlinien 78/660/EWG, 83/349/EWG, 86/635/EWG und 91/674/EWG über den Jahresabschluss und den konsolidierten Abschluss von Gesellschaften bestimmter Rechtsformen, von Banken und anderen Finanzinstituten sowie von Versicherungsunternehmen, ABl. L 178 v. 17.7.2003, S. 16.
- **Richtlinie 2003/71/EG** (Prospekt-RL) des Europäischen Parlaments und des Rates v. 4.11.2003 betreffend den Prospekt, der beim öffentlichen Angebot von Wertpapieren oder bei deren Zulassung zum Handel zu veröffentlichen ist, und zur Änderung der Richtlinie 2001/34/EG, ABl. L 345 v. 31.12.2003, S. 64, geändert durch RL 2008/11/EG (ABl. L 76 v. 19.3.2008, S. 37), RL 2010/73/EU (ABl. L 327 v. 11.12.2010, S. 1), RL 2010/78/EU (ABl. L 331 v. 15.12.2010, S. 120), RL 2013/50/EU (ABl. L 294 v. 6.11.2013, S. 13) und RL 2014/51/EU (ABl. L 153 v. 22.5.2014, S. 1).
- **Richtlinie 2003/124/EG** (ab 3.7.2016 aufgehoben durch VO (EU) Nr. 596/2014) der Kommission v. 22.12.2003 zur Durchführung der Richtlinie 2003/6/EG des Europäischen Parlaments und des Rates betreffend die Begriffsbestimmung und die Veröffentlichung von Insider-Informationen und die Begriffsbestimmung der Marktmanipulation, ABl. L 339 v. 24.12.2003, S. 70.
- **Richtlinie 2003/125/EG** (ab 3.7.2016 aufgehoben durch VO (EU) Nr. 596/2014) der Kommission v. 22.12.2003 zur Durchführung der Richtlinie 2003/6/EG des Europäischen Parlaments und des Rates in Bezug auf die sachgerechte Darbietung von Anlageempfehlungen und die Offenlegung von Interessenkonflikten, ABl. L 339 v. 24.12.2003, S. 73.
- **Richtlinie 2004/39/EG** (MiFID, teilweise aufgehoben durch RL 2009/65/EG, ab 3.1.2017 aufgehoben durch RL 2014/65/EU) des Europäischen Parlaments und des Rates v. 21.4.2004 über Märkte für Finanzinstrumente, zur Änderung der Richtlinien 85/611/EWG und 93/6/EWG des Rates und der Richtlinie 2000/12/EG des Europäischen Parlaments und des Rates und zur Aufhebung der Richtlinie 93/22/EWG des Rates, ABl. L 145 v. 30.4.2004, S. 1, geändert durch

RL 2006/31/EG (ABl. L 114 v. 27.4.2006, S. 60), RL 2007/44/EG (ABl. L 247 v. 21.9.2007, S. 1), RL 2008/10/EG (ABl. L 76 v. 19.3.2008, S. 33) und RL 2010/78/EU (ABl. L 331 v. 15.12.2010, S. 120).

- **Richtlinie 2004/72/EG** (ab 3.7.2016 aufgehoben durch VO (EU) Nr. 596/2014) der Kommission v. 29.4.2004 zur Durchführung der Richtlinie 2003/6/EG des Europäischen Parlaments und des Rates – Zulässige Marktpraktiken, Definition von Insider-Informationen in Bezug auf Warenderivate, Erstellung von Insider-Verzeichnissen, Meldung von Eigengeschäften und Meldung verdächtiger Transaktionen, ABl. L 162 v. 30.4.2004, S. 70.
- **Richtlinie 2004/109/EG** (Transparenz-RL II) des Europäischen Parlaments und des Rates v. 15.12.2004 zur Harmonisierung der Transparenzanforderungen in Bezug auf Informationen über Emittenten, deren Wertpapiere zum Handel auf einem geregelten Markt zugelassen sind, und zur Änderung der Richtlinie 2001/34/EG, ABl. L 390 v. 31.12.2004, S. 38, geändert durch RL 2008/22/EG (ABl. L 76 v. 19.3.2008, S. 50), RL 2010/73/EU (ABl. L 327 v. 11.12.2010, S. 1), RL 2010/78/EU (ABl. L 331 v. 15.12.2010, S. 120) und RL 2013/50/EU (ABl. L 294 v. 6.11.2013, S. 13).
- **Richtlinie 2004/113/EG** des Rates v. 13.12.2004 zur Verwirklichung des Grundsatzes der Gleichbehandlung von Männern und Frauen beim Zugang zu und bei der Versorgung mit Gütern und Dienstleistungen, ABl. L 373 v. 21.12.2004, S. 37.
- **Richtlinie 2005/1/EG** (Ausschussstruktur-RL, teilweise aufgehoben durch RL 2009/65/EG) des Europäischen Parlaments und des Rates v. 9.3.2005 zur Änderung der Richtlinien 73/239/EWG, 85/611/EWG, 91/675/EWG, 92/49/EWG und 93/6/EWG des Rates sowie der Richtlinien 94/19/EG, 98/78/EG, 2000/12/EG, 2001/34/EG, 2002/83/EG und 2002/87/EG des Europäischen Parlaments und des Rates zur Schaffung einer neuen Ausschussstruktur im Finanzdienstleistungsbereich, ABl. L 79 v. 24.3.2005, S. 9.
- **Richtlinie 2005/14/EG** (5. Kfz-Haftpflichtversicherungs RL, ab 26.10.2009 aufgehoben durch RL 2009/103/EG) des Europäischen Parlaments und des Rates v. 11.5.2005 zur Änderung der Richtlinien 72/166/EWG, 84/5/EWG, 88/357/EWG und 90/232/EWG des Rates sowie der Richtlinie 2000/26/EG des Europäischen Parlaments und des Rates über die Kraftfahrzeug-Haftpflichtversicherung, ABl. L 149 v. 11.6.2005, S. 14.
- **Richtlinie 2005/60/EG** (3. Geldwäsche-RL) des Europäischen Parlaments und des Rates v. 26.10.2005 zur Verhinderung der Nutzung des Finanzsystems zum Zwecke der Geldwäsche und der Terrorismusfinanzierung, ABl. L 309 v. 25.11.2005, S. 15, geändert durch RL 2007/64/EG (ABl. L 319 v. 5.12.2007, S. 1), RL 2008/20/EG (ABl. L 76 v. 19.3.2008, S. 46), RL 2009/110/EG (ABl. L 267 v. 10.10.2009, S. 7) RL 2010/78/EU (ABl. L 331 v. 15.12.2010, S. 120).
- **Richtlinie 2005/68/EG** (ab 1.1.2016 aufgehoben durch RL 2009/138/EG) des Europäischen Parlaments und des Rates v. 16.11.2005 über die Rückversicherung

und zur Änderung der Richtlinien 73/239/EWG, 92/49/EWG des Rates sowie der Richtlinien 98/78/EG und 2002/83/EG, ABl. L 323 v. 9.12.2005, S. 1.

- **Richtlinie 2006/43/EG** des Europäischen Parlaments und des Rates v. 17.5.2006 über Abschlussprüfungen von Jahresabschlüssen und konsolidierten Abschlüssen, zur Änderung der Richtlinien 78/660/EWG und 83/349/EWG des Rates und zur Aufhebung der Richtlinie 84/253/EWG des Rates, ABl. L 157 v. 9.6.2006, S. 87, teilweise aufgehoben ab 19.7.2013 durch RL 2013/34/EU (ABl. L 182 v. 29.6.2013, S. 19), geändert durch RL 2014/56/EU (ABl. L 158 v. 27.5.2014, S. 196).
- **Richtlinie 2006/48/EG** (Banken-RL, ab 1.1.2014 aufgehoben durch RL 2013/36/EU) des Europäischen Parlaments und des Rates v. 14.6.2006 über die Aufnahme und Ausübung der Tätigkeit der Kreditinstitute (Neufassung), ABl. L 177 v. 30.6.2006, S. 1.
- **Richtlinie 2006/49/EG** (Kapitaladäquanz-RL, ab 1.1.2014 aufgehoben durch RL 2013/36/EU) des Europäischen Parlaments und des Rates v. 14.6.2006 über die angemessene Eigenkapitalausstattung von Wertpapierfirmen und Kreditinstituten (Neufassung), ABl. L 177 v. 30.6.2006, S. 201.
- **Richtlinie 2006/70/EG** der Kommission v. 1.8.2006 mit Durchführungsbestimmungen für die Richtlinie 2005/60/EG des Europäischen Parlaments und des Rates hinsichtlich der Begriffsbestimmung von politisch exponierten Personen und der Festlegung der technischen Kriterien für vereinfachte Sorgfaltspflichten sowie für die Befreiung in Fällen, in denen nur gelegentlich oder in sehr eingeschränktem Umfang Finanzgeschäfte getätigt werden, ABl. L 214 v. 4.8.2006, S. 29.
- **Richtlinie 2006/73/EG** der Kommission v. 10.8.2006 zur Durchführung der Richtlinie 2004/39/EG des Europäischen Parlaments und des Rates in Bezug auf die organisatorischen Anforderungen an Wertpapierfirmen und die Bedingungen für die Ausübung ihrer Tätigkeit sowie in Bezug auf die Definition bestimmter Begriffe für die Zwecke der genannten Richtlinie, ABl. L 241 v. 2.9.2006, S. 26.
- **Richtlinie 2007/14/EG** der Kommission v. 8.3.2007 mit Durchführungsbestimmungen zu bestimmten Vorschriften der Richtlinie 2004/109/EG zur Harmonisierung der Transparenzanforderungen in Bezug auf Informationen über Emittenten, deren Wertpapiere zum Handel an einem geregelten Markt zugelassen sind, ABl. L 69 v. 9.3.2007, S. 27, geändert durch RL 2013/50/EU (ABl. L 294 v. 6.11.2013, S. 13.
- **Richtlinie 2007/16/EG** der Kommission v. 19.3.2007 zur Durchführung der Richtlinie 85/611/EWG des Rates zur Koordinierung der Rechts- und Verwaltungsvorschriften betreffend bestimmte Organismen für gemeinsame Anlagen in Wertpapieren (OGAW) im Hinblick auf die Erläuterung gewisser Definitionen, ABl. L 79 v. 20.3.2007, S. 11.
- **Richtlinie 2007/44/EG** (teilweise aufgehoben durch RL 2013/36/EU) des Europäischen Parlaments und des Rates v. 5.9.2007 zur Änderung der Richtlinie 92/49/EWG des Rates sowie der Richtlinien 2002/83/EG, 2004/39/EG, 2005/68/EG und 2006/48/EG in Bezug auf Verfahrensregeln und Bewertungskri-

terien für die aufsichtsrechtliche Beurteilung des Erwerbs und der Erhöhung von Beteiligungen im Finanzsektor, ABl. L 247 v. 21.9.2007, S. 1.

- **Richtlinie 2007/64/EG** (Zahlungsdienste-RL bzw PSD I, teilweise aufgehoben durch RL 2013/36/EU) des Europäischen Parlaments und des Rates v. 13.11.2007 über Zahlungsdienste im Binnenmarkt, zur Änderung der Richtlinien 97/7/EG, 2002/65/EG, 2005/60/EG und 2006/48/EG sowie zur Aufhebung der Richtlinie 97/5/EG, ABl. L 319 v. 5.12.2007, S. 1.
- **Richtlinie 2008/7/EG** des Rates v. 12.2.2008 betreffend die indirekten Steuern auf die Ansammlung von Kapital, ABl. L 46 v. 21.2.2008, S. 11, geändert durch RL 2013/13/EU (ABl. L 141 v. 28.5.2013, S. 30).
- **Richtlinie 2008/11/EG** des Europäischen Parlaments und des Rates v. 11.3.2008 zur Änderung der Richtlinie 2003/71/EG betreffend den Prospekt, der beim öffentlichen Angebot von Wertpapieren oder bei deren Zulassung zum Handel zu veröffentlichen ist, im Hinblick auf die der Kommission übertragenen Durchführungsbefugnisse, ABl. L 76 v. 19.3.2008, S. 37.
- **Richtlinie 2008/18/EG** (ab 1.7.2011 aufgehoben durch RL 2009/65/EG) des Europäischen Parlaments und des Rates v. 11.3.2008 zur Änderung der Richtlinie 85/611/EWG des Rates zur Koordinierung der Rechts- und Verwaltungsvorschriften betreffend bestimmte Organismen für gemeinsame Anlagen in Wertpapieren (OGAW) im Hinblick auf die der Kommission übertragenen Durchführungsbefugnisse, ABl. L 76 v. 19.3.2008, S. 42.
- **Richtlinie 2008/19/EG** (Ende der Gültigkeit: 1.11.2012) des Europäischen Parlaments und des Rates v. 11.3.2008 zur Änderung der Richtlinie 2002/83/EG über Lebensversicherungen im Hinblick auf die der Kommission übertragenen Durchführungsbefugnisse, ABl. L 76 v. 19.3.2008, S. 44.
- **Richtlinie 2008/22/EG** des Europäischen Parlaments und des Rates v. 11.3.2008 zur Änderung der Richtlinie 2004/109/EG zur Harmonisierung der Transparenzanforderungen in Bezug auf Informationen über Emittenten, deren Wertpapiere zum Handel auf einem geregelten Markt zugelassen sind, im Hinblick auf die der Kommission übertragenen Durchführungsbefugnisse, ABl. L 76 v. 19.3.2008, S. 50.
- **Richtlinie 2008/25/EG** des Europäischen Parlaments und des Rates v. 11.3.2008 zur Änderung der Richtlinie 2002/87/EG über die zusätzliche Beaufsichtigung der Kreditinstitute, Versicherungsunternehmen und Wertpapierfirmen eines Finanzkonglomerats im Hinblick auf die der Kommission übertragenen Durchführungsbefugnisse, ABl. L 81 v. 20.3.2008, S. 40.
- **Richtlinie 2008/26/EG** des Europäischen Parlaments und des Rates v. 11.3.2008 zur Änderung der Richtlinie 2003/6/EG über Insider-Geschäfte und Marktmanipulation (Marktmissbrauch) im Hinblick auf die der Kommission übertragenen Durchführungsbefugnisse, ABl. L 81 v. 20.3.2008, S. 42.
- **Richtlinie 2008/36/EG** des Europäischen Parlaments und des Rates v. 11.3.2008 zur Änderung der Richtlinie 92/49/EWG des Rates zur Koordinierung der Rechts- und Verwaltungsvorschriften für die Direktversicherung (mit Ausnahme

der Lebensversicherung) im Hinblick auf die der Kommission übertragenen Durchführungsbefugnisse, ABl. L 81 v. 20.3.2008, S. 69.

- **Richtlinie 2008/37/EG** (Ende der Gültigkeit: 1.11.2012) des Europäischen Parlaments und des Rates v. 11.3.2008 zur Änderung der Richtlinie 2005/68/EG über die Rückversicherung im Hinblick auf die der Kommission übertragenen Durchführungsbefugnisse, ABl. L 81 v. 20.3.2008, S. 71.
- **Richtlinie 2008/48/EG** (2. Verbraucherkredit-RL) des Europäischen Parlaments und des Rates v. 23.4.2008 über Verbraucherkreditverträge und zur Aufhebung der Richtlinie 87/102/EWG des Rates, ABl. L 133 v. 22.5.2008, S. 66, geändert durch RL 2011/90/EU (ABl. L 296 v. 15.11.2011, S. 35) und RL 2014/17/EU (ABl. L 60 v. 28.2.2014, S. 34).
- **Richtlinie 2009/14/EG** des Europäischen Parlaments und des Rates v. 11.3.2009 zur Änderung der Richtlinie 94/19/EG über Einlagensicherungssysteme im Hinblick auf die Deckungssumme und die Auszahlungsfrist, ABl. L 68 v. 13.3.2009, S. 3.
- **Richtlinie 2009/44/EG** des Europäischen Parlaments und des Rates v. 6.5.2009 zur Änderung der Richtlinie 98/26/EG über die Wirksamkeit von Abrechnungen in Zahlungs- sowie Wertpapierliefer- und -abrechnungssystemen und der Richtlinie 2002/47/EG über Finanzsicherheiten im Hinblick auf verbundene Systeme und Kreditforderungen, ABl. L 146 v. 10.6.2009, S. 37.
- **Richtlinie 2009/65/EG** (OGAW IV-RL) des Europäischen Parlaments und des Rates v. 13.7.2009 zur Koordinierung der Rechts- und Verwaltungsvorschriften betreffend bestimmte Organismen für gemeinsame Anlagen in Wertpapieren (OGAW), ABl. L 302 v. 17.11.2009, S. 32, geändert durch RL 2010/78/EU (ABl. L 331 v. 15.12.2010, S. 120), RL 2011/61/EU (ABl. L 174 v. 1.7.2011, S. 1) und RL 2013/14/EU (ABl. L 145 v. 31.5.2013, S. 1).
- **Richtlinie 2009/103/EG** (Kodifizierte Kfz-Haftpflichtversicherungs-RL) des Europäischen Parlaments und des Rates v. 16.9.2009 über die Kraftfahrzeug-Haftpflichtversicherung und die Kontrolle der entsprechenden Versicherungspflicht, ABl. L 263 v. 7.10.2009, S. 11.
- **Richtlinie 2009/110/EG** (E-Geld-RL, teilweise aufgehoben durch RL 2013/36/EU) des Europäischen Parlaments und des Rates v. 16.9.2009 über die Aufnahme, Ausübung und Beaufsichtigung der Tätigkeit von E-Geld-Instituten, zur Änderung der Richtlinien 2005/60/EG und 2006/48/EG sowie zur Aufhebung der Richtlinie 2000/46/EG, ABl. L 267 v. 10.10.2009, S. 7.
- **Richtlinie 2009/111/EG** (CRD II-RL) des Europäischen Parlaments und des Rates v. 16.9.2009 zur Änderung der Richtlinien 2006/48/EG, 2006/49/EG und 2007/64/EG hinsichtlich Zentralorganisationen zugeordneter Banken, bestimmter Eigenmittelbestandteile, Großkredite, Aufsichtsregelungen und Krisenmanagement, ABl. L 302 v. 17.11.2009, S. 97, geändert durch RL 2013/36/EU (ABl. L 176 v. 27.6.2013, S. 338).
- **Richtlinie 2009/138/EG** (Solvabilität II-RL) des Europäischen Parlaments und des Rates v. 25.11.2009 betreffend die Aufnahme und Ausübung der Versiche-

rungs- und der Rückversicherungstätigkeit (Solvabilität II), ABl. L 335 v. 17.12.2009, S. 1, geändert durch RL 2011/89/EU (ABl. L 326 v. 8.12.2011, S. 113), RL 2012/23/EU (ABl. L 249 v. 14.9.2012, S. 1), RL 2013/58/EU (ABl. L 341 v. 18.12.2013, S. 1) und RL 2014/51/EU (ABl. L 153 v. 22.5.2014, S. 1).

- **Richtlinie 2010/44/EU** der Kommission v. 1.7.2010 zur Durchführung der Richtlinie 2009/65/EG des Europäischen Parlaments und des Rates in Bezug auf Bestimmungen über Fondsverschmelzungen, Master-Feeder-Strukturen und das Anzeigeverfahren, ABl. L 176 v. 10.7.2010, S. 28 (dort irrtümlich 2010/42/EU).
- **Richtlinie 2010/43/EU** der Kommission v. 1.7.2010 zur Durchführung der Richtlinie 2009/65/EG des Europäischen Parlaments und des Rates im Hinblick auf organisatorische Anforderungen, Interessenkonflikte, Wohlverhalten, Risikomanagement und den Inhalt der Vereinbarung zwischen Verwahrstelle und Verwaltungsgesellschaft, ABl. L 176 v. 10.7.2010, S. 42.
- **Richtlinie 2010/73/EU** (Wertpapierprospekt-RL) des Europäischen Parlaments und des Rates v. 24.11.2010 zur Änderung der Richtlinie 2003/71/EG betreffend den Prospekt, der beim öffentlichen Angebot von Wertpapieren oder bei deren Zulassung zum Handel zu veröffentlichen ist, und der Richtlinie 2004/109/EG zur Harmonisierung der Transparenzanforderungen in Bezug auf Informationen über Emittenten, deren Wertpapiere zum Handel auf einem geregelten Markt zugelassen sind, ABl. L 327 v. 11.12.2010, S. 1.
- **Richtlinie 2010/76/EU** (CRD III-RL, ab 1.1.2014 aufgehoben durch RL 2013/36/EU) des Europäischen Parlaments und des Rates v. 24.11.2010 zur Änderung der Richtlinien 2006/48/EG und 2006/49/EG im Hinblick auf die Eigenkapitalanforderungen für Handelsbuch und Wiederverbriefungen und im Hinblick auf die aufsichtliche Überprüfung der Vergütungspolitik, ABl. L 329 v. 14.12.2010, S. 3.
- **Richtlinie 2010/78/EU** (Omnibus I-RL) des Europäischen Parlaments und des Rates v. 24.11.2010 zur Änderung der Richtlinien 98/26/EG, 2002/87/EG, 2003/6/EG, 2003/41/EG, 2003/71/EG, 2004/39/EG, 2004/109/EG, 2005/60/EG, 2006/48/EG, 2006/49/EG und 2009/65/EG im Hinblick auf die Befugnisse der Europäischen Aufsichtsbehörde (Europäische Bankenaufsichtsbehörde), der Europäischen Aufsichtsbehörde (Europäische Aufsichtsbehörde für das Versicherungswesen und die betriebliche Altersversorgung) und der Europäischen Aufsichtsbehörde (Europäische Wertpapier- und Marktaufsichtsbehörde), ABl. L 331 v. 15.12.2010, S. 120.
- **Richtlinie 2011/7/EU** (Zahlungsverzugs-RL)des Europäischen Parlaments und des Rates v. 16.2.2011 zur Bekämpfung von Zahlungsverzug im Geschäftsverkehr, ABl. L 48 v. 23.2.2011, S. 1.
- **Richtlinie 2011/61/EU** (AIFM-RL) des Europäischen Parlaments und des Rates v. 8.6.2011 über die Verwalter alternativer Investmentfonds und zur Änderung der Richtlinien 2003/41/EG und 2009/65/EG und der Verordnungen (EG) Nr. 1060/2009 und (EU) Nr. 1095/2010, ABl. L 174 v. 1.7.2011, S. 1, geändert

durch RL 2013/14/EU (ABl. L 145 v. 31.5.2013, S. 1) und RL 2014/65/EU (ABl. L 173 v. 12.6.2014, S. 349).

- **Richtlinie 2011/89/EU** (FiCoD I-RL, teilweise aufgehoben durch RL 2013/36/EU) des Europäischen Parlaments und des Rates v. 16.11.2011 zur Änderung der Richtlinien 98/78/EG, 2002/87/EG, 2006/48/EG und 2009/138/EG hinsichtlich der zusätzlichen Beaufsichtigung der Finanzunternehmen eines Finanzkonglomerats, ABl. L 326 v. 8.12.2011, S. 113.
- **Richtlinie 2013/14/EU** des Europäischen Parlaments und des Rates v. 21.5.2013 zur Änderung der Richtlinie 2003/41/EG über die Tätigkeiten und die Beaufsichtigung von Einrichtungen der betrieblichen Altersversorgung, der Richtlinie 2009/65/EG zur Koordinierung der Rechts- und Verwaltungsvorschriften betreffend bestimmte Organismen für gemeinsame Anlagen in Wertpapieren (OGAW) und der Richtlinie 2011/61/EU über die Verwalter alternativer Investmentfonds im Hinblick auf übermäßigen Rückgriff auf Ratings, ABl. L 145 v. 31.5.2013, S. 1.
- **Richtlinie 2013/11/EU** (ADR-RL) des Europäischen Parlaments und des Rates v. 21.5.2013 über die alternative Beilegung verbraucherrechtlicher Streitigkeiten und zur Änderung der Verordnung (EG) Nr. 2006/2004 und der Richtlinie 2009/22/EG (Richtlinie über alternative Streitbeilegung in Verbraucherangelegenheiten), ABl. L 165 v. 18.6.2013, S. 63.
- **Richtlinie 2013/34/EU** (Bilanz-RL) des Europäischen Parlaments und des Rates v. 26.6.2013 über den Jahresabschluss, den konsolidierten Abschluss und damit verbundene Berichte von Unternehmen bestimmter Rechtsformen und zur Änderung der Richtlinie 2006/43/EG des Europäischen Parlaments und des Rates und zur Aufhebung der Richtlinien 78/660/EWG und 83/349/EWG des Rates, ABl. L 182 v. 29.6.2013, S. 19.
- **Richtlinie 2013/36/EU** (CRD IV) des Europäischen Parlaments und des Rates v. 26.6.2013 über den Zugang zur Tätigkeit von Kreditinstituten und die Beaufsichtigung von Kreditinstituten und Wertpapierfirmen, zur Änderung der Richtlinie 2002/87/EG und zur Aufhebung der Richtlinien 2006/48/EG und 2006/49/EG, ABl. L 176 v. 27.6.2013, S. 338, geändert durch RL 2014/17/EU (ABl. L 60 v. 28.2.2014, S. 34) und RL 2014/59/EU (ABl. L 173 v. 12.6.2014, S. 190).
- **Richtlinie 2013/50/EU** des Europäischen Parlaments und des Rates v. 22.10.2013 zur Änderung der Richtlinie 2004/109/EG des Europäischen Parlaments und des Rates zur Harmonisierung der Transparenzanforderungen in Bezug auf Informationen über Emittenten, deren Wertpapiere zum Handel auf einem geregelten Markt zugelassen sind, der Richtlinie 2003/71/EG des Europäischen Parlaments und des Rates betreffend den Prospekt, der beim öffentlichen Angebot von Wertpapieren oder bei deren Zulassung zum Handel zu veröffentlichen ist, sowie der Richtlinie 2007/14/EG der Kommission mit Durchführungsbestimmungen zu bestimmten Vorschriften der Richtlinie 2004/109/EG, ABl. L 294 v. 6.11.2013, S. 13.

- **Richtlinie 2014/17/EU** des Europäischen Parlaments und des Rates v. 4.2.2014 über Wohnimmobilienkreditverträge für Verbraucher und zur Änderung der Richtlinien 2008/48/EG und 2013/36/EU und der Verordnung (EU) Nr. 1093/2010, ABl. L 60 v. 28.2.2014, S. 34.
- **Richtlinie 2014/48/EU** des Rates v. 24.3.2014 zur Änderung der Richtlinie 2003/48/EG im Bereich der Besteuerung von Zinserträgen, ABl. L 111 v. 15.4.2014, S. 50.
- **Richtlinie 2014/49/EU** (Einlagensicherungs-RL) des Europäischen Parlaments und des Rates v. 16.4.2014 über Einlagensicherungssysteme (Neufassung), ABl. L 173 v. 12.6.2014, S. 149.
- **Richtlinie 2014/51/EU** (Omnibus II-RL) des Europäischen Parlaments und des Rates v. 16.4.2014 zur Änderung der Richtlinien 2003/71/EG und 2009/138/EG und der Verordnungen (EG) Nr. 1060/2009, (EU) Nr. 1094/2010 und (EU) Nr. 1095/2010 im Hinblick auf die Befugnisse der Europäischen Aufsichtsbehörde (Europäische Aufsichtsbehörde für das Versicherungswesen und die betriebliche Altersversorgung) und der Europäischen Aufsichtsbehörde (Europäische Wertpapier- und Marktaufsichtsbehörde), ABl. L 153 v. 22.5.2014, S. 1.
- **Richtlinie 2014/57/EU** (Marktmissbrauchssanktions-RL, CRIM-MAD) des Europäischen Parlaments und des Rates v. 16.4.2014 über strafrechtliche Sanktionen bei Marktmanipulation (Marktmissbrauchsrichtlinie), ABl. L 173 v. 12.6.2014, S. 189.
- **Richtlinie 2014/59/EU** (BRRD) des Europäischen Parlaments und des Rates v. 15.5.2014 zur Festlegung eines Rahmens für die Sanierung und Abwicklung von Kreditinstituten und Wertpapierfirmen und zur Änderung der Richtlinie 82/891/EWG des Rates, der Richtlinien 2001/24/EG, 2002/47/EG, 2004/25/EG, 2005/56/EG, 2007/36/EG, 2011/35/EU, 2012/30/EU und 2013/36/EU sowie der Verordnungen (EU) Nr. 1093/2010 und (EU) Nr. 648/2012 des Europäischen Parlaments und des Rates, ABl. L 173 v. 12.6.2014, S. 190.
- **Richtlinie 2014/65/EU** (MiFID II) des Europäischen Parlaments und des Rates v. 15.5.2014 über Märkte für Finanzinstrumente sowie zur Änderung der Richtlinien 2002/92/EG und 2011/61/EU (Neufassung), ABl. L 173 v. 12.6.2014, S. 349.

III. Delegierte Verordnungen

- **DelVO (EU) Nr. 272/2012** der Kommission v. 7.2.2012 zur Ergänzung der Verordnung (EG) Nr. 1060/2009 des Europäischen Parlaments und des Rates in Bezug auf die Gebühren, die den Ratingagenturen von der Europäischen Wertpapier- und Marktaufsichtsbehörde in Rechnung gestellt, ABl. L 90 v. 28.3.2012, S. 6.
- **DelVO (EU) Nr. 310/2012** der Kommission v. 21.12.2011 zur Änderung der Verordnung (EG) Nr. 1569/2007 über die Einrichtung eines Mechanismus zur Festlegung der Gleichwertigkeit der von Drittstaatemittenten angewandten Rechnungslegungsgrundsätze gemäß den Richtlinien 2003/71/EG und 2004/109/EG des Europäischen Parlaments und des Rates, ABl. L 103 v. 13.4.2012, S. 11.

- **DelVO (EU) Nr. 311/2012** der Kommission v. 21.12.2011 zur Änderung der Verordnung (EG) Nr. 809/2004 zur Umsetzung der Richtlinie 2003/71/EG des Europäischen Parlaments und des Rates im Hinblick auf bestimmte Angaben für den Prospekt und auf Werbung, ABl. L 103 v. 13.4.2012, S. 13.
- **DelVO (EU) Nr. 446/2012** der Kommission v. 21.3.2012 zur Ergänzung der Verordnung (EG) Nr. 1060/2009 des Europäischen Parlaments und des Rates in Bezug auf technische Regulierungsstandards für Inhalt und Format der periodischen Übermittlung von Ratingdaten durch die Ratingagenturen an die Europäische Wertpapier- und Marktaufsichtsbehörde, ABl. L 140 v. 30.5.2012, S. 2.
- **DelVO (EU) Nr. 447/2012** der Kommission v. 21.3.2012 zur Ergänzung der Verordnung (EG) Nr. 1060/2009 des Europäischen Parlaments und des Rates über Ratingagenturen durch Festlegung technischer Regulierungsstandards für die Bewertung der Normgerechtheit der Ratingmethoden, ABl. L 140 v. 30.5.2012, S. 14.
- **DelVO (EU) Nr. 448/2012** der Kommission v. 21.3.2012 zur Ergänzung der Verordnung (EG) Nr. 1060/2009 des Europäischen Parlaments und des Rates im Hinblick auf technische Regulierungsstandards für die Präsentation der Informationen, die Ratingagenturen in einem von der Europäischen Wertpapier- und Marktaufsichtsbehörde eingerichteten zentralen Datenspeicher zur Verfügung stellen, ABl. L 140 v. 30.5.2012, S. 17.
- **DelVO (EU) Nr. 449/2012** der Kommission v. 21.3.2012 zur Ergänzung der Verordnung (EG) Nr. 1060/2009 des Europäischen Parlaments und des Rates im Hinblick auf technische Regulierungsstandards für Informationen zur Registrierung und Zertifizierung von Ratingagenturen ABl. L 140 v. 30.5.2012, S. 32.
- **DelVO (EU) Nr. 486/2012** der Kommission v. 30.3.2012 zur Änderung der Verordnung (EG) Nr. 809/2004 in Bezug auf Aufmachung und Inhalt des Prospekts, des Basisprospekts, der Zusammenfassung und der endgültigen Bedingungen und in Bezug auf die Angabepflichten, ABl. L 150 v. 9.6.2012, S. 1.
- **DelVO (EU) Nr. 826/2012** der Kommission v. 29.6.2012 zur Ergänzung der Verordnung (EU) Nr. 236/2012 des Europäischen Parlaments und des Rates im Hinblick auf technische Regulierungsstandards für die Melde- und Offenlegungspflichten in Bezug auf Netto-Leerverkaufspositionen, die Einzelheiten der in Bezug auf Netto-Leerverkaufspositionen an die Europäische Wertpapier- und Marktaufsichtsbehörde zu übermittelnden Informationen und die Methode zur Berechnung des Umsatzes zwecks Ermittlung der unter die Ausnahmeregelung fallenden Aktien, ABl. L 251 v. 18.9.2012, S. 1.
- **DelVO (EU) Nr. 862/2012** der Kommission v. 4.6.2012 zur Änderung der Verordnung (EG) Nr. 809/2004 in Bezug auf die Zustimmung zur Verwendung des Prospekts, die Informationen über Basisindizes und die Anforderungen eines von unabhängigen Buchprüfern oder Abschlussprüfern erstellten Berichts, ABl. L 256 v. 22.9.2012, S. 4.
- **DelVO (EU) Nr. 918/2012** der Kommission v. 5.7.2012 zur Ergänzung der Verordnung (EU) Nr. 236/2012 des Europäischen Parlaments und des Rates über

Leerverkäufe und bestimmte Aspekte von Credit Default Swaps im Hinblick auf Begriffsbestimmungen, die Berechnung von Netto-Leerverkaufspositionen, gedeckte Credit Default Swaps auf öffentliche Schuldtitel, Meldeschwellen, Liquiditätsschwellen für die vorübergehende Aufhebung von Beschränkungen, signifikante Wertminderungen bei Finanzinstrumenten und ungünstige Ereignisse, ABl. L 274 v. 9.10.2012, S. 1.

- **DelVO (EU) Nr. 919/2012** der Kommission v. 5.7.2012 zur Ergänzung der Verordnung (EU) Nr. 236/2012 des Europäischen Parlaments und des Rates über Leerverkäufe und bestimmte Aspekte von Credit Default Swaps im Hinblick auf technische Regulierungsstandards für die Methode zur Berechnung der Wertminderung bei liquiden Aktien und anderen Finanzinstrumenten, ABl. L 274 v. 9.10.2012, S. 16.
- **DelVO (EU) Nr. 946/2012** der Kommission v. 12.7.2012 zur Ergänzung der Verordnung (EG) Nr. 1060/2009 des Europäischen Parlaments und des Rates im Hinblick auf Verfahrensvorschriften für von der Europäischen Wertpapier- und Marktaufsichtsbehörde (ESMA) Ratingagenturen auferlegte Geldbußen, einschließlich der Vorschriften über das Recht auf Verteidigung und Fristen, ABl. L 282 v. 16.10.2012, S. 23.
- **DelVO (EU) Nr. 148/2013** der Kommission v. 19.12.2012 zur Ergänzung der Verordnung (EU) Nr. 648/2012 des Europäischen Parlaments und des Rates über OTC-Derivate, zentrale Gegenparteien und Transaktionsregister bezüglich technischer Regulierungsstandards für die Mindestangaben der Meldungen an Transaktionsregister, ABl. L 52 v. 23.2.2013, S. 1.
- **DelVO (EU) Nr. 149/2013** der Kommission v. 19.12.2012 zur Ergänzung der Verordnung (EU) Nr. 648/2012 des Europäischen Parlaments und des Rates im Hinblick auf technische Regulierungsstandards für indirekte Clearingvereinbarungen, die Clearingpflicht, das öffentliche Register, den Zugang zu einem Handelsplatz, nichtfinanzielle Gegenparteien und Risikominderungstechniken für nicht durch eine CCP geclearte OTC-Derivatekontrakte, ABl. L 52 v. 23.2.2013, S. 11.
- **DelVO (EU) Nr. 150/2013** der Kommission v. 19.12.2012 zur Ergänzung der Verordnung (EU) Nr. 648/2012 des Europäischen Parlaments und des Rates über OTC-Derivate, zentrale Gegenparteien und Transaktionsregister durch technische Regulierungsstandards, in denen die Einzelheiten eines Antrags auf Registrierung als Transaktionsregister festgelegt werden, ABl. L 52 v. 23.2.2013, S. 25.
- **DelVO (EU) Nr. 151/2013** der Kommission v. 19.12.2012 zur Ergänzung der Verordnung (EU) Nr. 648/2012 des Europäischen Parlaments und des Rates über OTC-Derivate, zentrale Gegenparteien und Transaktionsregister im Hinblick auf technische Regulierungsstandards für die von Transaktionsregistern zu veröffentlichenden und zugänglich zu machenden Daten sowie operationelle Standards für die Zusammenstellung und den Vergleich von Daten sowie den Datenzugang, ABl. L 52 v. 23.2.2013, S. 33.

- **DelVO (EU) Nr. 152/2013** der Kommission v. 19.12.2012 zur Ergänzung der Verordnung (EU) Nr. 648/2012 des Europäischen Parlaments und des Rates im Hinblick auf technische Regulierungsstandards für die Eigenkapitalanforderungen an zentrale Gegenparteien, ABl. L 52 v. 23.2.2013, S. 37.
- **DelVO (EU) Nr. 153/2013** der Kommission v. 19.12.2012 zur Ergänzung der Verordnung (EU) Nr. 648/2012 des Europäischen Parlaments und des Rates in Bezug auf technische Regulierungsstandards für Anforderungen an zentrale Gegenparteien, ABl. L 52 v. 23.2.2013, S. 41.
- **DelVO (EU) Nr. 231/2013** der Kommission v. 19.12.2012 zur Ergänzung der Richtlinie 2011/61/EU des Europäischen Parlaments und des Rates im Hinblick auf Ausnahmen, die Bedingungen für die Ausübung der Tätigkeit, Verwahrstellen, Hebelfinanzierung, Transparenz und Beaufsichtigung, ABl. L 83 v. 22.3.2013, S. 1.
- **DelVO (EU) Nr. 759/2013** der Kommission v. 30.4.2013 zur Änderung der Verordnung (EG) Nr. 809/2004 in Bezug auf die Angabepflichten bei wandelbaren und umtauschbaren Schuldtiteln, ABl. L 213 v. 8.8.2013, S. 1.
- **DelVO (EU) Nr. 876/2013** der Kommission v. 28.5.2013 zur Ergänzung der Verordnung (EU) Nr. 648/2012 des Europäischen Parlaments und des Rates im Hinblick auf technische Regulierungsstandards bezüglich Kollegien für zentrale Gegenparteien, ABl. L 244 v. 13.9.2013, S. 19.
- **DelVO (EU) Nr. 1002/2013** der Kommission v. 12.7.2013 zur Änderung der Verordnung (EU) Nr. 648/2012 des Europäischen Parlaments und des Rates über OTC-Derivate, zentrale Gegenparteien und Transaktionsregister in Bezug auf die Liste der von ihrem Anwendungsbereich ausgenommenen Stellen, ABl. L 279 v. 19.10.2013, S. 2.
- **DelVO (EU) Nr. 1003/2013** der Kommission v. 12.7.2013 zur Ergänzung der Verordnung (EU) Nr. 648/2012 des Europäischen Parlaments und des Rates in Bezug auf die Gebühren, die den Transaktionsregistern von der Europäischen Wertpapier- und Marktaufsichtsbehörde in Rechnung gestellt werden, ABl. L 279 v. 19.10.2013, S. 4.
- **DelVO (EU) Nr. 183/2014** der Kommission v. 20.12.2013 zur Ergänzung der Verordnung (EU) Nr. 575/2013 des Europäischen Parlaments und des Rates über Aufsichtsanforderungen an Kreditinstitute und Wertpapierfirmen durch technische Regulierungsstandards zur Festlegung der Berechnung der spezifischen und allgemeinen Kreditrisikoanpassungen, ABl. L 57 v. 27.2.2014, S. 3.
- **DelVO (EU) Nr. 241/2014** der Kommission v. 7.1.2014 zur Ergänzung der Verordnung (EU) Nr. 575/2013 des Europäischen Parlaments und des Rates im Hinblick auf technische Regulierungsstandards für die Eigenmittelanforderungen an Institute, ABl. L 74 v. 14.3.2014, S. 8.
- **DelVO (EU) Nr. 285/2014** der Kommission v. 13.2.2014 zur Ergänzung der Verordnung (EU) Nr. 648/2012 des Europäischen Parlaments und des Rates im Hinblick auf technische Regulierungsstandards in Bezug auf unmittelbare, wesentliche und vorhersehbare Auswirkungen von Kontrakten innerhalb der Union und

die Verhinderung der Umgehung von Vorschriften und Pflichten, ABl. L 85 v. 21.3.2014, S. 1.

- **DelVO (EU) Nr. 342/2014** der Kommission v. 21.1.2014 zur Ergänzung der Richtlinie 2002/87/EG des Europäischen Parlaments und des Rates und der Verordnung (EU) Nr. 575/2013 des Europäischen Parlaments und des Rates durch technische Regulierungsstandards, in denen die Bedingungen für die Anwendung der Methoden zur Berechnung der Eigenkapitalanforderungen für Finanzkonglomerate festgelegt werden, ABl. L 100 v. 3.4.2014, S. 1.
- **DelVO (EU) Nr. 382/2014** der Kommission v. 7.3.2014 zur Ergänzung der Richtlinie 2003/71/EG des Europäischen Parlaments und des Rates im Hinblick auf technische Regulierungsstandards für die Veröffentlichung eines Prospektnachtrags, ABl. L 111 v. 15.4.2014, S. 36.
- **DelVO (EU) Nr. 523/2014** der Kommission v. 12.3.2014 zur Ergänzung der Verordnung (EU) Nr. 575/2013 des Europäischen Parlaments und des Rates durch technische Regulierungsstandards, in denen festgelegt wird, was eine enge Übereinstimmung zwischen dem Wert der gedeckten Schuldverschreibungen und dem Wert der Aktiva eines Instituts darstellt, ABl. L 148 v. 20.5.2014, S. 4.
- **DelVO (EU) Nr. 524/2014** der Kommission v. 12.3.2014 zur Ergänzung der Richtlinie 2013/36/EU des Europäischen Parlaments und des Rates durch technische Regulierungsstandards, in denen festgelegt wird, welche Informationen die zuständigen Behörden von Herkunfts- und Aufnahmemitgliedstaaten einander zur Verfügung stellen müssen, ABl. L 148 v. 20.5.2014, S. 6.
- **DelVO (EU) Nr. 525/2014** der Kommission v. 12.3.2014 zur Ergänzung der Verordnung (EU) Nr. 575/2013 des Europäischen Parlaments und des Rates durch technische Regulierungsstandards zur Definition des Terminus „Markt", ABl. L 148 v. 20.5.2014, S. 15.
- **DelVO (EU) Nr. 526/2014** der Kommission v. 12.3.2014 zur Ergänzung der Verordnung (EU) Nr. 575/2013 des Europäischen Parlaments und des Rates durch technische Regulierungsstandards für die Ermittlung eines Näherungswerts für die Risikoprämie und für die Bestimmung begrenzter kleinerer Portfolios für das Risiko einer Anpassung der Kreditbewertung, ABl. L 148 v. 20.5.2014, S. 17.
- **DelVO (EU) Nr. 527/2014** der Kommission v. 12.3.2014 zur Ergänzung der Richtlinie 2013/36/EU des Europäischen Parlaments und des Rates durch technische Regulierungsstandards zur Bezeichnung der Klassen von Instrumenten, die die Bonität eines Instituts unter der Annahme der Unternehmensfortführung angemessen widerspiegeln und die für eine Verwendung zu Zwecken der variablen Vergütung geeignet sind, ABl. L 148 v. 20.5.2014, S. 21.
- **DelVO (EU) Nr. 528/2014** der Kommission v. 12.3.2014 zur Ergänzung der Verordnung (EU) Nr. 575/2013 des Europäischen Parlaments und des Rates durch technische Regulierungsstandards für Nicht-Delta-Risiken von Optionen gemäß dem standardisierten Marktrisiko-Ansatz, ABl. L 148 v. 20.5.2014, S. 29.
- **DelVO (EU) Nr. 529/2014** der Kommission v. 12.3.2014 zur Ergänzung der Verordnung (EU) Nr. 575/2013 des Europäischen Parlaments und des Rates durch

technische Regulierungsstandards für die Beurteilung der Wesentlichkeit von Erweiterungen und Änderungen des auf internen Beurteilungen basierenden Ansatzes und des fortgeschrittenen Messansatzes, ABl. L 148 v. 20.5.2014, S. 36.

- **DelVO (EU) Nr. 530/2014** der Kommission v. 12.3.2014 zur Ergänzung der Richtlinie 2013/36/EU des Europäischen Parlaments und des Rates durch technische Regulierungsstandards, in denen für interne Ansätze zur Ermittlung spezifischer Risiken im Handelsbuch bedeutende Risikopositionen und Schwellen definiert werden, ABl. L 148 v. 20.5.2014, S. 50.
- **DelVO (EU) Nr. 604/2014** der Kommission v. 4.3.2014 zur Ergänzung der Richtlinie 2013/36/EU des Europäischen Parlaments und des Rates im Hinblick auf technische Regulierungsstandards in Bezug auf qualitative und angemessene quantitative Kriterien zur Ermittlung der Mitarbeiterkategorien, deren berufliche Tätigkeit sich wesentlich auf das Risikoprofil eines Instituts auswirkt, ABl. L 167 v. 6.6.2014, S. 30.
- **DelVO (EU) Nr. 625/2014** der Kommission v. 13.3.2014 zur Ergänzung der Verordnung (EU) Nr. 575/2013 des Europäischen Parlaments und des Rates durch technische Regulierungsstandards zur Präzisierung der Anforderungen, denen Anleger, Sponsoren, ursprüngliche Kreditgeber und Originatoren in Bezug auf Risikopositionen aus übertragenen Kreditrisiken unterliegen, ABl. L 174 v. 13.6.2014, S. 16.
- **DelVO (EU) Nr. 667/2014** der Kommission v. 13.3.2014 zur Ergänzung der Verordnung (EU) Nr. 648/2012 des Europäischen Parlaments und des Rates im Hinblick auf Verfahrensvorschriften für von der Europäischen Wertpapier- und Marktaufsichtsbehörde (ESMA) Transaktionsregistern auferlegte Sanktionen, einschließlich Vorschriften über das Verteidigungsrecht und Fristen, ABl. L 179 v. 19.6.2014, S. 31.
- **DelVO (EU) Nr. 694/2014** der Kommission v. 17.12.2013 zur Ergänzung der Richtlinie 2011/61/EU des Europäischen Parlaments und des Rates im Hinblick auf technische Regulierungsstandards zur Bestimmung der Arten von Verwaltern alternativer Investmentfonds, ABl. L 183 v. 24.6.2014, S. 18.
- **DelVO (EU) Nr. 342/2014** der Kommission v. 21.1.2014 zur Ergänzung der Richtlinie 2002/87/EG des Europäischen Parlaments und des Rates und der Verordnung (EU) Nr. 575/2013 des Europäischen Parlaments und des Rates durch technische Regulierungsstandards, in denen die Bedingungen für die Anwendung der Methoden zur Berechnung der Eigenkapitalanforderungen für Finanzkonglomerate festgelegt werden, ABl. L 100 v. 3.4.2014, S. 1.
- **DelVO (EU) Nr. 604/2014** der Kommission v. 4.3.2014 zur Ergänzung der Richtlinie 2013/36/EU des Europäischen Parlaments und des Rates im Hinblick auf technische Regulierungsstandards in Bezug auf qualitative und angemessene quantitative Kriterien zur Ermittlung der Mitarbeiterkategorien, deren berufliche Tätigkeit sich wesentlich auf das Risikoprofil eines Instituts auswirkt, ABl. L 167 v. 6.6.2014, S. 30.

IV. Durchführungsverordnungen

- **DVO (EU) Nr. 827/2012** der Kommission v. 29.6.2012 zur Festlegung technischer Durchführungsstandards in Bezug auf die Verfahren für die Offenlegung von Nettopositionen in Aktien gegenüber der Öffentlichkeit, das Format, in dem der Europäischen Wertpapier- und Marktaufsichtsbehörde Informationen zu Netto-Leerverkaufspositionen zu übermitteln sind, die Arten von Vereinbarungen, Zusagen und Maßnahmen, die angemessen gewährleisten, dass Aktien oder öffentliche Schuldtitel für die Abwicklung des Geschäfts verfügbar sind, und die Daten, zu denen die Ermittlung des Haupthandelsplatzes einer Aktie erfolgt, sowie den Zeitraum, auf den sich die betreffende Berechnung bezieht, gemäß der Verordnung (EU) Nr. 236/2012 des Europäischen Parlaments und des Rates über Leerverkäufe und bestimmte Aspekte von Credit Default Swaps, ABl. L 251 v. 18.9.2012, S. 11.
- **DVO (EU) Nr. 1247/2012** der Kommission v. 19.12.2012 zur Festlegung technischer Durchführungsstandards im Hinblick auf das Format und die Häufigkeit von Transaktionsmeldungen an Transaktionsregister gemäß der Verordnung (EU) Nr. 648/2012 des Europäischen Parlaments und des Rates über OTC-Derivate, zentrale Gegenparteien und Transaktionsregister, ABl. L 352 v. 21.12.2012, S. 20.
- **DVO (EU) Nr. 1248/2012** der Kommission v. 19.12.2012 zur Festlegung technischer Durchführungsstandards für das Format von Anträgen auf Registrierung von Transaktionsregistern gemäß der Verordnung (EU) Nr. 648/2012 des Europäischen Parlaments und des Rates über OTC-Derivate, zentrale Gegenparteien und Transaktionsregister, ABl. L 352 v. 21.12.2012, S. 30.
- **DVO (EU) Nr. 1249/2012** der Kommission v. 19.12.2012 zur Festlegung technischer Durchführungsstandards im Hinblick auf das Format der gemäß der Verordnung (EU) Nr. 648/2012 des Europäischen Parlaments und des Rates über OTC-Derivate, zentrale Gegenparteien und Transaktionsregister von zentralen Gegenparteien aufzubewahrenden Aufzeichnungen, ABl. L 352 v. 21.12.2012, S. 32.
- **DVO (EU) Nr. 447/2013** der Kommission v. 15.5.2013 zur Festlegung des Verfahrens für AIFM, die beschließen, sich der Richtlinie 2011/61/EU des Europäischen Parlaments und des Rates zu unterwerfen, ABl. L 132 v. 16.5.2013, S. 1.
- **DVO (EU) Nr. 448/2013** der Kommission v. 15.5.2013 zur Festlegung eines Verfahrens für die Bestimmung des Referenzmitgliedstaats eines Nicht-EU-AIFM gemäß der Richtlinie 2011/61/EU, ABl. L 132 v. 16.5.2013, S. 3.
- **DVO (EU) Nr. 1423/2013** der Kommission v. 20.12.2013 zur Festlegung technischer Durchführungsstandards für die Offenlegungspflichten der Institute in Bezug auf Eigenmittel gemäß der Verordnung (EU) Nr. 575/2013 des Europäischen Parlaments und des Rates, ABl. L 355 v. 31.12.2013, S. 60.
- **DVO (EU) Nr. 484/2014** der Kommission v. 12.5.2014 zur Festlegung technischer Durchführungsstandards bezüglich des hypothetischen Kapitals einer zen-

tralen Gegenpartei gemäß der Verordnung (EU) Nr. 648/2012 des Europäischen Parlaments und des Rates, ABl. L 138 v. 13.5.2014, S. 57.

- **DVO (EU) Nr. 591/2014** der Kommission v. 3.6.2014 zur Verlängerung der in der Verordnung (EU) Nr. 575/2013 und der Verordnung (EU) Nr. 648/2012 des Europäischen Parlaments und des Rates vorgesehenen Übergangszeiträume in Bezug auf die Eigenmittelanforderungen für Risikopositionen gegenüber zentralen Gegenparteien, ABl. L 165 v. 4.6.2014, S. 31.
- **DVO (EU) Nr. 593/2014** der Kommission v. 3.6.2014 zur Festlegung technischer Durchführungsstandards für das Format der Notifizierung nach Artikel 16 Absatz 1 der Verordnung (EU) Nr. 345/2013 des Europäischen Parlaments und des Rates über Europäische Risikokapitalfonds, ABl. L 165 v. 4.6.2014, S. 41.
- **DVO (EU) Nr. 594/2014** der Kommission v. 3.6.2014 zur Festlegung technischer Durchführungsstandards für das Format der Notifizierung nach Artikel 17 Absatz 1 der Verordnung (EU) Nr. 346/2013 des Europäischen Parlaments und des Rates über Europäische Fonds für soziales Unternehmertum, ABl. L 165 v. 4.6.2014, S. 44.
- **DVO (EU) Nr. 602/2014** der Kommission v. 4.6.2014 zur Festlegung technischer Durchführungsstandards zur Erleichterung der Konvergenz der Aufsichtspraxis bezüglich der Anwendung zusätzlicher Risikogewichte gemäß Verordnung (EU) Nr. 575/2013 des Europäischen Parlaments und des Rates, ABl. L 166 v. 5.6.2014, S. 22.
- **DVO (EU) Nr. 620/2014** der Kommission v. 4.6.2014 zur Festlegung technischer Durchführungsstandards in Bezug auf den Informationsaustausch zwischen den zuständigen Behörden von Herkunfts- und Aufnahmemitgliedstaaten gemäß der Richtlinie 2013/36/EU des Europäischen Parlaments und des Rates, ABl. L 172 v. 12.6.2014, S. 1.
- **DVO (EU) Nr. 643/2014** der Kommission v. 16.6.2014 zur Festlegung technischer Durchführungsstandards für die Meldung der für den Bereich der betrieblichen Altersversorgungssysteme relevanten nationalen Aufsichtsvorschriften gemäß Richtlinie 2003/41/EG des Europäischen Parlaments und des Rates, ABl. L 177 v. 17.6.2014, S. 34;
- **DVO (EU) Nr. 650/2014** der Kommission v. 4.6.2014 zur Festlegung technischer Durchführungsstandards für das Format, den Aufbau, das Inhaltsverzeichnis und den Zeitpunkt der jährlichen Veröffentlichung der von den zuständigen Behörden gemäß der Richtlinie 2013/36/EU des Europäischen Parlaments und des Rates zu veröffentlichenden Informationen, ABl. L 185 v. 25.6.2014, S. 1.
- **DVO (EU) Nr. 663/2014** des Rates v. 5.6.2014 zur Ersetzung der Anhänge A, B und C der Verordnung (EG) Nr. 1346/2000 über Insolvenzverfahren, ABl. L 179 v. 19.6.2014, S. 4.
- **DVO (EU) Nr. 680/2014** der Kommission v. 16.4.2014 zur Festlegung technischer Durchführungsstandards für die aufsichtlichen Meldungen der Institute gemäß der Verordnung (EU) Nr. 575/2013 des Europäischen Parlaments und des Rates, ABl. L 191 v. 28.6.2014, S. 1.

- **DVO (EU) Nr. 710/2014** der Kommission v. 23.6.2014 zur Festlegung technischer Durchführungsstandards im Hinblick auf das Vorgehen bei der Beschlussfassung in Bezug auf gemeinsame Entscheidungen über institutsspezifische Aufsichtsanforderungen gemäß der Richtlinie 2013/36/EU des Europäischen Parlaments und des Rates, ABl. L 188 v. 27.6.2014, S. 19.

V. Entscheidungen der EU-Kommission

- **Entscheidung 2003/20/EG** v. 27.12.2002 zur Anwendung des Artikels 6 der Richtlinie 2000/26/EG des Europäischen Parlaments und des Rates zur Angleichung der Rechtsvorschriften der Mitgliedstaaten über die Kraftfahrzeug-Haftpflichtversicherung und zur Änderung der Richtlinien 73/239/EWG und 88/357/EWG des Rates, KOM(2002) 5304, ABl. L 8 v. 14.1.2003, S. 35.
- **Entscheidung 2003/564/EG** v. 28.7.2003 zur Durchführung der Richtlinie 72/166/EWG des Rates in Bezug auf die Kontrolle der Kraftfahrzeug-Haftpflichtversicherung, KOM(2003) 2626, ABl. L 192 v. 31.7.2003, S. 23.
- **Entscheidung 2004/332/EG** v. 2.4.2004 zur Durchführung der Richtlinie 72/166/EWG des Rates in Bezug auf die Kontrolle der Kraftfahrzeug-Haftpflichtversicherung, KOM(2004) 1235, ABl. L 105 v. 14.4.2004, S. 39.
- **Entscheidung 2005/849/EG** v. 29.11.2005 zur Durchführung der Richtlinie 72/166/EWG des Rates in Bezug auf die Kontrolle der Kraftfahrzeug-Haftpflichtversicherung, KOM(2005) 4580, ABl. L 315 v. 1.12.2005, S. 16.
- **Entscheidung 2006/891/EG** v. 4.12.2006 betreffend die Verwendung von im Rahmen der international anerkannten Rechnungslegungsstandards erstellten Informationen durch Drittstaatemittenten von Wertpapieren, KOM(2006) 5804, ABl. L 343 v. 8.12.2006, S. 96.
- **Entscheidung 2007/482/EG** v. 9.7.2007 zur Durchführung der Richtlinie 72/166/EWG des Rates in Bezug auf die Kontrolle der Kraftfahrzeug-Haftpflichtversicherung, KOM(2007) 3291, ABl. L 180 v. 10.7.2007, S. 42.

VI. Empfehlungen der EU-Kommission

- **Empfehlung 73/185/EWG** v. 15.5.1973 zur Anwendung durch die ursprünglichen Mitgliedstaaten der Richtlinie des Rates v. 24.4.1972 betreffend die Angleichung der Rechtsvorschriften der Mitgliedstaaten bezüglich der Kraftfahrzeughaftpflichtversicherung und der Kontrolle der entsprechenden Versicherungspflicht, ABl. L 194 v. 16.7.1973, S. 13.
- **Empfehlung 74/165/EWG** v. 6.2.1974 zur Anwendung der Richtlinie des Rates v. 24.4.1972 betreffend die Angleichung der Rechtsvorschriften der Mitgliedstaaten bezüglich der Kraftfahrzeug-Haftpflichtversicherung und der Kontrolle der entsprechenden Versicherungspflicht, ABl. L 87 v. 30.3.1974, S. 12.
- **Empfehlung 81/76/EWG** v. 8.1.1981 zur Beschleunigung der Regelung von Schadensfällen im Rahmen der Haftpflichtversicherung für Kraftfahrzeuge, ABl. L 57 v. 4.3.1981, S. 27.

- **Empfehlung 87/598/EWG** v. 8.12.1987 für einen Verhaltenskodex im Bereich des elektronischen Zahlungsverkehrs (Beziehungen zwischen Finanzinstituten, Händlern/Dienstleistungserbringern und Verbrauchern), ABl. L 365 v. 24.12.1987, S. 72.
- **Empfehlung 88/590/EWG** v. 17.11.1988 zu Zahlungssystemen, insbesondere zu den Beziehungen zwischen Karteninhabern und Kartenausstellern, ABl. L 317 v. 24.11.1988, S. 55.
- **Empfehlung 90/109/EWG** v. 14.2.1990 zur Transparenz der Bankkonditionen bei grenzüberschreitenden Finanztransaktionen, ABl. L 67 v. 15.3.1990, S. 39.
- **Empfehlung 92/48/EWG** v. 18.12.1991 über Versicherungsvermittler ABl. L 19 v. 28.1.1992, S. 32.
- **Bekanntmachung v. 27.9.1995** über die Anwendung der EG-Wettbewerbsregeln auf grenzüberschreitende Überweisungen, ABl. C 251 v. 27.9.1995, S. 3.
- **Empfehlung 97/489/EG** v. 30.7.1997 zu den Geschäften, die mit elektronischen Zahlungsinstrumenten getätigt werden (besonders zu den Beziehungen zwischen Emittenten und Inhabern solcher Instrumente), ABl. L 208 v. 2.8.1997, S. 52.
- **Empfehlung 2000/408/EG** v. 23.6.2000 zur Offenlegung von Informationen über Finanzinstrumente und andere ähnliche Instrumente in Ergänzung der Offenlegung gemäß der Richtlinie 86/635/EWG über den Jahresabschluß und den konsolidierten Abschluß von Banken und anderen Finanzinstituten, ABl. L 154 v. 27.6.2000, S. 36.
- **Empfehlung 2007/657/EG** v. 11.10.2007 zum elektronischen Netz amtlicher bestellter Systeme für die Zentrale Speicherung vorgeschriebener Informationen gemäß der Richtlinie 2004/109/EG des Europäischen Parlaments und des Rates, ABI. L 267 v. 12.10.2007, S. 16.
- **Empfehlung 2009/384/EG** v. 30.4.2009 zur Vergütungspolitik im Finanzdienstleistungssektor, ABl. L 120 v. 15.5.2009, S. 22.

VII. Mitteilungen der EU-Kommission

- **Mitteilung KOM(87) 550 endg.** v. 4.11.1987 „Schaffung eines Europäischen Finanzraums“, Ratsdokument 9510/87, BR-Drucks. 509/87 v. 16.11.1987.
- **Mitteilung v. 20.6.1997** zu Auslegungsfragen über den freien Dienstleistungsverkehr und das Allgemeininteresse in der Zweiten Bankenrichtlinie, ABl. C 209 v. 10.7.1997, S. 6.
- **Mitteilung KOM(1999) 232 endg.** v. 11.5.1999 „Finanzdienstleistungen – Umsetzung des Finanzmarktrahmens: Aktionsplan“, ZBB 1999, S. 254.
- **Mitteilung** zu Auslegungsfragen – Freier Dienstleistungsverkehr und Allgemeininteresse im Versicherungswesen, ABl. C 43 v. 16.2.2000, S. 5.
- **Mitteilung KOM(2000) 36 endg.** v. 31.1.2000 an den Rat und das Europäische Parlament „Massenzahlungsverkehr im Binnenmarkt“.

- **Mitteilung KOM(2003) 718 endg.** v. 2.12.2003 an den Rat und das Europäische Parlament „Ein neuer Rechtsrahmen für den Zahlungsverkehr im Binnenmarkt (Konsultationspapier)".
- **Mitteilung KOM(2004) 312 endg.** v. 28.4.2004 an den Rat und das Europäische Parlament „Clearing und Abrechnung in der Europäischen Union – Künftige Maßnahmen".
- **Mitteilung KOM(2007) 556 endg.** v. 25.9.2007 an das Europäische Parlament, den Rat, den Europäischen Wirtschafts- und Sozialausschuss sowie den Ausschuss der Regionen „Untersuchung der Unternehmensversicherungen gemäß Artikel 17 der Verordnung (EG) Nr. 1/2003".
- **Mitteilung** „Die Anwendung der Vorschriften für staatliche Beihilfen auf Maßnahmen zur Stützung von Finanzinstituten im Kontext der derzeitigen globalen Finanzkrise", ABl. C 270 v. 25.10.2008, S. 8.
- **Mitteilung** „Die Rekapitalisierung von Finanzinstituten in der derzeitigen Finanzkrise: Beschränkung der Hilfen auf das erforderliche Minimum und Vorkehrungen gegen unverhältnismäßige Wettbewerbsverzerrungen", ABl. C 10 v. 15.1.2009, S. 2.
- **Mitteilung KOM(2009) 114 endg.** v. 4.3.2009 für die Frühjahrstagung des Europäischen Rates „Impulse für den Aufschwung in Europa – Teil 1".
- **Mitteilung** über die Behandlung wertgeminderter Aktiva im Bankensektor der Gemeinschaft, ABl. C 72 v. 26.3.2009, S. 1.
- **Mitteilung** „Änderung des vorübergehenden Gemeinschaftsrahmens für staatliche Beihilfen zur Erleichterung des Zugangs zu Finanzierungsmitteln in der gegenwärtigen Finanz- und Wirtschaftskrise", ABl. C 303 v. 15.12.2009, S. 6.
- **Mitteilung KOM(2009) 204 endg.** v. 30.4.2009 an das Europäische Parlament und den Rat „Anlageprodukte für Kleinanleger".
- **Mitteilung KOM(2009) 252 endg.** v. 27.5.2009 „Europäische Finanzaufsicht".
- **Mitteilung KOM(2009) 332 endg.** v. 3.7.2009 „Gewährleistung effizienter, sicherer und solider Derivatemärkte".
- **Mitteilung v 19.8.2009** über die Wiederherstellung der Rentabilität und die Bewertung von Umstrukturierungsmaßnahmen im Finanzsektor im Rahmen der derzeitigen Krise gemäß den Beihilfevorschriften, ABl. C 195 v. 19.8.2009, S. 9.
- **Mitteilung KOM(2009) 471 endg.** v. 10.9.2009 „Vollendung des Einheitlichen Euro-Zahlungsverkehrsraums SEPA: Fahrplan 2009-2012".
- **Mitteilung KOM(2009) 561 endg.** v. 20.10.2009 an das Europäische Parlament, den Rat, den Europäischen Wirtschafts- und Sozialausschuss, den Europäischen Gerichtshof und die Europäische Zentralbank „Ein EU-Rahmen für das grenzübergreifende Krisenmanagement im Bankensektor";
- **Mitteilung KOM(2010) 301 endg.** v. 2.6.2010 an das Europäische Parlament, den Rat, den Europäischen Wirtschafts- und Sozialausschuss und die Europäische Zentralbank „Regulierung der Finanzdienstleistungen für nachhaltiges Wachstum".

- **Mitteilung KOM(2010) 716 endg.** v. 8.12.2010 an das Europäische Parlament, den Rat, den Europäischen Wirtschafts- und Sozialausschuss und den Ausschuss der Regionen „Stärkung der Sanktionsregelungen im Finanzdienstleistungssektor".
- **Mitteilung KOM(2011) 870 endg.** v. 7.12.2011 an den Rat, das Europäische Parlament, den Ausschuss der Regionen und den Europäischen Wirtschafts- und Sozialausschuss „Aktionsplan zur Verbesserung des Finanzierungszugangs für KMU".
- **Mitteilung KOM(2012) 510 endg.** v. 12.9.2012 an das Europäische Parlament und den Rat „Fahrplan für eine Bankenunion".
- **Mitteilung KOM(2012) 777 endg./2** v. 30.11.2012 (ersetzt KOM(2012) 777 endg. v. 28.11.2012) „Ein Konzept für eine vertiefte und echte Wirtschafts- und Währungsunion: Auftakt für eine europäische Diskussion".
- **Mitteilung KOM(2013) 614 endg.** v. 4.9.2013 an den Rat und das Europäische Parlament „Schattenbankwesen – Eindämmung neuer Risikoquellen im Finanzsektor".
- **Mitteilung KOM(2014) 168 endg.** v. 27.3.2014 an das Europäische Parlament und den Rat über die langfristige Finanzierung der europäischen Wirtschaft.
- **Mitteilung KOM(2014) 172 endg.** v. 27.3.2014 an das Europäische Parlament, den Rat und den Europäischen Wirtschafts- und Sozialausschuss und den Ausschuss der Regionen „Freisetzung des Potenzials von Crowdfunding in der Europäischen Union".
- **Mitteilung KOM(2014) 279 endg.** v. 15.5.2014 an das Europäische Parlament, den Rat, den Europäischen Wirtschafts- und Sozialausschuss und den Ausschuss der Regionen „Ein reformierter Finanzsektor für Europa".

VIII. Aktuelle Vorschläge der EU-Kommission zur Sekundärrechtsetzung

- **Vorschlag KOM(2011) 594 endg.** v. 28.9.2011 für eine Richtlinie des Rates über das gemeinsame Finanztransaktionssteuersystem und zur Änderung der Richtlinie 2008/7/EG.
- **Vorschlag KOM(2012) 73 endg.** v. 7.3.2012 für eine Verordnung des Europäischen Parlaments und des Rates zur Verbesserung der Wertpapierabrechnungen in der Europäischen Union und über Zentralverwahrer sowie zur Änderung der Richtlinie 98/26/EG.
- **Vorschlag KOM(2012) 350 endg.** (OGAW V) v. 3.7.2012 für eine Richtlinie des Europäischen Parlaments und des Rates zur Änderung der Richtlinie 2009/65/EWG des Rates zur Koordinierung der Rechts- und Verwaltungsvorschriften betreffend bestimmte Organismen für gemeinsame Anlagen in Wertpapieren (OGAW) im Hinblick auf die Aufgaben der Verwahrstelle, die Vergütungspolitik und Sanktionen.
- **Vorschlag KOM(2012) 352 endg.** (zunächst PRIPs, jetzt PRIIPs) v. 3.7.2012 für eine Verordnung des Europäischen Parlaments und des Rates über Basisinformationsblätter für Anlageprodukte.

- **Vorschlag KOM(2012) 360 endg.** (IMD II) v. 3.6.2012 für eine Richtlinie des Europäischen Parlaments und des Rates über Versicherungsvermittlung (Neufassung).
- **Vorschlag KOM(2013) 44 endg.** v. 5.2.2013 für eine Verordnung des Europäischen Parlaments und des Rates über die Übermittlung von Angaben bei Geldtransfers.
- **Vorschlag KOM(2013) 71 endg.** v. 14.2.2013 für eine Richtlinie des Rates über die Umsetzung einer Verstärkten Zusammenarbeit im Bereich der Finanztransaktionssteuer.
- **Vorschlag KOM(2013) 266 endg.** v. 8.5.2013 für eine Richtlinie des Europäischen Parlaments und des Rates über die Vergleichbarkeit von Zahlungskontogebühren, den Wechsel von Zahlungskonten und den Zugang zu Zahlungskonten mit grundlegenden Funktionen.
- **Vorschlag KOM(2013) 462 endg.** (ELTIF) v. 26.6.2013 für eine Verordnung des Europäischen Parlaments und des Rates über europäische langfristige Investmentfonds.
- **Vorschlag KOM(2013) 547 endg.** (PSD II) v. 24.7.2013 für eine Richtlinie des Europäischen Parlaments und des Rates über Zahlungsdienste im Binnenmarkt, zur Änderung der Richtlinien 2002/65/EG, 2013/36/EU und 2009/110/EG sowie zur Aufhebung der Richtlinie 2007/64/EG.
- **Vorschlag KOM(2013) 550 endg.** (MIF) v. 24.7.2013 für eine Verordnung des Europäischen Parlaments und des Rates über Interbankenentgelte für kartengebundene Zahlungsvorgänge.
- **Vorschlag KOM(2013) 615 endg.** v. 4.9.2013 für eine Verordnung des Europäischen Parlaments und des Rates über Geldmarktfonds.
- **Vorschlag KOM(2013) 641 endg.** v. 18.9.2013 für eine Verordnung des Europäischen Parlaments und des Rates über Indizes, die bei Finanzinstrumenten und Finanzkontrakten als Benchmark verwendet werden.
- **Vorschlag KOM(2014) 40 endg.** v. 29.1.2014 für eine Verordnung des Europäischen Parlaments und des Rates über die Meldung und Transparenz von Wertpapierfinanzierungsgeschäften.
- **Vorschlag KOM(2014) 43 endg.** (Trennbanken-VO) v. 29.1.2014 für eine Verordnung des Europäischen Parlaments und des Rates über strukturelle Maßnahmen zur Erhöhung der Widerstandsfähigkeit von Kreditinstituten in der Union.
- **Vorschlag KOM(2014) 167 endg.** (EbAV II) v. 27.3.2014 für eine Richtlinie des Europäischen Parlaments und des Rates über die Tätigkeiten und die Beaufsichtigung von Einrichtungen der betrieblichen Altersvorsorge.

IX. Grünbücher und Weißbücher

- **KOM(2005) 177 endg.** v. 3.5.2005 „Grünbuch zur Finanzdienstleistungspolitik 2005-2010".
- **KOM(2005) 314 endg.** v. 12.7.2005 „Grünbuch – Ausbau des Europäischen Rahmens für Investmentfonds".
- **KOM(2005) 327 endg.** v. 19.7.2005 „Grünbuch – Hypothekarkredite in der EU".
- **KOM(2005) 629 endg.** v. 5.12.2005 „Weißbuch zur Finanzdienstleistungspolitik für die Jahre 2005-2010".
- **KOM(2006) 686 endg.** v. 15.11.2006 „Weißbuch für den Ausbau des Binnenmarktrahmens für Investmentfonds".
- **KOM(2007) 226 endg.** v. 30.4.2007 „Grünbuch über Finanzdienstleistungen für Privatkunden im Binnenmarkt".
- **KOM(2007) 807 endg.** v. 18.12.2007 „Weißbuch über die Integration der EU-Hypothekarkreditmärkte".
- **KOM(2010) 284 endg.** „Grünbuch Corporate Governance in Finanzinstituten und Vergütungspolitik".
- **KOM(2010) 370 endg.** v. 12.7.2010 „Weißbuch Sicherungssysteme für Versicherungen".
- **KOM(2012) 102 endg.** v. 19.3.2012 „Grünbuch – Schattenbankwesen".
- **KOM(2013) 150 endg./2** v. 9.4.2013 „Grünbuch – Langfristige Finanzierung der Europäischen Wirtschaft".

X. Sonstige Beschlüsse

- **Gemeinsame Maßnahme 98/699/JI** des Rates v. 3.12.1998 betreffend Geldwäsche, die Ermittlung, das Einfrieren, die Beschlagnahme und die Einziehung von Tatwerkzeugen und Erträgen aus Straftaten, ABl. L 333 v. 9.12.1998, S. 1, geändert durch Rahmenbeschluss 2001/500/JI des Rates v. 26.6.2001 (ABl. L 182 v. 5.7.2001, S. 1).
- **Rahmenbeschluss 2001/413/**JI des Rates v. 28.5.2001 zur Bekämpfung von Betrug und Fälschung im Zusammenhang mit unbaren Zahlungsmitteln, ABl. L 149 v. 2.6.2001, S. 1.
- **Kommissionsbeschluss 2001/528/EG** v. 6.6.2001 zur Einsetzung des Europäischen Wertpapierausschusses, ABl. L 191 v. 13.7.2001, S. 45, geändert durch Kommissionsbeschluss 2004/8/EG v. 5.11.2003 (ABl. L 3 v. 7.1.2004, S. 33).
- **Kommissionsbeschluss 2004/9/EG** v. 5.11.2003 zur Einsetzung des Europäischen Ausschusses für das Versicherungswesen und die betriebliche Altersversorgung, ABl. L 3 v. 7.1.2004, S. 34.
- **Kommissionsbeschluss 2007/47/EG** der Europäischen Zentralbank v. 18.12.2006 zur Bestimmung der Maßnahmen, die zur Einzahlung des Kapitals der Europäischen Zentralbank durch die nicht teilnehmenden nationalen Zentralbanken erforderlich sind (EZB/2006/26), ABl. L 24 v. 31.1.2007, S. 15.

- **Beschluss 2011/199/EU** des Europäischen Rates v. 25.3.2011 zur Änderung des Artikels 136 des Vertrags über die Arbeitsweise der Europäischen Union hinsichtlich eines Stabilitätsmechanismus für die Mitgliedstaaten, deren Währung der Euro ist, ABl. L 91 v. 6.4.2011, S. 1.
- **Durchführungsbeschluss 2011/754/EU** der Kommission v. 22.11.2011 zur Durchführung der Richtlinie 2009/103/EG des Europäischen Parlaments und des Rates in Bezug auf die Kontrolle der Kraftfahrzeug-Haftpflichtversicherung, ABl. L 310 v. 25.11.2011, S. 17.
- **Beschluss Nr. 83/2013** des Gemeinsamen EWR-Ausschusses v. 3.5.2013 zur Änderung von Anhang IX (Finanzdienstleistungen) des EWR-Abkommens, ABl. L 291 v. 31.10.2013, S. 44.
- **Durchführungsbeschluss 2013/797/EU** des Rates v. 16.12.2013 zur Durchführung der Verordnung (EU) Nr. 1024/2013 v. 15.10.2013 zur Übertragung besonderer Aufgaben im Zusammenhang mit der Aufsicht über Kreditinstitute auf die Europäische Zentralbank, ABl. L 352 v. 24.12.2013, S. 50.
- **Durchführungsbeschluss 2014/77/EU** des Rates v. 11.2.2014 zur Durchführung der Verordnung (EU) Nr. 1024/2013 zur Übertragung besonderer Aufgaben im Zusammenhang mit der Aufsicht über Kreditinstitute auf die Europäische Zentralbank, ABl. L 41 v. 12.2.2014, S. 19.
- **Beschluss 2014/123/EU** der Europäischen Zentralbank v. 4.2.2014 zur Bestimmung der Kreditinstitute, die der umfassenden Bewertung unterliegen, ABl. L 69 v. 8.3.2014, S. 107.
- **Beschluss 2014/337/EU** der Europäischen Zentralbank v. 5.6.2014 über die Verzinsung von Einlagen, Guthaben und Überschussreserven (EZB/2014/23), ABl. L 168 v. 7.6.2014, S. 115.
- **Beschluss 2014/434/EU** der Europäischen Zentralbank v. 31.1.2014 über die enge Zusammenarbeit mit den nationalen zuständigen Behörden teilnehmender Mitgliedstaaten, deren Währung nicht der Euro ist (EZB/2014/5), ABl. L 198 v. 5.7.2014, S. 7.

D. Rechtsprechung

I. EuGH/EuG/EGMR (Auswahl)

- EuGH, Rs. 172/80 (Züchner/Bayerische Vereinsbank), Slg 1981, 2021.
- EuGH, Rs. 205/84 (Kommission/Deutschland), Slg 1986, 3755.
- EuGH, Rs. 45/85 (Verband der Sachversicherer), Slg 1987, 405.
- EuGH, verb. Rs. 286/82 und 26/83 (Luisi und Carbone), Slg 1984, 377.
- EuGH, Rs. C-384/93 (Alpine Investments), Slg 1995, I-1141.
- EuGH, Rs. C-101/94 (SIM), Slg 1996, I-2691.
- EuGH, verb. Rs. C-163/94, 165/94 und 250/94 (Sanz de Lera u.a.), Slg 1995, I-4821.
- EuGH, Rs. C-233/94 (Deutschland/Parlament und Rat), Slg 1997, I-2405.

- EuGH, Rs. C-222/95 (Parodi), Slg 1997, I-3899.
- EuGH, Rs. C-210/96 (Gut Springenheide), Slg 1998, I-4657.
- EuGH, Rs. C-222/97 (Trummer und Mayer), Slg 1999, I-1661.
- EuGH, Rs. C-302/97 (Konle), Slg 1999, I-3099.
- EuGH, Rs. C-208/98 (Berliner Kindl Brauerei AG/Andreas Siepert), Slg 2000, I-1741.
- EuGH, Rs. C-367/98 (Kommission/Portugal), Slg 2002, I-4731.
- EuGH, Rs. C-28/99 (Verdonck), Slg 2001, I-3399.
- EuGH, Rs. C-481/99 (Heininger), Slg 2001, I-9945.
- EuGH, Rs. C-483/99 (Kommission/Frankreich, "Goldene Aktien II"), Slg 2002, I-4781.
- EuGH, Rs. C-503/99 (Kommission/Belgien, "Goldene Aktien III") Slg 2002, I-4809.
- EuGH, verb. Rs. C-515/99, C-519/99 bis C-524/99 und C-526/99 bis 540/99 (Reisch u.a.), Slg 2002, I-2157.
- EuGH, Rs. C-356/00 (Testa und Lazzeri), Slg 2002, I-1079.
- EuGH, Rs. C-386/00 (Axa Royale), Slg 2002, I-2209.
- EuGH, Rs. C-463/00 (Kommission/Spanien, "Goldene Aktien IV"), Slg 2003, I-4581.
- EuGH, Rs. C-98/01 (Kommission/Vereinigtes Königreich), Slg 2003, I-4641.
- EuGH, Rs. C-222/02 (Paul), Slg 2004, I-9425.
- EuGH, Rs. C-264/02 (Confinoga Mérignac SA/Sylvain Sachithanathan), Slg 2004, I-2176.
- EuGH, Rs. C-315/02 (Lenz), Slg 2004, I-7063.
- EuGH, Rs. C-347/02 (Kommission/Frankreich), Slg 2004, I-7557.
- EuGH, Rs. C-384/02 (Knud Grøngaard/Allan Bang), Slg 2005, I-9939.
- EuGH, Rs. C-295/04 (Manfredi), Slg 2006, I-6619.
- EuGH, Rs. C-391/04 (Georgakis), Slg 2007, I-3741.
- EuGH, Rs. C-452/04 (Fidium Finanz AG), Slg 2006, I-9521.
- EuGH, Rs. C-157/05 (Holböck), Slg 2007, I-4051.
- EuGH, Rs. C-356/05 (Elaine Farrell/Alan Whitty), Slg 2007, I-3067.
- EuGH, Rs. C-429/05 (Max Rampion u.a./Franfinance SA u.a., Slg 2007, I-08017.
- EuGH, Rs. C-430/05 (Ntionik Anonymi), Slg 2007, I-5835.
- EuGH, Rs. C-509/07 (Luigi Scarpelli/NEOS Banca SpA), Slg 2009, I-03311.
- EuGH, Rs. C-518/07 (Kommission/Deutschland), Slg 2010, I-1885.
- EuGH, Rs. C-569/07 (HSBC Holdings), Slg 2009, I-9047.
- EuGH, Rs. C-45/08 (Spector Photo Group), Slg 2009, I-12073.
- EuGH, Rs. C-236/09 (Test-Achats), Slg 2011, I-773.

- EuGH, Rs. C-275/10 (Residex), WM 2012, 926.
- EuGH, Rs. C-19/11 (Geltl), EuZW 2012, 708 ff.
- EuGH, Rs. C-248/11 (Rareş Doralin Nilaş u.a.), EuZW 2012, 350.
- EuGH, Rs. C-212/11 (Jyske-Bank Gibraltar Ltd), EuZW 2013, 635 ff.
- EuGH, Rs. C-604/11 (Genil 48 SL u.a.), EuZW 2013, 557 ff.
- EuGH, Rs. C-85/12 (Landsbanki Islands HF), DZWIR 2014, 68 ff.
- EuGH, Rs. C-174/12 (Hirmann), ZBB 2014, 80.
- EuGH, Rs. C-209/12 (Endress), VersR 2014, 225.
- EuGH, Rs. C-224/12 P (Kommission/Niederlande), EuZW 2014, 473.
- EuGH, Rs. C-265/12 (Citroën Belux NV), WM 2013, 2145 ff.
- EuGH, Rs. C-270/12 (Großbritannien u. Nordirland/Parl. u. Rat), NJW 2014, 1359 ff.
- EuGH, Rs. C-359/12 (Timmel), EuZW 2014, 581.
- EuGH, Rs. C-370/12 (Pringle), NJW 2013, 29 ff.
- EuGH, Rs. C-565/12 (LCL Le Crédit Lyonnais), NJW 2014, 1941 ff.

II. Deutsche Gerichte (Vorabentscheidungsverfahren, Auswahl)

- BGH v. 29.11.1999 XI ZR 91/99, WM 2000, 26 (Beschluss Heininger).
- BGH v. 9.4.2002 XI ZR 91/99 BGHZ 150, 248 (Urteil Heininger).
- BGH v. 16.5.2002 III ZR 48/01 WM 2002, 1266 (Beschluss Paul).
- BGH v. 20.1.2005 III ZR 48/01 WM 2005, 369 ff (Urteil Paul).
- VG Frankfurt/M. v. 11.10.2004 9 E 993/04 WM 2005, 503 (Beschluss Fidium Finanz AG).
- VG Frankfurt/M. v. 19.2.2013 NVwZ 2013, 742 (Rs. C-140/13).
- BGH v. 23.4.2013 II ZB 7/09 NJW 2013, 2114 (Beschluss Geltl).

Stichwortverzeichnis

Die Zahlen verweisen auf die Randnummern.

FSC
www.fsc.org
MIX
Papier | Fördert gute Waldnutzung
FSC® C083411

Kolibri 360 GmbH
Ferdinand-Jühlke-Straße 7
99095 Erfurt, Deutschland
produktsicherheit@kolibri360.de